James Joll

DIE URSPRÜNGE DES ERSTEN WELTKRIEGS

Aus dem Englischen von Volkhard Matyssek

List Verlag

Die Originalausgabe erschien unter dem Titel
»The Origins of the First World War«
1984 im Verlag Longman Group Limited, London.

Umschlagentwurf: Gabriele Feigl, München
Karten auf den Seiten 345ff.: Longman Group Limited, London

ISBN 3-471-77870-5

Satz: Uhl + Massopust, Aalen
Druck und Bindung: May & Co., Darmstadt

Inhalt

MARKE: Den unerforschlich tief
geheimnisvollen Grund,
wer macht der Welt ihn kund?

TRISTAN: O König, das
kann ich dir nicht sagen;
und was du frägst,
das kannst du nie erfahren.

Wagner: *Tristan und Isolde.*
II. Aufzug, 3. Auftritt.

Vorwort

Die Liste der Bücher und Artikel, die sich mit den Ursachen des Ersten Weltkrieges befassen, scheint endlos, und es würde ein Menschenalter dauern, sie alle zu lesen. Selbst wenn man nur mit der relevanten neuen Literatur auf dem laufenden bleiben will, kommt man kaum nach. Ich habe gewiß nicht alle Bücher gelesen; und die einzige Entschuldigung, noch eines hinzuzufügen, ist die, daß es sich jetzt vielleicht lohnt, auf internationaler und vergleichender Basis einige der Argumente und Erklärungen zusammenzufassen, die die Historiker in den vergangenen zwanzig Jahren diskutiert haben.

Ich habe bei der Krise von Juli und August 1914 angesetzt, und ich habe mich auf jene Staaten beschränkt, die damals in den Krieg zogen. Ich habe zum Beispiel wenig über die italienische Politik gesagt, soweit sie nicht zur endgültigen Krise beitrug, und ich habe nichts über die Vereinigten Staaten gesagt, deren Politik mir erst nach Kriegsbeginn von internationaler Bedeutung zu sein scheint. Der Krieg begann als europäischer Krieg, obwohl er nicht als solcher endete. Bei dem Versuch, aufzuzeigen, warum dieser bestimmte Krieg zu diesem bestimmten Zeitpunkt ausbrach, habe ich auch versucht, einige der allgemeinen Tendenzen zu betrachten, die überhaupt einen Krieg erwarten ließen. Die Schwierigkeit für den Historiker besteht stets in der Verbindung des Allgemeinen mit dem Besonderen; auch ich habe sie nicht gelöst.

Vor 1914 war es ebenso üblich, »England« und »englisch« wie »Großbritannien« und »britisch« zu sagen, und ich habe mich in dieser Hinsicht nicht um Einheitlichkeit bemüht. Ebenso habe ich manchmal »österreichisch« geschrieben, wo es korrekter gewesen wäre, »österreichisch-ungarisch« zu sagen.

Ich möchte besonders jenen Freunden und Kollegen danken, die mir schriftlich und mündlich halfen, als ich an diesem Buch schrieb: Volker Berghahn, Lancelot L. Farrar jr., David French, Paul Kennedy, Dominic Lieven, Wolfgang J. Mommsen, Hartmut Pogge von Strandmann, David Schoenbaum und Zara Steiner. Ich möchte auch die Gelegenheit ergreifen, dankbar anzuerkennen, wieviel ich Professor Fritz Fischer verdanke, auch wenn ich nicht mit allen seinen Schlüssen übereinstimme, denn er war es, der die Frage der Ursache des Ersten Weltkrieges wieder aufwarf und neue Richtungen wies, um nach Antworten zu suchen. Susan Welsford gilt mein Dank für ihr Geschick und ihre Sorgfalt bei der Erstellung des endgültigen Manuskripts.

An einigen Stellen des Buches habe ich Teile früherer Artikel einbezogen, die in *Aspekte der Deutsch-Britischen Beziehungen im Laufe der Jahrhunderte,* herausgegeben von Paul Kluke und Peter Alter (Veröffentlichungen des Deutschen Historischen Instituts, London, Band 4, Stuttgart 1978), und in *The Idea of Freedom: Essays in Honour of Isaiah Berlin,* herausgegeben von Alan Ryan, Oxford 1979, erschienen sind. Ich danke für die Erlaubnis, dieses Material zu verwenden.

James Joll
London, Januar 1983

Erstes Kapitel

Einführung

Der Ausbruch des Ersten Weltkrieges im Jahre 1914 scheint noch immer das Ende einer Ära und den Beginn einer neuen zu markieren, obwohl wir heute erkennen können, daß viele der sozialen, politischen, ökonomischen und kulturellen Entwicklungen des späteren 20. Jahrhunderts durch diesen Krieg nicht verursacht, sondern nur beschleunigt wurden. Die Erfahrungen des Krieges, vor allem des Stellungskrieges an der Westfront, sind tief in Sprache und Vorstellungswelt der Völker Westeuropas[1] eingedrungen und prägen noch heute die Phantasie von Schriftstellern und Künstlern, die Jahre nach dem Ende des Krieges geboren wurden. Seine unmittelbaren Folgen – die russische Revolution, die politischen und sozialen Erhebungen zwischen 1918 und 1922 in ganz Europa, die Umgestaltung der Landkarten durch das Aufkommen neuer Nationalstaaten – haben den Lauf der Geschichte im 20. Jahrhundert bestimmt. Dies allein könnte das anhaltende Interesse an den Ursachen dieses Krieges erklären, aber es gibt noch weitere Dimensionen und Perspektiven unserer Sicht der Krise von 1914.

Kaum ein Problem der neueren Geschichte ist besser dokumentiert als die Frage nach den unmittelbaren Ursprüngen dieses Krieges. Dies beruht zum großen Teil darauf, daß die Auseinandersetzung um die Verantwortung für den Ausbruch des Krieges von Anfang an große politische Bedeutung besaß; mit der Unterzeichnung des Versailler Vertrages im Juni 1919 erhielt die Kriegsschuldfrage höchste politische und emotionelle Bedeutung. Die erste Reaktion der Siegermächte nach dem Ende des Krieges war es, die Schuld für den Kriegsausbruch den Deutschen zuzuschreiben. Artikel 231 des Versailler Vertrages – die »Kriegsschuldklausel« – besagte: »Die alliierten und assoziierten Regierungen erklären und Deutschland erkennt an, daß Deutschland und seine Verbündeten als Urheber aller Verluste und aller Schäden verantwortlich sind, welche die alliierten und assoziierten Regierungen und ihre Angehörigen infolge des ihnen durch den Angriff Deutschlands und seiner Verbündeten aufgezwungenen Krieges erlitten haben.« An anderer Stelle des Friedensvertrages wurde die moralische Schuld noch deutlicher formuliert und vor allem der Person des deutschen Kaisers zugesprochen: »Die alliierten und assoziierten Mächte stellen Wilhelm II. von Hohenzollern, ehemaligen Deutschen Kaiser, unter öffentliche Anklage wegen schwerster Verletzung der internationalen Moral und der Heiligkeit der Verträge.« Diese persönliche Anklage gegen den Kaiser resultierte zum Teil aus der erbitterten Rachgier der Öffentlichkeit in England und Frankreich: »Hang the Kaiser!« war im britischen Wahlkampf vom November 1918 ein populäres Schlagwort gewesen. Aber die Forderung nach einem rechtsgültigen Verfahren gegen Wilhelm II. war ebenso Resultat einer überlegteren, wenn auch nicht unbedingt richtigeren Beurteilung der Rolle des Kaisers und des preußischen Militärstandes in der Vorgeschichte des Krieges. Bereits 1914 bedrückten Sir Edward Grey, den britischen Außenminister, die Gefahren des »preußischen Militarismus«[2], während Präsident Wilson in den Waffenstillstandsverhandlungen am Ende des Krieges mit Nachdruck die Notwendigkeit betonte, den Kaiser loszuwerden und die, wie er sie nannte, »militärischen Herren und monarchistischen Autokraten«[3] zu beseitigen.

Gegen Ende 1919 und Anfang 1920 gab es energische Versuche der Regierungen Englands und Frankreichs, den Kaiser vor Gericht zu bringen und die Regierung der Niederlande, wo Wilhelm II. Zuflucht gesucht hatte, zur

Auslieferung zu bewegen. Briten und Franzosen waren äußerst verärgert über die Holländer – und aus den Berichten des britischen Gesandten in Den Haag kann man die aufgestaute Verbitterung über vier Jahre holländischer Neutralität ersehen. Vor allem Lloyd George war erbittert über die Holländer und über ihre Weigerung, die persönliche Verantwortung des Kaisers im selben Licht zu sehen wie er. Im Obersten Kriegsrat schimpfte er laut über den Kaiser, und seine Worte gingen in die an die Regierung der Niederlande gesandte Note ein, mit der die Auslieferung des Kaisers verlangt wurde. Der Kaiser war Lloyd George zufolge persönlich verantwortlich für »die zynische Verletzung der Neutralität Belgiens und Luxemburgs, das barbarische Geiselsystem, die Massendeportation ganzer Bevölkerungsgruppen und die Verschleppung der jungen Frauen von Lille, die ihren Familien entrissen und wehrlos einer höchst promiskuitiven Umgebung ausgeliefert wurden«.[4] Die Rhetorik war ebenso vergeblich wie die Drohungen, die diplomatischen Beziehungen zu den Niederlanden abzubrechen und sogar wirtschaftliche Sanktionen zu verhängen. Die holländische Regierung beharrte auf ihrer würdevollen Weigerung, Wilhelm II. auszuliefern oder ihn – ähnlich wie Napoleon – nach Curaçao in Niederländisch-Westindien zu verbannen.

Die Haltung der niederländischen Regierung machte es illusorisch, den Kaiser vor Gericht zu bringen und ihm persönlich die Verantwortung für den Krieg zuzusprechen. Die Suche nach der Verantwortung erfolgte nun indirekter und verlagerte sich auf eine andere Ebene. Um die Mitte der zwanziger Jahre fand allmählich der Gedanke Zustimmung, daß der Krieg das Ergebnis unzulänglich gestalteter internationaler Beziehungen war. Dieser Auffassung zufolge hatte die Existenz eines Systems von Bündnissen, das Europa in zwei Lager gespalten hatte, den Krieg unvermeidlich werden lassen, während die »alte Diplomatie« beschuldigt wurde, unheilvolle internationale Geheimabkommen geschlossen zu haben, die Länder ohne Wissen ihrer Bürger zum Krieg verpflichteten. Der *Manchester Guardian* hatte es 1914 so formuliert: »Durch einen geheimen Vertrag ist England gewissermaßen hinterrücks verpflichtet worden, an dem ruinösen Wahnsinn des zerstörerischen Hasardspiels eines Krieges zwischen zwei Militärbündnissen auf dem Kontinent teilzunehmen.«[5] Diese Auffassung wurde durch die Politik der amerikanischen Regierung nach dem Kriegseintritt der Vereinigten Staaten im April 1917 bestärkt. Präsident Wilson war stark beeinflußt von der Tradition des britischen Radikalismus, der das ganze 19. Jahrhundert hindurch die Geheimdiplomatie kritisiert und eine Außenpolitik verlangt hatte, die sich auf Moral statt auf Berechnung und auf allgemeingültige ethische Grundsätze statt auf nüchterne Einschätzungen des Gleichgewichts der Kräfte gründen sollte. So betonte er, als er im Januar 1918 seine berühmten Vierzehn Punkte verkündete, die als Basis für einen gerechten Frieden dienen sollten, die Notwendigkeit von »offenen und offen ausgehandelten Friedensverträgen, nach denen es keinerlei geheime internationale Übereinkünfte mehr geben, sondern die Diplomatie stets offen und vor den Augen der Öffentlichkeit handeln soll«. Die Gründung des Völkerbundes als integralen Bestandteils der Friedensregelung von 1919 unterstützte die Vorstellung, daß ein neues System internationaler Beziehungen im Entstehen begriffen sei, in dem diplomatischer Kuhhandel und geheime Militärabkommen abgeschafft und internationale Beziehungen vor den Augen der Öffentlichkeit und unter ihrer Kontrolle im Konsens gehandhabt würden.

Die Suche nach einer Erklärung für den Ausbruch des Krieges in Hinblick auf die Beschaffenheit der internationalen Beziehungen – was im Titel des einflußreichen, 1926 veröffentlichten Buches *The International Anarchy 1904–1914* des Cambridger Altphilologen G. Lowes Dickinson zum Ausdruck kommt – wurde dadurch erleichtert, daß zahlreiche Dokumentenbände aus den diplomatischen Archiven der meisten der am Kriege beteiligten Regierungen veröffentlicht worden waren. Der erste Angriff auf die Geheimdiplomatie, bei dem die Veröffentlichung von Dokumenten eingesetzt wurde, um den Gegner zu diskreditieren, erfolgte vor dem Ende des Krieges, als Trotzki, der erste Außenminister des bolschewistischen Regimes, die Veröffentlichung der von der zaristischen Regierung geschlossenen Geheimverträge anordnete, was Rußlands Verbündete Frankreich und England in eine peinliche Lage versetzte. Dann genehmigte nach der deutschen Revolution von 1918 die republikanische Regierung dem bekannten sozialistischen Theoretiker Karl Kautsky die Erstellung eines Bandes Dokumente aus deutschen Archiven über die dem Kriegsausbruch unmittelbar vorausgegangenen Ereignisse. Nachfolgende deutsche Regierungen sahen einen Weg, die Anschuldigungen hinsichtlich Deutschlands Kriegsschuld zu widerlegen, darin, detailliert die Arbeitsweise der alten Diplomatie aufzuzeigen und zu demonstrieren, daß die Methoden aller Regierungen ähnliche waren und deshalb den Deutschen kein besonderer Vorwurf zu machen sei. Folglich wurden von 1922 bis 1927 unter dem Titel *Die Große Politik der Europäischen Kabinette* neununddreißig Bände deutscher diplomatischer Dokumente veröffentlicht. Diese deutsche Initiative, die darauf abzielte, die Behauptung der deutschen Kriegsschuld abzuwehren, führte dazu, daß andere Länder sich verpflichtet fühlten, dem Beispiel zu folgen und zu zeigen, daß auch sie nichts zu verbergen hatten. In der Folge erschienen von 1926 bis 1938 die *British Documents on the Origins of the War* in elf Bänden. Die Veröffentlichung der französischen *Documents diplomatiques français 1871–1914* begann 1930, doch der letzte Band erschien erst 1953. Acht Bände österreichisch-ungarischer Dokumente wurden 1930 von der Regierung der österreichischen Republik veröffentlicht, während die italienischen Dokumente erst nach dem Zweiten Weltkrieg veröffentlicht wurden. Angehörige des russischen diplomatischen Dienstes, die nach der Revolution im Ausland blieben, veröffentlichten ausgewählte Dokumente aus ihren Botschaftsarchiven, und die sowjetische Regierung druckte in den zwanziger und dreißiger Jahren sehr viel Archivmaterial.[6]

Diese Menge an veröffentlichten Dokumenten ermöglichte den Historikern, auch wenn ihnen Regierungsarchive in vielen Fällen bis nach dem Zweiten Weltkrieg verschlossen blieben, Einsicht in vielfältiges Material, auf das sie eine Untersuchung der diplomatischen Beziehungen zwischen den Mächten gründen konnten. Das Studium der Geschichte der Diplomatie des 19. Jahrhunderts und des Hintergrundes für den Ersten Weltkrieg wurde zu einem der angesehensten Zweige der historischen Forschung. Eine Anzahl von bedeutenden Historikern entwickelte den Gedanken der Autonomie der Geschichte der Diplomatie als eines Zweiges des Geschichtsstudiums und schien die Ansicht Rankes, des großen deutschen Historikers des 19. Jahrhunderts, zu bestätigen, daß die Außenpolitik der Staaten ihre innere Entwicklung bestimmt und ihr Schicksal entscheidet. Es ist dieser Generation von Historikern und den von ihnen ausgebildeten Studenten zu verdanken, daß wir mehr und Genaueres über die Geschichte der Beziehungen zwischen den Staaten in den Jahren vor 1914 wissen als über fast jeden anderen Zeitraum. Viele dieser Historiker haben sich noch mit der Frage der Verantwortung der kriegführenden Regierungen beschäftigt: Pierre Renouvin in Frankreich und Bernadotte Schmitt in den Vereinigten Staaten, die dazu neigten, die Schuld Deutschland zu geben, ein anderer Amerikaner, Sidney B. Fay, der Österreich-Ungarn als Schuldigen betrachtete, der Deutsche Alfred von Wegerer, der Rußland und England die Schuld gab, um nur einige Beispiele zu nennen. Die umfangreichste dieser detaillierten Untersuchungen, diejenige des italienischen Journalisten und Politikers Luigi Albertini, erschien erst, als der Zweite Weltkrieg bereits begonnen hatte, und es dauerte einige Jahre, bis sie internationale Anerkennung fand; inzwischen hatte sich der Brennpunkt der Diskussion verlagert.[7]

Nach dem Zweiten Weltkrieg, den nach allgemeiner Ansicht Hitler und die nationalsozialistische Regierung Deutschlands unmittelbar zu verantworten haben, bestand die Tendenz, die Erörterung der Ursachen des Ersten Weltkrieges mit der der Ursachen des Zweiten Weltkrieges zu verbinden. Inwiefern trug der Versailler Vertrag, insbesondere die Kriegsschuldklausel, zum Zusammenbruch der Weimarer Republik und zum Aufstieg Hitlers bei? In welchem Ausmaß bestand Kontinuität in der Außenpolitik des deutschen Kaiserreiches und Hitlerdeutschlands? Die Vorstellung einer Kontinuität deutscher Ziele zwischen 1914 und 1939 war angelsächsischen Historikern vertraut, wie ihre Reaktionen auf den Zweiten Weltkrieg verraten, und für einige von ihnen mochte die Tradition von Deutschlands angeborener Verruchtheit tatsächlich bis zu Bismarck oder Friedrich dem Großen oder sogar Luther zurückgehen.[8] Für viele konservative deutsche Historiker war es trotz ihrer Bereitschaft, die deutsche Verantwortung für den Zweiten Weltkrieg zu akzeptieren, eine äußerst schmerzliche Erkenntnis, daß die Vorstellung der »Schuld« Deutschlands am Ersten Weltkrieg außerhalb Deutschlands noch immer vorherrschte. Dies erklärt zum Teil die Heftigkeit der Kontroverse, die in Deutschland durch die Veröffentlichung des Werkes *Griff nach der Weltmacht* des Hamburger Historikers Fritz Fischer im Jahre 1961 entfacht wurde.[9] Fischers Arbeit zeigte nicht nur das Ausmaß der deutschen Annexionsgelüste im Ersten Weltkrieg, sondern unterstellte auch, daß die deutsche Regierung 1914 bewußt in den

Krieg eintrat, um sie zu verwirklichen. Aus der Sicht vieler deutscher Kollegen Fischers war noch schlimmer, daß er andeutete, daß es eine gewisse Kontinuität zwischen den deutschen Zielen im Ersten und jenen im Zweiten Weltkrieg gegeben haben könnte.

Der wichtigste Aspekt von Fritz Fischers Werk für die Diskussion der Ursachen des Ersten Weltkrieges war jedoch die in *Griff nach der Weltmacht* eher beiläufig berührte, in seinem nächsten Buch *Krieg der Illusionen* ausgearbeitete These, die von mehreren seiner Studenten und Nachfolger weiter verfolgt wurde, daß innenpolitischer und sozialer Druck Deutschlands Außenpolitik von vor 1914 bestimmte.[10] Diese Behauptung des Primats der Innenpolitik als Reaktion auf Rankes Primat der Außenpolitik hat die Historiker erneut die innenpolitische Situation in Europa vor 1914 betrachten lassen. Die Verbreitung dieser Ansicht wurde dadurch erleichtert, daß in den sechziger Jahren viele amerikanische Historiker und Politologen die zeitgenössische amerikanische Außenpolitik, einschließlich der Ursprünge des kalten Krieges und des Vietnamkrieges, unter Berücksichtigung wirtschaftlicher Interessen und politischer Einflußnahme untersuchten, so daß es naheliegend schien, ähnliche Modelle auf das Europa von vor 1914 anzuwenden, in der Überzeugung, daß, wie Arno J. Mayer sagt, »die Entscheidung für den Krieg und die Pläne der Kriegsführung in einer Krise der Politik und der politischen Linie von Europas herrschender und regierender Klasse entstanden«.[11] Diese Gedanken kamen der marxistischen Erklärung nahe, daß Kriege der Natur des Kapitalismus inhärent seien und daß die inneren Widersprüche der kapitalistischen Gesellschaft zu Beginn des 20. Jahrhunderts einen Punkt erreicht hätten, an dem ein Krieg unvermeidbar war.

Solche Erklärungen können uns sehr weit von der unmittelbaren Situation im Jahre 1914 fortführen und in eine Betrachtung der gesamten wirtschaftlichen und sozialen

Entwicklung Europas über mehrere Jahrhunderte hinweg verwickeln. Und im Idealfall müßte eine Darstellung der Ursachen des Ersten Weltkrieges ohne Zweifel zu einer profunden hegelianischen Erkenntnis führen, derzufolge alles in der Welt sich mit allem anderen verbunden zeigt und alle Verbindungen und Strukturen erkennbar werden. Dieses Buch hat ein bescheideneres Ziel. Ich werde lediglich einige der Gründe untersuchen, die für diesen bestimmten Krieg zu diesem bestimmten Zeitpunkt angeführt wurden.

Unsere Erklärungen bilden ein Muster konzentrischer Kreise, beginnend mit den unmittelbaren Entscheidungen, die von den politischen und militärischen Führern in der Julikrise 1914 getroffen wurden, Entscheidungen, bei denen ihre Charaktereigenschaften und persönlichen Indiosynkrasien notwendigerweise eine Rolle spielten. Aber diese Entscheidungen waren sowohl durch vorherige Entscheidungen als auch durch ihre rechtlichen und politischen Rahmenbedingungen begrenzt. Sie wurden durch vorausgegangene internationale Krisen und die in den letzten vierzig Jahren ausgehandelten diplomatischen Konstellationen beeinflußt. Sie waren das Ergebnis komplizierter Beziehungen zwischen militärischen und zivilen Machthabern und langfristiger strategischer Pläne und Rüstungsprogramme. Sie unterlagen sowohl kurz- wie langfristigem innenpolitischem Druck und den divergierenden Einflüssen verschiedener Wirtschaftszweige. Sie setzten verbindliche Konzepte von den Befürfnissen und nationalen Zielen der jeweiligen Nation voraus. Und überdies mußte die Entscheidung, einen Krieg zu beginnen, für Öffentlichkeit und Soldaten akzeptabel und verständlich sein. Die Gründe, den Krieg zu beginnen, mußten in einer Sprache ausgedrückt werden, die eine emotionale Reaktion bewirken würde. Und diese Reaktion war bedingt durch alte nationale Traditionen und die ständige Wiederholung nationaler Mythen.

Es ist Ziel dieses Buches, die Entscheidungen im Juli 1914

zu betrachten, die den Ausbruch dieses bestimmten Krieges zu jenem bestimmten Zeitpunkt bedingten, und über einige der Faktoren nachzudenken, die diese Entscheidungen auslösten und, was vielleicht noch wichtiger ist, die verfügbaren Alternativen einschränkten. Wenn wir einen Bericht über die Krise vom Juli 1914 lesen, haben wir oft den Eindruck, daß das, was damals geschah, mit den Gründen, die die Politiker selbst angaben, nicht ausreichend erklärt ist, und wir sind versucht, nach einer tiefergehenderen und allgemeineren Ursache zu suchen, die die Katastrophe erklären könnte. Es geht uns oft wie dem italienischen Historiker Luigi Albertini, als er die Entscheidungsträger von 1914, wie er sagte, »im Lichte des Mißverhältnisses zwischen ihren geistigen und moralischen Voraussetzungen und der Tragweite der Probleme, denen sie gegenüberstanden, zwischen ihrem Tun und den Folgen dieses Tuns« betrachtete.[12] Dies ist insofern unfair, als sie nicht wissen konnten, welche die Folgen ihres Tuns sein würden: daß der Krieg, den sie beschlossen hatten, nicht der Krieg war, der tatsächlich folgen sollte, und daß dieser Krieg länger und zerstörerischer sein würde, als sie sich je hätten träumen lassen. Es ist zwecklos, darüber zu spekulieren, ob sie eine andere Wahl getroffen hätten, wenn sie die Konsequenzen ihrer Entscheidung gekannt hätten. Ihre Entscheidungen müssen unter Berücksichtigung dessen betrachtet werden, was 1914 möglich war. Isaiah Berlin schrieb: »Was bestimmte Handelnde unter spezifischen Umständen tun oder nicht tun können, ist eine empirische Frage, die wie alle derartigen Fragen durch Erfahrung zu lösen ist.«[13] Die Schwierigkeit besteht darin, daß unser Wissen um die Faktoren, die bestimmten, was unter den spezifischen Umständen im Juli 1914 getan oder nicht getan werden konnte, sehr umfangreich ist und es schwerfällt, zu entscheiden, welcher Faktor jeweils den Ausschlag gab. Wir können nur die Erklärungen betrachten, die angeboten wurden, und einzuschätzen versuchen, wieweit sie die getroffenen Entscheidungen erhellen. Deshalb erörtert dieses Buch einige (aber keineswegs alle) der möglichen »Ursachen« des Krieges und untersucht, was jede einzelne zur Entwicklung der Krise von 1914 beigetragen hat.

Wie wir sahen, wurde in den zwanziger Jahren die Verantwortung bei den internationalen Beziehungen, den rivalisierenden Bündnissen und dem schlechten Einfluß der »alten Diplomatie« gesehen, und diese bildeten in der Tat die Voraussetzungen für die Krise. Als sie erst begonnen hatte, war die Handlungsfreiheit der zivilen Minister durch die strategischen Pläne und Entscheidungen der Generalstäbe und Admiralitäten eingeschränkt – oft stärker, als sie erkannten –, welche wiederum an die umfangreichen Rüstungsprogramme gebunden waren, die ein Merkmal der unmittelbaren Vorkriegszeit waren. Während die einen die Ursache des Krieges in den internationalen Beziehungen und den Plänen der Heeres- und Marinebehörden sahen, gaben andere die Schuld den Finanziers, den Industriellen und der gesamten ökonomischen Struktur des internationalen Kapitalismus. Welches waren die ökonomischen Argumente für Krieg und für Frieden? Und wie steht es mit dem Gedanken des Primats der Innenpolitik, der die Ursachen des Krieges in den innenpolitischen und sozialen Problemen der kriegführenden Länder und in der Vorstellung sieht, daß der Krieg eine Lösung dieser Probleme bringen und die Gefahr einer Revolution abwenden könnte?

Der Krieg von 1914 ist manchen als Höhepunkt einer Ära des Imperialismus erschienen, und viele waren überzeugt, daß Streitigkeiten um die Vormachtstellung in der Welt unvermeidlich zum Krieg führten, so daß wir versuchen müssen, zu analysieren, welche Rolle auch diese Rivalitäten bei der Entstehung der Situation im Juli 1914 spielten. Zuletzt wollen wir uns damit auseinandersetzen, inwieweit die Stimmung 1914 – als politische, intellektuelle und moralische Einstellungen jener Zeit – dazu beitrug, den Krieg zu ermöglichen, und zu Wertvorstellungen führte, auf die sich die Regierungen berufen konnten, nachdem sie sich zum Krieg entschlossen hatten. In jedem der folgenden Kapitel soll ein anderes Erklärungsmodell vorgestellt werden. Die Liste ist keineswegs erschöpfend, aber wenn wir uns ansehen, inwiefern die unterschiedlichen historischen Phänomene mit den in der Krise getroffenen Entscheidungen zusammenhängen, kommen wir, wenn nicht zu einem auch im einzelnen vollständigen Bild der Ursachen des Ersten Weltkrieges, so doch zu einer Skizze der komplexen und mannigfaltigen Faktoren, die dazu beitrugen.

Zweites Kapitel

Die Julikrise 1914

Am 28. Juni 1914 wurde Erzherzog Franz Ferdinand, der österreichisch-ungarische Thronfolger, von einem Mitglied einer Gruppe serbischer und kroatischer Nationalisten ermordet. Er weilte in Sarajewo, der Hauptstadt der einst türkischen Provinz Bosnien, die von Österreich-Ungarn seit 1878 verwaltet wurde und 1908 von der Donaumonarchie annektiert worden war. Die Ermordung von Prominenten – Königen, Präsidenten, führenden Politikern – wurde seit etwa dreißig Jahren von Gruppen und Einzelpersonen favorisiert, wenn es darum ging, Aufmerksamkeit für ihrer Meinung nach nationale oder soziale Ungerechtigkeit zu wecken, aber keines der Attentate in neuerer Zeit hatte eine größere internationale Krise provoziert, wie sie die Ermordung des Erzherzogs zur Folge haben sollte. Um zu verstehen, warum dies geschah, müssen wir die Entwicklung der Julikrise und die schwerwiegenden Entschlüsse betrachten, die von einem individuellen Terrorakt zum Ausbruch eines Weltkrieges führten. In diesem Kapitel wollen wir die Entscheidungen anhand der Beschreibungen und Erläuterungen der Beteiligten schildern. Später werden wir einige Erklärungen untersuchen, die über das Material in den diplomatischen und politischen Dokumenten, auf denen dieser Bericht basiert, hinauszugehen versuchen, aber zuerst wollen wir hören, was die verantwortlichen politischen Führer zu ihrem Handeln angesichts der Krise und zu den Gründen, mit denen sie damals ihre Entscheidungen rechtfertigten, zu sagen haben.

Die zuerst unmittelbar betroffenen Regierungen waren

die Österreich-Ungarns und Serbiens, denn es wurde von den österreichischen Behörden sofort angenommen, daß die Attentäter nicht von außen kamen und mit stillschweigender Duldung der serbischen Regierung und Staatsbeamten operiert hatten. Seit eine neue Herrscherdynastie 1903 in Serbien an die Macht gekommen war, unterstützt von extrem nationalistischen Offizieren, die entschlossen waren, Serbiens Grenzen auszudehnen, bis alle unter fremder Herrschaft lebenden Serben einbezogen waren, hatten Kaiser Franz Joseph und seine Berater sich über die Anziehungskraft, die Serbien auf die Südslawen – Kroaten wie Serben – in der Monarchie ausüben konnte, zunehmend besorgt gezeigt.

Den Fortbestand der Habsburger Monarchie sollte nicht unbedingt eine Lösung des Nationalitätenproblems – die vielleicht unmöglich war – garantieren, doch zumindest die Aufrechterhaltung eines »ausgeglichenen Zustands allseitiger Unzufriedenheit«[1], wie es ein österreichischer Staatsmann ausgedrückt hat. Jede Maßnahme der Serben, die separatistische Nationalgefühle unter den Südslawen in der Monarchie ermutigte, wurde deshalb als direkte Bedrohung der Existenz des österreichisch-ungarischen Staates angesehen. Das Attentat auf Franz Ferdinand erschien als willkommener Vorwand, Schritte gegen Serbien zu unternehmen, um sich dieser Bedrohung zu entledigen. Sofort nach dem Attentat beriet die österreichisch-ungarische Regierung, wie diese Schritte aussehen sollten. Ein zusätzliches Argument für energische Maßnahmen gegen Serbien lieferte der Umstand, daß Österreich-Ungarn in den zwei Balkankriegen von 1912 und 1913 die Serben nicht daran hatte hindern können, große Territorialgewinne zu machen, infolge deren Serbien 1914 beträchtlich größer war als zwei Jahre zuvor.

Die von Stabschef Franz Baron Conrad von Hötzendorf vorgeschlagene Lösung bestand in sofortiger Mobilmachung gegen Serbien, um die serbische Regierung zu stärkerer Kontrolle über die Terroristengruppen zu zwingen und zur Einsicht, daß subversive Aktionen gegen Österreich zwecklos waren. Zwei Einwände bestanden gegen dieses Vorgehen. Der eine, der bald verstummte, lautete, daß die Androhung militärischen Eingreifens in Serbien andere Nationalitäten des Vielvölkerstaates, vor allem die Tschechen, dazu provozieren könnte, eine Revolution zu versuchen. Der andere Einwand wurde von Stefan Tisza, dem ungarischen Ministerpräsidenten, geltend gemacht und lautete, daß es schon genug Serben in Österreich-Ungarn (besonders in der ungarischen Hälfte der Monarchie) gebe und Maßnahmen gegen Serbien keinesfalls zur Annexion serbischen Territoriums und somit zur Erhöhung der Zahl direkt unter österreichisch-ungarischer Herrschaft stehender Serben führen dürften.

Das Gelingen eines Eingreifens in Serbien mit dem Ziel, Serbien zum Satellitenstaat zu machen, setzte voraus, daß dies bewerkstelligt wurde, ohne eine internationale Krise zu verursachen, in deren Verlauf Rußland zur Unterstützung Serbiens intervenieren würde. Von Anfang an war sich die österreichisch-ungarische Regierung dieser Gefahr bewußt, aber sie hoffte, mit einer verbindlichen Zusage deutscher Unterstützung eine solche Intervention verhindern zu können – 1908 hatte Rußland bei der österreichisch-ungarischen Annexion Bosniens einen Rückzieher gemacht, als Deutschland zu erkennen gab, daß es Österreich unterstützen würde –, oder glaubte, daß das Risiko eines Krieges mit Rußland eingegangen werden mußte, selbst wenn für dieses Risiko keine militärischen Vorkehrungen getroffen waren.

Gleich nach dem Begräbnis des Erzherzogs beschlossen deshalb der Außenminister Österreich-Ungarns, Graf Berchtold, und Conrad, der Generalstabschef, um Deutschlands Unterstützung zu bitten, und sandten den Leiter von Berchtolds Privatbüro mit einem persönlichen Schreiben

Franz Josephs an den Kaiser nach Berlin, wo er am 5. Juli den Brief überreichte. Nach dem Mittagessen im Schloß von Potsdam versicherte der Kaiser dem österreichischen Abgesandten, daß Österreich auf volle deutsche Unterstützung zählen könne, selbst wenn Rußland eingreifen sollte. Am 7. Juli trat der österreichisch-ungarische Ministerrat zusammen, um über die Antwort aus Berlin zu beraten und den nächsten Schritt zu entscheiden. Bei dieser Sitzung äußerte Graf Stefan Tisza einige seiner Bedenken, aber entschieden wurde, weitere Maßnahmen gegen Serbien zu ergreifen. Berchtold begab sich nach Bad Ischl, um dem Kaiser Bericht zu erstatten, der den Sommer wie üblich im Kurort im Salzkammergut verbrachte. In der Woche darauf kam es zu weiteren Gesprächen, und Tiszas Bedenken wurden überstimmt, so daß die österreichisch-ungarische Regierung sich am 14. Juli auf den Entwurf eines Ultimatums an Serbien einigen konnte, das am 19. Juli verabschiedet wurde. In der Note wurde von Serbien verlangt, einer Reihe österreichischer Bedingungen zuzustimmen, unter anderem der Forderung nach Unterdrückung anti-österreichischer Propaganda in Serbien, Auflösung der serbischen Nationalistenvereinigung Narodna Odbrana, nach Disziplinarmaßnahmen gegen Offiziere und Beamte, die sich der Propaganda gegen Österreich schuldig gemacht hatten, nach Verhaftung namentlich benannter Offiziere, die im Verdacht standen, die Verschwörer, die den Erzherzog ermordet hatten, zu begünstigen und zu unterstützen, sowie nach Verschärfung der Kontrollen an der Grenze zwischen Serbien und Österreich-Ungarn. Außerdem wurde verlangt, Vertreter der österreichisch-ungarischen Regierung an der Untersuchung zu beteiligen, die Serbien zur Aufklärung des Attentatskomplotts durchführen sollte, und an den Unterdrückungsmaßnahmen gegenüber subversiven Aktivitäten, die sich gegen den österreichisch-ungarischen Staat richteten. Diese scharfen Forderungen sollten der serbischen Regierung am 23. Juli überreicht werden, mit der Auflage, daß diese innerhalb von achtundvierzig Stunden zu antworten habe. Zur gleichen Zeit bekräftigte die deutsche Führung wiederholt ihre Zusage an Österreich-Ungarn und setzte sich nachdrücklich für schnelles Handeln ein. Der österreichische Botschafter in Berlin berichtete, daß dortige Regierungskreise von der Gunst der Stunde sogar im Falle einer russischen Intervention überzeugt gewesen seien, weil Rußland militärisch noch nicht ausreichend vorbereitet war und nicht nahezu so stark, wie es das einige Jahre später gewesen wäre. Darüber hinaus war sich Jagow, der deutsche Staatssekretär des Auswärtigen Amtes, zwar Österreichs Schwäche bewußt, aber davon überzeugt, daß Deutschland seinen Verbündeten um jeden Preis unterstützen mußte, wenn Österreich als Großmacht und als Bündnispartner überleben sollte. Und Jagow hoffte – wie die österreichische Führung –, daß entschiedenes Handeln die Russen nicht zur Intervention ermutigen, sondern davon abschrecken würde. Während in Wien die genauen Bedingungen des Ultimatums ausgehandelt wurden, drängte der Bündnispartner in Berlin deshalb wiederholt auf schnelles Handeln; er ließ keinen Zweifel an seiner Bereitschaft, einen Krieg zu riskieren, und zeigte sogar Ungeduld angesichts der Verzögerungen bei der Übergabe des Ultimatums.

In den drei Wochen seit der Ermordung des Erzherzogs hatte die Öffentlichkeit nicht den Eindruck, daß eine internationale Krise drohte, und jene Europäer, die es sich leisten konnten, fuhren wie üblich in die Sommerfrische. Außerdem hatten die österreichisch-ungarische Regierung und ihr deutscher Verbündeter zwei gute Gründe für die Verzögerung bei der Übermittlung des Ultimatums an Serbien. Erstens ermöglichte sie einen Zeitgewinn beim Einbringen der Ernte, die durch die Mobilmachung nachhaltig gestört werden würde. Zweitens würde die Übermittlung des Ultimatums am 23. Juli bedeuten, daß es nicht während des Besuchs des Präsidenten der Französischen Republik, Raymond Poincaré, und des Ministerpräsidenten René Viviani in Petersburg in Belgrad eintraf; dieser Besuch war einige Zeit zuvor im Rahmen regelmäßiger Treffen zwischen den Franzosen und ihrem russischen Verbündeten vereinbart worden und sollte zwischen dem 20. und 23. Juli stattfinden; und, wie Berchtold zum deutschen Botschafter in Wien sagte, »sei [. . .] zu vermeiden, daß in Petersburg bei Champagnerstimmung eine Verbrüderung gefeiert werde, die dann die Stellungnahme beider Reiche beeinflussen und womöglich festlegen würde. Es sei auch gut, wenn die Toaste noch vor Übergabe der Note erledigt seien«.[2]

Der russische Außenminister Sasonow hatte vom 14. bis zum 20. Juli einen kurzen Urlaub auf seinem Landsitz verbracht, bevor er die französischen Besucher empfing. Aber schon vor der Ankunft Poincarés und Vivianis am 20. Juli begann die russische Regierung den Verdacht zu hegen, daß die Österreicher schwerwiegende Schritte gegen Serbien vorbereiteten, und Sasonow war bereits der Ansicht, daß Rußland militärische Vorkehrungen würde treffen müssen. Rußland hatte den Kode des österreichisch-ungarischen Außenministeriums geknackt und war vermutlich über den Inhalt der Telegramme zwischen Wien und der Botschaft in St. Petersburg informiert. Auf jeden Fall hatte schon am 16. Juli der italienische Botschafter in Rußland einen hohen Beamten im russischen Außenministerium gewarnt, daß »Österreich fähig sei, einen nicht wieder gutzumachenden Schritt gegen Serbien zu unternehmen, in der Berechnung, daß, wenn auch Rußland in Worten Einspruch erheben, es sich doch nicht entschließen würde, mit Gewalt Serbien vor den Anschlägen Österreich-Ungarns zu schützen«.[3] Und am selben Tag berichtete der russische Botschafter aus Wien fast dasselbe. Als Poincaré am Nachmittag des 20. Juli in Rußland eintraf, herrschte folglich eine Atmosphäre der Befürchtungen und der Ungewißheit.

Wir wissen erstaunlich wenig über die Gespräche zwischen den Repräsentanten der französischen und der russischen Regierung. Die Vertreter Frankreichs waren von ihrem Außenministerium auf bestimmte Themen vorbereitet worden, insbesondere auf Fragen, die französische Wirtschaftsunternehmungen in Rußland berührten. Der deutsche Botschafter berichtete, daß Poincaré zwar sehr feierlich empfangen wurde, in der Öffentlichkeit jedoch auf wenig Enthusiasmus stieß; zudem erschwerte ein Streik die Berichterstattung über den Besuch. Aber sowohl Deutsche wie Österreicher befürchteten, daß die nationalistischen und antideutsch eingestellten Kreise in St. Petersburg – wie um den Großherzog Nikolaus, dessen montenegrinische Frau leidenschaftlich für Serbien Partei ergriff –, unterstützt vom französischen Botschafter Maurice Paléologue, Entscheidungen in ihrem Sinne beeinflussen könnten. Obgleich nichts Konkretes entschieden wurde, vermittelte der Besuch den Eindruck enger und freundschaftlicher Zusammenarbeit zwischen den beiden Regierungen. Poincaré und Viviani reisten mit ihren Begleitern am Abend des 23. Juli mit dem Schiff ab. Am Nachmittag dieses Tages war das österreichisch-ungarische Ultimatum in Belgrad jenen serbischen Ministern zugestellt worden, die kurzfristig erreichbar waren.

Obwohl Gerüchte über einen dramatischen Schritt Österreich-Ungarns seit einigen Tagen im Umlauf waren und in St. Petersburg während des französischen Besuchs wiederholt worden waren, und obwohl am 22. Juli allgemein angenommen wurde, daß dieser Schritt unmittelbar bevorstand, rief die Veröffentlichung der Bedingungen des österreichischen Ultimatums und die Kürze der achtundvierzigstündigen Frist große Bestürzung hervor. »C'est la guerre européenne«, rief Sasonow aus, als er die Nachricht am Morgen des 24. Juli hörte[4], und Sir Edward Grey, der britische Außenminister, bezeichnete die österreichisch-ungarische

Note als »das furchtbarste Dokument, das ich je einen Staat an einen andern unabhängigen Staat habe richten sehen«.[5] Die Reaktion der serbischen Regierung war begreiflicherweise Verwirrung und Entsetzen. Serbien sah sich mit einer innenpolitischen Krise konfrontiert (siehe Kapitel 4) und stand kurz vor Parlamentswahlen. Militärisch hatte es sich noch nicht von den beiden Balkankriegen erholt. Als das Ultimatum überreicht wurde, befand sich der Ministerpräsident, Nikolaus Pašić, auf einer Wahlkampfreise und wollte einige Tage Urlaub machen. Unter Schwierigkeiten gelang es, ihn zu erreichen, und am Morgen des 25. Juli traf er in Belgrad ein. In der Zwischenzeit versuchte das serbische Kabinett, Zeit zu gewinnen, und hoffte auf einen Vermittler, zum Beispiel in der Person des Königs von Italien, der ein Onkel des Prinzregenten Alexander war. Aber die Knappheit der Frist zwang das Kabinett, zu entscheiden, ob es überhaupt eine andere Wahl hatte, als sich dem Ultimatum zu unterwerfen. Es gibt Hinweise darauf, daß man dies in Betracht gezogen hat. Aber die Antwort, die abgesandt wurde, war zwar äußerst entgegenkommend formuliert, doch sie enthielt Einwände gegen die Teilnahme österreichisch-ungarischer Beamter an der serbischen Untersuchung des Attentatskomplotts gegen Franz Ferdinand. Dies genügte; der österreichisch-ungarische Botschafter in Belgrad war instruiert worden, daß jede serbische Antwort, die nicht bedingungslos alle Forderungen des Ultimatums akzeptierte, zum Abbruch der diplomatischen Beziehungen führen mußte. Die serbische Antwort wurde dem österreichischen Vertreter, Baron Giesl, am 25. Juli um 18 Uhr, kurz vor Ablauf der Frist, überreicht. Giesl erklärte sie sofort als unzulänglich und reiste mit dem Zug um 18.30 Uhr ab.

Es ist oft über die serbische Politik in diesen kritischen achtundvierzig Stunden gerätselt worden, und das Thema bietet noch immer Anlaß zu Kontroversen zwischen jugoslawischen Politikern wie auch Gelehrten. Einige tendierten zur Ansicht, daß Pašić fürchtete, eine Beteiligung Österreichs an der Untersuchung würde das Ausmaß der Komplizenschaft oder zumindest der Mitwisserschaft der serbischen Regierung an dem Attentatskomplott aufdecken, und deshalb jenen Teil des Ultimatums als unannehmbar erklärte. Andere haben vermutet, daß ein Angebot russischer Unterstützung bewirkte, daß die serbischen Minister sich von einer resignativen Annahme des ganzen Ultimatums abkehrten und für eine Annahme mit Vorbehalten entschieden. Wir wissen, daß der Regent von Serbien sich am 24. Juli in einem persönlichen Appell an den Zaren darüber beklagt hatte, daß die österreichischen Bedingungen unnötig demütigend seien und die Frist zu kurz sei. »Wir können uns nicht verteidigen; deshalb bitten wir Eure Majestät, uns so schnell wie möglich Ihre Hilfe zu leihen. Eure Majestät haben uns soviel Beweise Ihres kostbaren Wohlwollens gegeben, und wir hoffen bestimmt, daß dieser Appell ein Echo in Ihrem slawischen und großmütigen Herzen finden wird.«[6]

Noch bevor diese Nachricht in St. Petersburg empfangen wurde, stand die russische Antwort außer Frage. Als Sasonow vom österreichischen Botschafter die Bedingungen des Ultimatums an Serbien erfuhr, beschuldigte er die österreichisch-ungarische Regierung, vorsätzlich den Krieg herbeizuführen. »Vous mettez le feu à l'Europe!«[7] Er zog sofort den Stabschef General Januschkewitsch zu Rate, und am nächsten Tag, dem 25. Juli, genehmigte der Zar die Einleitung der Teilmobilmachung, wenngleich die Mobilmachung noch nicht angeordnet wurde. Diese Maßnahmen meldete der serbische Botschafter in St. Petersburg enthusiastisch an seine Regierung in Belgrad.[8]

Am 24. Juli – fast vier Wochen nach der Ermordung Franz Ferdinands – begann man außerhalb Berlins und Wiens das Ausmaß und die Weiterungen der Krise zu erkennen. Während der ganzen Krise waren die deutsche und die österreichische Regierung das Risiko eingegangen, daß die österreichischen Forderungen an Serbien eine Intervention Rußlands und diese wiederum einen europäischen Krieg zur Folge haben könnten. Dennoch hatten sie geglaubt, daß eine solche Intervention um so unwahrscheinlicher wäre, je energischer Österreich aufträte und je eindeutiger Deutschland sich hinter den Bündnispartner stellte. Doch das Risiko mußte eingegangen werden – von Österreich-Ungarn, weil »*die Monarchie zu einem energischen Entschlusse kommen müsse,* um ihre Lebenskraft zu beweisen und den *unhaltbaren Zuständen im Südosten ein Ende zu machen*«[9], wie Tisza es gegenüber dem deutschen Botschafter ausdrückte, und von den Deutschen, weil viele der maßgeblichen Personen die vom bayerischen Vertreter in Berlin nach Gesprächen mit dem Staatssekretär und anderen hohen Beamten im Auswärtigen Amt zusammengefaßte Ansicht teilten, man sei »also hier der Ansicht, daß es für Österreich sich um eine Schicksalsstunde handle, und aus diesem Grunde [habe] man hier, auf eine Anfrage aus Wien, ohne Zögern erklärt, daß wir mit jedem Vorgehen, zu dem man sich dort entschließe, einverstanden seien, auch auf die Gefahr eines Krieges mit Rußland hin«.[10] Während der Tage nach der Übergabe der österreichischen Note in Belgrad am 23. Juli wurde zunehmend klar, daß jene Kreise in Berlin und Wien, die darauf vertrauten, daß energische Maßnahmen Österreichs und eine eindeutige Unterstützung seitens Deutschlands Rußland abschrecken würden, sich gewaltig im Irrtum befanden.

Am 24. Juli begann die britische Regierung sich ernsthaft Sorgen zu machen. Am Vortag hatte Graf Mensdorff, der österreichisch-ungarische Botschafter in London, Grey privat über die österreichischen Forderungen informiert, insbesondere über die Frist, die Serbien gestellt werden sollte. Grey sah sofort die furchtbaren Folgen, die entstehen konnten:

»Die möglichen Folgen der gegenwärtigen Lage [waren] schrecklich. Wenn nicht weniger als vier Großmächte Europas – z. B. Österreich, Frankreich, Rußland und Deutschland – in einen Krieg verwickelt würden, so [mußte] dies meines Erachtens solch ungeheure Geldsummen verschlingen und eine derartige Störung des Welthandels verursachen, daß der Krieg von einem vollständigen Zusammenbruch des Kreditwesens und der Industrie Europas begleitet sein oder einen solchen nach sich ziehen werde. Das würde heutigentags in großen Industriestaaten einen schlimmeren Zustand als den von 1848 bedeuten und mancherlei verschwände vielleicht völlig von der Bildfläche, wer auch immer als Sieger aus dem Kriege hervorgehe.«[11]

Grey begann am nächsten Tag zu erkunden, welche Möglichkeit bestand, »daß Deutschland, Frankreich, Italien und wir, die wir kein unmittelbares Interesse an Serbien hätten, gleichzeitig in Wien und St. Petersburg gemeinsam für den Frieden wirkten«.[12] Nachdem Grey die Botschafter Frankreichs und Deutschlands gesprochen hatte, war ihm klar, daß ein Krieg zwischen Österreich und Serbien andere Länder einbeziehen würde, und er verbrachte den größten Teil des nächsten Tages damit, eine gemeinsame Vermittlung in die Wege zu leiten, bevor er am Wochenende nach Hampshire zum Angeln fuhr. Am Nachmittag des 26. Juli ließ er von seinem Landhaus in Itchen Abbas aus eine formelle Einladung an die Regierungen Italiens, Frankreichs und Deutschlands ergehen, ihre Botschafter in London anzuweisen, sich mit ihm zu einer Konferenz zu treffen, »um einen Ausweg zur Vermeidung von Verwicklungen zu suchen«.[13]

Als Greys Einladung erfolgte, planten zwei der unmittelbar betroffenen Länder bereits Kriegshandlungen, obwohl noch kein unwiderruflicher Schritt getan war. Am 25. Juli drängte die deutsche Regierung auf sofortiges militärisches Eingreifen Österreichs gegen Serbien, denn »man sieht hier in jeder Verzögerung des Beginnes der kriegerischen Operationen große Gefahr betreffs Einmischung anderer Mächte«.[14] Am nächsten Tag legte General Conrad, der Chef des österreichisch-ungarischen Generalstabs, jedoch dar, daß seine Mobilmachungspläne einen Angriff auf Serbien nicht vor dem 12. August erlaubten. Dies warf die Frage nach der Opportunität einer Kriegserklärung auf, die nicht von Kriegshandlungen begleitet war. Am 27. Juli obsiegte die Ansicht Berchtolds, und es wurde beschlossen, am 28. Juli eine förmliche Kriegserklärung an Serbien ergehen zu lassen; Berchtold zumindest scheint gehofft zu haben, daß dies Serbien so erschrecken würde, daß es sich bedingungslos unterwerfen würde, so daß man auf militärische Maßnahmen verzichten konnte. Die Kriegserklärung erwähnte nicht nur die unzulängliche serbische Antwort auf die österreichische Note vom 23. Juli, sondern behauptete auch, daß die Serben an der bosnischen Grenze bereits eine Abteilung der österreichisch-ungarischen Armee angegriffen hätten – eine Beschuldigung, die auf einen unbestätigten Bericht gründete, der sich im nachhinein als falsch erwies, wenngleich die serbische Armee nach Empfang des Ultimatums sogleich mobilisiert worden war. Am 26. Juli stimmte der Zar der Teilmobilmachung in den Militärbezirken von Kiew, Odessa, Moskau und Kasan zu. Obwohl nunmehr die Vorbereitungen getroffen waren, wurde noch kein Mobilmachungsbefehl gegeben.

Aber selbst wenn die Verzögerungen der österreichischen und russischen Mobilmachung noch Spielraum für die von Grey vorgeschlagenen diplomatischen Verhandlungen zuließen, beendete die Antwort, die er am Abend des 27. Juli von der deutschen Regierung erhielt, nachdem die Franzosen und Italiener seinem Vorschlag zugestimmt hatten, die Hoffnung, auf diesem Wege einen Krieg zu vermeiden, denn Jagow hatte die Ansicht vertreten, es handle sich um eine Angelegenheit, die allein Rußland und Österreich betreffe und zwischen diesen Ländern verhandelt werden solle. Da jener Zeitpunkt für den Beginn von Gesprächen zwischen Rußland und Österreich günstig schien (am 26. Juli hatte Sasonow ein ruhiges und konstruktives Gespräch mit dem österreichischen Botschafter in St. Petersburg geführt) und Jagow eine Vermittlung zu einem späteren Termin nicht ausschloß, mußte Grey sich einstweilen mit dem Scheitern seines Vorschlags abfinden. Am 27. Juli, bevor er von der Ablehnung seines Vorschlags durch die Deutschen erfuhr, erörterte Grey mit dem Kabinett zum erstenmal die noch hypothetische Frage, ob England in den Krieg eintreten solle, wenn Frankreich von Deutschland angegriffen würde. Man erkannte nunmehr, daß ein bewaffneter Konflikt sich nicht örtlich begrenzen lassen würde. Obwohl im Kabinett eine starke Opposition gegen einen englischen Kriegseintritt bestand, wurde dennoch der Entschluß des Ersten Seelords gutgeheißen, die britische Flotte, die Manöver durchgeführt hatte, nicht in ihre Basen zurückkehren zu lassen und die Besatzungen nicht in Urlaub zu schicken, wie es normal gewesen wäre.

Eine französische Reaktion auf die Krise war dadurch erschwert, daß Präsident und Ministerpräsident sich während dieser Tage wachsender Spannungen auf der Schiffsreise von St. Petersburg nach Frankreich befanden. Die drahtlose Telegrafie war noch sehr störanfällig, und Poincaré beschrieb später seine Verzweiflung über die unverständlichen, verstümmelten Funkmeldungen, die ihn und Viviani an Bord der France vom Eiffelturm aus erreichten; erst am 25. Juli, als sie in Stockholm eintrafen, konnten sie den Ernst der Lage erfassen, und die Meldungen, die das Schiff auf dem Weg nach Kopenhagen in der Ostsee auffing, bestätigten diesen Eindruck. In der Folge sagten die Franzosen ihre Staatsbesuche in Dänemark und Norwegen ab und kehrten auf schnellstem Weg nach Frankreich zurück. Am Morgen des 29. Juli landeten sie in Dünkirchen. In den kritischen Tagen unmittelbar nach Bekanntwerden des österreichischen Ultimatums konnten die Führer der französischen Regierung also nur wenig dazu beitragen, die Ereignisse zu steuern. Während ihrer Abwesenheit verhielt sich der amtierende Außenminister Jean-Baptiste Bienvenu-Martin, der Justizminister, unentschlossen und zögernd und erkannte wesentlich langsamer als die Pariser Presse den Ernst der Lage, so daß sowohl der deutsche wie der österreichische Botschafter den Eindruck gewannen, Frankreich werde Rußland nur halbherzig unterstützen. Die Abwesenheit des Präsidenten und des Ministerpräsidenten führte außerdem dazu, daß Maurice Paléologue, der französische Botschafter in St. Petersburg, der das Bündnis mit Rußland bedingungslos bejahte, sich ermächtigt fühlte, Sasonows Zweifel zu zerstreuen, dessen Stimmungsschwankungen die Lage zusätzlich komplizierten, und ihm zu versichern, daß Frankreich seine Verpflichtungen als Verbündeter erfüllen werde. Und es hat den Anschein, als habe er keinen Wert darauf gelegt, das Außenministerium in Paris über die Geschehnisse in St. Petersburg zwischen dem Abend des 23. Juli, als Poincaré und Viviani abreisten, und ihrer Ankunft in Frankreich sechs Tage später auf dem laufenden zu halten.

Tatsächlich hatten die Franzosen schon Vorkehrungen getroffen. Soldaten auf Urlaub wurden unauffällig zu ihren Regimentern zurückbeordert, aus Marokko wurden Einheiten zurückverlegt, die Präfekten ermahnten die Redakteure von Provinzzeitungen zu patriotischem und besonnenem Auftreten. Und am 27. Juli brachten General Joffre, der Stabschef, und Adolphe Messimy, der Kriegsminister, durch den Militärattaché in St. Petersburg ihre Hoffnung zum Ausdruck, daß im Falle eines Kriegsausbruchs das russische Oberkommando sofort in Ostpreußen die Offensive eröffnen werde. Die französischen Militärbehörden beunruhigten vermutlich Berichte des Inhalts, daß die Russen bisher die Mobilmachung gegen Österreich lediglich vorbereiteten. Als das französische Kabinett am Abend des 29. Juli unter dem Vorsitz des Präsidenten der Republik zusammentrat, sah es sich mit einer neuen Verschlechterung der Lage konfrontiert. Nicht genug damit, daß Österreich am Vortag Serbien den Krieg erklärt und am 29. Juli Belgrad von seiner Donauflotte aus bombardiert hatte, auch die deutsche Regierung drohte Frankreich jetzt unverhohlen: der deutsche Botschafter hatte Viviani umgehend nach seiner Rückkehr nach Paris erklärt, daß die militärischen Vorkehrungen, die Frankreich zu treffen begonnen hatte, Deutschland zur Ausrufung des »Zustands drohender Kriegsgefahr« berechtige, der die Vorstufe zur Mobilmachung war.

Am Abend des 29. Juli waren von allen betroffenen Staaten äußerst schwerwiegende Militärmaßnahmen eingeleitet: Österreich-Ungarn und Serbien befanden sich bereits im Kriegszustand, auch wenn die österreichische Armee ihre Operationen erst in einigen Tagen beginnen konnte und die Generalmobilmachung – die Mobilmachung gegen Rußland – noch nicht befohlen worden war; die Franzosen hatten mit Vorkehrungen begonnen, und die Briten hatten ihre Flotte einsatzbereit gehalten. Am schwerwiegendsten war jedoch, daß der Zar an jenem Morgen zwei alternative Dekrete unterzeichnet hatte, eines für die Teilmobilmachung und eines für die Generalmobilmachung. Am selben Abend suchte der deutsche Botschafter Sasonow auf und zeigte ihm ein Telegramm des deutschen Kanzlers Bethmann Hollweg: »Bitte Herrn Sasonow sehr ernst darauf hinweisen, daß weiteres Fortschreiten russischer Mobilisierungsmaßnahmen uns zur Mobilmachung zwingen würde, und daß dann europäischer Krieg kaum noch aufzuhalten sein werde.«[15] Mit diesem Schritt erreichte er das Gegenteil dessen, was die Deutschen vermutlich beabsichtigten, denn der Außenminister, der Kriegsminister und der Stabschef kamen überein, sofort die Generalmobilmachung anzuordnen. Doch der Zar zögerte noch, denn er hatte gerade ein Telegramm des Kaisers (in englisch) erhalten, das mit den Worten endete: »I am exerting my utmost influence, to induce the Austrians to deal straightly to arrive to a satisfactory understanding with you. I confidently hope you will help me in my efforts to smoothe over difficulties that may still arise. Your very sincere and devoted friend and cousin Willy.«[16] In der Tat waren dem Kaiser und dem Reichskanzler, Theobald von Bethmann Hollweg, inzwischen Bedenken gekommen. Am 27. Juli hatte Bethmann ein Telegramm von Fürst Lichnowsky, dem deutschen Botschafter in London, erhalten, in dem eine Botschaft von Grey weitergegeben wurde, der die Deutschen bat, die österreichische Regierung dazu zu bewegen, die serbische Antwort auf ihr Ultimatum anzunehmen, welche Greys Ansicht nach »den österreichischen Forderungen in einem Umfange entgegengekommen sei, wie er es niemals für möglich gehalten habe«.[17] Grey, den Lichnowsky zum ersten Mal seit Beginn der Krise verstimmt antraf, hatte geäußert, daß die Zukunft der deutsch-englischen Beziehungen von einem gemeinsamen Handeln zur Abwendung des Krieges abhinge, daß er getan habe, was in seiner Macht stand, um in Rußland auf Mäßigung zu drängen, und daß es nun an den Deutschen sei, in Wien dasselbe zu tun. Bethmann gab das Telegramm sofort an den Kaiser weiter. Am Nachmittag des nächsten Tages antwortete der Kaiser, daß die serbische Antwort den Kriegsgrund aufgehoben habe, die Serben jedoch »Orientalen, daher verlogen, falsch und Meister im Verschleppen« seien und Österreich daher gut daran tue, Belgrad als »Faustpfand für die Erzwingung und Durchführung der Versprechen [zu besetzen und solange zu behalten], bis *thatsächlich* die petita durchgeführt sind«.[18] Dieser Vorschlag wurde wenig später am selben Tag nach Wien weitergeleitet; da die österreichische Regierung bereits erklärt hatte, sie habe keine Absicht, serbisches Territorium auf Dauer zu annektieren, schien er eine realistische Verhandlungsbasis zu sein. Aber trotz Nachfragen zögerte Berchtold eine Antwort hinaus, und schließlich antwortete er ausweichend. Dies hatte zweifellos damit zu tun, daß die österreichisch-ungarische Regierung widersprüchliche Ratschläge aus Berlin erhielt. Gerade als Berchtold Bethmanns Vorschlag erwog, »in Belgrad halt zu machen«, wurde General Conrad von Feldmarschall von Moltke, dem Chef des deutschen Generalstabs, zum Handeln gedrängt, weil jede weitere Hinauszögerung der österreichischen Mobilmachung eine Katastrophe bedeute. Es überrascht nicht, daß Berchtold verzweifelt die Arme hochgeworfen und gerufen haben soll: »Das ist gelungen! Wer regiert: Moltke oder Bethmann?«[19] Zwischen dem 28. und dem 31. Juli entwickelten sich die Ereignisse zu schnell für die Diplomaten, weil die Entscheidungen inzwischen mehr und mehr von den Militärs getroffen wurden.

Sir Edward Grey hatte trotz seiner Entmutigung die Hoffnung auf eine Vermittlung nicht aufgegeben, und er begrüßte die Möglichkeit, »in Belgrad halt zu machen«, was weitere Verhandlungen zwischen Österreich und Rußland ermöglichen würde. Aber diese Hoffnungen schwanden dahin, als klar wurde, daß Österreich Serbien keinerlei Konzessionen machen wollte. Am Spätnachmittag des 29. Juli berichtete der britische Botschafter Grey, der deutsche Kanzler »habe sogleich Ihre Ansicht nach Wien mitgeteilt, daß serbische Antwort Grundlage für Verhandlungen bilden könne. Er bedauerte erklären zu müssen, daß österreichisch-ungarische Regierung geantwortet habe, es sei zu spät, Ihrem Vorschlag Folge zu geben, da sich Ereignisse zu rasch entwickelt hätten«.[20] Der Fehlschlag von Greys Initiative und die Verringerung des Spielraums für diplomatische Eingriffe, der England blieb, bewirkten, daß die britische Regierung sich ganz neuen Schwierigkeiten gegenübersah. Die Briten sahen sich zunehmend französischem und russischem Druck ausgesetzt, sich zum Verbündeten zu erklären, und gleichzeitig verlangten die Deutschen beharrlich eine Zusage britischer Neutralität. Schon am 25. Juli hatte Sasonow Sir George Buchanan, dem britischen Botschafter in St. Petersburg, erklärt, wenn »wir [die Briten] uns fest mit Frankreich und Rußland verbünden würden, würde es keinen Krieg geben. Wenn wir sie jetzt im Stich ließen, würden Ströme von Blut fließen, und wir würden am Schluß hineingezogen«.[21] Dies sollte in den folgenden Tagen der Tenor aller französischen und russischen Führer bleiben. Am Abend des 30. Juli machte Präsident Poincaré gegenüber Sir Francis Bertie, dem britischen Botschafter in Paris, dasselbe geltend, und Bertie telegrafierte nach London: »Präsident der Republik glaubt nicht, daß österreichisch-ungarische Regierung diese Bedingungen Rußlands annehmen wird. Er ist überzeugt, daß Erhaltung des Friedens unter den Mächten in den Händen Englands liegt, denn wenn Seiner Majestät Regierung verkünde, daß England im Falle eines aus gegenwärtigen österreichisch-serbischen Streitigkeiten entstehenden Konfliktes zwischen Deutschland und Frankreich diesem zu Hilfe kommen werde, so würde es zu keinem Kriege kommen, da Deutschland dann sofort seine Haltung ändern werde.«[22] Greys Erwiderung ließ erkennen, daß England sich weiterhin heraushalten wollte. Paul Cambon gegenüber hatte er am 29. Juli dargelegt:

»Wir hätten noch keinen Beschluß hinsichtlich unserer Haltung gefaßt, wenn Deutschland und auch Frankreich in die Sache verwickelt würden [...]. Ich hielte es für nötig, das zur Sprache zu bringen, weil wir ... alle Vorsichtsmaßregeln bezüglich unserer Flotte träfen und ich vorhätte, Fürst Lichnowsky zu warnen, nicht auf unsere Neutralität zu rechnen. Aber es wäre nicht fair, wenn ich Herrn Cambon zu der Annahme verleitete, daß dies bedeutete, wir hätten bereits entschieden, was wir in einer möglichen Lage tun würden, von der ich immer noch hoffte, daß sie nicht eintreten werde.«[23]

Den Deutschen gegenüber drückte er sich nicht viel anders aus. Am Abend zuvor hatte Bethmann sich um britische Neutralität bemüht, indem er anbot, daß Deutschland keine französischen Gebiete annektieren werde, falls England neutral bliebe – die französischen Kolonien allerdings ausgenommen. Sir Eyre Crowe, der Stellvertretende Unterstaatssekretär im Außenministerium, notierte: »Diese erstaunlichen Vorschläge bedürfen nur des einzigen Kommentars, daß sie ein sehr schlechtes Licht auf den Staatsmann werfen, der sie macht.«[24] Doch selbst da zögerte Grey noch. Ohne sich auf einen Handel über die britische Neutralität einzulassen, antwortete er den Deutschen: »Meine Antwort kann nur lauten, daß wir unsere volle Freiheit wahren müssen, bei einer solch ungünstigen und bedauerlichen Entwicklung der gegenwärtigen Krise, wie sie der Kanzler ins Auge faßt, so zu handeln, wie es die Umstände von uns zu verlangen scheinen.«[25] Greys Widerstreben gegen ein Bündnis Englands mit Frankreich und Rußland hatte anfänglich die Befürchtung zugrunde gelegen, daß die russische Regierung von vornherein unnachgiebiger gewesen und die Chancen einer erfolgreichen Vermittlung geschmälert worden wären. Ein Regierungsmitglied, das gegen ein britisches Eingreifen war, drückte es so aus: »Wenn beide Seiten nicht wissen, was wir vorhaben, werden beide sich mehr vorsehen.«[26] Greys Zögern am 28. Juli resultierte dagegen aus der Erkenntnis, daß er seine Kabinettskollegen nicht zu einer eindeutigen Politik bewegen konnte. Am 29. Juli einigte sich das Kabinett »nach langer Diskussion« darauf, daß es »in diesem Stadium nicht in der Lage [sei], im voraus zu versprechen, entweder unter allen Umständen nicht einzugreifen, oder unter bestimmten Umständen dies zu tun«.[27] Und erst am 1. August erklärte die Regierung, »daß wir nämlich dem Parlament in diesem Augenblick nicht vorschlagen könnten, ein Expeditionsheer auf das Festland zu schicken«[28], eine Antwort, die Paul Cambon bestürzte. Englands Zögern wurde erst am 2. August beendet. Da waren Deutschland und Rußland bereits in den Krieg eingetreten.

Am 29. Juli hatte der Zar die Generalmobilmachung noch nicht befehlen wollen, und am selben Tag widersetzte sich Bethmann, unterstützt durch Moltke, dem Vorschlag General Falkenhayns, des Kriegsministers, Deutschland solle sofort die Vorstufe zur Mobilmachung, den »Zustand drohender Kriegsgefahr«, ausrufen. Aber am Tag darauf wurde klar, daß jeder weitere Versuch, Österreich von seinen Maßnahmen gegen Serbien abzubringen, fehlschlagen mußte, und die militärischen Vorbereitungen wurden intensiviert, wobei beide Seiten die Schuld für die Eskalation beim anderen suchten. Am Nachmittag des 30. Juli konnte der Zar schließlich – nicht ohne Schwierigkeiten – umgestimmt werden, und um 17 Uhr erteilte er Order für die Ausrufung der Generalmobilmachung am nächsten Tag. Mit den wachsenden Spannungen in Europa wucherten die Gerüchte: am selben Nachmittag erschien in einer Berliner Zeitung ein Bericht, daß der Kaiser die Generalmobilmachung befohlen habe, wenngleich die Annahme, dies habe die russische Entscheidung beeinflußt, durch nichts gestützt wird.

Die Zeitungsmeldung hatte insofern nicht völlig unrecht, als sie die neue Entschlossenheit der deutschen militärischen und zivilen Führer widerspiegelte. Nun, da Rußland die Generalmobilmachung angeordnet hatte, mußte die deutsche Regierung ihre eigenen militärischen Vorbereitungen nicht länger aufschieben. Bethmann und Moltke hatten ihr Ziel erreicht, daß im Kriegsfall die Russen den ersten Schritt tun sollten. Am Spätabend des 30. Juli beschlossen Bethmann und Jagow auf den Rat des Generalstabschefs und des Kriegsministers hin, am nächsten Tag den »Kriegsgefahrzustand« auszurufen. Am 31. Juli wurde entsprechende Order erteilt, und ihr folgte eine sehr starke deutsche Warnung an Rußland:

»Trotz noch schwebender Vermittlungsverhandlungen, und obwohl wir selbst bis zur Stunde keinerlei Mobilmachungsmaßnahmen getroffen hatten, hat Rußland ganze Armee und Flotte, also auch gegen uns, mobilisiert. Durch diese russischen Maßnahmen sind wir gezwungen worden, zur Sicherung des Reiches die drohende Kriegsgefahr auszusprechen, die noch nicht Mobilisierung bedeutet. Die Mobilisierung muß aber folgen, falls nicht Rußland binnen zwölf Stunden jede Kriegsmaßnahme gegen uns und Österreich-Ungarn einstellt und uns hierüber bestimmte Erklärung abgibt.«[29]

Am 30. Juli hatte Bethmann Hollweg vor der Entscheidung, den Mobilmachungsprozeß in Deutschland in Gang zu setzen, bei einer Sitzung des preußischen Kabinetts sowohl seiner Hoffnung, Rußland zum Sündenbock zu machen, als auch seiner Enttäuschung über England Ausdruck verliehen – die Hoffnung auf England sei gleich Null. Aber seine Worte, daß »die große Mehrheit der Völker an sich friedfertig seien, aber es sei die Direktion verloren und der Stein ins Rollen geraten«[30], zeigen eine beunruhigende Mischung aus Fatalismus und Verantwortungslosigkeit. Dieses Gefühl der Hilflosigkeit war ein Indiz, daß die Krise ein neues Ausmaß erreicht hatte. Die Österreicher hatten geglaubt, mit energischem Vorgehen gegen Serbien und deutscher Unterstützung Rußland abschrecken zu können; die Russen hatten geglaubt, mit der Demonstration von Stärke gegenüber Österreich die Österreicher in die Schranken weisen und die Deutschen abschrecken zu können. In beiden Fällen mußten die Beteiligten plötzlich Farbe bekennen, und die drei Länder sahen sich den militärischen Konsequenzen ihres Tuns konfrontiert.

Seit der russischen Mobilmachung und dem drohenden

Ausbruch des Krieges zwischen Deutschland und Rußland waren die Deutschen darauf bedacht, daß die Österreicher ihre Aufgabe an der Front in Galizien erfüllten, und interessierten sich nicht mehr besonders für die österreichische Strafexpedition gegen Serbien. Conrad dagegen war seit langem für einen harten Kurs Serbien gegenüber eingetreten und wollte ihn zu Ende führen, und er hoffte, die deutsche Mobilmachung werde die Russen von Schritten gegen Österreich abhalten. Die Divergenz der militärischen Ziele der Verbündeten war offenbar, bevor noch der Krieg begonnen hatte, und nur widerstrebend und auf deutschen Druck hin empfahlen die österreichisch-ungarischen Minister Kaiser Franz Joseph schließlich, den Befehl für die Generalmobilmachung am 31. Juli zu unterzeichnen, wenngleich die Mobilmachung erst am 4. August beginnen sollte. In der Folge erklärte deshalb Deutschland Rußland den Krieg vor Österreich-Ungarn, dessen förmliche Kriegserklärung bis zum 6. August hinausgeschoben wurde.

Obwohl manche Zivilisten zu glauben schienen, daß die Mobilmachung nicht unbedingt zum Krieg führen müsse, war nicht zu übersehen, daß zumindest Deutschland seine Armeen nicht aufmarschieren lassen konnte, ohne anzugreifen, insbesondere, da der einige Jahre zuvor von General Schlieffen (siehe Kapitel 4) entwickelte Plan eines Zweifrontenkrieges voraussetzte, daß ein Krieg gegen Rußland von einem Krieg gegen Rußlands Verbündeten Frankreich begleitet sein würde. Der Feldzug sollte mit einem Großangriff im Westen eröffnet werden, bei dem deutsche Truppen durch Belgien marschieren mußten. Die deutsche Mobilmachung bedrohte Frankreich folglich ebenso wie Rußland, und sie bedeutete, daß der Krieg, der nun unabwendbar schien, zweifellos ganz Europa betreffen würde; im übrigen war Frankreich durch sein Bündnis mit Rußland verpflichtet, zu mobilisieren, sobald Deutschland mobilisierte. Aber die Illusion, daß noch etwas getan werden könnte, um die

Konsequenzen der bereits getroffenen militärischen Entscheidungen abzuwenden, hielt immer noch vor. Am 1. August erkannte jedoch sogar der Kaiser, der »alleinige Oberbefehlshaber«, daß er die von seinen Generalen in die Tat umgesetzten Pläne nicht aufhalten konnte.

An jenem Tag suchte Grey, der im britischen Kabinett noch keine Einigung über eine notwendige britische Intervention an der Seite Frankreichs und Rußlands erzielen konnte und noch immer an eine diplomatische Lösung in letzter Minute durch Wiederaufnahme direkter Verhandlungen zwischen Rußland und Österreich glaubte, nach einer Formel, die einen deutschen Angriff auf Frankreich verhindern und damit vermeiden sollte, daß England eine Wahl treffen mußte, gegen die die britische Regierung sich heftig sträubte. Dies scheint ein Mißverständnis zwischen ihm und Lichnowsky bewirkt zu haben. Am Morgen des 1. August sagte Greys Privatsekretär, Sir William Tyrrell, zum Botschafter, Grey hoffe, ihm am Nachmittag nach der Kabinettssitzung einen Vorschlag machen zu können, mit dem die Katastrophe vermieden werden könne. Bei Lichnowsky entstand der Eindruck, Grey wolle vorschlagen, England solle neutral bleiben, und Frankreichs Neutralität ebenfalls garantieren, vorausgesetzt, Deutschland greife Frankreich nicht an. Lichnowsky telegrafierte sofort nach Berlin und sandte drei Stunden später ein zweites Telegramm, in dem er meldete, Tyrrell habe später hinzugefügt, Grey wolle selbst im Fall eines Krieges zwischen Deutschland und Frankreich und Rußland für die englische Neutralität eintreten. Die Nachricht wurde in Berlin mit Jubel aufgenommen. Der Kaiser ließ Champagner kommen, sandte eine enthusiastische persönliche Botschaft an König Georg V. und ließ den Chef des Generalstabs und den Kriegsminister zu sich rufen. Aber als er verlangte, daß die Truppenkonzentration im Westen gestoppt und die gesamte Kraft des deutschen Heeres gegen Rußland eingesetzt werden sollte, mußte er die Grenzen seiner Macht erfahren. Moltke erklärte ihm, dies sei unmöglich, und »wenn Se. Majestät darauf bestehen, das gesamte Heer nach dem Osten zu führen, so würden dieselben kein schlagfertiges Heer, sondern einen wüsten Haufen ungeordneter bewaffneter Menschen ohne Verpflegung haben«.[31] Doch es stellte sich schnell heraus, daß die Begeisterung des Kaisers verfrüht gewesen war. Grey hatte die Tragweite dieses Angebots offenbar ebensowenig durchdacht wie der Kaiser; er hatte die Franzosen nicht konsultiert, und als der britische Botschafter in Paris um Mitternacht das Telegramm erhielt, in dem Grey schrieb, er nehme an, »[die] französische Regierung hätte nichts einzuwenden, daß wir uns zur Neutralität verpflichteten, solange deutsches Heer sich an Grenze defensiv verhält«[32], war er zweifellos verblüfft, denn er antwortete: »Ich kann mir nicht vorstellen, daß es, wenn sich Rußland mit Österreich im Kriege befindet und von Deutschland angegriffen wird, mit französischen Verpflichtungen gegen Rußland vereinbar wäre, daß Franzosen ruhig bleiben. [...] Soll ich mich genau erkundigen, welche Verpflichtungen die Franzosen laut französisch-russischem Bündnisvertrag haben?«[33] Jedenfalls hatten die Franzosen am Nachmittag um 15.40 Uhr die Generalmobilmachung ausgerufen, und der Kriegsminister sagte zum britischen Militärattaché: »Wir verlassen uns in erster Linie auf uns selbst und dann auf Euch«[34], und wie so oft in dieser Krise waren die Ereignisse schneller gewesen als die Vorstellungskraft der Politiker. Bis zum nächsten Morgen, dem 2. August, hatte Grey seinen Vorschlag zurückgezogen und Bertie angewiesen, nichts weiter zu unternehmen. Obgleich noch heute ungewiß ist, wie es zu dem Mißverständnis über Art und Ausmaß von Greys Angebot kam – ob es an Greys Worten lag oder an Tyrrells Botschaft oder an Lichnowskys Interpretation von Tyrrells Worten –, ist die Bedeutung dieser Episode vielleicht darin zu sehen, daß sie veranschaulicht, wie sehr Grey und der Kaiser sich weigerten, die Hoffnung aufzugeben und die Beschränkungen zu akzeptieren, die ihrem Handeln durch strategische Erfordernisse auferlegt waren.

In der Tat hatte Grey bei der ersten der zwei Sitzungen des britischen Kabinetts am 1. August einen Faktor in die Diskussion eingebracht, der der Grund sein würde, aus dem die liberale Partei einen Krieg akzeptierte – die Frage der belgischen Neutralität. Die deutschen Pläne für einen Angriff auf Frankreich setzten den Durchmarsch einer deutschen Armee durch Belgien voraus. Die belgische Neutralität war 1839 von England, Frankreich, Preußen, Österreich und Rußland garantiert worden, und im Verlauf des französisch-preußischen Krieges 1870 hatte sowohl Preußen wie Frankreich sie respektiert, während England seine Verantwortung als Garantiemacht bekräftigt hatte. In den Jahren unmittelbar vor 1914 hatte sich die belgische Regierung aus dem europäischen Bündnissystem herausgehalten und wiederholt ihr Festhalten an striktester Neutralität betont, so daß im Juli 1914 die Belgier selbst die letzten gewesen zu sein scheinen, die sich ob einer Gefährdung ihrer Neutralität sorgten; sie weigerten sich bis zuletzt, einen anderen Staat um Unterstützung zu bitten. Gleichzeitig erklärte die belgische Regierung dem britischen Botschafter in Brüssel am 28. Juli, daß sie »beschlossen habe, sich mit ihren Machtmitteln bis aufs äußerste zu verteidigen, falls die Integrität oder Neutralität Belgiens von irgendeiner Seite angegriffen werden sollte«.[35] Am 29. Juli brachte ein Sonderkurier dem deutschen Botschafter in Brüssel ein versiegeltes Paket, das nur auf besondere Anweisung zu öffnen war. Die Anweisung wurde am 2. August gegeben. Er sollte von den Belgiern das Recht zur Durchquerung belgischen Gebiets für die deutschen Truppen verlangen, während die deutsche Regierung versprach, die belgische Souveränität und territoriale Integrität zu respektieren. Inzwischen hatten die

Nachrichten von den deutschen militärischen Vorbereitungen Grey (noch vor Aushändigung der deutschen Note an Belgien) veranlaßt, am Nachmittag des 31. Juli die französische und die deutsche Regierung zu fragen, ob sie sich bereit erklärten, die Neutralität Belgiens zu respektieren, solange keine andere Macht sie verletzte. Die Franzosen bejahten dies noch am selben Abend, die Deutschen antworteten vage und verschoben eine definitive Antwort. Grey informierte die Belgier über sein Vorgehen, doch der Außenminister versicherte ihm, die Beziehungen zwischen Belgien und den Nachbarmächten seien ausgezeichnet und es gebe keinen Grund, ihnen zu mißtrauen.

Die Weigerung der Deutschen, eine klare Antwort zu geben, ließ Grey die bisher unmißverständlichste Warnung an Deutschland geben: er wiederholte, daß England nicht versprechen könne, neutral zu bleiben, daß jedoch »unsere Haltung in hohem Maße durch öffentliche Meinung bestimmt werde und daß belgische Neutralität die öffentliche Meinung hier sehr stark bewege«.[36] Tatsächlich hatte das Kabinett sich kurz zuvor geeinigt, diese Worte offiziell an die deutsche Regierung zu übermitteln, zusammen mit dem Ausdruck größten Bedauerns darüber, daß die Deutschen bisher nicht versichert hatten, daß sie die belgische Neutralität respektieren würden. Die belgische Neutralität, die später zwar der Grund sein sollte, daß sich die liberalen Zirkel in England mit dem Krieg abfanden, lieferte nicht den Anlaß für die Entscheidung der Briten, Frankreich zu unterstützen. Die Diskussionen des Kabinetts und die Analyse der Situation im Außenministerium lassen allgemeinere Überlegungen hinsichtlich Englands Rolle als Weltmacht und des Gleichgewichts der Kräfte vermuten. Die Ansicht Sir Eyre Crowes: »Die Theorie, daß England sich auf einen großen Krieg nicht einlassen darf, bedeutet seine Abdankung als unabhängiger Staat«[37], wurde von jenen Kabinettsmitgliedern geteilt, die inzwischen von der Notwendigkeit einer britischen Intervention überzeugt waren, und sie wurde am 2. August durch eine Botschaft der konservativen Opposition unterstützt. »Jedes Zögern, jetzt Frankreich und Rußland zu unterstützen, wäre verderblich für die Ehre und künftige Sicherheit des Vereinigten Königreiches.«[38] Natürlich wurden so allgemeine Kategorien selten angesprochen, und die Gespräche im Kabinett drehten sich fast ausschließlich um die Natur der britischen Verpflichtungen gegenüber Frankreich und die Auswirkungen einer möglichen Verletzung der Neutralität Belgiens.

Seit der Rückkehr Poincarés und Vivianis aus Rußland hatte die französische Regierung sich bemüht, England dazu zu bringen, sich zur aktiven Unterstützung Rußlands und Frankreichs zu verpflichten. Frankreich selbst hatte wiederholt seine Loyalität zum russischen-französischen Bündnis erklärt und hatte kaum Einwände gegen die russische Taktik und die russische Mobilmachung erhoben. Sowohl der französische Botschafter in St. Peterburg, Paléologue, wie der russische Botschafter in Frankreich, der frühere Außenminister Iswolski, taten ihr Bestes, um diese Solidarität aufrechtzuerhalten und die französischen Maßnahmen zu beschleunigen. Am 30. Juli riet Viviani den Russen allerdings zur Vorsicht und bat sie – zu spät –, keine Maßnahmen zu ergreifen, die den Deutschen einen Vorwand für die General- oder Teilmobilmachung bieten könnten.[39] Als dieser Beweis französischer Friedensbemühungen nach London übermittelt wurde, erinnerte Cambon Grey bei dieser Gelegenheit an einen Briefwechsel, den sie 1912 geführt hatten und »in dem wir übereinkamen, daß, wenn der Friede Europas ernstlich bedroht sei, wir miteinander besprechen würden, was wir zu tun bereit wären«[40]. Gleichzeitig informierte Cambon Grey über die jüngsten deutschen Truppenbewegungen an der französischen Grenze und wies darauf hin, daß die deutschen Kriegsvorbereitungen weiter fortgeschritten seien als die Frankreichs.

Nach diesem Treffen zeigte die britische Regierung sich weiterhin unentschlossen, und Cambon entwickelte zunehmende Nervosität. Grey war in einer wenig beneidenswerten Lage: er wußte, wie uneins das Kabinett war; er war sich der indirekten Vorwürfe bewußt, die der französische Botschafter ihm bei jeder Begegnung zu verstehen gab; er war selbst der Ansicht, daß England moralisch verpflichtet war, Frankreich zu unterstützen, doch er weigerte sich noch immer, den Krieg als unvermeidlich zu akzeptieren und die Hoffnung auf irgendeinen diplomatischen Ausweg aufzugeben. Er stand unter dem Druck seiner höheren Beamten, vor allem Sir Arthur Nicolsons, des ständigen Unterstaatssekretärs, und Sir Eyre Crowes, des stellvertretenden Staatssekretärs, die Notwendigkeit eines Krieges einzusehen, aber er wußte, wie wenig Neigung dazu bei den anderen Politikern bestand. Wie viele der Hauptakteure dieser Krise, einschließlich Bethmann Hollweg, vermittelte er in jenen Tagen den Eindruck eines Mannes am Ende seiner nervlichen Kräfte. Der französischen Regierung wiederum standen, sobald die russische Entscheidung zur Mobilmachung keinen Einwand Frankreichs hervorgerufen hatte, weniger Alternativen offen als den Briten. Als sich das französische Kabinett am Nachmittag des 30. Juli traf, scheint es in der Erwartung des Kriegsausbruchs einhellig gewesen zu sein. Die militärischen Vorbereitungen hatten bereits begonnen, aber die Deckungstruppen an der deutschen Grenze waren instruiert worden – vor allem um die Briten durch Frankreichs friedfertige Absichten zu beeindrucken –, zehn Kilometer Abstand zur Grenze zu halten.

Innerhalb von achtundvierzig Stunden wurde die französische Handlungsfreiheit durch die deutsche Kriegserklärung an Rußland noch weiter eingeschränkt. In St. Petersburg hatte der deutsche Botschafter sich größte Mühe gegeben, die Russen zu überreden, ihre Mobilmachungsmaßnahmen rückgängig zu machen. Die Deutschen hatten sich auf das Prinzip der monarchischen Solidarität berufen – eine Linie, die sie seit der Ermordung Franz Ferdinands zur Rechtfertigung des österreichischen Vorgehens verfolgt hatten. Sie betonten nachdrücklich, daß Österreich sich verpflichtet hatte, serbisches Gebiet nicht zu annektieren, und daß dieser Umstand weitere Verhandlungen zuließe, aber am 1. August war es nicht mehr zu leugnen, daß weder Österreich noch Rußland nachgeben würde. Am Nachmittag dieses Tages erklärte die deutsche Regierung Rußland offiziell den Krieg mit der Begründung, daß die Russen nicht bereit seien, ihre gegen Deutschland und Österreich gerichteten Militärmaßnahmen einzustellen. Für Frankreich bedeutete die deutsche Kriegserklärung, daß es durch die Bestimmungen seines Bündnisses mit Rußland verpflichtet war, in den Krieg einzutreten, und die Regierung war sich im klaren darüber, daß dies einen sofortigen deutschen Angriff bewirken würde. Die französische Regierung war darauf bedacht, in dem nun unvermeidbar scheinenden Krieg eine möglichst gute Position einzunehmen. Sie mußte sich zuerst um britische Unterstützung bemühen und als zweites darauf achten, daß die Deutschen als der Aggressor erkennbar blieben, und beide Ziele waren eng miteinander verbunden.

Die französische Regierung erinnerte die Briten wiederholt mit Nachdruck daran, daß sie Frankreich gegenüber moralisch im Wort standen, und behauptete gleichzeitig – wobei schwer zu sagen ist, wieweit sie das selbst glaubte –, daß nur eine eindeutige Erklärung der Briten einen Krieg verhindern könne. Am Abend des 31. Juli traf ein Sonderbotschafter in London mit einem persönlichen Brief Präsident Poincarés an König Georg V. ein; das Schreiben, das dem König am nächsten Tag mittags überreicht wurde, erklärte in bewußt ruhigem Ton: »Ich glaube, von der Sprache und der Haltung der englischen Regierung hängen fortan die letzten Möglichkeiten einer friedlichen Lösung ab. [. . .] Nach meiner tiefsten Überzeugung wird man desto eher auf die Erhaltung des Friedens rechnen dürfen, je mehr England, Frankreich und Rußland den starken Eindruck der Einheit in ihrer diplomatischen Tätigkeit hervorrufen.«[41] Doch Georgs V. Antwort war noch unverbindlicher als die Mitteilungen, die Cambon von der britischen Regierung erhalten hatte. Am 1. August erhoffte sich Cambon nicht nur diplomatisches Eingreifen, sondern effektive Unterstützung durch Land- und Seestreitkräfte. Er machte seinen ganzen persönlichen Einfluß geltend in den Londoner Kreisen, in denen er seit seiner Ernennung zum Botschafter im Jahre 1898 verkehrte. In den Clubs erkundigte er sich, ob das Wort »Ehre« aus dem englischen Wörterbuch gestrichen werden solle; und am 1. August, als Grey noch mit Lichnowsky die Bedingungen einer britischen Neutralität zu diskutieren schien, klagte er seinem alten Freund Sir Arthur Nicolson: »Ils vont nous lâcher.«[42] In einem Gespräch abends nach der Kabinettsitzung machte er nochmals geltend, daß Frankreich mit Rücksicht auf die öffentliche Meinung in England seine Truppen zehn Kilometer von der Grenze entfernt stationiert halte. Aber es hatte auch (wie 1912 vereinbart) seine Flotte im Mittelmeer konzentriert, so daß die Nordküsten ungeschützt waren. Und wiederum erwiderte Grey, England stehe unter keiner Verpflichtung und er sei sich bewußt, »daß es sich um sehr ernste Überlegungen handle«.[43]

Am darauffolgenden Tag stand es um die englisch-französischen Beziehungen etwas besser. Grey hatte die Verhandlungen über Neutralitätsbedingungen mit den Deutschen aufgegeben. Die Deutschen waren in Luxemburg einmarschiert, mit der Begründung, die Eisenbahnverbindungen durch das Großherzogtum gegen einen eventuellen französischen Angriff schützen zu müssen. Von Überschreitungen der französischen Grenze durch die Deutschen war die Rede. Am Nachmittag gelangte das britische Kabinett schließlich zu dem Entschluß, »daß, wenn die deutsche Flotte in den Kanal oder durch die Nordsee vordringt, um feindliche Operationen gegen die französische Küste oder Schiffahrt zu unternehmen, die britische Flotte jeden in ihrer Macht stehenden Schutz gewähren wird«.[44] Dies war die in dem Briefwechsel von 1912 angesprochene Maßnahme, aber sie wurde noch immer an Bedingungen geknüpft, indem man sich auf die erforderliche Genehmigung durch das Parlament berief und sich zur Entsendung eines britischen Expeditionskorps auf den Kontinent ausschwieg. Auch bei dieser Kabinettssitzung, die ein Beteiligter rückblickend als »die Sitzung, auf der wir erklärten, daß der Krieg gegen Deutschland unvermeidlich war« bezeichnete[45], war das Kabinett nicht zu einer einstimmigen Entscheidung gelangt. Es hatte jedoch eine gewisse Verantwortung gegenüber Frankreich eingestanden und ausgesprochen, daß eine grobe Mißachtung der Neutralität Belgiens einen Kriegsgrund bedeuten mußte. Diese Beschlüsse waren nicht einstimmig gefaßt worden, und vier Mitglieder des Kabinetts – Morley, Burns, Simson und Beauchamp – kündigten ihren Rücktritt an (obgleich Simon und Beauchamp ihn später widerriefen).

Am 2. und 3. August verbreiteten sich Gerüchte über den Stand der militärischen Operationen im Westen. Die französische und die deutsche Regierung prangerten sich gegenseitig an. Es gab gewiß Fälle, in denen Patrouillen beider Seiten die Grenze überschritten hatten. Gerüchte über andere Zwischenfälle, zum Beispiel daß französische Flugzeuge Nürnberg bombardiert hätten, wurden ohne Überprüfung veröffentlicht und erwiesen sich später als falsch, doch die Deutschen benutzten sie als Vorwand für ihre Kriegserklärung an Frankreich. Diese Kriegserklärung hatten sie bereits am 1. August verfertigt, mit der Begründung, daß Frankreich in einem deutsch-russischen Krieg nicht neutral bleiben könne, aber sie hatten ihren Botschafter in

Paris angewiesen, sie noch nicht abzugeben. In Berlin bestand beträchtliche Uneinigkeit über das Auftreten Frankreich gegenüber bei Kriegsausbruch. Moltke und der Marineminister Tirpitz sahen keine Notwendigkeit einer Kriegserklärung und glaubten, die Franzosen würden als erste handeln. Und sie glaubten, daß ein Hinauszögern der Kriegserklärung mehr Zeit für die Durchführung der am 1. August befohlenen deutschen Mobilmachung erlauben würde. Bethmann hingegen legte Wert darauf, die Grundsätze des Völkerrechts zu beachten, die erst kurz zuvor auf der Haager Konferenz von 1907 bestätigt worden waren und besagten, daß der Eröffnung von Kampfhandlungen eine offizielle Kriegserklärung vorauszugehen habe. Die französische und die deutsche Generalmobilmachung wurden am 1. August im Abstand weniger Stunden angeordnet; doch während die Franzosen abwarten konnten, mußten die Deutschen handeln, da ihr Angriff auf Frankreich sie durch Belgien führte. Infolgedessen wurde das Ultimatum an Belgien am Abend des 2. August überreicht; um 8 Uhr morgens am 3. August lief es ab. Die belgische Regierung und der belgische König lehnten es einstimmig ab und wiesen die Behauptung der Deutschen zurück, daß Belgien durch Frankreich bedroht sei. Der Befehl zum Einmarsch deutscher Truppen in Belgien wurde umgehend gegeben. Am Nachmittag dieses Tages wurde der deutsche Botschafter in Paris angewiesen, die Kriegserklärung an Frankreich zu übergeben. Eine Auswirkung der Spannungen und der Schnelligkeit und Menge diplomatischer Mitteilungen in jenen Tagen zeigte sich in der Überlastung der Telegrafenleitungen. Es kam zu Verzögerungen zwischen Aufgabe und Auslieferung. Kodes wurden bei der Übermittlung verstümmelt, und der deutsche Botschafter in Frankreich schrieb später, er habe sich den Text der Kriegserklärung rekonstruieren müssen und habe die Franzosen in Verdacht, das ursprüngliche Telegramm manipuliert zu haben. Jedenfalls war es ein Vorteil für die Franzosen, passiver Empfänger einer Kriegserklärung der Deutschen zu sein, die sich bereits durch die Drohung an Belgien ins Unrecht gesetzt hatten. Sowohl für Deutschland wie für Frankreich kam es nun darauf an, ihr Vorgehen ins rechte Licht zu rücken, um den Krieg vor der eigenen Öffentlichkeit und den neutralen Ländern, die sie zu Mitstreitern gewinnen wollten, zu rechtfertigen. Da Rußland zuerst die Mobilmachung ausgerufen hatte, hatten die Deutschen ihm einen Teil der Schuld zuschieben können, obwohl sie zuerst den Krieg erklärt hatten. Der Angriff auf Frankreich schwächte jedoch ihre Position, und die Kriegserklärung an Frankreich und die Invasion in Belgien erübrigten jeden weiteren deutschen Appell an England.

Am Morgen des 2. August hatte das britische Kabinett wie gesagt eingesehen, daß Frankreichs Nordküsten geschützt werden mußten. Am Abend hatte es auf der zweiten Kabinettssitzung jenes Tages angesichts der Nachrichten vom Kontinent eingeräumt, daß eine »grobe Mißachtung« der belgischen Neutralität einen Krieg rechtfertigen würde. Bei der Sitzung am Morgen des 3. August hatte es noch kein eindeutiges Vorgehen beschlossen, doch die Folgerungen aus den Beschlüssen vom 2. August und die Entwicklung der Ereignisse ließen ihm wenig Wahlmöglichkeiten. Um 12 Uhr erreichte die Nachricht vom deutschen Ultimatum an Belgien und von Belgiens entschiedenem Widerstand London, und zwei Stunden später wiederholte Grey in einem Telegramm an den britischen Botschafter in Berlin sein Ersuchen um eine Versicherung Deutschlands, daß es die belgische Neutralität zu respektieren gedenke, und er bat um Antwort bis Mitternacht. »Wenn nicht, sind Sie angewiesen, Ihre Pässe zu fordern und zu erklären, daß Seiner Majestät Regierung sich verpflichtet fühlt, alle in ihrer Macht stehenden Schritte zur Aufrechterhaltung der Neutralität Belgiens und zur Innehaltung eines Vertrages zu tun, an den Deutschland ebensosehr gebunden ist wie wir selbst.«[46] Dieses Ultimatum lief am 4. August um Mitternacht ab, aber selbst dann wurde noch gezögert, und erst am 6. August stimmte das Kabinett schließlich der Entsendung des britischen Expeditionskorps nach Frankreich zu.

Seit Anbeginn der Krise hatte Italien, der Bündnispartner Deutschlands und Österreich-Ungarns, nicht verhehlt, daß es sich unter den gegebenen Umständen nicht verpflichtet fühlte, Deutschland und Österreich entsprechend den Bündnisklauseln zu unterstützen. Sie hatten die italienische Regierung nicht vorher über das österreichische Ultimatum informiert, und die Italiener betrachteten das österreichische Vorgehen als Überfall auf Serbien. Gleichzeitig gaben sie zu erkennen, daß sie gewillt sein könnten, in den Krieg einzutreten, wenn Italien »dem Risiko angemessen Vorteil daraus bezöge, der den Widerstand der öffentlichen Meinung gegen einen Krieg, der für die Interessen Österreichs geführt würde, überwinden könne«.[47] Was sie im Sinn hatten, war Südtirol, auch wenn sie sich im Augenblick auf Andeutungen beschränkten; und schließlich würden die Österreicher nicht schon zu Beginn eines Krieges, der das Image Österreich-Ungarns als Großmacht wiederherstellen sollte, Teile ihres Territoriums an einen Verbündeten abtreten wollen. Am 2. August erklärte die italienische Regierung offiziell, daß Italien neutral bleiben werde, und Deutschlands Verbündeter Rumänien schloß sich dem am 3. August an. Die Diplomatie in den ersten Kriegsmonaten sollte in den Bemühungen beider Seiten bestehen, diese Länder sowie Griechenland und Bulgarien, die noch bündnisfrei waren, zur Parteinahme zu bewegen.

In der Abfolge der Kriegserklärungen zwischen dem 1. und dem 4. August wurden die Österreicher fast übersehen: der endgültige Bruch mit Rußland erfolgte erst am 6. August (obwohl die österreichische Kriegserklärung drei Tage zuvor verfaßt worden war), und als Grund wurden Rußlands

Haltung im Konflikt zwischen Österreich-Ungarn und Serbien genannt und die unzutreffende Behauptung, daß Rußland die Kampfhandlungen gegenüber Deutschland eröffnet habe. Frankreich und England erklärten Österreich-Ungarn am 12. August den Krieg; sie taten es ungern, und sowohl Grey wie der österreichische Botschafter brachten ihre persönliche Wertschätzung füreinander und ihr Bedauern zum Ausdruck. Wortlaut und Zeitpunkt der Verlautbarung der Kriegserklärungen waren in hohem Maße von dem Wunsch aller beteiligten Regierungen bestimmt, sich im besten Licht darzustellen, um ihr Tun vor den Bürgern ihres Landes zu rechtfertigen, was im Augenblick leicht fiel. Fast überall wurde der Krieg nicht nur mit Fatalismus, sondern häufig sogar mit Begeisterung akzeptiert. Wenige ahnten Ausmaß, Dauer und Folgen dieses Krieges.

Die Julikrise von 1914 hatte so tiefgreifende und anhaltende Folgen, daß eine Erklärung des Kriegsausbruchs, die sich auf die unmittelbaren Entscheidungen und Äußerungen der beteiligten Politiker und Diplomaten beschränkt, uns nicht befriedigt. Eine Darstellung wie jene eingangs mag die Chronologie der Ereignisse aufzeigen und die Handlungen und Äußerungen von Regierungsmitgliedern, Botschaftern und Militärs belegen, aber sie erklärt nicht, wie es zu einer Situation kommen konnte, in der die Entscheidungen, die getroffen wurden, vernünftig und unvermeidlich erschienen, und schon gar nicht, weshalb die Öffentlichkeit die Entscheidung für den Krieg hinnehmen und sogar begrüßen konnte. Ein zusammenfassender Abriß der Krise muß zwangsläufig vieles auslassen (Luigi Albertini widmet in seiner ausgezeichneten detaillierten Studie *Le Origine della Guerra del 1914* dem Zeitraum zwischen 28. Juni und 12. August allein 1400 Seiten) und kann weder die Komplexität und Konfusion vermitteln, in die die Beteiligten verstrickt waren, noch die Auswirkungen der Belastungen jener langen, heißen Sommertage auf die Männer, die oft widerstrebend aus den Landhäusern und Badekurorten, wo sie ihren Urlaub verbrachten, zurückgekehrt waren. Hinzu kommen dramatische Episoden, die alles noch verworrener machen, ohne von wirklicher Bedeutung zu sein. So suchte am Abend des 10. Juli Baron Hartwig, der russische Botschafter in Serbien, seinen österreichischen Kollegen auf, um Gerüchte zu dementieren, daß er den Abend des Attentats auf den Erzherzog beim Bridge verbracht und die russische Flagge am Tage der Beisetzung nicht auf Halbmast gesetzt habe. Er erlitt einen Herzinfarkt und brach in der österreichischen Gesandtschaft tot zusammen. Die Serben veranstalteten ein prunkvolles Begräbnis für Hartwig; eine Straße wurde nach ihm benannt, und er wurde schon bald zum Symbol antiösterreichischer Gesinnung in Serbien und der russischen Sympathie für die Sache der Südslawen. Der plötzliche Tod eines Mannes, der ein Vordenker serbischer Politik war und die russischen Sympathien für die serbische Sache verkörperte, mußte Gerüchte verursachen, und es war bezeichnend für den Stand österreichisch-russischer Beziehungen, noch bevor die Krise akut wurde, daß Hartwigs Tochter sofort vermutete, ihr Vater sei von den Österreichern ermordet worden, obwohl jeder wußte, daß er seit langem an einer schweren Herzkrankheit litt.

In einer Krise wie der Julikrise 1914 erhielten Handlungen und Begegnungen einzelner eine Bedeutung verliehen, die sie nicht wirklich besaßen. Am 26. Juli frühstückte Prinz Heinrich von Preußen, der Bruder des Kaisers, mit König Georg V. und kehrte in der offenbaren Überzeugung nach Berlin zurück, eine Versicherung britischer Neutralität erhalten zu haben, während alles dafür spricht, daß der König ebenso vorsichtig und unverbindlich gewesen war wie sein Außenminister. Als einzige Folge dieses Mißverständnisses wuchs die Verärgerung des Kaisers über die britische Regierung. Neben den Versuchen der Herrscher, den Verlauf der

Krise durch ihre persönlichen und verwandtschaftlichen Beziehungen zu beeinflussen, gab es auch Bemühungen einzelner Bürger, die Katastrophe abzuwenden. Am 1. August sandte der alte Lord Rothschild ein persönliches Bittschreiben an den Kaiser, der ihn als einen »alten, sehr verehrten Bekannten von mir! Etwa 75–80 Jahre alt!«[48] beschrieb; allein, das Antworttelegramm des Kaisers wurde nicht mehr abgeschickt, weil zu diesem Zeitpunkt »das Kabel bereits gesperrt« war. Albert Ballin, der Generaldirektor der Hamburg-Amerikanischen Packetfahrt-Actien-Gesellschaft, unterhielt enge Verbindungen zu britischen Geschäftsleuten und Politikern und mag in seiner Hoffnung auf einen Ausweg aus der Krise gegenüber Angehörigen der britischen Regierung die Meinungsverschiedenheiten in den deutschen Regierungskreisen dramatischer dargestellt haben, als sie waren. Die Menschen geben Hoffnungen nicht gern auf, und der optimistische Glaube, daß alle Probleme Lösungen haben – das große Erbe der europäischen Aufklärung –, war noch lebendig.

Mit dem heutigen Wissen um die späteren Ereignisse können wir eher erkennen, welche Entscheidungen in der Julikrise 1914 allen Optimismus unbegründet sein ließen. Jede dieser Entscheidungen schränkte die Handlungsfreiheit der anderen Regierungen tatsächlich oder scheinbar ein und verringerte den Spielraum nicht nur für jene, die die Entscheidungen trafen, sondern auch für jene, die davon betroffen waren. Und wenn wir verstehen wollen, aus welchen Gründen der Krieg ausbrach, müssen wir uns zuerst mit den Gründen beschäftigen, die damals für die erfolgten Entscheidungen geltend gemacht wurden. Wenn wir die vor dem 28. Juli getroffenen Entscheidungen außer acht lassen – zum Beispiel die Entscheidung der Studenten der jungbosnischen Bewegung, den Erzherzog zu ermorden, die Entscheidung der österreichisch-ungarischen Behörden, den Erzherzog trotz der Warnungen und seiner eigenen Vorahnungen Sarajewo an jenem Tag besuchen zu lassen, an dem die Serben feierlich einen Nationaltrauertag begingen, den Tag ihrer Niederlage vor den Türken im Jahr 1389 –, erkennen wir in den Tagen nach dem Attentat, welche Entscheidungen von besonderer Bedeutung und Konsequenz waren. Jede dieser Entscheidungen – die Österreichs, harte Maßnahmen gegen Serbien zu ergreifen, die deutsche Entscheidung, Österreich-Ungarn zu unterstützen, die serbische Entscheidung, einen Teil der österreichischen Bedingungen nicht anzunehmen, die russische Entscheidung, Serbien beizustehen, die britische Entscheidung, zu intervenieren, und die vielleicht bedeutendsten Entscheidungen, die Entscheidungen Rußlands und Deutschlands zur Mobilmachung – war von einer Vielzahl vorausgegangener Entscheidungen, Pläne, übernommener Haltungen und Annahmen abhängig, die wir zu analysieren versuchen müssen, wenn wir verstehen wollen, was im Juli 1914 geschah. Aber auch dann müssen wir uns vergegenwärtigen, was die Männer von 1914 als Folge ihrer Entscheidungen erwarteten, denn nur wenige waren auf den Krieg gefaßt, der folgen sollte, und noch wenigere hatten eine Vorstellung von den Konsequenzen. Der russische Vertreter in Belgrad warnte seine österreichischen Kollegen am 22. Juli mit den Worten: »Man weiß, wann und wie ein Krieg beginnt, aber nie, wo er aufhört.«[49] General Conrad, der österreichisch-ungarische Stabschef, räumte dies auch ein, als er am 6. Juli einen Krieg gegen Serbien mit Graf Berchtold, dem Außenminister, besprach; auf Berchtolds Befürchtung, daß ihre deutschen Verbündeten vielleicht wissen wollten, was nach einem solchen Krieg geschehen würde, erwiderte Conrad: »Dann sagen Sie, daß wir das selbst nicht wüßten.«[50] Darüber hinaus hatten während der Krise viele der Verantwortlichen, insbesondere der deutsche Kanzler, Bethmann Hollweg, das Gefühl, das Opfer von Kräften zu sein, die stärker waren als sie: »Der Kanzler sieht ein Fatum, größer als Menschenmacht, über der Lage Europas und über unserem Volke liegen.«[51] Und der russische Außenminister Sasonow sagte am 25. Juli zum italienischen Botschafter, er befürchte, »d'être débordé dans cette affaire«.[52] Sir Edward Grey sprach dasselbe Gefühl der Hilflosigkeit aus, als er in der Abenddämmerung des 3. August aus dem Fenster des Außenministeriums blickte und die berühmten Worte sagte: »Die Lampen gehen in ganz Europa aus; wir werden sie in unserem Leben nie wieder leuchten sehen.«[53]

Der Eindruck, daß die Menschen von den Gezeiten der Geschichte mitgerissen wurden, läßt uns nach historischen Gewalten suchen, die die Entscheidung einzelner als Bestandteil eines weitangelegten und zwangsläufigen historischen Prozesses erkennen lassen – zumindest als Bestandteil eines weiteren Zusammenhangs als dessen, der in den Regierungen Europas gesehen wurde. Wie man diese weitgreifenderen Erklärungsansätze mit den Einzelentscheidungen des Juli 1914 in Beziehung setzen kann, wird stets ein historiographisches und philosophisches Problem sein, das möglicherweise nicht zu lösen ist. In den folgenden Kapiteln wollen wir einige der Erklärungen für den Ausbruch des Ersten Weltkrieges untersuchen, um zu sehen, wieweit sie mit den Entscheidungen zusammenhängen, die in der eingangs von uns betrachteten Krise getroffen wurden.

Drittes Kapitel

Das Allianzsystem und die alte Diplomatie

Der Sieg Preußens über Frankreich im Jahre 1871 und die Gründung des Deutschen Reiches führten zu einer Machtverschiebung im europäischen Mächstesystem und zu einer internationalen Konstellation, in der Deutschland als nunmehr stärkste Militärmacht auf dem Kontinent und als Land mit großen und wachsenden industriellen Kapazitäten zwangsläufig eine führende Rolle spielte. Es ist daher kaum verwunderlich, daß die internationalen Beziehungen und Zusammenschlüsse zu großen Teilen von den Richtlinien bestimmt wurden, die Bismarck in den siebziger und achtziger Jahren entwickelte, um Deutschlands Bedürfnissen gerecht zu werden. Bismarcks Name erinnert an einen besonderen Stil der Diplomatie – die gewissenlose und bedenkenlose »Realpolitik«. »Der von Bismarck hinterlassene Bodensatz verdirbt noch immer das Getränk«, schrieb Sir Edward Grey im Dezember 1906, und er beschuldigte die deutsche Diplomatie des Vorsatzes, Zwietracht zwischen andere Länder zu tragen, indem sie sie untereinander verleumdete.[1] Dies mag ungerecht sein: wie A. J. P. Taylor aufgezeigt hat, war Bismarck in dieser Hinsicht nicht schlimmer als andere Staatsmänner des 19. Jahrhunderts, insbesondere Napoleon III.[2] Aber Bismarck war derjenige, den Zeitgenossen und spätere Historiker für den großen Meister der diplomatischen Intrige hielten, der Botschafter und Außenminister anderer Länder an der Nase herumführte und einschüchterte, bis sie taten, was er wollte, und vor bewußten Indiskretionen nicht zurückschreckte – so, als er 1887 dem russischen Botschafter den Text von Deutschlands

Bündnis mit Österreich vorlas, damit die Russen einem Rückversicherungsvertrag mit Deutschland zustimmten, der im Falle eines Krieges zwischen Deutschland und Frankreich die russische Neutralität garantieren sollte, ohne daß Deutschland sich zu einer Gegenleistung verpflichtete. Bei anderen Gelegenheiten konnte er Schlappen durchaus mit Humor eingestehen: »So weit wären wir auf dem Papier«, soll Bismarck bei den Verhandlungen über den Allianzvertrag zwischen Deutschland und Österreich-Ungarn 1879 zum österreichisch-ungarischen Außenminister Andrássy gesagt haben. »Ich kann Ihnen nun nichts mehr sagen als: *Bedenken Sie,* was Sie tun. Zum letztenmal rate ich Ihnen, lassen Sie Ihren Widerstand fallen. Nehmen Sie«, wobei er die Stimme erhob, »*meinen* Vorschlag an. Ich rate Ihnen gut, denn sonst ... sonst – muß ich den Ihrigen annehmen.«[3] Gefährlicher als Bismarcks unkonventionelles Handhaben der Diplomatie war jedoch seine Ansicht, daß internationale Verhandlungen und Unternehmungen nur im Sinne nationaler Interessen zu interpretieren seien, so daß die *raison d'état* jederzeit als Entschuldigung dienen konnte, wenn man bei internationalen Verpflichtungen wortbrüchig wurde. Bismarck glaubte, daß Österreich und Preußen zu große Staaten seien, um sich durch Vertragstexte binden zu lassen. Vereinbarungen konnten nicht ewig gelten, und nach Bismarcks Ansicht sollten alle Verträge die Klausel »rebus sic stantibus« enthalten. Lord Salisbury war ähnlicher Ansicht; gegen Ende seines Lebens schrieb er über die Frage der belgischen Neutralität: »Unsere vertraglichen Verpflichtungen werden durch unsere nationalen Belange bestimmt werden und nicht umgekehrt.«[4]

Die Einzelheiten von Bündnisverträgen und anderen internationalen Vereinbarungen wurden oft geheimgehalten und erst nach dem Krieg voll veröffentlicht; und da selbst jene Verträge, die veröffentlicht wurden, Geheimklauseln besaßen, glaubte man oft, daß sie mehr enthielten, als tatsächlich der Fall war. Bismarcks Rückversicherungsvertrag mit Rußland war 1887 ohne das Wissen von Deutschlands Verbündetem Österreich-Ungarn abgeschlossen worden, und es war Bismarck selbst, der in der Verbitterung seines erzwungenen Ruhestands die Existenz des Vertrags enthüllte sowie den Umstand, daß sein Nachfolger Caprivi ihn nicht verlängert hatte. Einzelheiten – nicht das Bestehen – des Dreibundvertrags zwischen Deutschland, Österreich und Italien wurden 1915 bekannt, als Italien seinen früheren Verbündeten den Krieg erklärte, aber erst 1920 wurde der ganze Vertrag veröffentlicht. Spekulationen über Geheimabkommen und Geheimverpflichtungen wurden von der Presse angeheizt. Die berühmten Journalisten – wie Sir Valentine Chirol von *The Times* oder Theodor Wolff vom *Berliner Tageblatt* – und Herausgeber jener Zeit, zu der man merkte, daß Regierungen die öffentliche Presse ernst nehmen müssen, standen mit Regierungsmitgliedern auf freundschaftlichem Fuß und dienten oft als Kanal für beabsichtigte Enthüllungen, was wiederum Anlaß zu Spekulationen war. Ein französischer Außenminister, Stephan Pichon, war Journalist gewesen, und er kehrte nach dem Ausscheiden aus dem Amt 1911 in seinen alten Beruf zurück. »Die Diplomatie der Nationen«, schrieb der britische Premierminister Lord Salisbury resigniert, »findet heute in den Briefen der Auslandskorrespondenten genauso statt wie in den Depeschen des Foreign Office.«[5]

Während die Zeitungsleute auf sensationelle Enthüllungen aus waren, gelüstete es die Regierungen danach, die Geheimnisse fremder Außenministerien herauszufinden und die Einzelheiten von Militärplänen in Erfahrung zu bringen. Das französische Außenministerium hatte mit kurzen Unterbrechungen seit Richelieus Zeit ein *cabinet noir* unterhalten, ein Geheimbüro, das sich damit beschäftigte, die diplomatischen Kodes anderer Länder zu brechen – seit 1880 regelmäßig.[6] Die Deutschen hatten 1914 einen Spion in der russischen Botschaft in London, der Informationen über die ergebnislosen Marineverhandlungen zwischen der britischen und der russischen Admiralität im Juni 1914 beschaffte und die Bedeutung dieser Gespräche übertrieben dargestellt zu haben scheint, denn diese Informationen bestärkten die Deutschen in der Überzeugung, daß ihre Gegner Deutschland einkreisten und daß es höchste Zeit sei, aus diesem Ring auszubrechen. Die Geheimhaltung diplomatischer Vereinbarungen und militärischer Pläne ließ es den Mächtigen geraten scheinen, Geld und Energie in den Ausbau ihrer Geheimdienste zu investieren, doch dieser Ausbau ist nur lückenhaft dokumentiert, und erst als die Spionage zu politischen Skandalen führte, deren berüchtigtster die Dreyfusaffäre in Frankreich war, kam etwas von diesen Aktivitäten ans Licht.

Liberale und Radikale in ganz Europa, vor allem jedoch in England, prangerten die Heimlichkeit diplomatischer Vorgänge an, während gleichzeitig von vielen Diplomaten der Glaube verbreitet wurde, daß sie einem geheimnisvollen Berufsstand angehörten, von dem Außenstehende nichts verstehen konnten und dessen Angehörige einer besonderen Klasse oder Kaste entstammen mußten. Ein hoher Beamter des britischen Foreign Office sagte 1914:

»Ich denke, der Auswahlausschuß wird sich meistens für einen bestimmten Menschentyp entscheiden, weil das der Menschentyp ist, der für diese internationale Diplomatiekarriere taugt. Alle ... sprechen sozusagen dieselbe Sprache; sie haben dieselbe Denkweise und mehr oder weniger dieselben Ansichten, und wenn irgend jemand mit einer anderen Sprache hinzukäme, würde er sicher vom gesamten diplomatischen Dienst mehr oder weniger mit Argwohn angesehen.«[7]

Ob die internationalen Beziehungen glücklicher verlaufen wären, wenn die Diplomaten einer weniger exklusiven Klasse angehört hätten, ob es die internationalen Spannungen verringert hätte, wenn die diplomatischen Verhandlungen vor der Öffentlichkeit geführt oder durch die Parlamente streng überwacht worden wären, bleibt sehr zweifelhaft; aber es steht außer Zweifel, daß die Ausübung dessen, was nach dem Krieg »alte Diplomatie« genannt wurde, zu dem Verdacht beitrug, daß internationale Vereinbarungen nie so harmlos seien, wie sie wirkten.

Wie konnten Bündnisverträge, die oft in einer Atmosphäre des Mißtrauens und unter unausgesprochenen Vorbehalten aller Beteiligten ausgehandelt wurden, ernst genommen werden, und welche Auswirkungen hatten diese offiziellen Vereinbarungen auf die Politik der beteiligten Staaten? Wie kann man belegen, daß das Bestehen des Bündnissystems zum Ausbruch des Krieges im Jahr 1914 beitrug? Die Theorie – wenn der Begriff nicht zu hochtrabend ist –, mit der damalige Zeitgenossen das Bündnissystem rechtfertigten, lautete, daß es das Gleichgewicht der Kräfte wahre. Dieses Schlagwort, das im 18. Jahrhundert in die Sprache der Diplomatie Eingang gefunden hatte, bezeichnete sowohl die objektive Bewertung der militärischen und wirtschaftlichen Stärke der Mächte wie die subjektive Einschätzung der nationalen Interessen durch die Staatsmänner. Der Gedanke wurde von Sir Eyre Crowe, dem Abteilungschef im Foreign Office, in einem berühmten Memorandum 1907 folgendermaßen ausgedrückt: »Das einzige Hindernis für den Mißbrauch politischer Vorherrschaft bestand seit jeher im Widerstand eines gleich furchterregenden Gegners oder eines Verteidigungsbündnisses mehrerer Länder. Das durch solche Machtverteilung entstandene Equilibrum bezeichnet man als Gleichgewicht der Kräfte.«[8] Bismarck, dessen Diplomatie nach der deutschen Einigung darauf abzielte, das Gleichgewicht der Kräfte zu Deutschlands Gunsten auszutarieren, drückte es prägnanter und mit seinem gewohnten Realismus so aus, daß man in der Politik trachten müsse, *à trois* zu bleiben, solange das prekäre

Gleichgewicht zwischen fünf Großmächten die Welt regiere.[9] Viele Staatsmänner und Diplomaten glaubten, daß die Wahrung des Gleichgewichts der Kräfte einen Krieg durch bloße Abschreckung verhüten könne, entweder unmittelbar oder über einen Mechanismus, der, wie sogar Bismarck glaubte, erlaubte, daß eine Macht ihre Verbündeten beaufsichtigen und davon abhalten konnte, das Gleichgewicht zu stören.

Dieser Aspekt der Theorie des Gleichgewichts der Kräfte wurde in einem Leitartikel in *The Times* im April 1914 formuliert:

»Die Aufteilung der Großmächte in zwei wohlausgewogene Gruppen, deren Mitglieder enge Beziehungen untereinander pflegen, ohne daß ihnen untersagt wäre, mit einem oder mehreren Mitgliedern der anderen Gruppe auf freundschaftlichem Fuße zu stehen, ist ein zwiefaches Hindernis für übermäßige Ambitionen und den unvermuteten Ausbruch von Rassenhaß. Alle Herrscher und Staatsmänner – ja, auch alle Nationen – wissen, daß ein Krieg dieser Gruppen von unermeßlichem Schrecken wäre. Dieses Wissen erzeugt ein Verantwortungsgefühl, das die Kühnsten und Leichtsinnigsten mäßigt und im Zaume hält. Aber sie wissen auch, daß jede Macht, die eine bewaffnete Auseinandersetzung erwägt, die Angehörigen ihrer eigenen Gruppe, welche die Verantwortung und die Gefahren eines solchen Konfliktes auf sich nehmen sollen, zuerst davon überzeugen muß, daß die Auseinandersetzung notwendig und rechtens ist. Sie sind nicht mehr unumschränkt Herr ihrer Entscheidungen, nur sich selbst Rechenschaft schuldig.«[10]

Dieses System brach 1914 zusammen, als klar wurde, daß das Gleichgewicht der Kräfte die internationalen Beziehungen nicht selbsttätig regulierte und daß die Aufteilung Europas in rivalisierende Bündnissysteme keineswegs die Wirkung zeitigte, die der Redakteur der *Times* sich erhofft hatte.

Die beiden Bündnisverträge, denen in der Julikrise 1914 zentrale Bedeutung zukam, waren der Zweibundvertrag zwischen Deutschland und Österreich-Ungarn, der 1879 unterzeichnet worden war, und die russisch-französische Militärkonvention von 1893. Italien war dem deutsch-österreichischen Bündnis 1882 beigetreten, das fortan als Dreibund bekannt war und zuletzt 1912 erneuert worden war. Dies waren offizielle Bündnisse, aber gleichermaßen bedeutend waren die weniger bindenden Ententes, die 1904 zwischen England und Frankreich und 1907 zwischen England und Rußland vereinbart wurden. Betrachtet man die Umstände, unter denen diese Vereinbarungen ausgehandelt wurden, und die Situationen, denen sie gerecht werden sollten, erkennt man, wie diese Verträge sich im Lauf der Zeit verändert haben. Außerdem sahen andere Länder sich durch sie veranlaßt, ihre Politik auf die Bündnissysteme auszurichten, die sie im Falle eines Krieges vermuten konnten. Sowohl politische Erwartungen wie militärische Pläne bezogen sich auf die Existenz des Bündnissystems und verschärften die Antagonismen, die von den Bündnissen verursacht wurden.

Die Schwerpunkte des deutsch-österreichischen Bündnisses hatten sich bis 1914 gegenüber der 1879 von Bismarck ausgehandelten Urfassung stark verlagert. Aus den diplomatischen Gegebenheiten jenes Jahres, als Rußland noch unter der Demütigung litt, die ihm nach Ansicht der panslawistischen Presse von den anderen Mächten auf dem Berliner Kongreß 1878 zugefügt worden war, hatte Bismarck geschlossen, Rußland durch ein Bündnis Deutschlands mit Österreich-Ungarn von Angriffsplänen abhalten und früher oder später zwingen zu können, sich um bessere Beziehungen zu Deutschland zu bemühen – wie es 1881 und erneut 1887 tatsächlich geschah. Bismarck betrachtete das Bündnis jedoch ebenfalls als Mittel, die österreichische Politik auf dem Balkan zu zügeln und Situationen zu vermeiden, in denen Deutschland von Österreich in einen Krieg gegen Rußland hineingezogen würde, um österreichisch-ungarische Interessen in Südosteuropa durchzusetzen. Das Bündnis trug in Bismarcks Augen folglich zur Stabilität in Europa bei, da es Rußland genug erschreckte, um es bessere Beziehungen zu Deutschland wünschen zu lassen, und Deutschland ermächtigte, die Politik Österreichs gegenüber seinen slawischen Nachbarn zu kontrollieren.

Für Österreich-Ungarn bedeutete das Bündnis mit Deutschland eine zusätzliche Garantie der Stabilität des Reiches. Spätestens seit 1815 war das Überleben der Habsburger Monarchie größtenteils davon abhängig gewesen, daß es gelang, die anderen Großmächte von Österreichs Unverzichtbarkeit im europäischen Gleichgewicht der Kräfte zu überzeugen. Und die deutschsprachigen Einwohner Österreichs waren erleichtert, daß das Bündnis den verhängnisvollen Zwist zwischen Preußen und Österreich beendete, den der Krieg von 1866 verursacht hatte. Die diplomatischen Vereinbarungen des Bündnisses unterstützte die allgemeine Empfindung, daß Deutschland und Österreich nunmehr in einer Schicksalsgemeinschaft auf Gedeih und Verderb verbunden seien. Das Bündnis kam also nicht nur unmittelbaren diplomatischen Erfordernissen entgegen, sondern auch dem emotionalen Bedürfnis vieler Menschen in beiden Ländern – und das zu einem Zeitpunkt, zu dem die Öffentlichkeit, zumindest die Presse, sofort auf jeden diplomatischen Schritt reagierte, so daß Verträge eine Bedeutung erlangen konnten, die mit ihrem tatsächlichen Inhalt wenig zu tun hatte. Die bloße Existenz eines Bündnisses war wichtiger als die eigentlichen Vereinbarungen, deren Einzelheiten nach wie vor geheimgehalten wurden. Der wesentliche Teil des Bündnisses zwischen Deutschland und Österreich war die Vereinbarung, daß jeder Bündnispartner bei einem Angriff Rußlands dem anderen rückhaltlos militärische Unterstützung gewähren würde.

Zu Bismarcks Zeit hatten also Deutsche und Österreicher das Bündnis als Mittel zur Sicherung der Stabilität angesehen. Und wie wir gesehen haben, enthüllte Bismarck die Bedingungen dem russischen Botschafter im Jahre 1887, weil er hoffte, die Stabilität dadurch zu wahren, daß er die Russen zur Unterzeichnung eines Vertrags mit Deutschland bewegte. Aber als dieser Rückversicherungsvertrag 1894 zur Verlängerung anstand, war Bismarck nicht mehr im Amt, und die internationale Lage hatte sich durch die Unterzeichnung einer Militärkonvention zwischen Frankreich und Rußland im August 1892 grundlegend geändert; im folgenden Jahr wurde diese Konvention in ein vollwertiges Bündnis umgewandelt.

Ein Rapprochement zwischen Frankreich und Rußland war trotz der politischen Unterschiede zwischen der Dritten Republik und der zaristischen Autokratie eine logische Konsequenz des neuen, 1870 entstandenen Gleichgewichts der Kräfte. Karl Marx hatte zur Zeit des preußisch-französischen Krieges gesagt: »Nehmen sie Elsaß und Lothringen, so wird Frankreich mit Rußland Deutschland bekriegen.«[11] Die Annektierung der beiden französischen Provinzen durch Deutschland bedeutete, daß es auf lange Sicht keine Aussöhnung zwischen Frankreich und Deutschland geben konnte, und auch wenn Regierung und Öffentlichkeit in Frankreich zeitweise die verlorenen Provinzen vergaßen, mußte ihre Hoffnung, sie zurückzuerlangen, Frankreich in einem europäischen Krieg auf die Seite der Gegner Deutschlands treiben.

Die Vorteile für Rußland aus einem Bündnis mit Frankreich lagen auf der Hand: die Russen würden in Südosteuropa freiere Hand haben. Angesichts der Möglichkeit eines Zweifrontenkrieges würde Deutschland es sich überlegen, ob es Österreich-Ungarn in einem Konflikt mit Rußland Rückendeckung geben wollte, und somit konnte Österreich wenig gegen russische Vorstöße unternehmen. Man erhoffte sich durch das Bündnis Sicherheit für Rußland in Europa, solange die zaristische Regierung mit aufwendigen Operationen befaßt war, die die Kontrolle über Sibirien bis an den Pazifik ausdehnen sollten (die Entscheidung für den Bau der Transsibirischen Eisenbahn wurde 1891 getroffen). Aber unabhängig von diesen strategischen und diplomatischen Überlegungen entwickelten sich seit 1887 engere finanzielle Beziehungen zwischen Frankreich und Rußland, die dem russisch-französischen Bündnis in der öffentlichen Meinung eine festere Grundlage verliehen, als sie die meisten anderen diplomatischen Übereinkünfte jener Zeit besaßen. Die russische Regierung benötigte ausländisches Kapital nicht nur für ihre wachsende Industrie und den Ausbau des Transportsystems, sondern auch, um eine größere Umwandlung russischer Regierungsanleihen zum Zwecke der Rationalisierung und Einsparung durchführen zu können. Französische Bankiers waren daran interessiert, ihren Anteil am russischen Kapitalmarkt zu vergrößern, und propagierten lautstark den Erwerb russischer Wertpapiere durch französische Bürger, was beim Bürgertum enthusiastische Aufnahme fand. Obwohl die französische Regierung weder erwartet noch bezweckt hatte, mit diesen Anleihen ein militärisches und diplomatisches Bündnis zu festigen, trat genau dies ein. Das Interesse an Rußland, das die Werbung für die Wertpapiere erregt hatte, ebnete die Bahn für den begeisterten Empfang, der der französischen Flotte in Rußland 1891 und der russischen Marine in Toulon 1893 bereitet wurde. Bismarck war an diesen Entwicklungen nicht unbeteiligt. Er hatte nie großes Interesse an der politischen Bedeutung internationaler Finanzverbindungen gezeigt, und im November 1887 hatte er den Verkauf russischer Wertpapiere an der Berliner Börse verbieten lassen, weil er darüber verärgert war, daß die russische Regierung eine Sondersteuer für ausländische Besitzer von Grundstücken in Rußland eingeführt hatte – eine Maßnahme, die angesehene

Angehörige der deutschen Aristokratie traf, deren Ländereien zu beiden Seiten der Grenze zwischen Rußland und Preußen lagen. Dadurch ermutigte Bismarck unabsichtlich Rußland, sich in der Suche nach Kapital an Paris zu wenden.

Am meisten jedoch bemühten sich die militärischen Führer in Frankreich und Rußland um eine Übereinkunft. Schon 1870 war es zu Kontakten gekommen, und das Bündnis wurde ja in erster Linie als Militärkonvention geschlossen. Die Vereinbarung wurde 1892 ausgehandelt und im Winter 1893–94 ratifiziert, und die Bündnispartner verpflichteten sich darin zu sofortiger gegenseitiger Hilfe im Falle eines Angriffs durch eine der Dreibundmächte; falls Frankreich von Deutschland oder von Italien im Bunde mit Deutschland angegriffen würde, sollte Rußland alle verfügbaren Streitkräfte zum Entlastungsangriff gegen Deutschland führen, während im Falle eines Angriffs der Deutschen oder dieser mit Österreich im Bunde auf Rußland Frankreich den Entlastungsangriff gegen Deutschland zu führen hätte. Mitte der neunziger Jahre war das Bündnis weitgehend bekannt, wenn auch die genauen Bedingungen geheim blieben. Die Doppelentente zwischen Frankreich und Rußland wurde als Gegner des Dreibunds von Deutschland, Österreich-Ungarn und Italien betrachtet. Als Konsequenz begann der deutsche Generalstab sofort mit Plänen für einen Zweifrontenkrieg, obwohl er diese Möglichkeit noch in weiter Ferne wähnte. Die Russen waren mit der Expansion in Asien beschäftigt, die Österreicher brauchten Ruhe, solange sie der nationalen Spannungen innerhalb der Monarchie Herr zu werden versuchten, die Franzosen kümmerten die imperialistischen Rivalitäten in Afrika und Südostasien im Augenblick mehr als die Frage Elsaß-Lothringens, und die Deutschen unter Wilhelm II. waren darauf bedacht, sich als potentielle Weltmacht zu profilieren und unternahmen 1897 erste Schritte zur Schaffung einer großen Kriegsmarine.

Während der ganzen neunziger Jahre durchkreuzten die imperialistischen Aktivitäten und Interessen aller Mächte mit Ausnahme Österreichs die Verbindungen, die Dreibund und Doppelentente zu schaffen schienen. Im Fernen Osten zeigten Franzosen und Russen 1895 Bereitschaft, sich mit den Deutschen zusammenzutun, um nach dem Krieg zwischen Japan und China das Friedensabkommen bestimmen zu können. 1901 waren die Franzosen sogar bereit, ein Kontingent zur internationalen Streitkraft unter dem Kommando eines deutschen Generals zu entsenden, um den Aufstand der chinesischen Nationalisten, den Boxeraufstand, niederzuschlagen, da die Privilegien der Europäer in China bedroht schienen. England war für die Franzosen in Afrika und für die Russen in Ostasien ein gefährlicherer Rivale als Deutschland.

Andererseits wurde England infolge seiner Politik und ihrer Folgen allmählich, durchaus gegen seinen Willen, in das europäische Bündnissystem einbezogen. Bis Ende der neunziger Jahre hatte keine britische Regierung eine bindende Allianz mit anderen Mächten in Betracht ziehen wollen. Bismarcks Vorschläge zu einer engeren Bindung Englands an sein internationales Bündnissystem waren ignoriert worden, und man beschränkte sich auf die sogenannte Mittelmeerentente von 1887, die geheim blieb und wenig mehr enthielt als eine Formulierung Englands bestens bekannten Interesses an der Stabilität des östlichen Mittelmeerraums sowie das Angebot, in Krisen Beratungen und eventuell gemeinsame Maßnahmen mit Österreich und Italien durchzuführen. Gegen 1900 jedoch, nach mehreren Jahren kalten Krieges gegen die Franzosen in Afrika und angesichts dessen, was als russische Bedrohung des britischen Einflusses in China gelten mußte, fanden sich die Briten zusätzlich in einen Krieg gegen die Burenrepubliken in Südafrika verwickelt. Die Anstrengungen, die es erforderte, ein Weltreich zu erwerben und zu verwalten, machten sich allmählich bemerkbar. Politiker, insbesondere Joseph Chamberlain, der Kolonialminister, gelangten zu der Überzeugung, daß England die Politik der *splendid isolation* aufgeben mußte.

Alle mächtigen Staaten Europas seien Allianzen eingegangen, sagte Chamberlain im Mai 1898. Solange die Briten sich diesen Allianzen fernhielten, solange sie von allen beneidet würden und solange ihre Interessen früher oder später mit den Interessen aller anderen kollidieren müßten, sei die Konfrontation mit einer Kombination von Großmächten, die so mächtig wäre, daß nicht einmal der radikalste, hitzköpfigste Politiker sie ruhigen Blutes ins Auge fassen könnte, jederzeit zu gewärtigen.[12]

Sowohl 1898 als auch 1901 wurde ein deutsch-englisches Bündnis diskutiert, aber die Interessen beider Seiten divergierten zu stark. Die Briten erwarteten diplomatische Unterstützung gegen Rußland in Ostasien, die Deutschen erwarteten britische Hilfe oder zumindest wohlwollende Neutralität in einem möglichen Krieg in Europa. Lord Salisbury, der britische Premierminister, beendete diese Diskussion im Mai 1901 in seiner letzten großen außenpolitischen Entscheidung vor der Pensionierung mit den Worten: »Dies ist ein Vorschlag zum Einschluß Englands in den Dreibund.« Und zur britischen *splendid isolation* sagte er:

»*Haben wir diese Gefahr* [der Isolierung] *jemals praktisch verspürt?* Wären wir im Revolutionskrieg unterlegen, dann wäre unser Zusammenbruch nicht die Folge unserer Isolierung gewesen. Wir hatten viele Verbündete, aber sie hätten uns nicht gerettet, wenn der französische Kaiser imstande gewesen wäre, den Kanal zu beherrschen. Außer während seiner Regierung schwebten wir niemals in Gefahr; und wir vermögen deshalb nicht zu beurteilen, ob die ›Isolierung‹, unter der wir angeblich leiden sollen, irgendwelche Elemente der Gefahr in sich birgt oder nicht. Es wäre schwerlich klug, neue und höchst drückende Verpflichtungen auf uns zu nehmen zum Schutze gegen *eine Gefahr, an deren Bestehen zu glauben wir keinen geschichtlichen Grund haben.*«[13]

Obwohl britische Politiker weiterhin zu reden pflegten, als könne Großbritannien sich aus kontinentalen Belangen heraushalten, gerieten sie, manchmal ohne es zu merken, in die Prozesse, die sich im europäischen Mächtesystem abspielten. Großbritanniens dringender Wunsch nach diplomatischer Unterstützung im Fernen Osten war durch ein Bündnis mit Japan, das im Januar 1902 unterzeichnet wurde, erfüllt. Das war Englands erster Schritt aus der Isolation, aber er schien einstweilen wenig mit der Politik in Europa zu tun zu haben und sich auf Ostasien zu beschränken.

Den eigentlichen Wendepunkt in der britischen Politik markierte freilich – zumindest in der Retrospektive – die englisch-französische Entente, die im April 1904 geschlossen wurde und in der Tat »un grand tournant de la politique mondiale« bedeutete, wie es der Leiter der politischen Abteilung des französischen Außenministeriums ausgedrückt hat.[14] Doch so erschien es damals nicht, und auch hier haben wir es mit einer jener internationalen Übereinkünfte zu tun, die sich allmählich vom ursprünglichen Entwurf immer mehr entfernten. Während des ganzen Jahrzehnts waren Briten und Franzosen aufgrund ihrer kolonialen Interessenkonflikte in Westafrika, am Oberlauf des Nils und in Siam uneins gewesen. 1898 traf bei Faschoda am oberen Nil eine kleine französische Einheit auf eine britische Armee, die soeben im Sudan eingegriffen hatte; die Faschodakrise führte zu Kriegsdrohungen zwischen den beiden Ländern, und die britische Kanalflotte wurde ins Mittelmeer entsandt. Doch Théophile Delcassé, der neue französische Außenminister, der die französische Außenpolitik bis 1905 bestimmte, erkannte, daß Frankreichs Verbündeter Rußland außerstande war, ihm in Afrika gegen England beizustehen und daß eine Konfrontation mit England nicht in Frankreichs Interesse sein konnte, das gerade mit der innenpolitischen Krise um die Dreyfusaffäre beschäftigt war. Langsam – und zögernd, denn er hatte der antibritischen Kolonialpartei in Frankreich nahegestanden – rang Delcassé sich zu der Einsicht durch, daß Kolonialvereinbarungen mit England für Frankreich von Vorteil waren. Die Grundlage für solche Abmachungen bildete der Umstand, daß die Franzosen ihr nordafrikanisches Kolonialreich um Marokko zu erweitern hofften, während die Briten, die Ägypten seit 1882 besetzt hielten, ihre Macht dort verankern wollten und eine Reform der ägyptischen Staatsfinanzen planten. Für diese Pläne war ein französisches Einverständnis Voraussetzung, denn die Franzosen hatten eine Schlüsselstellung in der Caisse de la Dette inne, der internationalen Kommission, der die Oberaufsicht über die ägyptischen Finanzgeschäfte oblag.

Das englisch-französische Abkommen von 1904 bezog sich folglich im wesentlichen auf die Klärung kolonialistischer Streitfragen und sollte Frankreich dazu verhelfen, Marokko zu gewinnen, und England dazu, seine Position in Ägypten zu festigen. Es gab auch die Übereinkunft, Siam als unabhängigen Pufferstaat zwischen Französisch-Indochina und den britischen Gebieten Burmas zu belassen. Kleine territoriale Korrekturen wurden in Afrika vorgenommen, und ein Streit über Fischereirechte vor Kanadas Küste, der fast zweihundert Jahre gewährt hatte, wurde beigelegt. Aber dieses harte Feilschen um einzelne Streitpunkte außerhalb Europas erhält eine neue Bedeutung, wenn es mit den Veränderungen in Beziehung gesetzt wird, die in den vorausgegangenen zehn Jahren in der allgemeinen internationalen Szene stattgefunden hatten.

1904 mußte die britische Regierung sich eingestehen, daß der Aufbau einer großen deutschen Kriegsmarine eine ernsthafte Bedrohung für Englands Stellung als Weltmacht darstellen konnte. Während England und Deutschland noch vor kurzem keine ernsthaften Differenzen gehabt hatten und ein Bündnis zwischen ihnen in Erwägung gezogen werden konnte, waren 1904 viele Engländer davon überzeugt, daß Deutschland sich zu einem ernsthaften Rivalen entwickelte: im März 1903 hatte die Admiralität aus diesem Grund beschlossen, eine Nordseeflotte aufzustellen und einen Stützpunkt für sie in Rosyth an der Ostküste Schottlands zu bauen. Wenngleich die Vereinbarungen mit Frankreich sich streng auf die Beilegung kolonialer Differenzen – alter und neuer – begrenzten, hatten die französischen und britischen Staatsmänner, die die Verhandlungen führten, die veränderte Position und Politik Deutschlands durchaus im Auge. Obwohl Delcassé nach dem französischen Nachgeben in Faschoda kurzfristig erwogen hatte, deutsche Hilfe gegen England in Afrika zu beanspruchen, bezweifelte er 1903 nicht mehr, daß Frankreichs Ambitionen in Marokko und seinem Verhältnis zu Deutschland durch ein Abkommen mit England am meisten gedient sei. Gleichzeitig begrüßten inzwischen meinungsbildende Kreise in Geschäftswelt und Presse, die sich während des Burenkrieges einstimmig antienglisch geäußert hatten, die Entwicklung besserer Beziehungen zwischen den beiden Ländern, und es lag nahe, den Erfolg der Besuche König Eduards VII. in Paris im Mai 1903 und Präsident Loubets in London im Juli desselben Jahres als Symbol eines neuen und besseren Verhältnisses zwischen den beiden Ländern zu sehen.

Tatsächlich war die deutsche Regierung daran schuld, daß die Entente cordiale sehr schnell Ähnlichkeit mit einem offiziellen Bündnis annahm, auch wenn sie nie eines wurde. Seit den neunziger Jahren war die deutsche Diplomatie von der Vorstellung bestimmt gewesen, daß die imperialistische Rivalität zwischen England und Frankreich einerseits und England und Rußland andererseits ein unüberwindliches Hindernis bilde und so England über kurz oder lang unter dem Druck der Machtpolitik einem Bündnis mit Deutschland zu Deutschlands Bedingungen werde zustimmen müssen. Das Scheitern der Bündnisgespräche in den Jahren 1898 und 1901 beunruhigte das Auswärtige Amt deshalb nicht besonders. Die Deutschen glaubten, die Zeit arbeite für sie. Auch die englisch-französische Übereinkunft von 1904 erschütterte diesen Glauben nicht. Das Auswärtige Amt betrachtete die Differenzen zwischen England und Frankreich nach wie vor als unüberwindlich und das Rapprochement als zu ephemer, um Bestand zu haben. Von 1904 bis 1906 versuchten die Deutschen, die Entente zu unterminieren und ihre Nutzlosigkeit zu demonstrieren. Zunächst schien es nämlich, als könne Frankreichs Bündnis mit Rußland der neuen Freundschaft mit Großbritannien im Wege stehen.

Wenige Wochen vor der Unterzeichnung der Entente war in Ostasien der Krieg zwischen Japan und Rußland ausgebrochen, und eine Episode dieses Krieges stellte die Feuerprobe der Entente dar. Auf dem Weg aus der Ostsee beschoß und versenkte die russische Flotte britische Fischerboote in der Nordsee, da sie sie für japanische Unterseeboote hielt. In Großbritannien löste dies heftige antirussische Gefühle aus, und die deutsche Regierung schlug den Russen die Bildung eines Kontinentalbunds gegen England vor, dem auch die Franzosen beitreten sollten. Aber Delcassé wollte sich nicht zwischen Frankreichs Verbündetem Rußland und seinem neuen Freund England entscheiden, und er setzte sein ganzes diplomatisches Geschick daran, zwischen England und Rußland zu vermitteln und die Russen dazu zu bewegen, daß sie eine Untersuchung durchführten und die Kompensation leisteten, die die britische Regierung verlangte. Marokko, das in der englisch-französischen Vereinbarung eigens berücksichtigt war, sollte die ernsteste Prüfung für die Entente cordiale darstellen, eine Prüfung, von der die Deutschen gehofft hatten, sie werde die Entente schwächen, während sie sie in Wahrheit festigen sollte. Im März 1905 ließ sich der Kaiser, der sich auf einer Kreuzfahrt im Mittelmeer befand, nolens volens von seinem Außenministerium dazu überreden, in Tanger anzulegen und – als unverhohlene Kritik an den französischen Eingriffen in Marokko – zu erklären, er besuche einen unabhängigen, souveränen Staat und verlange für Deutschland wirtschaftliche Gleichstellung mit Frankreich. Dies löste die heftigste Krise zwischen Frankreich und Deutschland seit fast zwanzig Jahren aus, und ein Krieg schien vielen unvermeidbar. Infolgedessen machten England und Frankreich sich nun sehr ernsthafte Gedanken über die Implikationen der Vereinbarung vom Vorjahr. Wir wissen nicht, was genau im Frühjahr 1905 zwischen Lord Lansdowne, dem britischen Außenminister, und Paul Cambon, dem französischen Botschafter in London, und zwischen Delcassé und Sir Francis Bertie, dem britischen Botschafter in Paris, besprochen wurde, denn Delcassé hat seinen Kollegen im französischen Kabinett offenbar den Eindruck vermittelt, die Briten hätten einen Angriffs- und Verteidigungspakt angeboten, während diese im Glauben lebten, nichts weiter versprochen zu haben als gemeinsame Beratungen darüber, welche Schritte unternommen werden könnten, um einer Bedrohung durch Deutschland zu begegnen. Falls Delcassé gehofft hatte, das Kabinett in der Marokkofrage zu einer härteren Linie Deutschland gegenüber zu veranlassen, indem er mit einem englischen Bündnisversprechen winkte, so hatte er sich geirrt, denn Ministerpräsident Rouvier zeigte sich angesichts der drohenden Haltung Deutschlands sehr besorgt; er fürchtete, daß Frankreich in einen Krieg mit Deutschland verwickelt werden könnte, nur weil England verhindern wollte, daß die Deutschen einen Marinestützpunkt an der Atlantikküste Marokkos errichteten – ein Indiz dafür, wie die keimende deutsch-englische Flottenrivalität Englands Haltung zur deutsch-französischen Rivalität in

Marokko veränderte, die bisher England nicht sonderlich interessiert hatte. Delcassé sah sich im Kabinett ohne Rückhalt und mußte zurücktreten. Dennoch änderte sich nach Delcassés Rücktritt nicht viel in der französischen Politik. Die Krise wurde schließlich auf einer internationalen Konferenz beigelegt, die im Januar 1906 im spanischen Hafen Algeciras abgehalten wurde. Im Verlauf der Marokkokrise waren jedoch die ersten Gespräche auf Generalstabsebene zwischen Vertretern der britischen und der französischen Armee geführt worden. Die militärischen Aspekte werden in Kapitel 4 Erörterung finden. An dieser Stelle gilt es jedoch anzumerken, daß kaum zwei Jahre nach der Unterzeichnung des Abkommens vom April 1904 ein gemeinsames militärisches Einschreiten gegen Deutschland geplant wurde, so daß sich ungeachtet der Behauptung der britischen Regierung, die Gespräche seien inoffizieller und unverbindlicher Natur, sagen läßt, daß eine moralische Verbindlichkeit zweifellos bestand und daß die Entente bereits ein viel engerer Zusammenschluß war, als die ursprüngliche Vereinbarung zur Beilegung kolonialer Zwistigkeiten ahnen ließ. Als die konservative Regierung im Dezember 1905 gestürzt wurde und die Liberalen an die Macht kamen, stellte Sir Edward Grey, der neue Außenminister, klar, daß der Regierungswechsel keine Änderung der Außenpolitik bedeutete. Er ließ erkennen, daß er im Abkommen mit Frankreich auch einen moralischen Aspekt sah. Im Februar 1906 schrieb er:

»Wenn es zum Krieg zwischen Frankreich und Deutschland kommt, wird es sehr schwer für uns sein, draußen zu bleiben. Die Entente und mehr noch die fortwährenden und lebhaften Sympathiekundgebungen (offizieller, maritimer, politischer Kreise, der Handelswelt, von Städten und in der Presse) haben in Frankreich den Glauben erweckt, daß wir es in einem Krieg unterstützen würden. [...] Wenn diese Erwartung enttäuscht wird, werden die Franzosen uns das niemals vergeben. [...] Es würde auch, glaube ich, in allen Ländern allgemein das Empfinden herrschen, daß wir uns niederträchtig benommen und Frankreich im Stich gelassen hätten. [...] Auf der andern Seite ist die Aussicht auf einen europäischen Krieg und darauf, daß wir darein verwickelt würden, entsetzlich.«[15]

Gleichzeitig ließ er zu, daß die inoffiziellen Gespräche zwischen dem Kriegsministerium und dem französischen Militärattaché fortgesetzt wurden.

Die Marokkokrise erlosch nach der Konferenz von Algeciras; obwohl Frankreichs Einfluß in Marokko auf der Konferenz bekräftigt worden war und Deutschland eine diplomatische Niederlage erlitten hatte, kooperierten beide in den folgenden Jahren in Wirtschaftsangelegenheiten, und erst 1911 führte ihre Rivalität in Marokko zu einer zweiten großen Krise. Aber die Festigung der englisch-französischen Entente schritt voran, wenn auch vielleicht langsamer, als es manchem französischen Politiker recht gewesen wäre. 1907 erreichte die offensichtliche Aufteilung Europas in zwei rivalisierende Lager ein neues Stadium. Am 31. August 1907 unterzeichneten die britische und die russische Regierung ein Abkommen, mit dem alte Grenzstreitigkeiten der beiden Imperien vor allem in Persien, Afghanistan und Tibet bereinigt werden sollten. Seit mehr als zehn Jahren hatten gewisse Kreise im britischen Außenministerium die Hoffnung nicht aufgegeben, ein Abkommen auf der Basis gegenseitiger Anerkennung von Einflußsphären erzielen zu können, und glaubten, daß dies einer Konfrontation als Folge der Eskalation geringfügiger Zwischenfälle vorzuziehen war. 1903 waren Gespräche geführt worden, aber der Ausbruch des Krieges im Fernen Osten hatte ihren Fortschritt gehemmt. Japans Sieg bewirkte, daß die russische Regierung ihre Beziehungen zu England verbessern wollte, und darüber hinaus erhoffte sich Iswolski, der neue russische Außenminister, die Unterstützung Englands für eine Revision der internationalen Bestimmungen, die den Ausgang des Schwarzen Meeres in Kriegszeiten bisher abriegelten.

England ging das Abkommen ein, weil es deutlicher als 1904 erkannte, daß Deutschland eine wachsend potentielle, wenn auch nicht unmittelbare Bedrohung der britischen Interessen darstellte. »Eine Entente zwischen Rußland, Frankreich und uns würde absolute Sicherheit bieten. Wenn es notwendig ist, Deutschland in den Weg zu treten [*to check*], so könnte es dann geschehen«, schrieb Grey am 20. Februar 1906.[16] Deutschland wurde inzwischen sogar für gefährlicher gehalten als Rußland. Infolgedessen war eine Neubeurteilung der britischen Situation im Mittleren Osten und in Indien unumgänglich. Die Forderungen der Militärkommandeure in Indien nach Verstärkung der dortigen Armee, um eine Bedrohung durch Rußland abzuwehren, wurden abschlägig beschieden, denn man ahnte inzwischen, daß höchstwahrscheinlich Deutschland sich als Englands Hauptgegner erweisen würde.

Rußland war sich darüber im klaren, daß die Abkommen über Konstantinopel und die Meerengen ohne Einverständnis Englands nicht geändert werden konnten, aber es wollte sich Deutschland nicht zum Feind machen und wollte es auf keinen Fall provozieren, denn es hatte sich noch nicht von den militärischen, wirtschaftlichen und politischen Auswirkungen der Niederlage gegen Japan erholt. Das Abkommen mit England war für Rußland in erster Linie ein Mittel, um das eigene asiatische Imperium besser zu beherrschen, ohne Störungen durch England befürchten zu müssen – auch wenn die Meinungsverschiedenheiten über Persien und Ostasien sich nicht ganz auflösen ließen. Das Abkommen ließ die Russen außerdem auf britische Unterstützung für ihre Bestrebungen auf dem Balkan hoffen. Innerhalb gut eines Jahres erwies sich, daß diese Bestrebungen einen Konflikt mit Deutschland heraufbeschwören mußten.

Während der fünfzehn Jahre seit Bismarcks Sturz war das Bündnis zwischen Deutschland und Österreich-Ungarn ein gewissermaßen passiver Faktor der internationalen Beziehungen gewesen, der als Selbstverständlichkeit angesehen wurde, aber kein Handeln zu erfordern schien. Die Probleme Südosteuropas und die Zukunft des Osmanischen Reiches fanden zu jener Zeit weniger Aufmerksamkeit als die Imperialismusstreitigkeiten außerhalb Europas, in die Österreich-Ungarn nicht verwickelt war. Da sich die russische Regierung obendrein auf die Expansion in Ostasien konzentrierte, verursachten die Krise in der Türkei nach den Massakern an den Armeniern 1894–96, der Aufstand auf Kreta 1897 und der daraus resultierende Krieg zwischen der Türkei und Griechenland keineswegs einen Konflikt zwischen den Großmächten, sondern führten sogar zur Zusammenarbeit zwischen ihnen. Ab 1905 änderte sich dies. Die Marokkokrise und die Konferenz von Algeciras hatten den Deutschen vor Augen geführt, daß allein ihr Bündnis mit Österreich sie vor völliger diplomatischer Isolation bewahrte, da nur Österreich sie in der Marokkofrage unterstützte. Mit seiner typischen Taktlosigkeit hatte Kaiser Wilhelm II. sich bei Kaiser Franz Joseph mit den Worten vom »brillanten Sekundantendienst« bedankt. Die Erhaltung der Großmacht Österreich-Ungarn wurde zu einem der wichtigsten außenpolitischen Ziele Deutschlands – aus diplomatischen Gründen, weil Österreich als sein einziger zuverlässiger Verbündeter galt, und darüber hinaus, weil jede interne Krise Österreich-Ungarns Auswirkungen auf Deutschland haben mußte. Als 1906 infolge der Verfassungskrise zwischen Ungarn und der übrigen Monarchie Gerüchte über eine baldige Auflösung Österreich-Ungarns laut wurden, mußte der deutsche Kanzler den deutschen Diplomaten im Ausland erklären, daß er es für gefährlich hielte, die deutschsprachigen Österreicher Deutschland zuzuschlagen:

»Es würden fünfzehn Millionen Katholiken zum deutschen Reich hinzukommen, und die Protestanten würden zu einer Minderheit. [...] Das Kräfteverhältnis zwischen Protestanten und Katholiken würde dem entsprechen, welches seinerzeit zum Dreißigjährigen Krieg geführt hat und damit zu einer Auflösung des Deutschen Reiches. [Später fragt er sich], ob man es zulassen darf, daß das Deutsche Reich, welches heute so gut ausgewogen und infolgedessen so stark und mächtig dasteht, in eine so furchtbare Lage gebracht wird. Im Interesse des Erhalts eines mächtigen Deutschland muß man diese Frage unumwunden verneinen.«[17]

Folglich mußte das österreichische Reich unbedingt erhalten werden.

1908 wurden die Bedingungen des deutsch-österreichischen Bündnisses deutlicher. Die Krise im Osmanischen Reich, die die jungtürkische Revolution verursachte, ließ erneut die Frage nach der Zukunft der türkischen Besitzungen in Europa laut werden: und der österreichisch-ungarische Außenminister Aehrenthal befand die Gelegenheit für günstig, um die Provinzen Bosnien und Herzegowina zu annektieren, die seit 1878 von Österreich besetzt waren, aber noch immer unter türkischer Oberhoheit standen. Aehrenthal war der Ansicht, daß eine forsche Außenpolitik den Ausweg aus den Problemen bot, die die unterjochten Nationalitäten innerhalb der Monarchie verursachten, und daß die Eingliederung der beiden Provinzen die serbischen Bestrebungen, Serbien zum »Piemont der Südslawen« zu machen, das heißt zum Zentrum der Unruhe unter den Serben und Kroaten in Österreich-Ungarn, empfindlich dämpfen würde. Aehrenthal vertraute wohl auch darauf, mit einer kühnen Initiative demonstrieren zu können, daß Österreich nicht bedingungslos auf seine deutschen Verbündeten angewiesen war – und der deutsche Kaiser war verständlicherweise sehr irritiert, als er die Annexion Bosniens und der Herzegowina aus der Zeitung erfuhr. Gezeigt hatte sich dabei letzten Endes, daß Österreich auf Deutschland sehr wohl angewiesen war und daß die Initiative in dieser Allianz auf Österreich übergegangen war.

Der russische Außenminister Iswolski, der sich für Rußland Machtzuwachs auf dem Balkan und an den Meerengen erhoffte, hatte Aehrenthal insgeheim zugesagt, Österreichs Vorgehen zu dulden, sofern Österreich Rußlands Forderung nach einer Revision der Verträge über die Schließung des Bosporus und der Dardanellen unterstützen würde. Aehrenthal hatte jedoch die Annexion publik gemacht, bevor Iswolski Zeit gehabt hatte, sich in anderen Ländern Europas diplomatischen Rückhalts zu versichern. Iswolski war entrüstet und fühlte sich – ob zu Recht oder zu Unrecht – von Aehrenthal persönlich verraten. Die Beziehungen zwischen den beiden Mächten verschlechterten sich rapide, und es kam zu Kriegsgerüchten, in deren Folge der deutsche Generalstabschef von Moltke seinem österreichisch-ungarischen Kollegen Baron Conrad von Hötzendorf unmißverständlich erklärte, daß eine Mobilmachung seitens Rußlands die sofortige deutsche Mobilmachung bewirken werde.[18] Als nächstes forderte Deutschland Rußland auf, die Annexion anzuerkennen, und der Kaiser konnte erklären, er habe seinem Verbündeten, dem österreichischen Kaiser, »in schimmernder Wehr«[19] beigestanden. Dies war großenteils Bluff: weder die Österreicher noch die Russen waren militärisch oder wirtschaftlich in der Lage, einen Krieg zu beginnen, aber Natur und Grenzen des Allianzsystems wurden so sichtbar – sowohl darin, daß sich das ganze Ausmaß der deutschen Bindung an Österreich zeigte, wie auch darin, daß die Russen in Paris und London nur sehr zurückhaltende Unterstützung für ihre Konstantinopelpläne gefunden hatten.

In den Jahren zwischen der Bosnienkrise und dem Ausbruch des Ersten Weltkrieges trieben vier Faktoren die

Neuordnung und Verfestigung des Allianzsystems in Europa voran: die Aufstände in der Türkei, die in Rußland Hoffnungen auf eine Kompensation der Niederlage im Fernen Osten durch Gewinne auf dem Balkan weckten und Österreich in der Ansicht bestärkten, ein Präventivkrieg gegen Serbien sei das beste Mittel, um der drohenden Auflösung der Donaumonarchie Einhalt zu gebieten, die wachsende Erkenntnis in britischen Regierungskreisen, daß die deutsche Marinerüstung Englands Weltreichpolitik bedrohte, der Glaube Deutschlands, daß außenpolitische Schritte sowohl aus innenpolitischen Gründen geboten seien, als auch, um die Machtverteilung der Welt zu deutschen Gunsten zu verändern, und die Hoffnung der Franzosen – insbesondere Raymond Poincarés, der 1912 Ministerpräsident und seit 1913 Präsident war –, daß die Allianz mit Rußland ihnen eines Tages die Wiedererlangung Elsaß-Lothringens ermöglichen werde und ihnen in Marokko freiere Hand erlaube.

Im April 1911 boten wachsende Unruhen in Marokko den Franzosen den Vorwand, um Fes zu besetzen und die Errichtung eines Protektorats einzuleiten. Die Deutschen sahen darin die Chance, koloniale Zugeständnisse von Frankreich zu erreichen, wenn schon nicht in Marokko, dann im französischen Kongogebiet; auch erkannte die deutsche Regierung, daß ein Verhandlungserfolg gegenüber Frankreich ihre Position bei den Reichstagswahlen von 1912 stärken würde. Sie entsandte ein Kanonenboot in den marokkanischen Hafen Agadir und forderte von den Franzosen Kompensation für die behauptete Verletzung der Algeciras-Akte von 1906. Aber der deutsche Plan schlug fehl. Es erwies sich, daß das Bündnis mit Österreich nicht viel wert war, solange nicht Österreichs eigene Interessen direkt bedroht waren, denn die österreichische Regierung verweigerte sogar diplomatische Unterstützung. Die britische Regierung hingegen proklamierte trotz der Bedenken einiger Parlamentsmitglieder ihre Solidarität mit Frankreich in einer Rede des Schatzkanzlers David Lloyd George, der bis dahin als einer der entschiedensten Opponenten gegen eine Verwicklung Englands in kontinentale Konflikte gegolten hatte. Die Warnung in seinen Worten wurde auf Deutschland bezogen, und sie lautete:

»Sollte sich für uns eine Lage ergeben, in der der Frieden nur durch die Aufgabe der großen und wohltätigen Position bewahrt werden könnte, die sich England in Jahrhunderten des Heldentums und der Tatkraft erkämpft hat, sollte es dazu kommen, daß England in Fragen, die seine Interessen grundlegend betreffen, behandelt würde, als habe seine Stimme im Kabinett der Nationen kein Gewicht, dann, so erkläre ich nachdrücklich, wäre der Frieden um diesen Preis eine Demütigung, wie sie ein Land von Britanniens Bedeutung nicht hinnehmen kann.«[20]

Wenige Monate darauf – im April 1912 – wurde ein inoffizielles Marineabkommen zwischen Frankreich und England geschlossen, das der britischen Marine die Sicherung des Ärmelkanals zusprach und die französische Flotte im Mittelmeer konzentrierte, und die Entente war einem Bündnis noch näher gerückt.

Die deutschen Führer hatte die mangelnde Unterstützung Österreich-Ungarns wahrscheinlich nicht überrascht. Einige Monate vor der Krise hatte Bethmann dem Kaiser eingestanden, »wenn es zum Kriege komme, müsse man wünschen, daß der Angriff auf Österreich gehe, das dann unserer Hilfe bedarf, und nicht auf uns, so daß es dann von Österreichs Entschluß abhängt, ob es die Bündnistreue wahren will«.[21] Aber Englands Unterstützung für Frankreich war ein Schock, und die nationalistischen Kreise Deutschlands schrieben den Engländern die Schuld am Ausgang des deutschen Afrikaabenteuers zu. Obwohl die britische Regierung die nächsten zwei Jahre über hoffte, die Beziehungen zu Deutschland zu verbessern, und Abkommen über außereuropäische Fragen auch erreicht wurden, zeigte die Agadirkrise, wie tief die Kluft zwischen den beiden Ländern bereits war. England mußte deshalb – so erkannten führende Beamte im englischen Außenministerium – enge Beziehungen zu Frankreich wahren, da andernfalls die Gefahr entstehen konnte, daß die Franzosen sich isoliert fühlten und eine Übereinkunft mit Deutschland auf Kosten des britischen Empires trafen.

Die internationale Anerkennung von Frankreichs Vorrang in Marokko ermutigte Italien dazu, Kompensation zu suchen, und am 29. September 1911 erklärte Italien der Türkei den Krieg und entsandte Besatzungstruppen in die türkischen Provinzen Libyen und Tripolitanien. Diesem Schlag gegen die Stabilität des Osmanischen Reiches folgte innerhalb weniger Wochen die Unterzeichnung eines Abkommens zwischen Serbien und Bulgarien, das sich gegen die Türkei richtete und die Eroberung Mazedoniens und seine Aufteilung unter den beiden Ländern zum Ziel hatte. Im Mai 1912 trat Griechenland diesem Bündnis bei, das als Balkanbund bekannt wurde. Die Verhandlungen zwischen Serbien und Bulgarien waren von den Russen gefördert worden, besonders von den russischen Botschaften in Belgrad und Sofia, die die Serben und Bulgaren dazu bewegen wollten, daß sie ihre alten Fehden beilegten und ihre Kräfte gegen die Türkei vereinten. Die Ereignisse von 1911 und 1912 konfrontierten die Großmächte also mit Problemen: mit dem Problem ihrer Beziehungen zu den kleinen Balkanstaaten, die zeigten, daß sie die Initiative ergreifen konnten, und die man in Hinsicht auf das Allianzsystem einstweilen nicht einordnen konnte, und mit dem Problem der Beziehungen Italiens zu seinen Verbündeten Deutschland und Österreich-Ungarn.

Seit dem ersten Abkommen im Jahre 1882 war der Dreibund dreimal erneuert worden. Eine weitere Erneuerung stand für 1912 an. Italiens Verwicklung in den libyschen Krieg verlieh dem Zeitpunkt der Erneuerung einiges Gewicht. Einige Mitglieder der italienischen Regierung führten ins Feld, daß ein gewonnener Krieg Italien mehr Macht bei der Neuaushandlung des Bündnisses geben würde. Andere befürchteten, Österreich könne auf dem Balkan Kompensation für Italiens Gewinne in Nordafrika fordern, denn der Vertrag sah solches ausdrücklich vor, falls »der Status quo in den Gebieten des Balkans oder an den Osmanischen Küsten und auf den Inseln in der Adria und im Ägäischen Meer nicht länger aufrechtzuerhalten sein sollte«[22], und vermutlich konnte man Libyen und Tripolitanien als Teil der osmanischen Küsten betrachten. Die Italiener glaubten auch, daß es von Vorteil wäre, das Bündnis bald zu verlängern, damit es vor dem Tod des inzwischen einundachtzigjährigen Kaisers Franz Joseph geschah, denn der Thronerbe Erzherzog Franz Ferdinand wurde – zu Recht – als Italien gegenüber feindselig eingestellt eingestuft. Die deutsche und die österreichische Regierung waren zwar über Italiens eigenmächtiges Vorgehen gegen die Türkei verärgert und darüber, daß sie von der offiziellen Annexion Libyens und Tripolitaniens im November 1911 und über die Besetzung der Dodekanes-Inseln durch Italien nicht vorab verständigt worden waren, doch im September 1912, zur Zeit des Ausbruchs des Krieges zwischen dem Balkanbund und der Türkei, sahen die drei Signatarmächte gewisse Vorteile in der Erneuerung des Dreibundes, und am 5. Dezember 1912 wurde das Dokument unterzeichnet.

Italiens Bündnis mit Deutschland und Österreich kann als Extremfall eines Vertrags gelten, der mit zahlreichen Vorbehalten und beträchtlichem Zynismus geschlossen wurde – zumindest seitens Italiens. Die Italiener hatten 1882 das ursprüngliche Bündnis begrüßt, weil es dem kurz zuvor vereinigten Königreich Status und Prestige einer Großmacht verleihen sollte und weil es Aussicht auf Unterstützung bei dem Versuch zu bieten schien, sich für den Erwerb Tunesiens durch Frankreich im Jahr zuvor zu entschädigen; der italienische König sah im Bündnis eine Chance, durch die Verbindung mit dem österreichischen Kaiser, dem ältesten katholischen Souverän Europas, bessere Beziehungen zum Papst zu erreichen und dadurch bessere Aussichten, nach seinem Tod in den Himmel zu kommen. Für Bismarck bedeutete Italiens Bindung an Deutschland und Österreich einen weiteren Schritt in seiner Politik, Frankreich diplomatisch zu isolieren, und Österreich wollte das Bündnis dazu nutzen, die nationalistischen Bestrebungen der großen Zahl unter österreichischer Herrschaft in *Italia irredenta* – vor allem in Südtirol und in Triest – lebenden Italiener im Zaum zu halten.

Für die Italiener war der Dreibund immer ein Mittel gewesen, um andere Mächte zur Durchsetzung italienischer Interessen zu benutzen, und wie bei allen europäischen Allianzen hatten sich mit der Zeit diese Interessen ebenso wie die internationale Lage, der die Allianz ursprünglich gerecht werden sollte, geändert. 1911 errichtete Italien nicht nur sein eigenes Kolonialreich in Nordafrika und im östlichen Mittelmeerraum, sondern interessierte sich auch lebhaft für die Entwicklungen auf dem Balkan, auf die Einfluß zu nehmen es sich bemühte. Die allgemeine Meinung zu Österreich hatte sich geändert, obwohl der heftige neue Nationalismus des vergangenen Jahrzehnts weit ehrgeizigere Ziele hatte, als nur *Italia irredenta* von Österreich abzulösen. Man war stets einig darin gewesen, daß der Dreibund in keinem Fall als Bündnis gegen England betrachtet werden dürfe, und dies war bei der ursprünglichen Unterzeichnung des Bündnisses förmlich erklärt worden. Und obgleich die Vertragsformulierung bei der Erneuerung im Jahre 1891 dem Vertrag einen spezifisch antifranzösischen Akzent gegeben hatte, war die wirtschaftliche und koloniale Konkurrenz zwischen Italien und Frankreich zu Beginn des Jahrhunderts so weit zurückgegangen, daß der italienische Außenminister 1902 erklärte, Italien werde sich im Falle eines Angriffs auf Frankreich neutral verhalten, und im Jahr darauf ein Handelsabkommen zwischen beiden Ländern unterzeichnet wurde. Folglich bestand ungeachtet der erfolgreichen Erneuerung des Dreibunds im Jahr 1912 bei den deutschen und österreichischen Partnern weiterhin große Ungewißheit über Italiens tatsächliche Bündnistreue. Conrad, der österreichische Stabschef, soll das Bündnis sogar als ausgemachten Unsinn betrachtet haben, ja, als eine Last und eine Bürde, deren es sich bei der ersten besten Gelegenheit zu entledigen gelte.[23]

Während der Balkankriege in den Jahren 1912 und 1913 lagen italienische und österreichische Interessen oft im Widerstreit, vor allem beim Versuch beider Länder, sich dauerhaften Einfluß im neugeschaffenen Staat Albanien zu sichern. Das Bündnis erzwang einen halbherzigen Kompromiß, wobei sich alle drei Regierungen verhielten, als stelle der Dreibund weiterhin ein Kernstück ihrer strategischen Planung dar. Für jede Seite hätte das Eingeständnis, daß das Bündnis seine Bedeutung verloren hatte, ein Bekenntnis diplomatischen Versagens bedeutet, und sie hätten sich eines diplomatischen Instruments beraubt, das vielleicht noch von Nutzen sein konnte. Italiens Bündnis mit Deutschland und Österreich war in den Augen der Italiener nie etwas anderes als ein diplomatischer Kunstgriff, der der italienischen Regierung ermöglichte, ihre Ziele durchzusetzen, während Deutschland und Österreich selbst einen unzuverlässigen und unberechenbaren Verbündeten überhaupt keinem Verbündeten vorziehen mußten. Trotz Vereinbarungen zu begrenzter militärischer Zusammenarbeit war das Bündnis nie wirklich als Vorbereitung auf einen Krieg gedacht gewesen. In den Worten eines Historikers: »Der Dreibund blieb ein diplomatisches Arrangement, das im Frieden, aber nicht im Krieg seine Funktion erfüllen konnte.«[24]

Die anhaltende Krise auf dem Balkan zwischen 1911 und 1914 führte Natur und Grenzen sowohl des Allianzsystems als auch der »alten Diplomatie« vor Augen. Die beiden Balkankriege – dem ersten Krieg zwischen Balkanbund und Türkei folgte ein Krieg, den Bulgarien gegen Serbien, Griechenland und Rumänien führte um Gebiete, die diese im ersten Krieg von der Türkei erobert hatten – waren lokal begrenzt gewesen. Sie eskalierten nicht zu einem europäischen Krieg, weil die europäischen Regierungen nicht kriegsbereit waren und weil diplomatische Mittel und Wege zu einer Lösung der Krise existierten, deren Einsatz nur vom Wunsch nach einer friedlichen Lösung abhängig war. Sir Edward Grey gelang es, eine Konferenz der Boschafter in London zu organisieren, die sich mit Fragen befaßte wie der der Grenzen des neuen Staates Albanien und der fruchtlosen Versuche Serbiens, einen Adriahafen zu erlangen. Aber Greys erfolgreiche Diplomatie – und die Vorstellung, er könne diesen Erfolg wiederholen, war ein bedeutender Faktor seiner Politik im Juli 1914 – war nur möglich gewesen, weil die Deutschen zur Verärgerung der Österreicher nicht bereit gewesen waren, die österreichischen Bemühungen zu unterstützen, Serbiens Territorium zu begrenzen. Die deutsche Regierung glaubte an die Wahrscheinlichkeit, wenn nicht Unvermeidbarkeit eines Krieges; bei Hofe und in der Armee ging die Rede vom bevorstehenden Kampf zwischen Germanen und Slawen, und im Dezember 1912 hatte der Kaiser eine Propagandakampagne angeordnet, die die öffentliche Meinung auf einen Krieg einstimmen sollte. Aber die Balkankrise schien nicht der rechte Augenblick, um sich auf einen europäischen Krieg einzulassen. Dies lag einerseits an der Komplexität der Balkanprobleme, die es den anderen Regierungen schwermachten, vor ihren Staatsbürgern einen Kriegseintritt zu rechtfertigen, und andererseits an der Erkenntnis, daß die Kleinstaaten gefährlich selbständig auftraten. »Es ist das erste Mal in der Geschichte der Orientfrage«, schrieb ein französischer Diplomat, «daß die Kleinstaaten eine von den Großmächten so unabhängige Stellung gewonnen haben, daß sie sich imstande fühlen, völlig ohne sie zu agieren und sie sogar ins Schlepptau zu nehmen.«[25] Und von den am meisten betroffenen Großmächten waren weder Rußland noch Deutschland militärisch wirklich auf einen Krieg vorbereitet. Die Russen brauchten noch drei bis vier weitere Jahre, um sich gänzlich von den Folgen des Krieges gegen Japan zu erholen, und die deutsche Admiralität wollte einen Krieg vermeiden, bis die Verbreiterung des Kaiser-Wilhelm-Kanals und der Bau eines U-Boot-Stützpunkts auf der Insel Helgoland abgeschlossen waren.

Die deutsche Politik war außerdem von der Ansicht des Reichskanzlers und des Außenministeriums geprägt, es lasse sich vielleicht doch britische Neutralität für den Kriegsfall erlangen, da Englands Ententes mit Frankreich und Rußland noch nicht zu einem festen Bündnis geworden waren. Bethmann glaubte, England werde nicht intervenieren, wenn ein Kriegsausbruch so erfolgte, daß es schiene, Rußland habe den ersten Schritt getan. Im Februar 1912 hatte man beim Besuch des englischen Kriegsministers Lord Haldane in Berlin ein Abkommen über die Begrenzung der Marinerüstung zu treffen versucht, und obgleich es zu keinem Ergebnis dabei gekommen war, wurde über andere Fragen – die Zusammenarbeit beim Bau einer Eisenbahn quer durch die Türkei nach Bagdad, die Verfügung über die portugiesischen Kolonien in Afrika, falls Portugals Finanzschwierigkeiten sie frei werden ließen – in freundschaftlicher Atmosphäre bis fast zum Kriegsausbruch weiterverhandelt. Im britischen Außenministerium begannen sich manche zu fragen, ob ein wiederbewaffnetes Rußland letzten Endes das Gleichgewicht der Kräfte nicht stärker gefährdete als Deutschland, so daß Bethmann mit der Vorstellung von einem Rapprochement zwischen England und

Deutschland und dem Wunsch, eine größere Krise zu vermeiden, bis dieses Rapprochement sich hätte entwickeln können, so unrecht nicht hatte. Und sowohl die französische Regierung wie jene Kreise in England, die von der deutschen Gefahr überzeugt blieben, befürchteten genau dies und bemühten sich deshalb um noch engere Bindungen zwischen England und Frankreich und um unmißverständliche Abmachungen. Sir Eyre Crowe hatte Anfang 1911 geschrieben:

»Es muß festgehalten werden, daß die Entente kein Bündnis ist. In Fällen besonderen Notstandes kann sich erweisen, daß sie überhaupt kein Instrument ist, denn eine Entente ist nichts als eine Haltung, eine Sicht der allgemeinen Politik, die die Regierungen zweier Länder teilen; doch diese Haltung kann so unbestimmt sein oder werden, daß sie jede Bedeutung verliert.«[26]

Seit Eyre Crowe dies geschrieben hatte, war durch die Agadirkrise und die englisch-französischen Marinegespräche von 1912 das gemeinsame Vorgehen in einem Krieg wahrscheinlicher geworden, aber die Franzosen interpretierten jede Verbesserung der Beziehungen zwischen England und Deutschland sofort als Anzeichen für die Wackligkeit der englisch-französischen Entente.

Auch die Österreicher hatten anläßlich der Situation in Südosteuropa in den Jahren 1912 und 1913 den Eindruck, daß selbst ihr offizielles Bündnis mit Deutschland ihnen nicht die Hilfe gewährte, die sie erwarteten. Kiderlen-Wächter, Staatssekretär im Auswärtigen Amt, merkte im Oktober 1912 an, daß es an der Zeit sei, die deutsche Überlegenheit im Bündnis zu bekräftigen, um zu verhindern, daß »die Leitung der Politik von Berlin nach Wien übergeht, wie es Aehrenthal gegenüber Bülow leider gelungen war« (dem deutschen Kanzler zur Zeit der Bosnienkrise im Jahre 1908).[27] Den Österreichern, die mehr als je entschlossen waren, den Einfluß Serbiens zu beschneiden, kam dies jedoch sehr ungelegen, und es besteht ein ironischer Kontrast zwischen dem regelmäßigen Betonen der Loyalität – der Nibelungentreue, was immer das heißen mag – der beiden Länder und der Unterstützung, die man einander in einer konkreten Situation zu gewähren bereit war. Obwohl die Deutschen die Österreicher zu bestimmten Zeiten der Balkankrise diplomatisch unterstützt hatten, waren die Auseinandersetzungen nicht zu einem europaweiten Krieg eskaliert, weil die Deutschen nicht bereit gewesen waren, ihrem Verbündeten freie Hand gegen Serbien zu lassen. Gleichzeitig lag den Russen, deren Balkandiplomatie ihre slawischen Protégés Serbien und Bulgarien nicht davon hatte abhalten können, sich im zweiten Balkankrieg zu bekämpfen, das künftige Schicksal Konstantinopels mehr am Herzen als Serbiens Unterstützung. Unter solchen Umständen konnte Greys Diplomatie erfolgreich sein, weil keine der Großmächte zu diesem Zeitpunkt und um dieser Streitfragen willen einen Krieg wollte. Zum letztenmal sollte das europäische Konzert des 19. Jahrhunderts seine Funktion erfüllen.

Die Balkankrise bewies, daß auch scheinbar verbindliche Bündnisse nicht unter allen Umständen Unterstützung und Zusammenarbeit garantierten. Vielleicht garantierte im Ernstfall das deutsch-österreichische Bündnis deutsche Unterstützung für Österreich, doch dies änderte nichts an der Grundproblematik, die in F. R. Bridges Worten lautete: »Wie gut konnte ein Bündnis, das dem Kriegsfall gerecht werden sollte, den Interessen der Monarchie in der alltäglichen Friedensdiplomatie dienen?«[28] Im Herbst 1913 wurde auch offenbar, daß das russisch-französische Bündnis ebenfalls keine automatische Garantie französischer Unterstützung für Rußland bedeutete. Im Oktober 1913 entsandten die Deutschen eine Militärmission unter General Liman von Sanders, die die türkische Regierung bei der Modernisierung ihrer Armee nach der Niederlage gegen den Balkanbund beraten sollte, und Liman von Sanders wurde zum Generalinspekteur der türkischen Truppen in Konstantinopel ernannt. Die Russen protestierten sofort und erklärten das deutsche Vorgehen zur offenen feindseligen Handlung, und sie suchten bei Frankreich und England diplomatische Unterstützung gegen Deutschland. Die Engländer, die bereits einen Admiral in Konstantinopel hatten, der die Osmanische Marine befehligte, scheuten sich vor energischen Schritten und bemühten sich um einen Kompromiß zwischen Deutschland und Rußland.

Die Franzosen befanden sich in einer unangenehmeren Lage. Poincaré hatte während der ganzen Balkankrise die französische Loyalität zum Bündnis mit Rußland bekräftigt und hoffte, als Präsident der Republik mehr Einfluß auf die Außenpolitik auszuüben, als es seine Vorgänger getan hatten. Er wollte dem Bündnis mit Rußland einen zentralen Platz in seiner Politik einräumen, und ohne auf einen Krieg hinzuarbeiten, freundete er sich mit der Vorstellung an, daß Frankreich im Falle eines Krieges zwischen Rußland und Deutschland die Chance haben könnte, die Provinzen Elsaß und Lothringen wiederzuerlangen. Daneben zeigte er größeres Interesse am Balkan als andere französische Führer und wollte diesbezüglich französische Wirtschaftsinteressen wecken. Er soll – was er später dementierte – Iswolski, dem damaligen russischen Botschafter in Paris, unmittelbar vor Ausbruch des ersten Balkankrieges versichert haben, im Falle eines *casus foederis* durch Deutschlands Initiative könne Rußland auf die »genaue und restlose Erfüllung der Pflichten Frankreichs [...] rechnen«.[29] Dies hieß, daß Frankreich eingreifen wollte, ohne selbst von Deutschland angegriffen worden zu sein. Bei der Auseinandersetzung um Liman von Sanders war die französische Regierung jedoch vorsichtiger. Obwohl sie ihre Loyalität zum Bündnis und die Absicht, Rußlands Kompensationsforderungen an die Türkei zu unterstützen, unterstrich, machte sie alle Schritte von einer Beteiligung Englands abhängig. Inzwischen beunruhigte es sowohl die Franzosen wie die Engländer, daß sie nicht genau wußten, welche Absichten Rußland hatte und was die Russen zur Durchsetzung ihrer Konstantinopelpläne wagen wollten, und beide verhielten sich folglich sehr vorsichtig. Ein weiteres Mal hatten die Großmächte entschieden, daß eine bestimmte Angelegenheit das Risiko eines Krieges nicht wert war; sogar die russischen Minister waren in diesem Punkt nicht einhelliger Ansicht.

Anfang 1914 schien das Allianzsystem in Europa in Unordnung geraten zu sein. Österreich und Rußland fanden, daß sie in der Balkankrise beziehungsweise bei Konstantinopel nicht die diplomatische Unterstützung von ihren Alliierten erhalten hatten, die ihnen rechtmäßig zustand. Italiens Haltung blieb zweideutig. Die Nebenallianz zwischen Deutschland, Österreich-Ungarn und Rumänien, die 1883 erstmals unterzeichnet und zuletzt 1913 erneuert worden war, würde die wiederholten Klagen über die Unterdrückung der rumänischen Bevölkerung in der ungarischen Provinz Transsylvanien wohl kaum länger überleben – und wie Italien trat Rumänien schließlich auf der Seite der Gegner seiner offiziellen Verbündeten in den Krieg ein. Was England anbetraf, so blieben die Bedingungen der Entente mit Frankreich bis Anfang August 1914 rätselhaft. Dennoch schufen das Allianzsystem und die weniger bindenden Ententes den Rahmen, in dem die Diplomatie der Vorkriegsjahre stattfand. Erwartungen auf Reaktionen anderer Regierungen wurden erzeugt, die wiederum Außenpolitik und militärische Planung der europäischen Mächte beeinflußten. Und wenn Allianzen bisweilen nicht die unmittelbare diplomatische Unterstützung bewirkten, die die Regierungen sich erhofften, ließ dies die Beteiligten nur um so eifriger dafür sorgen, daß die Allianz beim nächsten Mal nicht versagte. Rußlands Unzufriedenheit mit Frankreichs Haltung während der Liman-von-Sanders-Krise und mit

Englands Zurückhaltung bewirkte, daß Rußland sich in den folgenden Monaten bemühte, die Allianz mit Frankreich zu festigen und die Vereinbarungen mit England beispielsweise durch Verhandlungen über eine Kooperation beider Admiralitäten auszubauen. Die Erkenntnis der Deutschen, daß Österreich-Ungarn ihr einziger zuverlässiger Verbündeter war und um jeden Preis in jeder Politik unterstützt werden mußte, die es für das Überleben der Habsburger Monarchie für erforderlich hielt, war ein gewichtiger Grund für die deutschen Entscheidungen im Juli 1914, und diese Entscheidungen müssen im Zusammenhang mit Österreichs Ansicht gesehen werden, Deutschland hätte es im Vorjahr im Stich gelassen.

Jede einzelne Großmacht hatte versucht, sich Vasallenstaaten zu verschaffen. Als die Balkanländer die Initiative ergriffen, wollten die Großmächte sie natürlich in ihre jeweiligen Allianzsysteme einreihen, aber der Preis, den sie dafür entrichten mußten, war eine Unterstützungszusage für die lokalen Ambitionen der Kleinstaaten. Es konnte einer Großmacht widerfahren, daß ihre Politik sich zu Teilen danach richten mußte, daß die Freundschaft einer kleinen Macht erhalten und diese ins diplomatische System eingebunden blieb. Die russische Regierung wußte im Juli 1914, daß sie es im vorausgegangenen Jahr versäumt hatte, Serbien so zu unterstützen, wie es die Serben erwartet und gehofft hatten; ein nochmaliges Versagen Serbien gegenüber mußte nach Ansicht Rußlands das Ende seines Ansehens auf dem Balkan und den Anfang einer möglichen neuen diplomatischen Kräfteverteilung bedeuten. Sobald die Regierungen in Europa erst einmal glaubten, sich in zwei gegnerischen Lagern zu befinden, mußte der Zugewinn eines kleinen Staates große Bedeutung erlangen, und das Werben um Allianzpartner wie Italien, deren Bündnistreue zweifelhaft bis wankelmütig erschien, wurde zu einem Hauptzweck der Diplomatie.

Die Existenz des Allianzsystems bedingte stark die Vorstellungen darüber, in welcher Form ein möglicher Krieg verlaufen würde und wer in diesem Krieg Freund und wer Feind sein würde. Diese Vorstellungen lagen der strategischen Planung zugrunde, und die Generalstäbe trafen Entscheidungen, die oft unwiderrufliche militärische Schritte bei Kriegsgefahr bedeuteten, so daß folglich in Krisenzeiten die Handlungsfreiheit einer Zivilregierung meist viel eingeschränkter war, als sie sich träumen ließ. Was für viele Diplomaten noch immer ein würdevolles und esoterisches Ritual war, das nur sie zu begehen verstanden, wurde zu etwas völlig anderem, wenn es in die logistischen Berechnungen der militärischen Planer übersetzt war. Mochten die Außenminister und Diplomaten noch so sehr glauben, daß sie die Außenpolitik machten und daß der Außenpolitik bei allen Staatshandlungen der erste Rang zukomme, so gab es dennoch viele andere Faktoren in der europäischen Gesellschaft des 20. Jahrhunderts, die ihre Wahlmöglichkeiten einengten, ihre Handlungen determinierten und das Meinungsklima schufen, in dem sie sich bewegten.

Viertes Kapitel

Militarismus, Rüstung und Strategie

Alle Generalstäbe, Kriegsministerien und Admiralitäten planen für den Kriegsfall. Dafür sind sie da. Aber die Existenz von Plänen für den Krieg heißt nicht unbedingt, daß die Offiziere, die sie ausgearbeitet haben, selbst den Befehl zu ihrer Durchführung gegeben hätten, und ebensowenig, daß alle Pläne, die in den Archiven liegen, wirklich zur Ausführung gedacht waren. Manchmal waren es nur Übungen, zum Beispiel, als die deutsche Admiralität Ende der neunziger Jahre Pläne für eine Landung an der Ostküste der Vereinigten Staaten entwarf.[1] Das Verhältnis zwischen militärischen Plänen und der tatsächlichen Entscheidung, einen Krieg zu führen, ist kompliziert; seine Untersuchung erfordert, daß man die Stellung der Armee in der Gesellschaft betrachtet, das Ausmaß der von zivilen Ministern ausgeübten Kontrolle, Beschaffenheit und Auswirkungen von Rüstungsprogrammen und strategischen Doktrinen sowie einzelner Operationspläne. All diese Faktoren müssen in Betracht gezogen werden bei der Analyse der im Juli 1914 getroffenen Entscheidungen; doch hinter der Frage nach der Einordnung der Streitkräfte durch die Verfassung oder nach Notstandsplänen der Generalstäbe und Admiralitäten steht die grundsätzlichere Frage, wieweit in einer Gesellschaft militaristisch, beziehungsweise antimilitaristisch geprägte Wertvorstellungen vorherrschen, denn dies bedingt die öffentliche Reaktion, die eine Regierung zu gewärtigen hat, wenn sie sich entschließt, Krieg zu führen, und die Argumente, deren sie sich bedienen muß, um eine Kriegserklärung vor der Öffentlichkeit zu begründen.

Eine Begründung des Kriegseintritts war zu einer Zeit, als die Armeen aller Mächte bis auf England aus wehrpflichtigen Soldaten bestanden, die für zwei bis sechs Jahre aus dem zivilen Leben in die Armee eingezogen waren, unumgänglich. Diese Großheere waren von beträchtlicher Stärke: um 1900 beriefen die Deutschen jährlich 280 000 Mann ein, die Franzosen 250 000 Mann, Rußland 335 000 Mann, Italien 100 000 Mann und Österreich-Ungarn 103 000 Mann, wenngleich viele Regierungen aus Geldnot nicht alle Wehrpflichtigen einzogen. So, wie sich die Bevölkerungsstruktur und das Verhältnis zwischen Stadt- und Landbevölkerung veränderte, veränderte sich auch die Heereszusammensetzung. Die Regierungen mußten erkennen, daß sie sich nicht länger darauf verlassen konnten, daß alle Soldaten Befehlen widerspruchslos Folge leisten oder sich bei der Mobilmachung in ihrer Sammelstelle melden würden, wenn ihnen keine halbwegs befriedigende Erklärung angeboten wurde, warum sie in den Krieg ziehen sollten. Und die französischen wie auch die deutschen Behörden zeigten sich 1914 zunehmend beunruhigt über den möglichen Einfluß sozialistischer und anderer revolutionärer Ideen auf die Soldaten und über die vermehrte antimilitaristische Propaganda. Als die Sozialdemokraten 1912 ein Drittel der Stimmen bei den Reichstagswahlen erhielten und zur stärksten Einzelpartei im Reichstag wurden, beunruhigte dies die Reichsregierung so sehr, daß ernsthafte Zweifel aufkamen, ob das Heer verstärkt werden solle – was aus strategischen Gründen angestrebt wurde –, weil auf diesem Weg das alte Offizierskorps mit Bürgerlichen durchsetzt wurde und die Soldaten, die für sozialistische Ideen anfällig waren, Zuwachs erhalten mußten. Es wurden systematische Versuche unternommen, antisozialistisches Ideengut bei den Truppen zu propagieren und Soldaten davon abzuhalten, in ihrer Freizeit an Versammlungen der Sozialisten teilzunehmen. Die Offiziere erhielten Order, in Vorträgen den Sozialismus zu kritisieren, und am Vorabend des Krieges hielten viele hohe Offiziere, insbesondere in der Umgebung des Kronprinzen, drastischere Maßnahmen zur Unterdrückung des Sozialismus für notwendig – zum Beispiel die Aufhebung des Wahlrechts für Frauen und das Verbot der Sozialdemokratischen Partei.[2]

Auch in Frankreich stellte in den Vorkriegsjahren der zunehmende militante Antimilitarismus – besonders der revolutionären Gewerkschaftler – eine ständige Quelle der Besorgnis dar, und die Bemühungen der Gewerkschaften um die Wehrpflichtigen in den Garnisonen waren Gegenstand wiederholter Warnungen der Regierung an die örtlichen Behörden.[3] Außerdem bildete der Vorschlag, die Wehrdienstzeit von zwei Jahren auf drei Jahre zu verlängern, eine der großen politischen Streitfragen des Jahres 1913. Die Sozialistische Partei widersetzte sich erbittert einer Verlängerung des Militärdienstes, denn sie votierte – vor allem unter dem Einfluß ihres Führers Jean Jaurès – für eine radikale Reform der Landesverteidigung, derzufolge eine Bürgermiliz das stehende Wehrpflichtigenheer ablösen sollte; damit sollten militärische Schritte der Kontrolle des Volkes unterliegen und ein Angriffskrieg unmöglich werden. Selbst wenn es kaum Chancen gab, daß solche Vorschläge durchkamen, und obwohl es der Regierung 1913 gelang, das Gesetz über die Verlängerung der Dienstzeit auf drei Jahre durchzubringen, war die antimilitaristische Bewegung so stark, daß eine Regierung, die Krieg führen wollte, die Stimmung der Wehrpflichtigen berücksichtigen mußte. Die Befürchtungen, subversive Kräfte würden die Mobilmachung und die Durchführung der militärischen Pläne zu Beginn eines Krieges gefährden, erwiesen sich 1914 als grundlos. Aber wenn wir ergründen wollen, in welchem Ausmaß die europäische Gesellschaft im Jahrzehnt vor 1914 militaristisch eingestellt war, müssen wir dies in Relation zu den verschiedenen antimilitaristischen Bewegungen sehen, die diesen Militarismus provozierten und verstärkten.

Im Fall Deutschlands wurde die sozialistische Herausforderung maßlos übertrieben, aber ihr Vorhandensein und die wachsende zahlenmäßige Stärke der sozialdemokratischen Bewegung verstärkte das Gefühl der preußischen herrschenden Klasse, daß ihre Werte in Gefahr und nur durch tatkräftiges Handeln zu retten seien. Für das Ausland und für die innenpolitischen sozialistischen Systemgegner war Deutschland das Land, in dem militaristisches Denken die Gesellschaft stärker beeinflußte als anderswo. Die Preußen dominierten in dem Heer des neuen Deutschen Reiches ab 1870, und das preußische Kriegsministerium war zuständig für Verwaltung und Nachschub der gesamten Armee. Die preußische Tradition eines starken Heeres und entsprechend militärischer Wertvorstellungen faßte in der gesamten deutschen Gesellschaft Fuß. 1891 proklamierte der Kaiser: »Der Soldat und die Armee, nicht Parlamentsmehrheiten und -beschlüsse haben das deutsche Reich zusammengeschmiedet. Mein Vertrauen beruht auf der Armee . . .«[4] Um die Jahrhundertwende teilten viele Deutsche diese Ansicht. Reserveoffizier zu sein, galt für einen Angehörigen der bürgerlichen Mittelschicht als Auszeichnung, und es war etwas, was ein Jude oder ein Sozialist sich nie erhoffen konnte. Das Verhalten des Heeres mochte von den Sozialdemokraten kritisiert werden, die regelmäßig im Parlament gegen den Militärhaushalt stimmten, aber sie waren sich der Macht der Armee im deutschen Staat zu bewußt, um sie herauszufordern.

1906 ereignete sich ein berühmter Zwischenfall, der die Position des Militärs in der deutschen Gesellschaft parodistisch demonstrierte. Ein älterer ehemaliger Sträfling trat in der Uniform eines Hauptmanns vom ersten Garderegiment zu Fuß auf und befahl »auf allerhöchsten Befehl« einigen Soldaten, die gerade aus einem Militärschwimmbad kamen, ihm im Namen des Kaisers Folge zu leisten; er nahm den Bürgermeister und den Kämmerer der kleinen Stadt Köpenick nahe Berlin gefangen, machte sich mit der Stadtkasse davon und hinterließ den verwirrten Soldaten die Order, das Rathaus besetzt zu halten; die nächsthöheren Behörden erhielten schließlich ein Telegramm: »Rathaus vom Militär besetzt. Erbitten dringend Angabe der Gründe, um aufgeregte Bürger zu beruhigen.« Spöttische Geister mögen darüber lachen, aber es illustriert die Bereitschaft der Deutschen, Befehle von Uniformierten widerspruchslos hinzunehmen.[5] Ein britisches Gegenstück war 1910 der »Dreadnought-Schabernack«, bei dem es einer Gruppe junger Leute, darunter die Schriftstellerin Virginia Woolf mit geschwärztem Gesicht und falschem Bart, gelang, die Offiziere der HMS Dreadnought, des neuesten Schlachtschiffs der britischen Marine und des jüngsten Erzeugnisses des englisch-deutschen Marinewettrüstens, davon zu überzeugen, daß sie der Kaiser von Abessinien samt Gefolge seien. Sie erhielten einen kaiserlichen Empfang. Obwohl es nur ein Scherz war, erhielt Virginia Woolf dabei, wie ihr Biograph schreibt, »einen neuen Eindruck von der Brutalität und Dummheit der Männer«.[6] Während der Hauptmann von Köpenick bewies, welche Ehrfurcht der preußischen Armee entgegengebracht wurde, gaben die Dreadnought-Spaßvögel die britische Marine der Lächerlichkeit preis, als diese Englands Größe als Weltmacht symbolisierte.

Ein weniger komisches Beispiel dafür, daß das deutsche Offizierskorps sich über jede Kritik erhaben und als privilegierte Kaste wähnte, war der »Zaberner Zwischenfall« von 1913, auch wenn sich bei dieser Gelegenheit zeigte, daß die Zahl derer, die solche Kritik übten, wuchs.[7] Ein junger Offizier der Garnison dieser elsässischen Kleinstadt beleidigte Zivilisten und forderte seine Männer auf, sie zu verprügeln; als die Bürger von Zabern protestierten und ihrerseits die Offiziere beleidigten, ließ der Regimentskommandeur siebenundzwanzig Demonstranten verhaften und in den Arrestzellen der Kaserne einsperren. Die Affäre kam vor den Reichstag, aber obgleich eine Mehrheit dem Kanzler für die Handhabung der Angelegenheit ihre Mißbilligung aussprach, blieb der Protest folgenlos, denn der Regimentskommandeur von Zabern wurde vom Kriegsgericht von der Anklage der Freiheitsberaubung freigesprochen, und nur einige der beteiligten Offiziere wurden versetzt. Obwohl sich jetzt mehr Stimmen der Kritik der Armee gegenüber erhoben, als es vor zwanzig Jahren der Fall gewesen wäre, hatte diese Kritik keinen Einfluß auf militärische Verfahren und das Auftreten der Militärs. Das Kriegsministerium, der Kronprinz und führende Angehörige des Offizierskorps brachten ihre Verachtung für das Parlament und die Politiker unverhüllt zum Ausdruck und ließen keinen Zweifel daran, daß sie ihnen nie erlauben würden, über die Armee zu bestimmen.

Wiewohl die allgemeine Bereitschaft großer Teile der deutschen Bevölkerung zu einer promilitaristischen Haltung die Kriegsbereitschaft gefördert und den Enthusiasmus geschürt haben mag, mit dem der Kriegsausbruch begrüßt wurde (siehe Kapitel 8), muß der Hauptaspekt der Rolle des deutschen Heeres beim Entstehen dieses Krieges in der Unabhängigkeit von ziviler politischer Kontrolle gesehen werden. Der Kaiser hatte die Kommandogewalt über das Heer, und die militärischen Führer waren nur ihm verantwortlich. Er hatte einen persönlichen militärischen Stab, der unabhängig von seinen Beamten und dem Admiralstab war, und der Generalstabschef hatte Immediatstellung beim Kaiser. So konnten militärische Entscheidungen ohne Wissen der zivilen Regierungsmitglieder – sogar ohne Wissen der Marineführung – getroffen werden. Es gab keine kollektive Führung oder Verantwortung. Die Macht zur Koordination lag beim Kaiser, und Wilhelm II. war als unberechenbarer, launischer und labiler Monarch unfähig, einem beständigen Kurs zu folgen oder seine Berater zu steuern.

Es gab nicht einmal eine Koordination zwischen den

strategischen Planungen des deutschen Heeres und der Marine. Seit der Unterzeichnung der russisch-französischen Allianz war die Strategie des Heeres darauf ausgerichtet gewesen, einen Zweifrontenkrieg zu führen, und die Pläne des Generalstabs für diesen gefürchteten Fall gipfelten in dem berühmten Schlieffenplan von 1905, demzufolge Frankreich durch eine Strategie geschlagen werden sollte, die man später als Blitzkrieg bezeichnet hätte, damit sich die deutschen Heere anschließend gegen Rußland zusammenschließen konnten. Aber während das Heer einen Krieg gegen Frankreich und Rußland plante, plante die Marine einen Krieg gegen England. 1897 wurde mit dem Bau einer deutschen Hochseeflotte begonnen, und Admiral von Tirpitz, der Staatssekretär des Reichsmarineamtes, ging dabei von einem Einsatz der Flotte gegen England aus. Die strategische Planung eines Krieges gegen Rußland hätte von einer Außenpolitik flankiert sein müssen, die sich bemühte, zumindest die Neutralität Englands zu sichern. Eine strategische Planung für einen Krieg gegen England hätte einer Außenpolitik bedurft, die auf die Sicherung der Freundschaft Rußlands bedacht gewesen wäre. General von Moltke, Schlieffens Nachfolger als Generalstabschef, erkannte die Gefahr: »Da die Marine einen Krieg gegen England nicht mit Aussicht auf Erfolg führen könne, [müsse] dieser Krieg eben vermieden werden«, sagte er im Juni 1909.[8] Aber auch er konnte nicht viel ausrichten. Da es kein Instrument gab, um die deutsche Politik zu koordinieren, verfolgten Armee und Admiralität ihre jeweilige Politik unabhängig voneinander, mit dem Ergebnis, daß beide sich 1914 von den Feinden eingekreist sahen, die ihre Strategien geschaffen hatten. Die deutsch-englische Flottenrivalität war ein Hauptfaktor dafür, daß England die französische Politik in Marokko unterstützte und daß es in Rußlands Auseinandersetzung mit Österreich-Ungarn um die Vormacht in Südosteuropa auf die Seite Rußlands trat.

Die unterschiedlichen Ziele und Bedürfnisse der deutschen Armee und Marine bereiteten eine Reihe von Problemen. Zu einer Zeit, als der Haushalt der Reichsregierung ständig überfordert war, schufen die Ansprüche von Heer und Marine zusätzliche finanzielle Schwierigkeiten. Zu Beginn des Jahrhunderts hatte die Marine den Vorrang, aber als 1913 beschlossen wurde, das Heer zu verstärken, nachdem gerade ein neues Marinegesetz verabschiedet worden war, mußte die Regierung zum erstenmal eine Einkommensteuer einführen, womit sie Tirpitz' Annahme widerlegte, die Flotte lasse sich ohne Steuererhöhung aufbauen. Damals hatte dies die paradoxe Wirkung, daß das Gesetz zur Verstärkung des Heeres mit Unterstützung der Sozialdemokraten durchgebracht wurde, die für die Einkommensteuer stimmten, und gegen die Stimmen der Konservativen, die die Heeresvermehrung billigten, aber nicht aus eigener Tasche dafür zahlen wollten. Einige Historiker haben die Ansicht vertreten, daß die Rüstungskosten und ihr Druck auf die deutschen Staatsfinanzen so groß waren, daß nur ein Krieg, der die Regeln der orthodoxen Finanzpolitik außer Kraft setzte, den deutschen Staat vor dem Bankrott habe retten können.

Der Aufbau einer großen Kriegsmarine hatte Auswirkungen auf große Bereiche der deutschen Innen- und Außenpolitik. Manche sahen darin ein Mittel, um die miteinander im Konflikt liegenden gesellschaftlichen Kräfte Deutschlands zu integrieren und zu versöhnen. Er war Gegenstand einer heftigen Propagandakampagne, die von der Industrie und weiten Kreisen des Bürgertums betrieben wurde, für die die Marine einen weniger aristokratischen und exklusiven Verband als das Landheer darstellte und deren Nationalstolz die Aussicht beflügelte, daß Deutschland eine Weltmacht würde – obwohl meist sehr unklar und widersprüchlich war, was sie unter diesem Begriff verstanden. Tirpitz' Pläne gelangen jedoch nicht. Er hatte gehofft, den Aufbau der

Marine so zu planen, daß sie unabhängig von Reichstagsbeschlüssen gebaut werden könne, doch England reagierte auf das, was es als deutsche Bedrohung seiner Weltmachtstellung und des weltweiten Gleichgewichts der Kräfte empfand, mit einer Beschleunigung des eigenen Flottenausbaus, so daß das Tempo der Marinerüstung sich ständig beschleunigte; infolgedessen wurde die Zustimmung des Parlaments für weitere Ausgaben in beiden Ländern erforderlich. Tirpitz glaubte, der Aufbau der Marine werde, sobald erst die »Gefahrenzone« passiert sei, in der die Flotte für einen Präventivschlag Englands anfällig war, Deutschland zur See so stark machen, daß England keine Konfrontation riskieren würde. Seit 1889 orientierte sich die britische Marinerüstung am »Zwei-Mächte-Standard«, demnach die britische Flotte stärker sein mußte als die vereinten Flotten der zwei nächstgroßen Marinemächte. Tirpitz' »Risikotheorie« ging von einer deutschen Flottenstärke aus, die England dem permanenten Risiko ausgesetzt hätte, von einer Flotte bedroht zu sein, die die britische Flotte so nachhaltig schädigen konnte, daß England selbst als Sieger zu geschwächt gewesen wäre, um es mit der Seestreitkraft eines Dritten aufzunehmen. Für England hätte das eine Lage bedeutet, in der die bloße Existenz der deutschen Flotte seine Handlungsfreiheit begrenzte. Die Briten entzogen sich diesem Dilemma, indem sie das Tempo ihrer eigenen Marinerüstung erhöhten – und mit der Einführung der Dreadnought-Schlachtschiffklasse im Jahre 1906 einen neuen Schiffstyp einführten – und indem sie daneben ihre Außenpolitik so ausrichteten, daß Reibungspunkte mit Frankreich und Rußland vermieden wurden und man sich auf die deutsche Gefahr konzentrieren konnte. Noch vor Ausbruch des Krieges war Tirpitz' Strategie somit fehlgeschlagen. Nach Kriegsausbruch sollten sich die Schlachtschiffe, die Deutschland und England gebaut hatten, als ungeeignet für den Seekrieg erweisen, der eintrat. Die britische und die deutsche Admiralität ließen ihre Hochseeflotten nur einmal zum Gefecht auslaufen, der Schlacht im Skagerrak im Mai 1916. Aber der Ausgang dieser Entscheidungsschlacht war unentschieden, weil keine der beiden Seiten den Verlust ihrer Schlachtschiffe durch eine Verlängerung des Gefechts riskieren wollte. Beide behaupteten, gesiegt zu haben, doch die Schlachtschiffe verbrachten den Rest des Krieges in ihren Stützpunkten, und der Seekrieg wurde in erster Linie als Krieg der U-Boote und Zerstörer geführt.

Die neue Ausrichtung der britischen Außenpolitik war nicht die einzige Konsequenz aus Deutschlands Flottenbauprogramm. Es führte indirekt auch zu einer radikalen Änderung des britischen strategischen Denkens. Während des ganzen 19. Jahrhunderts war die Überlegenheit der britischen Marine als Selbstverständlichkeit betrachtet worden, und infolgedessen hatte man das Heer vernachlässigt. Obwohl es Momente der Panik gegeben hatte wie 1889, als das Marinebauprogramm beschlossen wurde, weil man erkannte, daß Schiffe und Ausrüstung allmählich veralteten, war die deutsche Hochseeflotte die erste ernsthafte Bedrohung für Englands Hegemonie seit den Napoleonischen Kriegen. Die Marine war in England beliebt – auch wenn das nichts daran änderte, daß die Bezahlung der einfachen Matrosen über dreißig Jahre lang unverändert niedrig blieb. Die Marine galt als Symbol Englands imperialer Größe, aber sie konnte auch mit liberalen Grundsätzen verteidigt werden: sicherte sie nicht die »Freiheit der Meere« und somit die Freiheit des Handels? Hatte sie bei der Niederwerfung des Sklavenhandels nicht eine humanitäre Funktion erfüllt? Es gab keine ernsthafte Opposition gegen den Marinehaushalt im Parlament – nicht einmal von den Iren.

Die britische Armee hingegen hatte eine weniger glanzvolle Rolle gespielt. »Das britische Weltreich ist in erster Linie eine große Marine-, Indien- und Kolonialmacht«[9], stellte das Komitee fest, das 1904 weitreichende Änderungen in der Verwaltungsorganisation der Verteidigung des Empires empfahl. Seit dem Krimkrieg war das Heer hauptsächlich zur Verteidigung der Kolonien und zur Bekämpfung dortiger Aufstände oder Unruhen eingesetzt worden, zur Bekämpfung der Zulus in Südafrika oder der Afghanen an der Nordwestgrenze Indiens. Die indische Armee, die von Einheiten der britischen Armee unterstützt wurde, die turnusmäßig zum Indieneinsatz entsandt wurden, war beinahe autonom, und das India Office in London und der Vizekönig in Delhi schienen oft genug eine eigene Außenpolitik zu verfolgen, insbesondere in Fragen wie der der Rivalität mit Rußland um die Vorherrschaft in Afghanistan. Aber zu Beginn des 20. Jahrhunderts unterlag dies einem allmählichen Wandel. Der Krieg gegen die Buren in Südafrika deckte die Schwächen der britischen Armee auf und ließ Forderungen nach Reformen laut werden. Die Entente mit Frankreich führte während der Marokkokrise von 1905/1906 dazu, daß das Kriegsministerium sich zum ersten Mal seit Jahrzehnten mit den Problemen der Entsendung eines Expeditionskorps auf den europäischen Kontinent beschäftigte.

Wie in Deutschland bestanden Meinungsverschiedenheiten zwischen Armee und Marine über die richtige Strategie. Das Kriegsministerium hatte sich seit 1906 auf den Plan der Entsendung einer Armee auf den Kontinent festgelegt, die am linken Flügel der Franzosen Stellung beziehen sollte. Die Marine, insbesondere Admiral Sir John Fisher, der redegewandte und mächtige Erste Lord der Admiralität von 1904 bis 1910, wollte die Verantwortung für den Schutz der Kanalüberquerung der Armee nicht übernehmen und sah die Aufgabe der Armee darin, eine Marineblockade Deutschlands zu unterstützen, indem sie eine oder mehrere friesische Inseln besetzte und womöglich an der deutschen Ostseeküste landete. Der neugebildete Verteidigungsausschuß unter dem Vorsitz des Premierministers übernahm schließlich den Standpunkt der Armee. Der Primat der Regierung wurde nie angezweifelt, und wie viele Stabsoffiziere sich auch beschweren mochten, daß »der Gedanke, die Armee von einem Zivilisten regieren zu lassen, dessen einzige Ausbildung politischer Opportunismus war ... unmoralisch in der Theorie und hoffnungslos in der Praxis«[10] sei, die endgültige Entscheidung oblag dem Premierminister und dem Kabinett, und dies ermöglichte einen gewissen Grad der Koordination. Gleichzeitig verursachten die Beschleunigung des Kriegsschiffbaus und das anwachsende Wettrüsten England ähnliche Probleme wie Deutschland. Die liberale Regierung mußte zur gleichen Zeit die Mittel für das ehrgeizige Programm sozialer Reformen, zu dem sie sich verpflichtet hatte, finden und für den Bau der Dreadnoughts, den Presse und Öffentlichkeit, angeführt von der konservativen Opposition, lautstark forderten. Wiederholt wurden Versuche unternommen, das Wettrüsten zu stoppen und Vereinbarungen mit Deutschland zu erzielen, aber dies erwies sich als unmöglich. Die Briten weigerten sich, ihre Marineüberlegenheit aufzugeben: »Wenn die deutsche Flotte je der unseren überlegen wird«, schrieb Sir Edward Grey im Juli 1908 an König Eduard VII., »kann die deutsche Armee unser Land erobern. Für Deutschland besteht keine entsprechende Gefahr dieser Art: denn so überlegen auch unsere Flotte wäre, so würde uns doch kein Seesieg Berlin irgendwie näherbringen.«[11] (Diese Bemerkung verrät, daß Grey die Ansichten von Sir John Fisher und der Admiralität nicht teilen konnte, die behaupteten, die britische Marineüberlegenheit könne einer britischen Truppe zur Landung an der Ostseeküste verhelfen.) Und Winston Churchill, der infolge von Veränderungen im Kabinett, die den Streit zwischen Kriegsministerium und Admiralität beilegen sollten, 1911 Erster Lord der Admiralität wurde, bezog im März 1913 eine ähnliche Stellung: »Ich muß ausdrücklich die Unterstellung zurückweisen, Großbritannien könne jemals einer anderen Marinemacht gestatten, ihm so nahe zu kommen, daß sie seine Politik bloß durch Druck der Marine beeinflussen oder begrenzen könne.«[12] Die deutsche Regierung hoffte in der Tat genau dies und erhoffte politische Zugeständnisse im Austausch für ihre Marineabrüstung. Als Haldane im Februar 1912 nach Berlin fuhr, um ein Marineabkommen auszuhandeln, wurde ihm klargemacht, daß die Deutschen sich nur mit der Versicherung zufrieden geben wollten, daß England in einem europäischen Krieg unter allen Umständen neutral bliebe. Tirpitz drückte seine eigene Ansicht gegenüber einem Kollegen wie folgt aus:

»England will seine Versprechungen und Verpflichtungen Frankreich gegenüber nicht aufgeben. [...] England darf sich an keinem Kriege zwischen Deutschland und Frankreich beteiligen, ganz gleich, wer der ›Angreifer‹ ist. Können wir diese Garantie nicht bekommen, dann müssen wir eben weiter rüsten, um der englisch-französischen Entente gewachsen zu sein, die de facto den Charakter eines Offensivbündnisses trägt«.[13]

Selbst als diese Gedanken von Bethmann Hollweg und dem deutschen Botschafter in London etwas diplomatischer formuliert wurden, waren sie für die Engländer völlig unannehmbar, und obwohl es später Versuche gab, die Durchführung des Flottenbaus zu verlangsamen – Vorschläge für ein sogenanntes »Flottenfeierjahr« –, wurde das Wettrüsten nicht ernsthaft gedrosselt und ebensowenig die ihm zugrundeliegende Rivalität.

Die Engländer hielten die deutsche Flotte für einen Luxus – ein Begriff Churchills, der in Deutschland viel Empörung erregte –, die britische Flotte dagegen für eine Lebensnotwendigkeit. Die Deutschen wiederum verargten es den Briten, daß sie sich nicht auf das Verhältnis von drei zu zwei Schlachtschiffen zugunsten Englands eingelassen hatten, das während des Besuchs Haldanes vorgeschlagen worden war. Das britische Mißtrauen ob Deutschlands Absichten war nicht unberechtigt: Tirpitz hatte, wie wir gesehen haben, die deutsche Marine von Anfang an als Mittel zur Ausübung politischen Drucks auf England angesehen. Englands Einwände gegen das deutsche Flottenbauprogramm erschienen den Deutschen einfach als heuchlerische Weigerung, einem anderen Land die Privilegien einzuräumen, die England seit langem genoß. Den Engländern erschien das deutsche Vorgehen als eine Gefahr für ihre Sicherheit, die sie nicht dulden konnten. Tirpitz' gewagtes Spiel, eine Flotte zu bauen, die so stark war, daß Deutschland sie dazu benutzen konnte, die britische Weltpolitik zu beeinflussen, war schon 1914 fehlgeschlagen – was er offenbar selbst erkannte –, aber es hatte Auswirkungen auf die öffentliche Meinung in beiden Ländern und damit auf das geistige Klima, das den Krieg ermöglichte.

Das Flottenbauprogramm entwickelte eine Eigendynamik, die kaum zu bremsen war. Tirpitz plante den Schiffsbau bewußt langfristig, um die Eingriffsmöglichkeiten des Reichstags zu begrenzen. Gleichzeitig waren für den Bau neuartiger Schlachtschiffe neue Anlagen notwendig: Werften und Docks mußten vergrößert und der Kaiser-Wilhelm-Kanal mußte verbreitert werden, Privatfirmen wurden hinzugezogen, wenn die staatseigenen Werften nicht ausreichten, um das Bautempo zu gewährleisten, das mit dem der Briten Schritt halten sollte, und die Kruppwerke und andere Zentren der Schwerindustrie mußten erweitert werden. Die hektische Produktion förderte in beiden Ländern das Entstehen wirtschaftlicher Privilegien. Der Geschäftsführer der Rüstungswerke von Coventry lenkte nicht umsonst die Aufmerksamkeit der britischen Regierung darauf, daß Krupp 1906 sein Werk vergrößerte, »um sehr große Marinekanonen und Lafetten schnell bauen zu können«.[14] Ohne Zweifel erhoffte er sich für die eigene Firma Aufträge für

Kanonen und Lafetten von der Admiralität. Aber ohne die Rolle einzelner Waffenhersteller bei der Verschärfung der internationalen Lage zu übertreiben, kann man sagen, daß Rüstungs- und Werftindustrie eine Eigendynamik entwikkelten, die ein Verlangsamen der Produktion erschwerte.

Die britische und deutsche Admiralität waren sich über diesen Effekt einig. Die britische Admiralität schrieb 1907, als die Rüstungsbegrenzung auf der Haager Konferenz diskutiert werden sollte:

»Der Kreis derer, die vom Kriegsschiffbau profitieren, ist heutzutage bis in fast alle Branchen der Fabrikation und der Verteilung verzweigt. Jeder Vorschlag zur Begrenzung der Marinerüstung muß sich gegen die Interessen dieser Kreise richten, und sie werden ohne Zweifel gegen die Bewegung [für die Abrüstung] Front beziehen; diese Oppostion würde eine Abrüstung gewaltig erschweren. Und überdies muß unserem Land mehr als jedem anderen daran gelegen sein, Gedeih und Prosperität des Schiffsbaus zu erhalten. Kann es für England ratsam sein, sich den Wahlspruch einer ›begrenzten Marinerüstung‹ zu eigen zu machen, wenn – wie es unvermeidbar scheint – eine solche Begrenzung so ernste Folgen für einen unserer wichtigsten Wirtschaftszweige zeitigen muß?«[15]

Und als Anfang 1914 der Vorschlag für ein »Flottenfeierjahr« erwogen wurde, erklärte der Staatssekretär im deutschen Auswärtigen Amt dem britischen Botschafter, daß die Deutschen diesem Gedanken ablehnend gegenüberstünden, weil »die Unterbrechung des Schiffsbaus für ein ganzes Jahr unzählige Leute auf die Straße setzen [würde]«[16] während Tirpitz vor dem Reichstag sagte, »eine Verschiebung [der Bauten] um ein Jahr würde bedeuten, daß sie nächstes Jahr nachgeholt werden müßten, und dieser ungleichmäßige Zuwachs fertiger Neubauten brächte deutsche Finanzen in Unordnung und würde Arbeitsdispositionen auf Werften und militärische Verhältnisse stören. Der gänz liche Ausfall der Ersatzbauten eines Jahres würde *gesetzmäßigen* Sollbestand an Schiffen vermindern.«[17] So erzeugte das Marinewettrüsten nicht nur politische und psychologische Voraussetzungen für die Stimmung von 1914, sondern leitete auch wirtschaftliche und technische Prozesse ein, die zunehmend schwerer rückgängig zu machen waren. Schon vor der Flottenrivalität hatte der deutsche Sozialist Eduard Bernstein 1893 die Situation definiert, indem er eine Wendung gebrauchte, die fast ein Jahrhundert später ein Gemeinplatz geworden ist: »Dieses andauernde Rüsten, das die anderen zwingt, mit Deutschland Schritt zu halten, ist in sich selbst eine Art Kriegsführung. Ich weiß nicht, ob der Ausdruck zuvor verwendet worden ist, aber man könnte sagen, es ist ein kalter Krieg. Es wird nicht geschossen, aber es fließt Blut.«[18]

Die Struktur der deutschen Gesellschaft räumte dem Militär eine Sonderrolle ein und bewirkte besonderen Respekt vor militärischen Wertvorstellungen. Die Marinepolitik des Kaisers und Tirpitz' verfeindete Deutschland mit Großbritannien und führte zu einem Marinewettrüsten, das soziale und wirtschaftliche Folgen hatte und eine radikale Änderung der britischen Außenpolitik und strategischen Planung hervorrief. Das politische System in Deutschland machte eine Koordinierung der einzelnen Regierungszweige untereinander fast unmöglich; folglich gab es keine eindeutig erkennbare Gesamtpolitik oder Strategie. Die Briten wiederum mußten im deutschen Kriegsschiffbau eine gefährliche Bedrohung ihrer Hegemonie als Seemacht und ihres Weltreichs sehen, und ihre Strategie und Außenpolitik nahm immer mehr die Form des Widerstands gegen die deutsche Herausforderung an – auch wenn einzelne Regierungsmitglieder nie die Hoffnung auf bessere Beziehungen zu Deutschland aufgaben. Und dies nötigte England zu engen Beziehungen zu Frankreich und – in geringerem Ausmaß – zu Rußland.

Die militärische Planung der Franzosen wurde ganz von der Niederlage von 1870 bestimmt. Oberstes Ziel war die Wiedererlangung der verlorenen Provinzen Elsaß und Lothringen, aber man erwartete als Kriegsauftakt einen deutschen Angriff, dem es standzuhalten galt. Seit den achtziger Jahren hatte die Armee beim Einsatz im französischen Kolonialreich in Afrika und Ostasien neue Selbstachtung nach dem Debakel von 1870 aufbauen können, und ehrgeizige Offiziere fanden hier Beförderungs- und Auszeichnungsmöglichkeiten. Bis zur Jahrhundertwende war die Folgerung aus diesen kolonialistischen Aktivitäten, daß Frankreichs Armee sowohl auf einen Krieg gegen England wie auf einen Krieg gegen Deutschland vorbereitet sein mußte. Die Faschodakrise im Jahre 1898 zeigte, daß Frankreich den Briten in Afrika hoffnungslos unterlegen bleiben mußte, und führte zu einer neuen französischen Außenpolitik unter Delcassé, die im englisch-französischen Abkommen von 1904 gipfelte, das Frankreich hoffen ließ, mit britischer Billigung Kolonien zu erlangen. Seit sich die französischen Kolonialinteressen auf Marokko konzentrierten, war Deutschland der neue Hauptkonkurrent; folglich verhalf die Marokkokrise dazu, die englisch-französische Entente zu festigen und die englisch-deutsche Flottenrivalität mit Frankreichs Zielen in Nordafrika und seinem langfristigen Ansinnen auf Elsaß-Lothringen in Beziehung zu setzen. Da zwischen den Zielen des französischen Imperialismus und Frankreichs Revanchewunsch kein Konflikt mehr bestand, konnte die französische militärische Planung sich ab 1904 gegen Deutschland allein richten.

In der französischen Gesellschaft gab es jedoch heftige Kontroversen um die Armee und um das Verhältnis zwischen Regierung und Generalstab. In der Zeit unmittelbar nach der Niederlage von 1870 hatten sich die beiden Traditionen des französischen Nationalismus vereint – die eine, die auf den Ruhm des *ancien régime* zurückblickte, die andere, die aus den Revolutionskriegen und den Siegen Napoleons hervorgegangen war –, und Armee und insbesondere Offizierskorps hatten in der französischen Gesellschaft hohes Ansehen genossen. Bis zur Faschodakrise hatten jedoch die Dreyfusaffäre und der Streit zwischen den Befürwortern einer Ausnahme der Armee von jeder Kritik und jenen, die das Auftreten der Armee gegenüber Dreyfus und ihr Verhalten im Prozeß als eklatante Verletzung der Menschenrechte betrachteten, die Armee zum politischen Zankapfel gemacht. Nach der Dreyfusaffäre hatte die Regierung von 1902 bis 1905 dafür gesorgt, daß zuverlässige Republikaner in die Führungsränge des Militärs kamen und Offizieren, die praktizierende Katholiken waren, die Beförderung verwehrt wurde. Die erbitterten Auseinandersetzungen um die Armee ließen außerdem Linke und Radikale gegenüber dem Militär äußerst kritisch werden und einen leidenschaftlichen Antimilitarismus in ihre revolutionäre Rhetorik aufnehmen.

Diese politischen Differenzen mußten das Verhältnis zwischen Regierung und Generalstab beeinflussen. Wenn ein General Kriegsminister war, fiel es ihm nicht immer leicht, sowohl mit den Berufspolitikern wie mit seinen militärischen Kollegen gut auszukommen. War er Zivilist, mußte er die Vorurteile der Generale gegen Politiker überwinden. Einige Politiker versuchten, den Argwohn abzubauen, der nach der Dreyfusaffäre und den Bemühungen, die Armee von antirepublikanischen Elementen zu säubern, zwischen Militär und Zivilisten geblieben war. 1907 genehmigte Ministerpräsident Georges Clemenceau, der zu den prominentesten Streitern für Dreyfus gezählt hatte, die Ernennung des Obersten Ferdinand Foch zum Leiter der Kriegsschule – eine Ernennung, die wenige Jahre zuvor undenkbar gewesen wäre, denn Foch galt als gläubiger Katholik, und sein Bruder war Jesuit. 1911 wurden der Posten des Stabschefs, der für die Gesamtplanung zuständig war, und der des »Generalissimus«, der bei Kriegsausbruch das Kommando übernahm, vereinigt, und Marschall Joffre erhielt dieses neue Amt. Joffre besaß einwandfreie republikanische Referenzen und Verbindungen zu republikanischen Politikern und war von seiner nationalen Aufgabe durchdrungen. »Denken Sie nicht an den Krieg?« wurde er 1912 gefragt, und er antwortete: »Ja, ich denke an ihn, ich denke die ganze Zeit daran. Wir werden einen Krieg haben, ich werde ihn führen, und ich werde ihn gewinnen.«[19]

Die neue, zaghafte nationale Solidarität erlaubte es der Regierung, 1913 den Militärdienst von zwei Jahren auf drei Jahre zu verlängern, obgleich Sozialisten und Radikale innerhalb und außerhalb des Parlaments erbittert widersprachen. Die Marokkokrise 1911 und die deutsche Heeresvermehrung von 1913 sowie die Notwendigkeit, den Russen, die ihre Heere gerade selbst beträchtlich verstärkt hatten, zu beweisen, daß Frankreich seiner Rolle in der Allianz gerecht wurde, ermöglichten der Regierung, die Ausrüstung der Armee zu verbessern und die Reserven durch die Dienstverlängerung zu verstärken. Frankreichs Hoffnungen auf einen Sieg über Deutschland mußten sich zunehmend auf das Bündnis mit Rußland richten. So wie die deutschen Pläne vorsahen, die Franzosen schnell zu schlagen, um alle Truppen gegen Rußland einsetzen zu können, hofften die Franzosen darauf, daß die Schlachten im Osten einen Sieg im Westen ermöglichen würden. Sie wurden deshalb nicht müde, dem russischen Verbündeten schnelle Mobilmachung und offensive Strategie zu predigen: die Voraussetzungen, um die riesigen Heere Rußlands so schnell wie möglich gegen die deutschen Armeen in Einsatz zu bringen und die Westfront zu entlasten. Die französische Bevölkerung wuchs viel langsamer als die deutsche, und die französischen militärischen Planer waren sich dieses demographischen Nachteils bewußt; das Bündnis mit Rußland wurde nicht nur wegen der unmittelbaren strategischen

Ziele geschätzt, sondern auch, weil es Rußlands schier unermeßliche Reserven an Soldaten zur Verfügung stellte. Frankreichs demographische Unterlegenheit war teilweise dadurch ausgeglichen, daß jedes Jahr ein höherer Prozentsatz der wehrpflichtigen Männer einberufen wurde als in Deutschland, doch im Falle einer Mobilmachung mußte Frankreich unfehlbar der Schwächere sein.

Eine militärische Verwirklichung des russisch-französischen Bündnisses stieß jedoch auf Schwierigkeiten. Die Russen zeigten zumindest bis 1910 wenig Bereitschaft, Deutschland anzugreifen. Sie erkannten, daß auch sie einen Zweifrontenkrieg riskierten – gegen Deutschland und gegen Österreich-Ungarn. Aber andere Probleme erschwerten und komplizierten Rußlands militärische Lage – allen voran die Niederlage gegen Japan von 1905, bei der Rußlands Flotte fast gänzlich vernichtet worden war und Strategie, Organisation und Ausrüstung des Heeres kläglich versagt hatten.

Versuche, die russische Armee zu reformieren, waren nur teilweise erfolgreich.[20] Sie wurden behindert durch persönliche Rivalitäten innerhalb der Offizierscliquen und zwischen Adligen und Bürgerlichen (die in der Mehrzahl waren). Den Bemühungen des Kriegsministers Suchomlinow, Struktur und Strategie der Armee zu ändern, stand die Korruption entgegen, die bis in seinen Stab und seine Umgebung hineinreichte. Diese Zwistigkeiten führten zu Uneinigkeit über die Wahl der Strategie, die gegen Deutschland angewendet werden sollte, und über die Bewaffnung. Sollte Rußland seine Anstrengungen darauf konzentrieren, Festungen zu halten, um, falls Deutschlands Mobilmalchung zuerst abgeschlossen wäre, einen ersten deutschen Angriff zurückzuschlagen? Oder sollte es Festungen schleifen und Pläne für eine bewegliche Armee machen und die Bahnlinien zu diesem Zweck ausbauen? In Wirklichkeit wurde keine der Alternativen konsequent durchgeführt.

Eine Invasion Ostpreußens zu Kriegsbeginn scheiterte an der größeren Mobilität und den besseren Bahnlinien der Deutschen, während die russischen Festungen 1915 vom deutschen Heer schnell eingenommen wurden. Der russischen Armee fehlte trotz aller Bemühungen um einen Generalstab die zentrale Lenkung. In letzter Instanz lag die Entscheidungsgewalt beim Zaren, und Nikolaus II. war, wie schon sein Verhalten in der Julikrise verriet, unsicher, schwankend und außerstande, alle Aspekte der militärischen Planung so zu überblicken, wie es der Apparat verlangte.

Wie in anderen Ländern ergaben sich obendrein Schwierigkeiten durch die konkurrierenden Ausgaben für Landheer und Marine. Der Wiederaufbau der russischen Marine nach ihrer Niederlage gegen Japan war ein symbolträchtiger Beweis russischer Regenerationsfähigkeit, dessen strategischer Nutzen im dunkeln blieb. Den Franzosen wäre es lieber gewesen, Rußland hätte sich auf die Rüstung zu Lande konzentriert, statt beispielsweise Dreadnoughts zu kaufen (die in Rußland zusammengebaut wurden) und 1913 ein neues Flottenbauprogramm zu verabschieden. Als die russische Regierung im Frühjahr 1914 Marinegespräche mit England führen wollte, meldete die britische Admiralität starke Zweifel an deren Zweckmäßigkeit an. Grey schrieb später: »Meinem Laienverstand wollte nicht einleuchten, wie die russische Flotte in einem Krieg gegen Deutschland aus der Ostsee herausgelangen und wie die britische Flotte in sie hineingelangen sollte.«[21] Die Außenpolitik und strategische Planung Rußlands in den Jahren unmittelbar vor 1914 und während der Julikrise waren nicht durch die Entscheidungen eines privilegierten Offizierskorps oder den übermächtigen Einfluß militärischer Führung bestimmt, sondern durch die Ungewißheit, die aus der Schwäche eines autokratischen Systems resultierte, dessen Entscheidungen letzten Endes von einem überforderten Monarchen getroffen wurden. Sie mußten Vorgaben emotionaler wie strategischer Natur Rechnung tragen, die sich aus Rußlands Beziehungen zu den slawischen Balkanvölkern und seinem historischen Anspruch auf Konstantinopel herleiteten. Da dies Österreich-Ungarn auf den Plan rufen mußte, welches sich auf die militärische Unterstützung Deutschlands verlassen konnte, mußte Rußland sein Bündnis mit Frankreich festigen, was wiederum mit sich brachte, daß man den französischen Wünschen nach einer Offensive gegen Deutschland bei Kriegsausbruch entsprechen mußte. Somit schien ein Krieg an zwei Fronten – gegen die Deutschen in Ostpreußen und im preußischen Polen und gegen die Österreicher in Galizien – unvermeidlich, während die russischen Führer außerdem auf einen möglichen Balkanfeldzug gefaßt sein mußten, da die Haltung Rumäniens und Bulgariens noch ungewiß war. Unterdessen führten die Geschwindigkeit, mit der Rußland sich nach der Niederlage im Fernen Osten und nach den revolutionären Unruhen von 1905 regenerierte, und der Umfang seiner Wiederbewaffnung – auch wenn sie nicht sonderlich effektiv war – den anderen Mächten Rußlands kriegerisches Potential vor Augen, was die Franzosen beruhigte, aber die Deutschen alarmierte.

In Österreich-Ungarn war die Armee einer der stärksten einenden Faktoren des Vielvölkerstaats, dessen Fortbestand als Großmacht davon abhing, daß eine interne Stabilität gewahrt wurde. Die Offiziere waren beseelt von echter Loyalität zu Kaiser Franz Joseph in seiner Doppelrolle als Kaiser von Österreich und König von Ungarn. Sie entstammten verschiedenen Gesellschaftsschichten – wie in Rußland war nur eine Minderheit aristokratisch, obschon viele Offiziere mit dem Adelsprädikat »von« für ihre Dienste belohnt wurden –, doch sie bildeten eine eigene Kaste. Oft dienten mehrere Generationen einer Familie als Offiziere, und sie entwickelten ihre eigenen sozialen und ethischen Kodexe, die je nach Standpunkt als Ausdruck von

Torheit und Arroganz oder von Loyalität und Selbstverleugnung gesehen werden konnten. (In der Literatur brachte Schnitzlers Kurzgeschichte »Leutnant Gustl« die erste Ansicht zum Ausdruck und Joseph Roths *Radetzkymarsch* die zweite. Schnitzler kostete die Satire auf die albernen Moralvorstellungen der jungen Offiziere sein Reserveoffizierspatent.) Viele Offiziere sprachen mehr als eine der zehn Sprachen der Monarchie, womit sie dem Beispiel des Erzherzogs Franz Ferdinand, des Generalinspekteurs der Armee, folgten, der trotz seines Rufs, mangelhafte Sprachkenntnisse zu besitzen, sieben Sprachen sprach.

Andererseits krankte die österreichisch-ungarische Armee an dem Hauptübel der gesamten Monarchie, an einem enorm schwerfälligen und komplizierten Verwaltungssystem. Aufgrund des »Ausgleichs« von 1867 und des österreichisch-ungarischen Dualismus, der der ungarischen Regierung die gleichen Rechte einräumte wie der des österreichischen Teils der Monarchie, waren drei Ministerien für verschiedene Teile des Militärapparats zuständig. Das stehende Heer unterstand dem österreichisch-ungarischen Kriegsministerium – einem der drei Ministerien (die beiden anderen waren das Außen- und das Finanzministerium) mit Zuständigkeit für beide Teile der Monarchie –, aber die beiden Ersatzheere, die Landwehr in Österreich und die Honved in Ungarn, unterstanden dem österreichischen und dem ungarischen Verteidigungsministerium. Jedes Jahr kam es zu Reibungen zwischen österreichischer und ungarischer Regierung wegen der Zahl der aus jedem Teil der Monarchie einzuziehenden Rekruten, und deshalb und infolge chronischen Geldmangels, der durch jede internationale Krise, die militärische Vorkehrungen erforderlich machte, verschärft wurde (wie bei der bosnischen Krise von 1908 und der Balkankrise von 1912–13), wurde nur ein vergleichsweise kleiner Teil der Männer einberufen. Ein Historiker hat geschätzt, daß das stehende Heer 1914 weniger Infanteriebataillone hatte als im Krieg gegen Preußen 1866, und das trotz eines Ansteigens der Bevölkerungszahl um zwanzig Millionen.[22] Und ungeachtet der Behauptungen, daß die Armee eine einende Kraft sei, die das Wesen eines österreichisch-ungarischen Nationalbewußtseins unabhängig vom Nationalismus der Einzelvölker verkörpere, war es keine zehn Jahre vor Kriegsausbruch zu einem erbitterten Streit zwischen Deutschsprachigen und Ungarn über die Beibehaltung des Deutschen als Kommandosprache im Heereswesen gekommen. (Die Rekrutenausbildung wurde für jede Nationalitätengruppe, die mehr als zwanzig Prozent eines Regiments ausmachte, in ihrer Sprache abgehalten, aber Deutsch blieb Kommandosprache trotz der ungarischen Forderungen nach Einführung des Ungarischen.)

Die österreichisch-ungarischen Streitkräfte hatten noch andere Probleme. Ihre Rüstung war aus finanziellen Gründen eingeschränkt, und obwohl das Land eine leistungsfähige Rüstungsindustrie besaß – die Skodawerke in Pilsen waren international im Geschäft und stellten für die deutsche Firma Krupp eine Konkurrenz dar –, ließ die Ausrüstung der Armee zu wünschen übrig, und die Munitionsreserven reichten sogar für einen sehr kurzen Krieg nicht aus. Es war keine Frage, daß Rußland der potentielle Gegner sein würde, aber der Generalstabschef General Conrad von Hötzendorf plante außerdem einen Feldzug zur Vernichtung Serbiens und machte sich nebenbei Gedanken über die mögliche Notwendigkeit, einen Präventivangriff auf Österreichs nominellen Verbündeten Italien zu führen. 1914 befand sich die österreichisch-ungarische Armee folglich wie so vieles in der Monarchie in einer paradoxen und widersprüchlichen Situation. Sie galt als wichtiges Symbol der Einheit, das über dem Konflikt der Nationalitäten innerhalb des Reichs stehen sollte, und doch war dieser Konflikt eine potentielle Quelle der Schwäche innerhalb der Armee selbst. Sie besaß fähige und hingebungsvolle Offiziere, doch ihre Leistungsfähigkeit wurde durch eine schwerfällige bürokratische Verwaltung gehemmt. Vor allem aber – wie die Ereignisse von 1914 zeigen sollten – gelang es dem Generalstab nicht, die strategischen Prioritäten zu klären. Er konnte sich nicht vorstellen, daß er gleichzeitig Krieg gegen Rußland, Serbien und Italien führen müßte, aber im Frühjahr 1915 war genau dies der Fall.

In einem anderen unmittelbar vom Kriegsausbruch betroffenen Land spielte das Militär eine bedeutende, aber völlig andersgeartete Rolle. In Serbien hatten Armeekreise 1903 den König ermordet und einen Nachfolger aus einer rivalisierenden Dynastie eingesetzt, so daß der neue Monarch sein Amt der Armee verdankte. Die Armee war bitter enttäuscht, als die Regierung sich 1908 die österreichische Annexion Bosniens und der Herzegowina gefallen ließ; gleichzeitig mehrte sie ihr Ansehen und ihren Einfluß durch die Siege in den zwei Balkankriegen. Sie verlangte, das neuerworbene Territorium Mazedoniens selbst zu verwalten, und reagierte verstimmt auf die Ernennung ziviler Beamter. Im Dezember 1913 kam es zu einer offenen Konfrontation zwischen einem Vertreter der Regierung und dem örtlichen Regimentskommandeur, als dieser auf einem Empfang im russischen Konsulat in der mazedonischen Stadt Bitolj Vorrang vor dem zivilen Beamten beanspruchen wollte, um den Toast auf den Zaren auszubringen. Daraufhin erließ die Regierung ein Dekret, das den zivilen Behörden bei allen öffentlichen Belangen Vorrang zusprach. Aufgrund dieser und anderer Unstimmigkeiten bewegte der Generalstabschef Anfang Juni 1914 den König dazu, Ministerpräsident Pašić zu entlassen, und nur der Einspruch der russischen Regierung und des Kronprinzen Alexander erhielt Păsić im Amt. Der König zog sich aus der Politik zurück und Alexander wurde Prinzregent, während Pašić die Auflösung des Parlaments und Neuwahlen für den 1. August verkündete. Somit befand sich Serbien infolge der

Spannungen zwischen Militär und Zivilregierung zum Zeitpunkt der Ermordung von Erzherzog Franz Ferdinand in einer schweren innenpolitischen Krisensituation.

Das leidenschaftliche serbische Nationalgefühl hatte anläßlich der bosnischen Krise in Belgrad die Gründung einer nationalistischen Vereinigung gezeitigt, der Narodna Odbrana, die bald auch in anderen Städten sowie bei Serben in den Vereinigten Staaten Fuß faßte. Diese Organisation forderte die Jugend auf, sich zur Militärausbildung zu melden, und sie war kulturell aktiv, um den serbischen Nationalgeist zu pflegen. Aber zusätzlich wurde eine Geheimgesellschaft namens Union oder Tod gegründet, die ihre Gegner Schwarze Hand nannten und der Offiziere und Zivilisten aller Schichten angehörten. Ihr Gründer war ein Heeresoffizier, der später Leiter des serbischen militärischen Geheimdienstes werden sollte, Oberst Dragutin Dimitrević, besser bekannt unter seinem Decknamen Apis. Apis hatte zu den Königsmördern von 1903 gehört. Er war ein Mann, der vor nichts zurückscheute, auch nicht vor Mord, um seine nationalen und revolutionären Ziele zu erreichen. »Diese Organisation«, lautete die Satzung der Gesellschaft, »zieht revolutionäre Aktionen kulturellen vor«,[23] und dies kennzeichnete den Unterschied zwischen Union oder Tod und der Narodna Odbrana, auch wenn einige Mitglieder beiden Organisationen angehörten. Die gesetzwidrigen Aktivitäten von Apis und seiner Gruppe verschärften die Konflikte zwischen Militär und Zivilregierung. Kurz vor Franz Ferdinands Ermordung hatte Pašić eine Untersuchung des Waffenschmuggels über die Grenze nach Bosnien angeordnet. Es gab ein ganzes Netz von Verschwörungen und Intrigen, die bis heute nicht aufgedeckt sind und damals erbitterte, anhaltende Fehden innerhalb der südslawischen Bewegung verursachten. Obwohl der drohende österreichische Angriff im Juli 1914 kurzfristig Einigkeit bewirkte, mag die Regierung Pašić Teile des österreichischen Ultimatums deshalb zurückgewiesen haben, weil zu befürchten stand, daß die Beteiligung österreichischer Beamter an einer serbischen Untersuchung der Attentatshintergründe aufgedeckt hätte, welchen Einfluß Apis und seine Organisation auf das gesamte politische Leben und die Verwaltung im Lande besaßen. Die Differenzen zwischen Pašić und Apis wurden nie beigelegt. Drei Jahre später wurde Apis festgenommen und als Konspirator bei einem Komplott zur Ermordung des Prinzregenten zum Tode verurteilt. Seine Aktivitäten und Motive wurden nie aufgeklärt und boten immer wieder Anlaß zu Spekulationen. Gewiß stand er in Verbindung zur jungbosnischen Bewegung, die das Attentat auf den Erzherzog organisiert hatte – der Führer, der die Mörder über die serbische Grenze nach Bosnien geführt hatte, war einer von Apis' Agenten gewesen, obwohl er gleichzeitig der Narodna Odbrana Bericht darüber erstattet hatte, welche die Regierung informiert hatte. Andererseits wußte Apis bereits, daß auf Anordnung des Ministerpräsidenten gegen ihn ermittelt wurde, und es gibt Hinweise darauf, daß er versuchte, das Attentat aufzuhalten, als die Verschwörer bereits nach Sarajewo unterwegs waren. Wie bei späteren Terroristengruppen sind auch hier die Verbindungen schwer zu entwirren. Wichtiger als der Hergang der Verschwörung und die verschiedenen Geheimgesellschaften ist das, was Apis' Laufbahn über die serbische Gesellschaft und Politik verrät. In dem kleinen, armen Land voll glühendem Nationalismus galt die Armee als Symbol nationaler Hoffnung, aber man war sich keineswegs einig darüber, wie diese Hoffnungen sich am besten erfüllen ließen. Außerdem hatte die Armee nicht notwendigerweise dieselben Interessen wie die Politiker, die auf die Errichtung eines parlamentarischen demokratischen Systems vertrauten. Terrorismus und Verschwörung, die seit der Zeit der Türkenherrschaft Tradition hatten, sorgten für Instabilität sowohl in der Innen- wie in der Außenpolitik. Auch wenn Apis und seine Organisation an Planung und Durchführung des Attentats auf den Erzherzog beteiligt gewesen waren, hatten sie keine klare Vorstellung von langfristigen Konsequenzen. Es genügte ihnen, jemanden zu entfernen, den sie als Feind und Unterdrücker des serbischen Volkes betrachteten; und ein Krieg mit Österreich-Ungarn war ohnehin unvermeidlich. Apis glaubte, wie seine Zeitung 1912 schrieb:

»Der Krieg zwischen Serbien und Österreich... ist unvermeidbar. Wenn Serbien in Ehren leben will, kann es dies nur durch Krieg erreichen. Dieser Krieg wird bestimmt von unserer Verpflichtung gegenüber unseren Traditionen und der Welt der Kultur. Dieser Krieg entspringt der Pflicht unserer Rasse, die nicht erlauben kann, daß sie assimiliert wird. Dieser Krieg, muß die ewige Freiheit Serbiens, der Südslawen und der Balkanvölker bringen. Unsere ganze Rasse muß zusammenstehen, um den Ansturm dieser Fremden aus dem Norden aufzuhalten.«[24]

Der Sommer 1914, in dem die serbische Armee sich noch nicht von den Kämpfen in den Balkankriegen erholt hatte, war kaum der geeignete Moment für Serbien, einen solchen Krieg zu provozieren, und es gibt keinen Anhaltspunkt, daß die serbische Regierung oder das Armee-Oberkommando dies vorgehabt hätte. Die Verschwörungen und Intrigen, in die so viele Offiziere und Politiker verwickelt waren, dienten jedoch den Österreichern als *prima facie*-Beweis für die serbische Komplizenschaft an der Ermordung Franz Ferdinands und boten ihnen einen idealen Vorwand für den Krieg gegen Serbien, den beide Seiten aus unterschiedlichen Gründen für unvermeidbar hielten. Der Fall Serbiens im Jahre 1914 ist ein gutes Beispiel dafür, wie fanatischer Nationalismus zu Taten führt, die keine vernünftige Gewinn- und Verlust-Rechnung als Grundlage haben und deren Folgen unvorhersehbar und unbeabsichtigt sind.

Die soziale und politische Position von Armee und Marine und die Rolle, die Militärführern bei politischen Entscheidungen zukam, war in jedem Land anders beschaffen. Doch unabhängig vom jeweiligen Einfluß und Ansehen des Offizierskorps im Lande bestimmten die Land- und Seeschlachtpläne die Politik der anderen Staaten. Jede Regierung reagierte auf die militärischen Vorbereitungen des Nachbarn: Aufrüstung erfolgte nie als Einzelphänomen, sondern bewirkte erhöhte Rüstungsausgaben in anderen Staaten, unabhängig von ihrem politischen System. Das Wettrüsten verstärkte den Eindruck, daß ein Krieg unausweichlich sei, und wenngleich die Regierungen behaupteten, ihre Vorbereitungen auf einen Defensivkrieg stellten ihren Wunsch nach Frieden und ihren Willen zur Abschrekkung einer Aggression unter Beweis, ändert dies nichts daran, daß diese Art von Abschreckung ebensosehr provoziert, wie sie abschreckt. Nicht alle Regierungen waren gleichermaßen bereit, im Interesse ihrer Politik einen Krieg zu beginnen oder zumindest zu riskieren, doch alle sahen sich außerstande, die Möglichkeit eines Krieges auszuschließen, und unternahmen Schritte, die einen Kriegsausbruch immer näher brachten. Den Schrittmacher gab Deutschland ab, das bemüht war, das weltweite Gleichgewicht der Kräfte zu seinen Gunsten zu verlagern, selbst wenn dies ein Kriegsrisiko bedeutete. Und die europäischen Großmächte waren untereinander so eng verbunden, daß Rüstungsprogramme und militaristische Propaganda in einem Land zwangsläufig Rüstungsprogramme und militaristische Propaganda im nächsten zur Folge hatte. Die deutsche Marinerüstung provozierte die britische Marinerüstung. Der Flottenverein in Deutschland hatte seine Entsprechung in der Navy League (und in deren Rivalin, der Imperial Maritime League) Englands. Die russischen Militärausgaben boten den Vorwand für deutsche Heeresvermehrungen, und diese wiederum provozierten das französische Gesetz zur dreijährigen Dienstzeit. Rufe nach einer nationalen Wiederbelebung und nach besserer Vorbereitung auf den kommenden Kampf wurden zur üblichen politischen Rhetorik – ob in der Ligue des Patriotes, der National Service League oder der Narodna Odbrana –, wenn ihnen auch oft die alten liberalen Slogans von Frieden, Sparmaßnahmen und Reformen entgegengehalten wurden und die sozialistische Überzeugung, daß der Arbeiter kein Vaterland hat und daß der Krieg zwischen den Klassen den Krieg zwischen Staaten ablösen werde. Einige dieser Faktoren, die zu der Atmosphäre beitrugen, in der die Entscheidungen von 1914 getroffen wurden, sollen in späteren Kapiteln untersucht werden. Aber auf einem Gebiet erlangten die strategischen Entscheidungen Vorrang vor allem anderen und schränkten die Handlungsfreiheit der Politiker ein, und das waren Ablauf und Folgen der Julikrise.

Die Kriegspläne, die in der Krise von 1914 in Operationen umgesetzt wurden, waren durch vielerlei bedingt: strategische Doktrinen, technologische Kapazitäten, Kompetenzverteilungen. Sie wurden von Zeit zu Zeit revidiert, wenn sich die diplomatische Situation änderte, und bei Kriegsausbruch waren die Eröffnungsbewegungen von den Generalstäben vorbedacht und genau geplant. Was sie nicht voraussehen konnten, das, was den Krieg zu einem anderen Krieg machte, als seine Betreiber geplant hatten, waren die Konsequenzen aus diesen Eröffnungsbewegungen. Und politisches Zögern, Zurückschrecken und taktische Ungeschicklichkeit führten oft zu Ergebnissen der militärischen Pläne, die die Planer nicht beabsichtigt hatten. Aber im großen und ganzen verriet die Schnelligkeit, mit der die Krise in der letzten Juliwoche von 1914 eskalierte, daß wenig Aussicht bestand, die militärischen Pläne zu ändern, sobald ihre Ausführung angeordnet war. Der Fall Österreich-Ungarns – der ersten Macht, die Kriegshandlungen beging – zeigt deutlich, wie schwer sich die Idealvorstellungen des Stabsoffiziers mit der Realität hunderttausender in Marsch gesetzter Soldaten in Einklang bringen lassen.

Conrad, der Österreich-Ungarns strategische Planung weitgehend verantwortete, hatte, wie wir wissen, das Problem, daß er einen Krieg an mindestens zwei, vielleicht mehr Fronten in Betracht ziehen mußte. Er war entschlossen, bei der ersten Gelegenheit Serbien vernichtend zu schlagen, und er scheint zeitweise gehofft zu haben, daß die russische Unterstützungszusage an Serbien sich als Bluff erweisen könnte. »Bei uns steht heute noch nicht fest, ob Rußland nur droht, daher durften wir uns vom Vorgehen gegen Serbien nicht abdrängen lassen«, sagte er noch am 31. Juli.[25] Für die Deutschen wiederum bedeutete das deutsch-österreichische Bündnis, daß eine sofortige österreichische Offensive gegen Rußland erfolgen würde, während Deutschland sich auf den Feldzug gegen Frankreich konzentrieren konnte. Die Lage wurde dadurch kompliziert, daß Italien zwar offiziell mit Österreich-Ungarn verbündet war, aber niemand wußte, wie es sich im Kriegsfall verhalten würde, und Conrad hatte tatsächlich auch einen Präventivkrieg gegen Italien erwogen. Auf jeden Fall wäre es unklug gewesen, die italienische Grenze unbewacht zu lassen. Hinzu kam, daß Rumänien, das nominell ebenfalls Verbündeter war, als potentieller Feind angesehen werden mußte, und die ungarischen Behörden befürchteten für den Kriegsfall einen Aufstand ihrer rumänischen Untertanen in Transsylvanien. Eine Gegnerschaft Rumäniens zu Österreich wäre für die Russen sehr von Vorteil gewesen, denn es würde die Divisionen für den Kampf gegen Österreich freisetzen, die bisher an der rumänischen Grenze standen.

Bis zum Frühjahr 1914 hatten die Russen ihre Bahnlinien so verbessert, daß eine Mobilmachung innerhalb von weniger als dreißig Tagen möglich war; Conrads Hoffnung, durch eine Mobilmachung der österreichisch-ungarischen Truppen gegen Serbien in fünfzehn Tagen genug Zeit zu behalten, um Serbien zu schlagen, bevor Rußland den Feldzug in Galizien eröffnen konnte, war damit illusorisch geworden. In einem Krieg, den man als Strafexpedition gegen Serbien begann, konnte man mit Rücksicht auf die öffentliche Meinung nicht gut die Operationen gegen Serbien aufschieben, um sich auf die russische Front zu konzentrieren. Wie Norman Stone überzeugend gezeigt hat[26], wurden Conrad und der österreichisch-ungarischen Regierung sowohl die Fixierung auf Serbien als auch die inhärente militärische Schwäche der Monarchie zum Verhängnis. Conrad hatte im März 1914 versucht, der Lage gerecht zu werden, als er den Plan des Rußlandfeldzugs dahingehend zu ändern suchte, daß im Anfangsstadium eines Krieges Teile österreichischen Gebiets evakuiert wurden und man sich auf eine Defensivschlacht konzentrieren konnte. Aber unabhängig von der Tatsache, daß eine solche Strategie den Interessen von Österreichs Verbündetem Deutschland widerstrebte, erklärte die Transportabteilung des Kriegsministeriums, daß die erforderliche Änderung der Eisenbahnfahrpläne nicht rechtzeitig durchführbar sei.

Folglich wurde am 25. Juli, als das österreichische Ultimatum ablief, drei Tage vor der eigentlichen Kriegserklärung an Serbien, mit der Mobilmachung jener Armee begonnen, die Serbien schlagen sollte. Gegen Rußland wurde nichts unternommen, die österreichisch-ungarische Armee sollte geballt gegen Serbien vorgehen. Als klar wurde, daß Rußland nicht bluffte, und die Deutschen von Österreich verlangten, die Eröffnung der Offensive in Galizien zu beschleunigen, mußte Conrad feststellen, daß es unmöglich war, große Teile des Heeres umgehend vom Süden in den Norden zu transportieren. Weder Fahrpläne noch Zugkapazitäten erlaubten es. Der Leiter der Transportabteilung im Kriegsministerium versicherte Conrad, daß jeder diesbezügliche Versuch ein völliges Tohuwabohu auslösen müsse.[27] Jetzt waren Conrad im Krieg, den er gegen Serbien entfesselt hatte, die Hände gebunden, und er mußte die Kriegshandlungen gegen Serbien *und* Rußland unter so ungünstigen Umständen aufnehmen, daß man sich wundern kann, wie Österreich es fertigbrachte, sich von den katastrophalen Niederlagen der ersten Monate überhaupt zu erholen. Schuld daran war nicht allein Conrads Planung und Waghalsigkeit – das Verwaltungssystem der Monarchie ließ eine schnellere und flexiblere Mobilmachung wohl kaum zu. Die österreichisch-ungarische Regierung hatte Serbien um jeden Preis vernichten wollen; obwohl sie erkannt hatte, daß ein Krieg gegen Rußland der Preis dafür sein konnte, war sie von ihrem Vorhaben nicht abgewichen. Das Ergebnis war, daß Serbiens Widerstand erst dann gebrochen werden konnte, als Bulgarien 1915 auf der Seite Deutschlands und Österreichs in den Krieg eintrat und deutsche Verbände und ein deutscher Befehlshaber an die serbische Front entsandt wurden. Die Niederlagen gegen die Russen zu Kriegsanfang führten obendrein zu einer vermehrten Vorherrschaft der Deutschen über Österreich-Ungarn. Das, was Österreich-Ungarns Stärke demonstrieren, seinen Status als Großmacht bekräftigen sollte, hatte in Wahrheit den Verlust dieses Status' und den endgültigen Niedergang der Donaumonarchie ausgelöst.

Die Russen hatten sich nur sehr zögernd von den Franzosen davon überzeugen lassen, daß sie einen Angriffskrieg eröffnen mußten, und selbst dann waren ihre Vorbereitungen noch etwas konfus: die 1913 zusätzlich genehmigten Gelder wurden teilweise dazu verwendet, die verfallenen Festungen in Polen mit neuen Geschützen auszustatten. Doch der strategische Eisenbahnbau hatte große Fortschritte gemacht, und bis Mai 1912 hatte Rußland Plan 19 geändert – den Plan für einen gleichzeitigen Krieg gegen Deutschland und Österreich-Ungarn. Der ursprüngliche Plan von 1910 hatte einen Angriff auf Ostpreußen mit dem Hauptteil des russischen Heeres vorgesehen, während die restlichen Verbände gegen die Österreicher eine Defensivstrategie verfolgen sollten. 1912 wurde entschieden, im Fall eines Angriffs Deutschlands auf Frankreich den Hauptteil der russischen Truppen gegen Österreich-Ungarn einzusetzen, da man unterstellte, daß Deutschland im Westen zu beschäftigt sein würde, um an der Ostfront zu intervenieren, und daß eine erfolgreiche Offensive in Ostpreußen auch mit geringeren Kräften durchführbar wäre. Im Frühjahr 1912, als die Regierungen der meisten Großmächte einen Krieg als Folge der Balkankrise befürchteten, zogen der Zar, seine Minister und Generalstäbler eine Teilmobilmachung für einen Krieg gegen Österreich-Ungarn in Betracht, der Deutschland aus dem Spiel ließe. Gegen diesen Plan erhob vor allem Ministerpräsident Kokowzow Einwände; er war der Ansicht – die die Ereignisse bestätigten –, daß eine Mobilmachung eine Mobilmachung bleibe, egal, wie man sie bezeichne, und daß die Gegner diese mit einer Kriegserklärung beantworten würden.[28]

Die Größe der russischen Armeen und die weiten Entfernungen wiesen dem Zeitplan der Mobilmachung die Hauptrolle bei der Ausführung der ersten Pläne der Russen nach Kriegsausbruch zu. Ihre Entscheidung zur Mobilmachung im Juli 1914 diente Deutschland als Rechtfertigung für seine Kriegserklärung; so kam es zu der zwischen den beiden Weltkriegen verbreiteten Vorstellung: »Mobilmachung bedeutet Krieg.« Als Serbien sich am 24. Juli 1914 mit der Bitte um Unterstützung an den Zaren gewandt hatte, erwogen der Generalstabschef und der Außenminister erneut eine Teilmobilmachung der Militärbezirke Kiew, Odessa, Moskau und Kasan für einen Krieg gegen Österreich-Ungarn. Aber die Russen wollten nicht übereilt handeln. Am 25. Juli beschlossen sie, Offiziere aus dem Urlaub zurückzurufen und die Truppen aus dem Manöver an ihre Standorte zurückzuverlegen, und am Morgen des nächsten Tages wurde der Kriegsgefahrzustand ausgerufen. Dadurch konnte eine Generalmobilmachung eingeleitet werden, ohne daß das böse Wort ausgesprochen werden mußte. Diese Entscheidung gab den Russen mehrere Tage Zeitvorsprung vor Deutschland, denn die entsprechende deutsche Maßnahme – die Ausrufung des »Zustands drohender Kriegsgefahr« – wurde nicht vor dem 31. Juli angeordnet.

Es ist oft darüber gestritten worden, ob Rußland die am 24. Juli erwogene Teilmobilmachung hätte durchführen sollen oder können, und manche Historiker betrachten es als Beweis, daß Mobilmachungspläne und Eisenbahnfahrpläne gnadenlos die Entwicklung der Krise bestimmten. Aber wie L. C. F. Turner gezeigt hat,[29] wurde die Teilmobilmachung 1914 nicht ernsthaft in Betracht gezogen und aus denselben Gründen verworfen wie 1912 – weil man als Reaktion eine sofortige Mobilmachung Österreichs befürchtete. Schließlich hatte Rußland durch die Ausrufung des Kriegsgefahrzustands und die bereits ergriffenen Maßnahmen einen Zeitgewinn für die Mobilmachung und gleichzeitig Spielraum für weitere diplomatische Verhandlungen erlangt. Die Österreicher hatten seit jeher eine Situation gefürchtet, in der die Russen ihre Mobilmachung hinauszögerten, bis die österreichisch-ungarische Armee an der serbischen Front feststeckte, und ebendiese Situation hatte Conrad mit der waghalsigen Entscheidung, alles auf den Überraschungsangriff gegen Serbien zu setzen, geschaffen.

Vom 25. Juli bis zum endgültigen Entschluß, die allgemeine Mobilmachung auszurufen, herrschten die Zögerlichkeit und Uneinigkeit, die für die russische Regierung bezeichnend waren. Der Generalstabschef Januschkewitsch behauptete dem Zaren – und den Deutschen – gegenüber, eine Mobilmachung gegen Österreich-Ungarn müsse keine Gefahr für Deutschland darstellen, während er bereitts seine Untergebenen telegrafisch anwies, den 30. Juli als ersten Tag der Generalmobilmachung zu betrachten. Sasonow konnte dem deutschen Botschafter versichern, daß keine Mobilmachung stattgefunden habe, weil die offiziellen Anweisungen noch ausstanden, obwohl die Vorbereitungen bereits begonnen hatten. Ob Sasonow allerdings die Tragweite der bereits ergriffenen militärischen Maßnahmen verstand, ist fraglich: »Bei Ihnen ist doch Mobilmachung auch noch nicht gleichbedeutend mit Krieg?« fragte er den deutschen Botschafter am 26. Juli, als erste Berichte über die russischen militärischen Vorkehrungen die deutsche Botschaft erreichten. Der deutsche Botschafter scheint weniger ahnungslos gewesen zu sein – jedenfalls seinem Bericht zufolge –, denn er erwiderte: »Theoretisch vielleicht nicht. [...] Aber wenn dann allerdings auf den Knopf gedrückt und der Apparat der Mobilmachung in Gang gesetzt [wird], dann [ist] kein Halten mehr.«[30]

Und so kam es. Am Nachmittag des 29. Juli war Sasonow so beunruhigt über die deutschen Reaktionen auf Rußlands Vorbereitungen, daß er bereit war, der Generalmobilmachung zuzustimmen. Doch gerade als die Anordnung an die Militärbezirke telegrafiert werden sollte, gab es eine neue Verzögerung, weil der Zar spät abends nach Erhalt eines persönlichen Telegramms vom Kaiser seine Meinung noch einmal änderte. »Ich will nicht ein ungeheures Blutbad verschulden«[31], rief er und erwog erneut eine Teilmobilmachung. Das änderte jedoch nichts am weiteren Verlauf der Ereignisse, denn inzwischen hatten die Österreicher unter deutschem Druck die Mobilmachung beschlossen; die Anweisung wurde am 31. Juli erteilt. Die russische allgemeine Mobilmachung wurde nur um vierundzwanzig Stunden aufgeschoben. Am Abend des 30. Juli waren die Befehle ausgegeben, und dies ermöglichte den Deutschen, die eigene Mobilmachung unter dem Vorwand zu beginnen, daß die Russen den ersten Schritt getan hätten.

Die Ereignisse folgten zu schnell aufeinander, als daß die Diplomaten mit den vollendeten Tatsachen der Militärs Schritt halten konnten. Wir haben heute den Eindruck, daß

Politiker und Diplomaten in den letzten Friedenstagen über Situationen entschieden, die sich bereits geändert hatten, ohne daß sie es gemerkt hatten. In diesem Zusammenhang ist es interessant, darüber zu spekulieren, in welchem Maße die französische Regierung über den Stand der russischen militärischen Vorbereitungen informiert war. Theoretisch war Rußland durch das russisch-französische Bündnis verpflichtet, vor einer Mobilmachung mit den Franzosen Rücksprache zu halten, wenn der Grund für die Mobilmachung ein Schritt Österreichs war, und Paléologue, der französische Botschafter in St. Petersburg, war offensichtlich informiert und begrüßte Rußlands Reaktion. Präsident Poincaré und Ministerpräsident Viviani hingegen scheinen so lange wie möglich nichts von der russischen Mobilmachung gewußt haben zu wollen, vielleicht, um den Vorwurf zu entkräften, daß sie die Russen energischer von einem Schritt hätten abhalten sollen, der mit Sicherheit zum Krieg führen mußte.

Die französische militärische Planung setzte jedenfalls nun voraus, daß die Russen am 16. Tag nach der Mobilmachung die deutschen Armeen angreifen konnten. Diese Verpflichtung waren die Russen sehr zögernd eingegangen. 1910 hatten sie gehofft, ihre Beziehungen zu Deutschland zu verbessern, und der Zar und der Kaiser hatten eine freundschaftliche Begegnung in Potsdam gehabt. Anfang 1911 mußten die Franzosen zu ihrem Schrecken feststellen, daß ihr Verbündeter zwei Armeekorps von der polnischen Grenze abgezogen hatte, ohne sie zu informieren. Im August desselben Jahres zeigten die Russen sich jedoch einer französischen Militärmission gegenüber konzessionsbereiter, und obwohl sie erklärten, in den nächsten zwei Jahren nicht kriegsbereit sein zu können, waren sie dennoch einverstanden, mit einer Offensive zu beginnen. Präsident Poincaré besuchte 1912 St. Petersburg, und Großfürst Nikolaus, der Onkel des Zaren und Generalinspekteur der

Kavallerie (der bei Ausbruch des Krieges Oberbefehlshaber wurde), besuchte französische Manöver. Seine montenegrinische Frau, die die Militärkonvention und Rußlands Beschützerrolle den Südslawen gegenüber leidenschaftlich unterstützte, weckte große Sympathien in Frankreich, weil sie einen Beutel lothringischer Erde mit nach Hause nahm.

Die Pläne zur Zusammenarbeit wurden fortgeführt und schriftlich fixiert, als Joffre im Sommer 1913 Rußland besuchte. Er berichtete, daß er mit dem Ausbau der strategischen Bahnlinien zufrieden sei, und im September 1913 wurde eine Militärkonvention unterzeichnet, in der sich Franzosen und Russen verpflichteten, bei Ausbruch eines Krieges gegen Deutschland mit Kampfhandlungen zu beginnen, Frankreich am 11. Tag und Rußland nach dem 15. Diesen Plänen lag die Annahme zugrunde, »Deutschland [werde] den größten Teil seiner Kräfte gegen Frankreich richten und nur ein Minimum von Truppen gegen Rußland antreten lassen«.[32] Gleichzeitig gewährte die französische Regierung den Russen ein weiteres großes Darlehen für den Eisenbahnbau und die Rüstung.

Seit der Marokkokrise von 1911 hatten die Franzosen neben der Verstärkung ihrer Verbindungen mit Rußland ihre strategischen Pläne überprüft und Änderungen im Generalstab vorgenommen. Als Joffre Stabschef und Oberbefehlshaber wurde, begann er einen neuen Schlachtplan auszuarbeiten, den Plan XVII. Dieser Plan stützte sich nicht nur auf einen russischen Angriff im Osten, sondern sah auch den Einsatz einer kleinen britischen Einheit am linken Flügel der französischen Truppen vor; in der Tat hatten die Gespräche zwischen englischem und französischem Generalstab zu einer engeren Zusammenarbeit geführt als die vorsichtigeren politischen Kontakte zwischen den Außenministerien; sie fanden häufiger statt als die Militärgespräche mit den Russen und waren detaillierter. Doch Joffres Pläne beruhten auf falschen Informationen über die deutschen Absichten. Er glaubte, die deutschen Truppen wären an der lothringischen Grenze konzentriert und ein Vormarsch der Deutschen in Belgien werde sich auf das Gebiet südlich der Flüsse Sambre und Maas beschränken, weil er sich nicht vorstellen konnte, daß die Deutschen ihre Reservedivisionen genauso einsetzen würden wie die regulären Divisionen und daß dadurch die Truppenstärke für eine Bewegung durch Belgien gewährleistet würde. Die vorherrschende Meinung in den Führungskreisen des französischen Militärs lautete trotz vereinzelter kritischer Stimmen, daß ein Sieg ebenso von der Moral wie von der Materialüberlegenheit abhänge und daß die Entschlossenheit, mit der ein Angriff geführt werde, seinen Ausgang bestimme. Foch hatte an der Ecole de Guerre gelehrt, »wenn die Niederlage moralische Ursachen hat, so kann auch der Sieg moralische Ursachen haben«[33], und sein Schüler, Oberst de Grandmaison, einer der Offiziere, die ihren Einfluß für die Ernennung Joffres zum Generalissimus geltend gemacht hatten, drückte es noch unverblümter aus: »Die französische Armee, die zu ihren Traditionen zurückkehrt, kennt kein anderes Gesetz mehr als das der Offensive [...]. Alle Angriffe müssen bis zum äußersten getrieben werden. [...] Den Gegner angreifen, um ihn zu vernichten. Dies kann nur um den Preis von Blutopfern erzielt werden.«[34] Grandmaison hatte recht mit dem Preis, aber er irrte sich im Erfolg. Seine Lehre ging in die Formulierung des Plans XVII ein: »Was immer die Umstände [sein mögen], es ist die Absicht des Oberbefehlshabers, mit geballter Kraft die Offensive gegen die deutsche Armee zu führen.«[35]

Bevor Joffre sich 1914 dafür entschied, diesen Großangriff in Lothringen zu führen, hatte er eine Angriffsbewegung durch Belgien in Betracht gezogen und diesen Plan 1912 dem Obersten Kriegsrat vorgetragen. Poincaré und mit ihm die Mehrheit der Regierungsmitglieder wußten jedoch, daß eine Verletzung der belgischen Neutralität durch Frankreich und ein Einmarsch in Belgien, bevor die deutschen Truppen die Grenze überschritten, keine Aussicht mehr auf eine britische Intervention zugunsten Frankreichs ließe, und Joffre mußte sich dem beugen. Hier wurde die Autorität der zivilen Regierung gegenüber dem Militär durchgesetzt, und auch in der Julikrise 1914 änderte sich dies nicht: Entscheidungen wurden stets von der Regierung und nicht vom Generalstab getroffen, mochte dieser auch noch so sehr auf Maßnahmen drängen. Dennoch hatte Joffre mit Zustimmung des Kriegsministers Vorbereitungen eingeleitet, bevor Präsident und Ministerpräsident von ihrem Besuch in Rußland zurückkehrten. Sofort nach ihrer Rückkehr am 29. Juli verlangte Joffre von Poincaré und Viviani, daß sie weitere Maßnahmen genehmigten und die Armee in ihre Stellungen an der deutschen Grenze einrücken ließen. Das Kabinett willigte am 30. Juli ein, aber es bestand darauf, daß die Truppen zehn Kilometer vor der Grenze haltmachen sollten, damit England und Italien sahen, daß Frankreichs Absichten rein defensive waren.

Am 31. Juli war Joffre noch beunruhigter; er scheint sich von den militärischen Maßnahmen, die die Deutschen bis dahin getroffen hatten, und von den Zahlen der einberufenen Reservisten eine übertriebene Vorstellung gemacht zu haben. Am Nachmittag sagte er vor dem Kabinett, daß jede weitere Verzögerung der französischen Mobilmachung bedeuten könne, daß man den Krieg mit der Aufgabe französischen Gebietes beginnen müsse, und daß »der Oberbefehlshaber es ablehnen [müsse], diese Verantwortung zu übernehmen«.[36] Das Kabinett genehmigte weitere Truppenbewegungen, aber nicht die Einberufung von Reservisten, da es bemüht war, jeden Schritt zu vermeiden, der von England fehlinterpretiert werden konnte, solange die britische Intervention fraglich war. Obwohl jede Regierung behauptete, die eigene Mobilmachung als Reaktion auf die Vorbereitungen der anderen anzuordnen, wurden die jeweiligen militärischen Apparate weitgehend unabhängig voneinander in Bewegung gesetzt, sobald die Gefahr der Krisensituation erkannt wurde. So gelang es Joffre schließlich, von der Regierung die Erlaubnis zu erhalten, den Mobilmachungsbefehl am Nachmittag des 1. August zu erteilen. Sonntag, der 2. August, galt als erster Tag der Mobilmachung. Obwohl die französische Regierung später zu verstehen gab, daß diese Entscheidung die Reaktion auf die deutsche Ausrufung des Kriegsgefahrzustandes gewesen sei, war die Nachricht darüber in Paris erst eingegangen, nachdem die französische Entscheidung getroffen worden war.

»Mobilmachung ist nicht Krieg«, verkündete die französische Regierungserklärung[37], und zweifellos bedeuteten die meisten Ende Juli und Anfang August angeordneten Mobilmachungsmaßnahmen nicht notwendigerweise, daß es sofort zu Kampfhandlungen kommen würde. In den meisten Fällen vergingen ohnehin zwei Wochen oder länger zwischen dem Anordnen der Mobilmachung und der Kampfbereitschaft der Truppen. Der einzige Staat, dessen militärische Pläne sofortige Kriegshandlungen vorsahen, wenn die Mobilmachung ausgerufen wurde, war Deutschland. Die deutsche Strategie bei einem Kriegsausbruch bezog sich weitgehend auf den Plan für einen Zweifrontenkrieg, den General von Schlieffen, Generalstabschef von 1891 bis 1906, ausgearbeitet hatte. Seit 1892, als er die Grundsatzentscheidung getroffen hatte, den Krieg mit einer Offensive im Westen statt im Osten zu beginnen, hatte er verschiedene Versionen ausgearbeitet. Der Plan erhielt Ende 1905 seine endgültige Form, kurz vor Schlieffens Abschied und zur Zeit von Rußlands größter Schwäche.[38] Um einen schnellen Sieg über Frankreich zu erzielen, sollten die deutschen Armeen durch Belgien und die Niederlande vorstoßen, um die französische Grenze dort zu überschreiten, wo die Festungen am schwächsten waren, dann die französischen Armeen umgehen und Paris einschließen. Die französischen

Armeen wären von Paris abgeschnitten, würden gegen die Festungen an der Ostgrenze zurückgetrieben und vernichtet. (Obwohl dem französischen Generalstab die Absicht Deutschlands, durch Belgien vorzustoßen, schon 1905 bekannt war, sahen seine Pläne für einen Angriff in Lothringen vor, daß er ziemlich genau das tun würde, was Schlieffen von ihm erwartete, denn Schlieffen hatte einen Angriff auf Nancy geplant, um eine Verstärkung der französischen Nordfront zu verhindern.) Nach Schlieffens Berechnungen konnte der erste Sieg innerhalb eines Monats erzielt werden, und tatsächlich setzte der ganze Plan auf die Fähigkeit der Deutschen, schnell vorzustoßen und die Franzosen zu schlagen, bevor sie Zeit hatten, ihre Armeen umzugruppieren, um dem deutschen Vormarsch aus Belgien zu begegnen, so daß Frankreich geschlagen wäre, bevor die Russen im Osten zur Offensive bereit waren.

Schlieffen machte sich keine Gedanken über eventuelle politische Hindernisse: »Die Neutralität Luxemburgs, Belgiens und der Niederlande muß verletzt werden«,[39] schrieb er. Vielleicht wären die Holländer bereit, dem Durchmarsch deutscher Truppen zuzustimmen, vielleicht würden die Belgier kämpfen, aber auf keinen Fall durfte sich Deutschland durch politische und diplomatische Überlegungen von der Verfolgung seiner strategischen Ziele abhalten lassen, auch nicht durch die Gefahr, daß England intervenieren und ein Expeditionskorps landen konnte, die Schlieffen voraussah. Er brauchte Raum für Truppenbewegungen, um einen Angriff auf breiter Front vorzutragen, was nur durch einen Vorstoß durch Belgien möglich war, und er mußte holländisches Gebiet durchqueren und die holländischen Eisenbahnen benutzen, um den belgischen Eisenbahnknotenpunkt Lüttich und die ihn umgebenden Forts zu nehmen.

Dieser letzte Punkt unterlag einer einschneidenden Veränderung des Plans durch Schlieffens Nachfolger Helmuth von Moltke. Er rechnete mit politischem Widerstand gegen die Verletzung der holländischen Neutralität und beschloß, den Angriff auf Lüttich nicht über holländisches Gebiet vorzutragen. Statt dessen sollte der Feldzug mit einem Überraschungsangriff auf Lüttich und seinen Festungsgürtel eröffnet werden, und die ganze weitere Entwicklung des deutschen Vormarschs hing davon ab, daß dieser gewagte Handstreich, der mit einem sehr schnellen Vorstoß auf schmaler Front die Belgier überraschen sollte, sofort nach der Kriegserklärung erfolgte. (Er wurde tatsächlich in der Nacht vom 4. zum 5. August 1914 erfolgreich durchgeführt.) Zur Forderung des Schlieffenplans, die belgische Neutralität zu verletzen und so schnell wie möglich nach der Mobilmachung offensiv zu werden, kam also hinzu, daß der Angriff auf Lüttich noch früher erfolgen mußte, nämlich am dritten Tag der Mobilmachung und mit den Truppen, die unmittelbar zur Verfügung standen. Wie Moltke in einem langen Gespräch mit Bethmann am Abend des 31. Juli 1914 ausführte, war es also unumgänglich, die Offensive im Westen zu beginnen, sobald Rußland die Mobilmachung verkündete, damit Frankreich niedergeworfen werden konnte, bevor die russische Mobilmachung abgeschlossen war und Kampfhandlungen an der Ostfront einsetzten. Und für die Offensive im Westen war es wiederum unumgänglich, Lüttich innerhalb von drei Tagen zu nehmen. Folglich blieb keine Zeit zwischen Mobilmachung und dem Beginn der Kampfhandlungen. Der Einsatz gegen Lüttich war streng geheimgehalten worden, und es scheint, daß selbst der Kaiser nichts wußte und daß Bethmann seine Implikationen erst am 31. Juli begriff. Während die anderen Mächte die Mobilmachung befehlen und bis auf weiteres abwarten konnten, bedeutete im Fall Deutschlands die Mobilmachung tatsächlich Krieg.

Obwohl die Verletzung der belgischen Neutralität es der britischen Regierung ermöglichte, vor ihren liberalen Wählern die Kriegserklärung an Deutschland zu rechtfertigen, traf sie ihre Entscheidung – wie wir sahen – aus grundlegenden politischen und strategischen Motiven. Die Rolle Belgiens hatten die britischen militärischen Planer jedoch seit den ersten Stabsgesprächen mit Frankreich gegen Ende 1905 vorausgesehen. In jenem Stadium hatte es auch Gespräche mit den Belgiern gegeben, die allerdings nach der Beilegung der Marokkokrise nicht weitergeführt worden waren; die belgische Regierung versteifte sich wieder auf unbedingte Neutralität und wies alle Vorschläge zu einer Zusammenarbeit mit den Engländern und den Franzosen zurück. Die Kontakte zwischen den britischen und französischen Generalstäben dagegen wurden weitergeführt. Die britische Regierung betrachtete die zunehmende Zusammenarbeit zwischen ihren militärischen Planern – vor allem General Sir Henry Wilson, seit 1910 Direktor der Militärischen Operationsabteilung im Kriegsministerium – und den Franzosen mit zwiespältigen Gefühlen. Einerseits war es die Aufgabe der Militärs, für alle Eventualfälle zu planen, andererseits war es die Aufgabe der politischen Führung, zu entscheiden, wann diese Pläne in Operationen umgesetzt werden sollten. Grey sagte 1911 zu Asquith über die Stabsgespräche von 1906: »Dann traten die militärischen Experten zusammen. Was sie vereinbarten, habe ich nie erfahren – da es sich so verhielt, daß die Regierung völlige Entscheidungsfreiheit besaß, während es den Militärs überlassen blieb, das Ihre zu tun, wenn es soweit war.«[40] Die Vorstellung, daß militärische Vereinbarungen nicht zwangsläufig erfüllt werden mußten, versetzte Asquith in die Lage, dem Parlament nach der Agadirkrise zu erklären, daß keinerlei Geheimvereinbarungen bestünden, die nicht enthüllt worden seien.[41] Einige seiner engsten Berater waren sich dessen weniger sicher. »Ich erinnerte ihn [Asquith] daran«, hatte Lord Esher sechs Wochen davor in sein Tagebuch geschrieben, »daß wir allein durch den Umstand, daß das Kriegsministerium einen Plan mit dem französischen Generalstab ausgearbeitet hatte [. . .] zum Kampf verpflichtet waren, ob es dem Kabinett gefiel oder nicht.«[42] Diese Ansicht teilte Sir Henry Wilson, der detaillierte Pläne für die Entsendung eines Expeditionskorps nach Frankreich ausgearbeitet hatte und im Juli 1911 festgelegt hatte, daß die britischen Truppen am linken Flügel der französischen Armeen eingesetzt werden sollten, und der Abmachungen über Hafeneinrichtungen und Nachschubwege getroffen hatte. Doch wie sehr auch diese Vereinbarungen die britischen politischen und militärischen Führer darin bestärkt haben mögen, England an Frankreichs Seite in den Krieg zu führen, so hatten in den letzten Tagen der Krise dennoch die Zivilisten das letzte Wort. Selbst als das Kabinett die Intervention beschloß, war die Entscheidung, die Entsendung des britischen Expeditionskorps zu befehlen, noch nicht getroffen. General Wilson protestierte und erboste sich über Außenministerium, Regierungsmitglieder und Oppositionsführer und verzeichnete zornig in seinem Tagebuch, »Greys Verzögerungen und Zögern bei der Erteilung der Befehle [seien] sündhaft« und Asquith habe dem Generalstabschef schriftlich und somit »aktenkundig« mitgeteilt, daß die Regierung den Franzosen niemals ein Expeditionskorps zugesagt habe.[43] Erst am 4. August wurde der Befehl zur Mobilmachung erteilt; die Verlegung des britischen Expeditionskorps auf den Kontinent wurde erst zwei Tage nach der Kriegserklärung angeordnet, und selbst da gab es noch Debatten über seine Stärke und den Bestimmungsort und Vorschläge, die von Wilson und Foch ausgearbeiteten Pläne zu ändern. Schließlich wurden am 12. August die ursprünglichen Pläne ausgeführt, aber die Pläne selbst hatten offenbar keinen Einfluß auf die Politik der Regierung und die Wahl des Zeitpunkts für ihre Entscheidungen.

Der britische Regierungsapparat hatte die geplante militärische Kooperation des Heeres mit den Franzosen verzögert, statt sie zu beschleunigen. Im Fall der Marine lag die Sache etwas anders. Einige Monate zuvor war beschlossen worden, aus Ersparnisgründen im Sommer 1914 auf umfangreiche Flottenmanöver zu verzichten und statt dessen die Mobilmachung zu üben. Infolgedessen wurde am 17. Juli die gesamte Flotte mobilisiert und zu einer großen Flottenschau bei Spithead versammelt. Erst am 23. Juli hatte sie begonnen, den Verband aufzulösen. Als die Nachricht vom österreichischen Ultimatum an Serbien am 26. Juli bekannt wurde, befahl der Erste Seelord, Admiral Prinz Ludwig von Battenberg, die Auflösung zu stoppen. Dies wurde am nächsten Tag von seinem politischen Vorgesetzten, Winston Churchill, dem Ersten Lord der Admiralität, gebilligt, doch erst am 29. Juli genehmigte das Kabinett die Vorbereitungen der Marine. Somit war die britische Marine in der Lage, ihre Vorbereitungen und die Konzentration an ihrem Flottenstützpunkt in Scapa Flow auf den Orkney-Inseln abzuschließen, bevor der Krieg erklärt wurde. Dies ist von Historikern bisweilen[44] dahingehend interpretiert worden, daß England den Prozeß der Mobilmachung eingeleitet habe, der zur Krise eskalierte und den Krieg auslöste, aber nichts weist darauf hin, daß mehr als Glück im Spiel war, daß Battenberg anders handelte, als es jeder verantwortungsbewußte Offizier an seiner Stelle getan hätte, oder daß die Entscheidungsgewalt bei ihm gelegen hätte. Churchill sagte später, er habe gehofft, mit diesem Schritt Deutschland und Österreich-Ungarn zur Vorsicht zu mahnen, und Grey führte ihn in einer Unterredung mit dem österreichischen Botschafter als Indiz vor, daß die englische Regierung die Lage ernst nehme, aber die Entscheidung selbst hatten die Marinebehörden ohne Rücksprache mit der Regierung getroffen. Sie scheinen sie auch getroffen zu haben, ohne Kenntnis vom Befehl des Kaisers vom 25. Juli gehabt zu haben, der die deutsche Flotte von ihrer Sommerkreuzfahrt vor Norwegen zurückbeorderte – ein Schritt, den das deutsche Außenministerium bedauerte, weil er die Engländer alarmieren konnte. Doch obwohl die englische Marine theoretisch in einem hohen Bereitschaftsstand hätte sein können, als der Krieg erklärt wurde, änderte sie ihren Operationsplan für den Kriegsbeginn nicht, und fraglos hatte sie keinen Einfluß auf die politischen Entscheidungen Englands in den letzten Tagen der Krise.

Inwieweit läßt sich der Kriegsausbruch auf das Wettrüsten, auf den Primat der strategischen Planung über politische Entscheidungen zurückführen? Alle größeren Mächte verstärkten und rüsteten ihre Armeen und Flotten neu aus, und besonders im Fall des englisch-deutschen Marinewettrüstens provozierte jeder Schritt des einen Landes den nächsten Schritt des anderen. Rüstung erzeugte Rüstung, und war ein Rüstungsprogramm erst einmal begonnen, ließ es sich schlecht aufhalten, denn das hätte weitreichende soziale und wirtschaftliche Folgen gehabt. Gleichzeitig sahen sich die Regierungen vor der Alternative, entweder ihre Rüstungsprogramme zu beschränken oder die Steuern zu erhöhen, wenn sie nicht Bankrott machen wollten. Die Deutschen führten 1913 eine Einkommensteuer ein, um die Kosten für ihre Marine und die Heeresvermehrung zu decken. In Frankreich war die Einführung einer Einkommensteuer vor dem Krieg eines der wichtigsten politischen Themen, und in England beschwor die liberale Regierung eine politische und eine Verfassungkrise herauf, als sie im Haushalt des Jahres 1909 eine Erhöhung der Erbschaftssteuer und die Besteuerung des Gewinnzuwachses für Bodenwerte vorsah – eine politische *tour de force,* mit der die Mittel für den Flottenbau und das Wohlfahrtsprogramm der Regierung aufgebracht werden sollten, die aber die konservative Opposition mit der Regierung tief entzweite.

Der Einfluß der strategischen Planung war abhängig von der Rolle der Armee in der Gesellschaft und vom Stellenwert der Generalstäbe bei Entscheidungsprozessen, und beides variierte von Land zu Land beträchtlich. Ein solcher Einfluß konnte sich positiv oder negativ auswirken. Im negativen Fall wurde die Handlungsfreiheit einer Regierung in einer internationalen Krise eingeengt. Die Entscheidung, mobilzumachen, und die daraus resultierenden militärischen Maßnahmen erhöhten unweigerlich die Kriegsgefahr und provozierten Gegenmaßnahmen jener Regierungen, die sich bedroht fühlten. Der positive Einfluß sah in Ländern wie Deutschland oder Österreich so aus, daß der Generalstab von der Regierung verlangen konnte, militärische Aggressionen zu begehen, oder daß die Armee buchstäblich ohne zivile Kontrolle war. Alle Generalstäbe, Kriegsministerien und Admiralitäten hatten Maßnahmen für eine internationale Krise zu planen, aber nicht immer kam ihnen das letzte Wort zu, und nicht immer sahen ihre Pläne sofortige Angriffshandlungen vor. In Österreich-Ungarn jedoch waren Conrad und die meisten seiner zivilen Kollegen von der Notwendigkeit eines frühzeitigen Angriffes auf Serbien überzeugt, und in Deutschland machte der von Moltke geänderte Schlieffenplan einen sofortigen Angriff auf Belgien notwendig.

Alle Regierungen waren auf einen Krieg gefaßt: sie unterhielten Generalstäbe und gaben viel Geld für die Rüstung aus. Aber manche waren kriegsfreudiger als andere. Die Österreicher waren 1914 zu der Überzeugung gelangt, daß sie Serbien um jeden Preis vernichten mußten. Die Deutschen glaubten, daß die Zeit gegen sie zu arbeiten beginne und daß man den Krieg, den viele für unvermeidbar hielten, besser heute als morgen führen solle – auch wenn es Meinungsverschiedenheiten zwischen Heer und Marine hinsichtlich des günstigsten Zeitpunktes gab.

Conrad hatte seit Jahren einen Präventivkrieg gefordert (und war aus diesem Grund zwischen 1911 und 1912 amtsenthoben gewesen), und der Feldzug gegen Serbien war seit 1908 vorbereitet worden, obwohl er einen Krieg gegen die

Russen verursachen mußte. Serbiens Gewinne in den Balkankriegen untermauerten Conrads Forderungen. Er würde nun jede Gelegenheit ergreifen, um einen Angriff auf Serbien zu führen, und das Attentat auf Franz Ferdinand bot eine besonders günstige Gelegenheit. Einige Historiker sehen die deutsche Entscheidung für einen Krieg im Dezember 1912,[45] und bei einer Begegnung zwischen dem Kaiser und den Führern des Heeres und der Marine, bei der weder Reichskanzler noch Kriegsminister anwesend waren, brachte Moltke in der Tat den Wunsch nach »Krieg – je eher, desto besser« vor, während Tirpitz geltend machte, daß er noch mindestens eineinhalb Jahre brauchen werde. Es erfolgten keine besonderen neuen Kriegsvorbereitungen, die vom Kaiser angeordnete Pressekampagne, die die Nation auf den kommenden Konflikt einstimmen sollte, wurde nicht sehr ernst genommen, und mindestens ein Beobachter fand die Diskussion symptomatisch für die Unklarheit und Verschwommenheit der deutschen Politik. Dennoch beweisen die Berichte über diese Begegnung, daß die deutschen Führer zu diesem Zeitpunkt mit einem Krieg rechneten und durchaus bereit waren, ihn zu riskieren, wenn der Augenblick günstig erschien, ohne daß sie einen bestimmten Krieg für einen bestimmten Zeitpunkt geplant hätten.

Die Haltung der anderen kriegsbereiten Mächte war differenzierter. Sie bereiteten sich auf einen Krieg vor und erwarteten ihn auch. Die Engländer hofften, ihn zu verhindern, und bemühten sich in Grenzen darum. Die Franzosen, insbesondere Präsident Poincaré, glaubten, in einem Krieg an der Seite Rußlands die verlorenen Provinzen wiederzuerlangen, aber sie konnten ihn nicht beginnen. Die Armee hatte ihre Strategie auf eine Großoffensive hin angelegt, aber diese konnte nur erfolgen, nachdem die Deutschen den ersten Schritt getan hatten. Die strategische Initiative lag bei den Deutschen.

In Rußland war die Situation noch komplizierter. Von den

Niederlage gegen Japan hatte die Armee sich überraschend schnell erholt, und sowohl die Engländer wie die Deutschen glaubten, daß Rußland bis 1916 oder 1917 in der Lage wäre, einen größeren Krieg zu führen. Einige der russischen Führer hatten anläßlich der deutschen Militärmission nach Konstantinopel im Jahre 1913 Kriegsbereitschaft anklingen lassen, doch schien kein Plan vorzuliegen, da sich schnell herausstellte, daß es ein Ding der Unmöglichkeit war, die Meerengen zu erobern und gleichzeitig einen Krieg mit Deutschland und Österreich zu führen. Aber 1914 vertrauten zumindest einige russische Minister darauf, daß Rußland infolge der großen, 1913 genehmigten Verstärkungen des Heeres und der Marine stark genug sei, um es mit Deutschland und Österreich-Ungarn aufnehmen zu können, ohne bis 1917 zu warten. Die Deutschen wiederum wollten den erwarteten Krieg mit Rußland so früh wie möglich führen, bevor die Russen militärisch noch stärker wurden. Unabhängig von diesen Erwägungen fühlten sich die Russen 1914 mit Rücksicht auf ihr internationales Prestige und ihren Einfluß auf dem Balkan zum Handeln verpflichtet, und Serbien konnten sie nicht im Stich lassen. Sie glaubten, einem Krieg gewachsen zu sein, obgleich sie noch immer hofften, mit einer entschiedenen diplomatischen Haltung und der eventuellen Mobilmachung den österreichisch-ungarischen Angriff auf Serbien verhindern zu können.

Die Bereitschaft der einzelnen Regierungen, einen europäischen Krieg zu riskieren, indem sie die militärische Initiative ergriffen, war unterschiedlich groß, aber die deutschen und österreichischen Pläne beinhalteten die unmittelbarste Kriegsgefahr. Wichtiger als die Verantwortung für den Kriegsausbruch ist jedoch die Geisteshaltung, die von allen Kriegführenden geteilt wurde, die Ansicht, daß ein Krieg bevorstehe und unter gewissen Umständen unumgänglich sei. Doch der Krieg, den sie erwarteten und für den die Generalstäbe und Admiralitäten planten, war nicht der Krieg, der tatsächlich eintrat. Nur wenige innerhalb oder außerhalb der Regierungskreise erwarteten einen langen und destruktiven Weltkrieg. Keine der betroffenen Regierungen war ökonomisch auf den Krieg vorbereitet: wenige Wochen nach Kriegsbeginn ging ihnen bereits die Munition aus. In Deutschland sagte der Bankier und Industrielle Walter Rathenau der Regierung im September 1914 voraus, daß der Krieg lange dauern würde, und erreichte, daß Bethmann Hollweg ihn die Kriegsrohstoffabteilung im preußischen Kriegsministerium aufbauen ließ. Lord Kitchener, Englands ruhmreichster Soldat, der am 4. August 1914 Kriegsminister wurde, erschreckte seine Kollegen mit den Worten, daß England bereit sein müsse, »Millionen von Soldaten ins Feld zu schicken und mehrere Jahre zu unterhalten«, aber es gab keine Pläne dafür. Grey sagte dazu später: »Man hat nie erfahren, wie er zu dieser Voraussage über die Dauer des Krieges gelangte«,[46] und es dauerte lange, bis die Regierung Kitcheners Worte beherzigte, denn die Wehrpflicht wurde erst 1916 eingeführt.

Alle Regierungen und die meisten ihrer Untertanen wiegten sich in der »Illusion des kurzen Krieges«[47], wie es ein Historiker ausgedrückt hat. Die Konsequenzen aus dieser Fehlkalkulation sollten den Ersten Weltkrieg zu einem viel bedeutenderen Wendepunkt der europäischen Geschichte werden lassen, als jene, die ihn begannen – einige leichtherzig, wie der deutsche Kronprinz, der das deutsche Volk ermunterte, einen strahlenden und fröhlichen Krieg zu führen, einige mit Bedauern, wie Sir Edward Grey, der die Lichter in ganz Europa ausgehen sah –, es sich je vorgestellt hatten.

Fünftes Kapitel

Der Primat der Innenpolitik

In den vorausgegangenen drei Kapiteln haben wir die Entscheidungen, einen Krieg zu führen, im Lichte der diplomatischen und strategischen Faktoren betrachtet, die sie beeinflußten. Wir haben unterstellt, daß jede Regierung weitgehend von außenpolitischen Zielsetzungen motiviert war – um das Gleichgewicht innerhalb des internationalen Systems zu erhalten, um Gebiete oder Einfluß zu gewinnen, um das Vaterland vor Angriff oder Einkreisung zu schützen. Aber allen außenpolitischen Entscheidungen liegt auch ein Motiv zugrunde, das sich aus innenpolitischen, sozialen und wirtschaftlichen Zwängen ergibt.

Jede europäische Großmacht erlebte 1914 eine politische und soziale Krise, und in einigen Fällen wurden die diesbezüglichen Probleme durch den Ausbruch des Krieges gelöst oder zumindest aufgeschoben. Daraus folgt nicht unbedingt, daß Regierungen den Krieg erklärten, um diese Probleme zu lösen oder aufzuschieben. Einige von ihnen wußten, daß eine Kriegserklärung mehr soziale Probleme schaffen konnte, als sie lösen würde. In der Zeit vor dem Krieg wie zum Zeitpunkt seines Ausbruchs mußten die Regierungen in Europa bei der Formulierung ihrer Außenpolitik die öffentliche Meinung berücksichtigen, aber dies besagt nicht notwendigerweise, daß sie die Außenpolitik in erster Linie dazu benutzten, die öffentliche Meinung zu manipulieren oder innenpolitische Ziele zu erreichen. In einigen Fällen – vor allem, wie wir sehen werden, in Deutschland – diente die Außenpolitik bisweilen der Erzeugung eines Nationalgefühls, um die Aufmerksamkeit von den Widersprüchen und Spannungen in der Gesellschaft abzulenken. Dennoch war die Beziehung zwischen Innen- und Außenpolitik sehr komplex, und es war oft keineswegs klar, ob eine Politik, die ein Land in einen Krieg verwickeln konnte, eher eine Stimmung der nationalen Solidarität schaffen oder eine Revolution provozieren würde.

Zumindest in einem Land, in Österreich-Ungarn, war die Außenpolitik gänzlich das Produkt interner Probleme. Die bloße Existenz Österreich-Ungarns hing von seinen internationalen Beziehungen ab. Seit den Tagen Metternichs hatten die österreichische Regierung und das Haus Habsburg andere Länder davon überzeugen müssen, daß die Erhaltung des Reichs von internationalem Belang war und daß seine Auflösung Mitteleuropa in eine Lage bringen würde, die die Stabilität des internationalen Systems gefährdete. 1914 hatte dieser internationale Konsens keine Gültigkeit mehr. Einige der Nationalitäten Österreich-Ungarns suchten im Ausland Unterstützung für ihre nationalen Forderungen, und in einigen Fällen standen sie in Verbindung mit ausländischen Regierungen.

Zu Beginn des 20. Jahrhunderts führte der wachsende Einfluß unabhängiger Nationalstaaten an den Grenzen Österreich-Ungarns zu einer Belebung der nationalen Bewegungen in der Monarchie. Die Südslawen – Serben, Kroaten und Slowenen – suchten in Serbien nach Unterstützung und stellten ihre eigenen religiösen und kulturellen Differenzen im gemeinsamen Groll gegen den Habsburger Staat hintan. Die Stimmung läßt sich den Worten eines kroatischen Unteroffiziers entnehmen, der 1916 wegen Fahnenflucht vor dem Kriegsgericht stand: »Die Kroaten waren dem Kaiser immer treu, aber er liebte sie nicht und lieferte sie an die Ungarn aus, so daß sie gezwungen waren, sich an die Serben zu wenden, die zumindest ihre Sprache sprechen.«[1]

Die rumänische und die italienische Regierung mußten

sich entscheiden, ob der Wunsch, ihre Landsleute in Transsylvanien und Südtirol zu »befreien«, stärker war als die Verbindlichkeit der Allianzen mit Deutschland und Österreich-Ungarn. Von allen nationalen Problemen des Habsburger Reiches hatte die südslawische Frage die ernstesten internationalen Auswirkungen. Die Beziehungen zwischen Tschechen und Deutschsprechenden in Böhmen und Mähren waren noch schwieriger zu handhaben, aber sie stellten bisher kein internationales Problem dar, und die Verhandlungen für einen Kompromiß auf örtlicher Ebene zogen sich 1914 erfolglos hin. Wenngleich einige tschechische und slowakische Nationalisten auf Rußland hofften und sogar geheime Kontakte zur russischen Regierung unterhielten, erwartete die Mehrheit bisher keine Unterstützung ihrer Ansprüche von außerhalb, und die Russen konnten es noch nicht riskieren, sie offen zu ermutigen und zu unterstützen.

Mit der südslawischen Frage war es anders. Obwohl es Pläne gab, an denen Franz Ferdinand beteiligt war, den Kroaten eine gewisse Autonomie zu gewähren, widersetzten sich die Ungarn solchen Bestrebungen so erbittert, daß bis 1914 nicht viel geschehen war, um die Kroaten zu besänftigen, die deshalb ihre Kontakte zu anderen Südslawen intensiviert hatten. 1905 hatten sich kroatische und serbische Politiker der Monarchie auf ein gemeinsames Programm geeinigt, aber dies hatte wenig erbracht. Die Annexion Bosniens im Jahre 1908 hatte die serbische Unzufriedenheit innerhalb und außerhalb Österreich-Ungarns geschürt, und das heftige Nationalgefühl in Serbien und die Bewegung für südslawische Einheit ließen die österreichische Regierung in Serbien eine zunehmende Bedrohung der bloßen Existenz des Habsburger Staates sehen. Da ein Konflikt zwischen Österreich und Serbien höchstwahrscheinlich Rußland auf den Plan rufen würde, da es bemüht war, seine traditionelle Rolle als Beschützer der Slawen auf dem Balkan für eigene Ziele zu nutzen, hatte die Unfähigkeit Österreich-Ungarns, seine internen nationalen Probleme zu lösen, unweigerlich internationale Weiterungen. Die österreichisch-ungarische Regierung glaubte, nur mit einer Kontrolle über Serbien das Überleben ihres Staates garantieren zu können. Nach Versuchen, zwischen 1906 und 1910 wirtschaftlichen Druck auszuüben, beschloß sie, direktere Methoden anzuwenden, und die Entscheidung für den Krieg im Jahre 1914 war das Ergebnis des Irrglaubens, daß nur ein nachdrückliches Vorgehen gegenüber Serbien das Problem der slawischen Nationalitäten im Reich lösen könnte und daß Österreich-Ungarns interne Probleme durch eine aktive und aggressive Außenpolitik zu lösen seien. Trotz aller Komplexität des österreichisch-ungarischen Staates ist die Beziehung zwischen seinen inneren Problemen und seiner Außenpolitik verhältnismäßig eindeutig – mag man sich auch über die Fehleinschätzungen und Illusionen wundern, die Conrad, Berchtold und ihre Kollegen zum Glauben verführten, mit einem Angriff auf Serbien die Schwierigkeiten der Habsburger Monarchie lösen zu können. In England und Frankreich war die Situation komplizierter.

In England war seit 1905 eine liberale Regierung an der Macht, und ihre Anhänger setzten großenteils auf die Tradition Richard Cobdens, John Brights und, in gewissem Grade, auch Gladstones, derzufolge das Gleichgewicht der Kräfte ein gefährliches Konzept war, Rüstungsausgaben sowohl Verschwendung wie Verderbnis bedeuteten und Englands Politik sich darauf beschränken sollte, die Freiheit des Handels zu wahren und das Land aus internationalen Problemen herauszuhalten. Obwohl es Einbrüche in diese liberalen Ansichten gegeben hatte, waren solche Haltungen 1914 noch sehr verbreitet. Innerhalb der liberalen Regierung waren heftige Debatten über die Prioritäten der Ausgaben für Wohlfahrtsbelange und für den Kriegsschiffbau erfolgt, und in den angespannten Diskussionen des Kabinetts in den letzten Julitagen 1914 war es beinahe bis zur letzten Minute ungewiß, ob die Regierung eine Entscheidung, an der Seite Frankreichs und Rußlands in den Krieg einzutreten, überleben würde.

In den Jahren bis 1914 erlebte die britische Regierung eine Reihe innenpolitischer Krisen. Es hatte einen schweren Verfassungskonflikt gegeben, als das Oberhaus den Etat nicht anerkannt hatte und daraufhin ein Gesetz, das seine Machtbefugnisse beschnitt, gegen erbitterten Widerstand verabschiedet worden war. Es war vermehrt zu Arbeitskämpfen gekommen, und die Gewerkschaften wurden kämpferischer. Die Taktiken des radikalen Flügels der Suffragettenbewegung bescherten der Justizausübung neue Probleme; Frauen, die nach gewalttätigen Demonstrationen – bei denen sie sich an Geländer ketteten, den öffentlichen Dienst störten, Amtsgebäude und Briefkästen anzündeten – verhaftet wurden und in Hungerstreik traten, mußten von den Behörden entweder zwangsernährt oder freigelassen werden, um sogleich wieder verhaftet zu werden, und beides war für eine liberale Gesellschaft und eine liberale Regierung unannehmbar. Und die Einbringung eines Gesetzentwurfs zur Autonomie Irlands manövrierte die Verhandlungen über die Zukunft der Provinz Ulster in eine Sackgasse. 1914 war die Verfassungskrise um das Oberhaus beigelegt, aber die anderen Probleme waren weit von einer Lösung entfernt. Der Kriegsausbruch bedeutete, daß einige von ihnen in der Schwebe gehalten werden konnten, und als der Krieg beendet war, hatte sich die Problemstellung geändert.

Es fällt jedoch schwer, in den Jahren vor 1914 diese innenpolitischen Probleme Englands mit den außenpolitischen Entscheidungen in Zusammenhang zu setzen. Differenzen in der Regierung über außenpolitische Fragen entsprachen nicht unbedingt Differenzen über andere Fragen. Die Radikalen in der Regierung waren beispielsweise der

Ansicht, daß Sir Edward Grey sich in den Zusagen an Frankreich und dem Antagonismus gegenüber Deutschland zu einseitig festlege, aber die konservativeren Regierungsmitglieder kritisierten sein Eintreten für das Frauenwahlrecht. Innenpolitische Streitfragen lenkten die Aufmerksamkeit von internationalen Angelegenheiten ab, und die Außenpolitik blieb dem Außenministerium und den Berufsdiplomaten überlassen; Kritik an dieser Politik wurde lange Zeit nur von jener kleinen Gruppe Radikaler geübt, die A. J. P. Taylor als »Unruhestifter«[2] bezeichnet hat. Es gab Auseinandersetzungen innerhalb der Regierung über die rivalisierenden Ansprüche auf finanzielle Mittel für Marinerüstung und für soziale Dienste, und während die konservative Opposition einen verstärkten Flottenbau forderte, bereiteten der Regierung die eigenen radikalen Anhänger Probleme, die Rüstungsverringerung und eine Verständigung mit Deutschland verlangten.

Während der Marokkokrise im Jahre 1911 wurden in der Liberalen Partei Befürchtungen laut, daß ihre Führer Vereinbarungen träfen, die der Öffentlichkeit nicht bekannt waren. »Es besteht beträchtliche Unzufriedenheit mit Grey in der Liberalen Partei«, notierte Lord Sanderson, Ständiger Staatssekretär des Außenministeriums im Ruhestand, im Januar 1912. »Zu großen Teilen ist sie das unvermeidliche Ergebnis der enthusiastischen Philanthropie, die sich um jeden Preis in die Angelegenheiten anderer Leute einmischen muß, von denen sie nichts versteht. Aber zum Teil beruht sie auch auf Uninformiertheit.«[3] Lloyd George beklagte sich später darüber, daß Grey das Kabinett nicht über die Lage in Europa informiert habe, aber der Verdacht drängt sich auf, daß Lloyd George damals nicht immer zuhörte, wenn außenpolitische Angelegenheiten besprochen wurden – zumindest bis zur Agadirkrise. Zweifellos wird Grey es ab und zu vorgezogen haben, seine Politik mit einem kleinen Kreis enger Mitarbeiter statt im ganzen

Kabinett zu diskutieren, und zumindest bei einer Gelegenheit mußte er als Folge seines Versäumnisses, seine Politik publik zu machen, dem Parlament im November 1911 versichern, daß er England nicht ohne Wissen seiner Kollegen und seiner Partei zu einem Kriegseintritt verpflichtet habe: »Keine britische Regierung könnte sich auf einen Krieg einlassen, ohne die öffentliche Meinung hinter sich zu haben, und alle Abmachungen, die das Parlament zu irgendwelchen derartigen Schritten verpflichten, sind in Verträgen und Abkommen enthalten, die dem Haus vorgelegen haben. Wir selbst haben keinen einzigen Geheimartikel irgendeiner Art abgeschlossen, seit wir das Amt übernommen haben.«[4]

Es gibt verschiedene Meinungen zum Ausmaß von Greys Unaufrichtigkeit und seiner Fähigkeit, die anderen in die Irre zu führen; seine Weigerung, sich über die Einzelheiten der Vereinbarungen zu informieren, die die militärischen Führer getroffen hatten (siehe Seite 141), ist sowohl als Zeichen seiner Inkompetenz wie als Beweis seiner Unredlichkeit interpretiert worden. Wie dem auch sei, es läßt sich nicht bestreiten, daß der politische Druck, dem Grey am unmittelbarsten ausgesetzt war, sich gegen jede Politik wandte, die England in einen Krieg auf dem Kontinent verwickeln konnte, auch wenn er selbst Umstände voraussah, unter denen dies erforderlich werden mochte.

Bei Kriegsausbruch stellte Ulster das schwerste innenpolitische Problem der britischen Regierung dar, und dieses Problem hatte direkte Auswirkungen auf Englands Verteidigungspolitik. Der Widerstand gegen die Vorschläge der Regierung für die Autonomie Irlands wurde von der konservativen Opposition im Parlament geschürt, und ein Bürgerkrieg zwischen den protestantischen Ulster-Unionisten, die sich einer Regierung durch eine römisch-katholische Mehrheit in Dublin widersetzten, und den Befürwortern der Autonomie schien unvermeidlich. General Sir Henry Wilson, der Leiter der Militärischen Operationsabteilung im Kriegsministerium, notierte am 31. Dezember 1913: »Ulster wird zum vorherrschenden Faktor im nationalen Leben.«[5] Zu Beginn der Julikrise beschäftigte Asquith die Beziehung zwischen Ulster und der internationalen Lage: »Wir befinden uns in meßbarer oder vorstellbarer Nähe zu einem wirklichen Armageddon, das Ulster und die Kriegsfreiwilligen bedeutungslos machen kann«, schrieb er am 24. Juli. »Glücklicherweise scheint uns darin die Rolle des Zuschauers vorbehalten. Aber ist es nicht eine Aussicht, die das Blut in den Adern erstarren läßt?«[6] Und zwei Tage später bemerkte er: »Es ist die gefährlichste Situation der letzten vierzig Jahre. Sie könnte die Nebenwirkung haben, die gespenstischen Bilder eines Bürgerkriegs in Ulster in den Hintergrund zu verdrängen.«[7] Dies heißt jedoch keineswegs, daß die Regierung ihre Maßnahmen im Juli 1914 traf, um durch die internationale Krise vom Konflikt in Irland abzulenken.

Die Ulsterkrise erinnerte die britische Regierung daran, wie verwundbar Irland im Falle eines Krieges wäre und welcher Belastung das Autonomieproblem die Loyalität der Staatsangehörigen des Vereinigten Königreiches ausgesetzt hatte. Die Offiziere der Garnison in Curragh, dem Militärstützpunkt außerhalb Dublins, hatten Anfang 1914 ihre Haltung demonstriert, als sie gedroht hatten, eher ihre Patente zurückzugeben, als der protestantischen Mehrheit in Nordirland eine Lösung mit Gewalt aufzuzwingen. Mitte 1914 hatte sich die Lage zugespitzt. Was den Süden Irlands betraf, hatte die Regierung erkannt, daß die Situation von 1909 nicht mehr bestand. Damals hatte der Kommandeur in Irland geschrieben: »Die Zeit ist gekommen, daß man den irischen Soldaten die Verteidigung Irlands überantworten kann.«[8] 1914 hingegen sollten 24 000 irische Reservisten im Ausland eingesetzt werden, während Truppen aus England nach Irland verlegt wurden. Folglich war ein beträchtlicher

Anteil des britischen Expeditionskorps irisch, und seine Führung strafte alle eventuellen Befürchtungen Lügen.[9]

Dennoch drohte in Irland im Juli 1914 die Revolte. Am 26. Juli, als die Bedrohlichkeit der internationalen Lage offenbar wurde, wurden in der Nähe von Dublin 25 000 deutsche Gewehre an Land gebracht. Die Waffen hatte der militante irische Nationalist Erskine Childers in Hamburg gekauft, der ironischerweise der Verfasser eines berühmten Unterhaltungsromans war, der von deutschen Umtrieben gegen England handelte – *Das Rätsel der Sandbank.* Aber auch Aktivisten der Gegenseite hatten bereits im Januar 1914 in Hamburg Waffen gekauft, und im April war eine Ladung von 30 000 Gewehren geliefert worden. Politiker der Union, darunter Parlamentsmitglieder, hatten sich nicht gescheut, zu sagen: »Wenn die Ulster-Leute aus der Union ausgeschlossen würden . . . würde ich es vorziehen, meinen Untertaneneid auf den Kaiser von Deutschland oder sonst jemanden mit einer anständigen und stabilen Regierung zu übertragen.« Oder: »Deutschland und der deutsche Kaiser wären der Herrschaft von John Redmond, Patrick Ford und der Molly Maguires vorzuziehen«, eine Ansicht, die in dem Satz zusammengefaßt wurde: »Wenn Protestant Georgie es nicht tut, wird Protestant Willie es tun.«[10] Die deutsche Regierung hatte zwar die irische Frage mit Interesse, sogar mit Besorgnis verfolgt, aber Vorschläge, zu intervenieren, um den beginnenden Bürgerkrieg in Irland anzufachen – wie sie vor allem von irischstämmigen Amerikanern gemacht wurden –, hatte sie zurückgewiesen, und die Waffenkäufe beider Parteien in Deutschland scheinen reine Privatgeschäfte gewesen zu sein.[11]

Der stärkste Druck, dem sich die liberale Regierung ausgesetzt sah, bestand in der Forderung nach Frieden und nicht nach Krieg. Grey hatte niemals bezweifelt, daß England im Falle eines Konflikts zwischen Frankreich und Deutschland Frankreich unterstützen müßte. Seine Gründe leiteten sich nicht aus innenpolitischen Zwängen her, sondern aus konventionellen Vorstellungen zur Außenpolitik und zu Englands Status als Weltmacht. Ein Aspekt des englischen Regierungssystems besteht jedoch darin, daß Minister gezwungen sind, doppelzüngig und unaufrichtig zu sein. Ein liberaler Staatsmann in einer liberalen Demokratie – denken wir an Franklin Roosevelt in den Jahren 1939 bis 1941 und an Lyndon Johnson im Vietnamkrieg –, der privat davon überzeugt ist, daß die Umstände einen Kriegseintritt verlangen, muß oft vor denjenigen, die ihn gewählt haben, verbergen, was er tut. Der gegen Grey von den Radikalen des linken Flügels seiner Partei erhobene Vorwurf lautete, daß jene, die eine liberale Regierung gewählt hatten, nicht das Ausmaß außenpolitischer Verpflichtungen geahnt hatten, die die Regierung eingegangen war. Wie nachdrücklich die britische Regierung auch betonen mochte, daß die Vereinbarung mit den Franzosen England nicht zum Kriegseintritt verpflichtete, glaubten dennoch viele Regierungsmitglieder, daß dem so sei und daß ihre Wähler sie nicht unterstützen würden, wenn sie die Wahrheit wüßten. 1914 verschaffte die Verletzung der belgischen Neutralität durch die Deutschen der britischen Regierung die moralischen Argumente, mit denen sie ihre liberalen Anhänger zur Bejahung des Krieges bewegen konnte. Wenn wir die Verantwortung für den Ersten Weltkrieg in den politischen und verfassungsmäßigen Strukturen der kriegführenden Staaten suchen, dann kann die Struktur der britischen Regierung für Greys Zögern verantwortlich gemacht werden, Frankreich und Rußland eine eindeutige Zusage zu geben, bevor er sicher sein konnte, daß er seine Partei auf seiner Seite hatte.

Aus diesem Grund verhielt er sich den Stabsgesprächen und den Marinevereinbarungen mit Frankreich und den Marinegesprächen mit Rußland gegenüber bewußt vorsichtig. Er mußte den politischen Haltungen und Traditionen in seiner eigenen Partei Rechnung tragen; die Taktik der Regierung während der Krise war durch die Notwendigkeit bestimmt, das, was Grey, Asquith, Haldane und andere außenpolitisch für erforderlich hielten, mit den Interessen der liberalen Partei, die dieser Politik Hindernisse in den Weg legten, in Einklang zu bringen. Die Entscheidung der Regierung für den Kriegseintritt gründete sich auf ihre Vorstellung von Englands internationalem Status und ihre Überzeugung, daß eine Intervention notwendig sei, um ihn zu wahren. Diese Entscheidung mußte den Mitgliedern der Liberalen Partei innerhalb und außerhalb der Regierung so dargelegt werden, daß ihre instinktive Abneigung gegen eine Politik der Beteiligung an einem kontinentalen Krieg überwunden wurde. In der Julikrise 1914 wirkte die Innenpolitik als Hindernis für die Durchführung der Außenpolitik statt als Ansporn zu Kriegsmaßnahmen.

In Frankreich war das Verhältnis zwischen der Innenpolitik und der Außenpolitik sehr komplex. Der Zeitraum von 1911 bis zum Kriegsausbruch war eine Zeit heftiger politischer Spannungen, nicht nur weil die Arbeitskämpfe weiterschwelten, die ihren Gipfel im Eisenbahnerstreik von 1910 erreicht hatten, sondern auch weil die französische Politik von drei großen Kontroversen beherrscht wurde. Es waren dies die Debatte über die Reform des Wahlrechts mit dem Vorschlag zur Einführung des Verhältniswahlsystems, die Frage einer Einkommensteuer und vor allem die Bemühungen, wieder eine dreijährige Wehrdienstzeit anstelle der 1905 eingeführten zweijährigen Dienstzeit einzuführen. Die Zersplitterung der Mittelparteien im Parlament wegen dieser Fragen führte dazu, daß es von Januar 1912 bis zum Kriegsausbruch sieben verschiedene Regierungen und sechs verschiedene Ministerpräsidenten gab – ein selbst für die Maßstäbe der Dritten Republik hoher Verschleiß. Erst die Wahlen im Mai und Juni 1914 schienen mit einem merklichen Linksruck und erheblichen Gewinnen für die Sozialistische Partei – vielleicht irreführenderweise – klarere Verhältnisse zu schaffen. Seit der Agadirkrise im Jahre 1911 war es zum Wiederaufflackern eines verbreiteten antideutschen Nationalismus gekommen, der die Erinnerung an den Verlust von Elsaß-Lothringen wachhielt. Als die Spannungen in Europa während der Marokkokrise und der Balkankriege zunahmen, wurden viele Franzosen auf ihren rastlosen Nachbarn jenseits des Rheins aufmerksamer und machten sich mehr Gedanken über die verlorenen Provinzen als in den Jahren zuvor. Den deutschen Vertretern in Paris wurde dies ständig vor Augen geführt – durch den Erfolg patriotischer Vorstellungen in den Pariser Theatern mit Titeln wie *Cœur de Française* oder *Servir* oder *Alsace* (wobei, wie der britische Botschafter ebenfalls feststellte, die Tiraden gegen die Deutschen mit »stürmischem Beifall begrüßt« wurden)[12] ebenso wie durch die Nervosität der französischen Öffentlichkeit bei Geschehnissen wie der Notlandung eines deutschen Zeppelins bei Lunéville im April 1913, in deren Folge deutsche Geschäftsleute in Nancy belästigt wurden. Andererseits legten die lärmende Opposition gegen das Dreijahresgesetz und die wiederholten Erklärungen der Linken, daß sie sich diesen militaristischen Bestrebungen widersetzen werde, völlig andersgeartete Schlußfolgerungen über die öffentliche Meinung in Frankreich nahe. Jede französische Regierung, die überleben wollte, mußte ihre Außenpolitik in der Balance zwischen diesen beiden Meinungspolen begreifen.

Das Wiederaufleben eines breiten Nationalismus hatte im Januar 1913 Ausdruck in der Wahl Raymond Poincarés zum Präsidenten der Republik gefunden. Obwohl Poincarés Wechsel aus dem Amt des Ministerpräsidenten, das er im Jahr zuvor bekleidet hatte, das Ergebnis der üblichen politischen Intrigen und parlamentarischen Manöver war, wirkte seine Wahl auf die Öffentlichkeit in Frankreich wie der Auftakt zu einer harten Politik gegenüber Deutschland und einer nachdrücklichen Behauptung von Frankreichs Stellung in Europa. Poincaré war in Lothringen geboren, was viel an seiner Außenpolitik vor, während und nach dem Krieg erklärt. Als Ministerpräsident hatte er sich bemüht, die Armee zu stärken und die Bindungen an Frankreichs Verbündeten Rußland enger zu gestalten. Während er die Zusage einer sofortigen militärischen Offensive der Russen im Falle eines Krieges gegen Deutschland zu erlangen suchte, wollte er gleichzeitig vermeiden, daß Frankreich in einen Krieg auf dem Balkan verwickelt wurde, der die Franzosen nicht interessierte und nur den russischen Interessen diente. Wenn es zum Krieg kommen sollte, so mußte es um eine Frage gehen, die die französische Öffentlichkeit als Gefahr für Frankreich betrachten konnte. Deshalb erschien die französische Regierung den Russen während der Balkankrisen und zum Zeitpunkt des Eintreffens der deutschen Militärmission in Konstantinopel (siehe Seite 93/94) als ziemlich unzuverlässiger Verbündeter – so, wie die Russen den Franzosen während der Agadirkrise erschienen waren. Poincaré war überzeugt davon, daß das Bündnis mit Rußland lebensnotwendig für Frankreich war und daß im Fall eines von Deutschland provozierten Krieges Frankreich mit russischer Unterstützung die verlorenen Provinzen wiedererlangen konnte. Er mußte den Russen glaubhaft machen können, daß Frankreich, auch wenn es für die russischen Balkanhändel wenig Enthusiasmus aufbrachte, seine Bündnispflichten sehr ernst nahm. Dies war der Grund für die neue Anleihe an Rußland im Jahre 1913, die den Russen ermöglichen sollte, ihre strategischen Bahnlinien auszubauen, und es war einer der Gründe für den Eifer, mit dem die französische Regierung die deutschen Herresverstärkungen im Januar 1913 zum Anlaß nahm, die Wehrdienstzeit zu verlängern; es erklärt vielleicht auch Poincarés Bereitschaft, sich nach einem Jahr als Ministerpräsident um die Präsidentschaft zu bewerben, obwohl dies bedeuten konnte, politische Macht für eine rein repräsentative Funktion aufzugeben. Er war überzeugt, daß er ein Gefühl der nationalen Einheit bewirken konnte, und er war bereit, seine Privilegien als Präsident soweit wie möglich zu nutzen. Die Innenpolitik sollte der Außenpolitik untergeordnet werden.

Dementsprechend kündigte die Regierung im März 1913 an, daß sie einen Gesetzentwurf zur Verlängerung der Wehrdienstzeit auf drei Jahre einbringen werde. Die Furcht der Franzosen vor einer Masseninvasion der Deutschen wurde weidlich ausgeschlachtet, und die Führer des Militärs hatten noch konkretere Befürchtungen. Sie fürchteten einen Überraschungsangriff der Deutschen, die bei der Mobilmachung mehr einsatzbereite Truppen haben würden, bevor die französische Armee aufgestellt und zur Großoffensive nach Plan XVII bereit war. Deshalb war es unumgänglich, bis zu einem Kriegsausbruch mehr ausgebildete Soldaten unter den Waffen zu haben. Die Verabschiedung des Wehrdienstgesetzes würde überdies den Russen beweisen, daß Frankreichs Loyalität, Entschlossenheit und militärische Kapazität keine hohlen Worte waren.

Die heftige öffentliche Debatte, die folgte, schien manchen sowohl damals wie später eine ähnlich tiefe Kluft in der französischen Öffentlichkeit zu offenbaren wie bei der Dreyfusaffäre. Der deutsche Botschafter berichtete zum Beispiel im Juni 1914:

»Der Kampf für und wider die drei Dienstjahre ist nachgerade gleichbedeutend geworden mit dem Einstehen für eine nach innen und außen starke und geachtete Staatsordnung oder den sozialistischen Zukunftsstaat mit Zerrüttung des Vaterlandsbegriffes, in ähnlicher Weise, wie seinerzeit die Parteinahme für und gegen Dreyfus gleichwertig geworden war mit Bekennen zur Reaktion oder zu republikanischem Fortschritt. Frankreich stand an einem bedeutungsvollen Entscheidungspunkt seiner inneren

Entwicklung, die auch die äußere Politik beeinflussen mußte.«[13]

Doch bei allem Nachdruck, mit dem die Linke sich dem Dreijahresgesetz widersetzte, war die Situation komplizierter, als sie zunächst erschien. Einige waren bereit, das Gesetz als kurzfristige Notmaßnahme zu unterstützen, die bald wieder aufgehoben würde. Die Heeresführer selbst wären mit einer weniger drastischen Erhöhung der Zahl der unter Waffen stehenden Soldaten zufrieden gewesen, und sie fürchteten, nicht genügend Kasernen für die neuen Wehrpflichtigen zu haben. Viele Sozialisten, einschließlich ihres Führers Jean Jaurès, waren für die nationale Verteidigung, aber sie wünschten eine Maßnahme, die zu einer kompletten Neuordnung des ganzen Systems gehörte. Die Befürworter einer Verstärkung der Armee spalteten sich in jene, die glaubten, daß eine kürzere Verlängerung der Wehrdienstzeit ausreichend sei oder daß bei der Einberufung besser ausgewählt werden solle, und jene, die gegen jede Maßnahme waren, die zwischen Bürgern zweier Klassen zu unterscheiden schien. Außerdem bedeutete die Finanzfrage, daß die Verlängerung der Wehrdienstzeit in engem Zusammenhang mit der Notwendigkeit stand, die Steuereinnahmen durch eine Einkommensteuer zu erhöhen, so daß insbesondere in den verschiedenen radikalen Gruppen viele für das Ziel waren, aber nicht für die Mittel.[14]

Doch selbst wenn die Fronten im Streit über das Dreijahresgesetz nicht so klar waren, wie es scheinen mochte, muß das Wahlergebnis von 1914 die Befürworter des Gesetzes, insbesondere Präsident Poincaré, zutiefst bestürzt haben; Poincaré stellte sogar seinen Rücktritt in Aussicht, falls das Gesetz zu Fall gebracht werden sollte. Der Ministerpräsident, den er im Juni 1914 zu ernennen hatte, sollte trotz der Gewinne der Sozialisten in der neuen Nationalversammlung jemand sein, der sich für die Beibehaltung der dreijährigen Wehrdienstzeit einsetzte. Doch Poincarés erster Kandidat fiel nach nur drei Tagen Amtszeit im Parlament durch, und der Präsident mußte sich mit René Viviani begnügen, einem ehemaligen Sozialisten, der jetzt als Unabhängiger kandidierte; seine Haltung dem Dreijahresgesetz gegenüber war nicht ganz eindeutig, und sein Wankelmut, seine Launenhaftigkeit und Unerfahrenheit in außenpolitischen Angelegenheiten wurden von Poincaré in den nächsten Wochen scharf kritisiert. (Ein typisches Beispiel ist Poincarés Tagebucheintragung vom 27. Juli 1914 auf der Rückreise vom Staatsbesuch in St. Petersburg: »Ich verbrachte einen Teil des Tages damit, Viviani auseinanderzusetzen, daß Nachgiebigkeit gegenüber Deutschland immer zu Schwierigkeiten führt und der einzige Weg aus der Gefahr darin besteht, unnachgiebige Entschiedenheit und beherzte Kaltblütigkeit zu zeigen. Aber er ist nervös und aufgeregt und sagt ständig unkluge Worte und Sätze, die von finsterster Unkenntnis der Außenpolitik künden.«)[15] Bis zum Ausbruch des Krieges sah es um die Zukunft des Dreijahresgesetzes ungewiß aus, denn Vivianis Regierung, die sich die Unterstützung der Kammer sichern wollte, kündigte an, daß sie eine eventuelle Verkürzung der Dienstzeit ins Auge fasse.

Der prononcierte Antimilitarismus des Vorjahrzehnts war zwar im Abflauen begriffen, doch die zahlreichen Unterzeichner der Petitionen gegen das Dreijahresgesetz machten die Behörden nervös, und Gewerkschaften und sozialistische Partei hatten sich zumindest theoretisch für einen Generalstreik gegen den Krieg ausgesprochen. Dennoch sollte man die Heftigkeit sowohl des Militarismus wie des Antimilitarismus in den drei Vorkriegsjahren in Frankreich nicht überbewerten. Vielleicht hatte der scharfsinnige Beobachter der französischen Politik, der deutsche Botschafter Freiherr von Schoen, recht, als er im Februar 1914 schrieb: »Die kriegslustige Revanche [...] ist ein überwundener Punkt. Sie besteht heute gewissermaßen nur noch theoretisch. In allen französischen Herzen brennt zwar noch die Wunde von 1871, aber niemand ist gesonnen, seine oder seiner Söhne Knochen an die elsaß-lothringische Sache zu setzen, es sei denn, daß eine Konstellation sich einstellte, welche dem Wagnis überaus günstige und einigermaßen bequeme Aussichten eröffnete.«[16] Poincarés Politik wollte für einen eventuellen Krieg jene Umstände erreichen, die die »überaus günstigen und einigermaßen bequemen Aussichten« beinhalteten, von denen der deutsche Botschafter sprach. Diese Aussichten ließen sich in den Augen Poincarés und seiner Minister nur erreichen, indem das Bündnis mit Rußland verstärkt und die Bindungen an England gefestigt wurden. Aber Poincaré strebte auch ein neues Nationalgefühl an, und die beiden Ziele seiner Politik waren nicht immer miteinander vereinbar. Auf jeden Fall waren Innenpolitik und Außenpolitik unentwirrbar verflochten, und es fällt dem Historiker schwer, der einen Vorrang vor der anderen einzuräumen. Der Widerstand gegen das Dreijahresgesetz und der Erfolg der Linken bei den Wahlen von 1914 bewiesen, daß eine französische Regierung gut beraten war, ihre Politik als friedlich darzustellen. Poincarés Politik scheint in einer Bemerkung zusammengefaßt, von der der russische Botschafter 1912 berichtete, obgleich Poincaré sie später dementierte: »Frankreich ist ohne Frage friedliebend. Weder erstrebt noch wünscht es einen Krieg, aber ein Einschreiten Deutschlands gegen Rußland würde diese Haltung sofort ändern.«[17]

Die Grenzen der Außenpolitik Poincarés und seiner Handlungsfreiheit ergaben sich aus den innenpolitischen Differenzen, aber die Ereignisse von Juli und August 1914 zeigten, daß seiner Politik letzten Endes Erfolg beschieden war und daß die Kluft in der französischen Öffentlichkeit weniger tief war als befürchtet. Jaurès' Ermordung durch einen nationalistischen Fanatiker am 31. Juli – obwohl Jaurès sich öffentlich für das Vorgehen der Regierung in der Krise ausgesprochen hatte –, erlaubte Poincaré und Viviani, den Sozialisten ihr innigstes Beileid zu bekunden, und beraubte die Linke ihres tatkräftigsten Führers; doch als die Regierung beschloß, die militanten linken Agitatoren, die für den Fall einer Mobilmachung zur vorübergehenden Festnahme vorgemerkt waren, nicht zu verhaften, hatte sie längst begriffen, daß der Antimilitarismus überschätzt worden war und daß die Mobilmachung von Sozialisten und Syndikalisten nicht gestört werden würde. Diese innenpolitische Spaltung hatte es Poincaré bisher geraten scheinen lassen, sich einer passiven Haltung zu befleißigen; folglich blieb die Initiative, eine Situation zu schaffen, die Frankreich günstig erscheinen mochte, Rußland und Deutschland überlassen. Die französische Regierung hatte keinen Krieg provoziert oder heraufbeschworen, doch wenn es zu einem Krieg kommen mußte, dann sollte Frankreich die größtmöglichen Siegeschancen haben.

In Rußland waren sowohl die innere Situation als auch die außenpolitischen Beziehungen durch die traumatischen Erfahrungen von 1904 und 1905 geprägt – die Niederlage gegen Japan im Fernen Osten und die Revolution daheim. Obwohl das autokratische Regime des Zaren sich nach der Revolution wieder weitgehend durchgesetzt hatte und die Forderungen nach einer parlamentarischen Regierungsform nur ansatzweise erfüllt wurden, bildete die Duma nun ein Organ der Meinungsäußerung, das der Zar und seine Berater berücksichtigen mußten. Die Rechte der Duma waren gering, und der Staatsrat konnte sie in vielem überstimmen, aber das Parlament hatte ein Mindestmaß an Einfluß auf den Etat und konnte zu zahlreichen Themen Stellung nehmen. Auch außerhalb des Parlaments war die öffentliche Meinung stimmgewaltiger geworden und besaß mehr Rückhalt als früher, auch wenn die Meinungsfreiheit noch immer so rudimentär war, wie man es sich in Westeuropa kaum vorzustellen vermochte. Zar und Konservative wiederum waren von der Revolution nachhaltig verstört; sie fürchteten eine Wiederholung der Aufstände und betrachteten alles Machtbegehren des Parlaments mit tiefem Argwohn. Trotz der anhaltenden und zunehmenden Arbeitskämpfe – in St. Petersburg war es zur Zeit des Besuchs des französischen Präsidenten im Juli 1914 zu einem Generalstreik gekommen – hatte die russische Wirtschaft bis zum Kriegsausbruch erstaunliche Fortschritte gemacht, und in politischer und sozialer Hinsicht war etwas mehr Stabilität eingekehrt, was hauptsächlich der Landreform zu verdanken war, die Stolypin, der Ministerpräsident von 1906 bis 1911, durchführte, obgleich seine Ermordung im Jahre 1911 bewies, wie fragil diese Stabilität war.

Die Struktur des russischen Regierungssystems erschwert es, abzuwägen, in welchem Verhältnis die verschiedenen Einflüsse auf die russische Außenpolitik einwirkten. Der Zar war weiterhin »Herrscher aller Reußen« (obwohl die Liberalen gegen den Gebrauch dieses Titels Einwände erhoben hatten).[18] Nikolaus II. war sowohl eigensinnig wie leicht zu beeinflussen; er ließ sich vom letzten Rat, den er erhielt, umstimmen, und beharrte andere Male auf Entscheidungen, weil er sie getroffen hatte. Der Ministerrat war nicht kollektiv verantwortlich, und die einzelnen Minister waren nicht der Duma, sondern nur dem Zaren gegenüber verantwortlich. Ihre Macht beruhte weitgehend auf ihrer Persönlichkeit und auf ihren Beziehungen zu ihren Kollegen. Stolypin hatte als Ministerpräsident seine Politik durchsetzen können, und er hatte auch in Grenzen mit der Duma kooperiert. Sein Nachfolger Kokowzow war ein fähiger Finanzminister gewesen, aber seine Kollegen warfen ihm vor, zu wenig reaktionär zu sein, und er hatte sich das Vertrauen des Zaren, besser gesagt, der Zarin verscherzt, weil er es gewagt hatte, den Einfluß Rasputins bei Hofe zu kritisieren – jenes sektiererischen Finsterlings, an dessen Heilkräfte und behauptete Fähigkeit, die Bluterkrankheit des jungen Zarewitsch zu lindern, das Herrscherpaar glaubte. Kokowzow wurde vom früheren Ministerpräsidenten, dem unscheinbaren I. L. Goremykin, abgelöst, den ein englischer Beobachter als »beiden Herrschern genehm« charakterisierte, »weil er wie ein Butler die Anweisungen an die anderen Diener weiterleitete«[19], und der sich selbst als einen »alten Pelzmantel« beschrieb. »Monatelang war ich eingemottet. Ich wurde nur für diese Gelegenheit ausgepackt. Wenn sie vorüber ist, werde ich wieder eingepackt, bis man mich das nächste Mal braucht.«[20] Obwohl es ihm gelang, sich mit der Duma zu verständigen, bestimmte er zweifellos nicht die russische Politik. Eine Episode vom März 1914 zeigt das Ausmaß der Konfusion innerhalb der russischen Regierung. Eine deutsche Zeitung hatte einen Artikel veröffentlicht, in dem die russische Wiederbewaffnung angegriffen und Rußland aggressiver Absichten beschuldigt wurde. In russischen Zeitungen wurden zwei Erwiderungen veröffentlicht, eine, die auf Kriegsminister Suchomlinow zurückging, und eine, die Außenminister Sasonow als Quelle hatte. Die erste besagte, daß »Rußland Frieden wünscht, aber auf den Krieg vorbereitet ist«, und daß die russische Armee erforderlichenfalls sofort zur Offensive übergehen würde. Die zweite war viel versöhnlicher gehalten und betonte, daß die deutsch-russische Freundschaft trotz der Pressefehde erhalten bleiben sollte. Der britische Botschafter kommentierte das so: »Es ist wohl nicht verwunderlich, daß der Kriegsminister und der Außenminister unterschiedliche Reaktionen auf einen Angriff durch die deutsche Presse favorisieren, aber es ist höchst merkwürdig, daß beide vom Zaren am 10. des Monats in Audienz empfangen worden sein sollen und daß zwei Tage später zwei so widersprüchliche Artikel veröffentlicht wurden.«[21]

Der Zar erhielt außerdem widerstreitende Empfehlungen von Angehörigen seiner Familie und seines Haushalts (darunter natürlich Rasputin) sowie von verschiedenen inoffiziellen Beratern. Außerdem mußte er, wenn auch noch s unwillig, die Meinung der Duma berücksichtigen, die, auch nachdem Stolypin Neuwahlen mit sehr eingeschränktem Wahlrecht durchgeführt und ihre Macht beschnitten hatte, kritische Meinungen vorbrachte – darunter Stellungnahmen zur Kompetenz von Botschaftern und Heeres- und Marinekommandeuren, selbst wenn diese Angehörige der kaiserlichen Familie waren. Daneben suchten andere Körperschaften – Vertreter des Handels und der Industrie, der Finanzen und der Landwirtschaft, der Adelsrat und weitere – ihre Ansichten vorzutragen und Einfluß auszuüben, während eine energische Presse die Ansichten der verschiedenen Parteien der Duma widerspiegelte.

Die Vierte Duma wurde im Herbst 1912 gewählt und schien eine solide Basis für das bestehende Regime zu bilden. Die beiden liberalen Parteien – die konservativeren Oktobristen und die radikaleren Kadets (Konstitutionelle Demokraten) – waren miteinander verfeindet und untereinander zerstritten. Die Oktobristen waren bereit, die Grenzen der bestehenden Verfassung zu akzeptieren, während die Konstitutionellen Demokraten sich für eine Verfassungsreform erklärt hatten, die der Duma wirkliche Macht über den Ministerrat geben sollte. Selbst die maßvollsten Reformverlangen waren den konservativen Gruppen, die den Großteil der Vierten Duma stellten, zu radikal, und einige von ihnen drängten den Zaren wiederholt dazu, die Macht des Parlaments noch weiter zu beschneiden und – wie es die deutschen Konservativen von Wilhelm II. verlangten – einen Staatsstreich von oben zu inszenieren, um ein für alle Male mit der Opposition aufzuräumen. Der Zar war versucht, diesen Rat zu befolgen, insbesondere nach der Kritik der Duma an Rasputins Einfluß, aber er fügte sich der Ermahnung der Mehrheit seiner Minister, nicht gegen die Verfassung zu verstoßen. Somit war Rußland 1914 noch eine Autokratie, aber eine Autokratie, in der Ansichten geäußert werden konnten und über verschiedene Kanäle

Einfluß auf den Zaren ausgeübt werden konnte, bei dem die Entscheidungsgewalt lag; der Zar wiederum hielt sich für verantwortlich vor Gott und vor seinem Volk, das in seinen Augen nicht durch seine parlamentarischen Vertreter repräsentiert war. (Einer der Gründe für die Macht Rasputins über die kaiserliche Familie lag in der Vorstellung des Zaren, es mit einem »guten, religiösen, unbedarften Russen« zu tun zu haben, einer Verbindung zu »den Tränen des Lebens des russischen Volkes«.)[22]

Während fast jedes Mitglied der politischen Kreise in Rußland von der engen Verbindung zwischen der Stabilität oder den Reformen im Land mit der Außenpolitik überzeugt war, gab es keinen Konsens über die Form dieser Verbindung. So betrachteten viele der Rechten eine enge Bindung an Frankreich und England mit Argwohn, denn sie fürchteten, daß ein solcher Zusammenschluß liberale Ideen in Rußland bestärken könne; im Interesse der monarchischen Solidarität hätten sie ein Bündnis mit Deutschland gegen das, was ihnen westlicher jüdischer Liberalismus[23] sein mußte, vorgezogen. Viele von ihnen glaubten auch durch die Erfahrung des Krieges mit Japan, daß ein neuer Krieg erneut zur Revolution führen könne. Stolypin war davon überzeugt, daß es »nicht wünschenswert war, in einen europäischen Krieg hineingezogen zu werden«,[24] während Kokowzow dem britischen Botschafter 1913 sagte, »die über die innere Lage umlaufenden Gerüchte seien stark übertrieben, und bemerkte, es stehe nichts zu befürchten, solange der Frieden erhalten bleiben könne«.[25] Aber viele konservative Nationalisten waren auch der Ansicht, wenn Rußland überleben und die Autokratie erhalten wolle, müsse es seine Stellung als Großmacht wiedererlangen, um die Demütigung der Niederlage durch Japan auszugleichen. Die Wiederherstellung von Rußlands Prestige, die das System sowohl im Inneren wie nach außen stärken sollte, ließ auch Rußlands alten Wunsch, die Herrschaft über Konstantinopel und die Meerengen zu erlangen, wiederaufleben.

Die Liberalen hingegen hofften, daß eine festere Bindung an Frankreich und England die Reformbereitschaft in Rußland fördern würde, und sie waren auch bereit, Konzessionen zum Beispiel an Polen ins Auge zu fassen, um die Liberalen in Frankreich und England zu überzeugen, denn dort war die Linke gegenüber dem Bündnis mit Rußland kritisch geblieben, insbesondere seit der Beschneidung der Errungenschaften der Revolution von 1905 durch Stolypin. Sowohl die Liberalen als auch die Konservativen glaubten, daß Rußland unmittelbare Interessen auf dem Balkan habe, wenn auch aus verschiedenen Gründen. Diese unterschiedlichen Haltungen wurden als Panslawismus und Neoslawismus bezeichnet. Für die Panslawisten, die in der Tradition ihrer Vorgänger der siebziger und achtziger Jahre standen, bestand das Ziel der russischen Politik darin, russischen Einfluß auf die Meerengen zu gewinnen und die Beschützerrolle den christlichen Slawen gegenüber einzunehmen, so daß die von der türkischen Herrschaft befreiten Slawen völlig auf Rußland angewiesen wären. Eine neue Generation Liberaler sah hingegen Rußlands Beziehungen zu den anderen Slawen weniger starr und stellte sich ein Rußland vor, das in einem freien Bund unabhängiger slawischer Völker die Führung übernahm. Für sie war die Unterstützung slawischer Bestrebungen außerhalb des Landes mit Reformen im Inneren verbunden. Ein russischer Journalist formulierte das gegenüber dem französischen Botschafter mit den Worten: »Le parti panslaviste est réactionnaire, le parti néoslaviste est constitutionnel.«[26] Auch den Zaren beschäftigten ab und zu ähnliche Gedanken zur Umstrukturierung Mitteleuropas. Im April 1913 erklärte er dem ziemlich verblüfften britischen Botschafter, daß seiner Ansicht nach der Zerfall des Habsburgischen Reiches nur noch eine Frage der Zeit sei.

»Er sprach von dem Tag, an dem wir ein Königreich Ungarn und ein Königreich Böhmen errichtet sehen würden, während die Südslawen wohl von Serbien, die Rumänen Siebenbürgens von Rumänien aufgesaugt und die deutschen Provinzen dem Deutschen Reich einverleibt werden würden. Der Umstand, daß Deutschland dann kein Österreich haben werde, das es wegen des Balkans in einen Krieg verwickeln könne, würde, erklärte Seine Majestät, dem Frieden zugute kommen.«[27]

1914 waren folglich maßgebliche Kreise in Rußland davon überzeugt, daß Rußland seinen Einfluß in Südosteuropa ausdehnen müsse. Man war sich nicht einig, wann Rußland kriegsbereit sein würde, man war sich nicht einig, ob Rußlands Ziele eher in Zusammenarbeit mit Deutschland oder mit Frankreich und England erreicht würden, aber in den herrschenden Kreisen in Rußland – wie sehr manche Politiker die Folgen eines Krieges auch fürchten mochten – wuchs das Gefühl, daß Rußlands innenpolitische Entwicklung von einer erfolgreichen und expansiven Außenpolitik abhänge. Das Außenministerium hatte sich bemüht, seinen Einfluß auf dem Balkan zu vergrößern und das Bündnis zwischen den beiden rivalisierenden slawischen Staaten Bulgarien und Serbien zu fördern; dieses Bündnis hatte zum Ausbruch des Ersten Balkankrieges geführt. Der Sieg der Staaten des Balkanbundes wurde von den Russen begrüßt, und die Duma gab eine begeisterte Erklärung ab, mit der Bulgarien zu seinem Erfolg gratuliert wurde. Nach dem Zusammenbruch des Bündnisses auf dem Balkan und dem Krieg zwischen Bulgarien und seinen früheren Verbündeten war die russische Regierung noch bemühter, eine neue Grundlage für ihren Einfluß auf dem Balkan zu schaffen. Das Außenministerium versuchte, die Franzosen zu einem Darlehen an Bulgarien zu bewegen, aber die Deutschen waren schneller. Die Zurückhaltung, die Rußlands französischer Verbündeter bei der Liman-von-Sanders-Affäre zeig te, wurde als schwerer Rückschlag für die russische Politik gesehen, und da Rußland aus Rücksicht auf den internationalen Druck Serbien bei den territorialen Verhandlungen am Ende des Zweiten Balkankrieges nicht rückhaltlos unterstützt hatte, waren viele Russen, auch der Zar, im Juli 1914 davon überzeugt, daß die nationale und internationale Glaubwürdigkeit der Regierung davon abhing, daß Rußland diesmal Serbien nicht im Stich ließ. Der Zar glaubte, wenn er Zugeständnisse mache, werde »Rußland es seinem Herrscher niemals vergeben«.[28] Und »wenn Sie mich so ruhig sehen, so deshalb, weil ich den unerschütterlichen Glauben hege, daß das Schicksal Rußlands, meiner Person und meiner Familie in den Händen Gottes liegt, der mich an meinen Platz gestellt hat. Was immer geschehen mag, ich werde mich seinem Willen beugen, in der Gewißheit, daß ich nur den einen Wunsch habe, dem Lande zu dienen, das Er mir anvertraut hat.«[29]

Die empfindliche Gratwanderung zwischen dem Glauben, eine entschiedene Außenpolitik und selbst ein Krieg könne neue Loyalität gegenüber dem Zaren mobilisieren, und der entgegengesetzten Überzeugung, daß ein Krieg eine Revolution provozieren werde, zwischen der konservativen Vorliebe für das traditionelle Dreikaiserbündnis von Zar, deutschem Kaiser und dem Kaiser von Österreich und der liberalen Hoffnung, daß ein Bündnis mit Frankreich und England der inneren Reform zugute kommen werde – diese vielfältigen Überlegungen erschweren es, das Gewicht der einzelnen Zwänge abzuschätzen, denen der Zar ausgesetzt war. Im Februar 1914, als Kokowzow von Goremykin abgelöst wurde, scheint in Regierungskreisen jedoch Einhelligkeit darüber geherrscht zu haben, daß ein Krieg unvermeidbar sei. Auf einer Konferenz am 21. Februar 1914 wurden detaillierte Pläne für eine russische Landung zur Besetzung Konstantinopels im Fall des Zusammenbruchs des Osmanischen Reiches besprochen, obwohl man hoffte, daß dieser nicht unmittelbar bevorstand. Sasonow, der Außenminister, wies darauf hin, daß »wir nicht annehmen können, daß unsere Operationen an den Meerengen ohne einen europäischen Krieg erfolgen könnten«, während die Führer des Militärs erklärten, daß es nicht möglich sei, einen Angriff auf die Meerengen vorzutragen und gleichzeitig an der Westfront zu kämpfen. Aber »ein erfolgreicher Ausgang des Kampfes an der Westgrenze würde auch die Meerengenfrage für uns günstig entscheiden«.[30] Während der russische Außenminister und die militärischen Führer noch hofften, daß es möglich sein würde, Konstantinopel vor Ausbruch eines europäischen Krieges einzunehmen, und den Plänen für eine solche Expedition zustimmten, waren sie inzwischen fraglos davon überzeugt, daß mit einem allgemeinen Krieg zu rechnen sei und daß dieser ihnen dazu verhelfen könne, die langersehnte Kontrolle über die Meerengen zu gewinnen – auch wenn sie die Krise lieber noch zwei, drei Jahre hinausgeschoben hätten, um ihre Vorbereitungen abschließen zu können.

Hintergrund dieser Konferenz war die wachsende Besorgnis, daß die Lage auf dem Balkan noch sehr unstabil sei und innenpolitische Entwicklungen in der Türkei zum endgültigen Zusammenbruch des Osmanischen Reiches führen würden. Aber vielleicht sollte man die zunehmend verbreitete Ansicht nicht unterschätzen, die, ähnlich wie in Deutschland, einen Konflikt zwischen Slawen und Teutonen für unausweichlich hielt. Seit Monaten hatte die russische Presse antideutsche Artikel veröffentlicht. *Nowoje wremja*, die führende rechtsstehende Zeitung, hatte Anfang 1914 beispielsweise geschrieben: »Das Hauptziel unserer Außenpolitik sollte es von nun an sein, den enger werdenden teutonischen Ring um uns zu sprengen, der Rußland und das ganze Slawentum verhängnisvoll bedroht ...«[31]

In der Atmosphäre, in der die Entscheidungen über die russische Außenpolitik getroffen wurden, spielten rationale

Gewinn-und-Verlust-Rechnungen kaum eine Rolle. Vage Ansichten, Hoffnungen und Befürchtungen hinsichtlich der Konsequenzen eines Krieges und seiner Auswirkungen auf die Innenpolitik wogen schwerer als genaue Einschätzungen von Rußlands strategischer Situation, und weil in dem vergleichsweise kleinen Kreis, der die Öffentlichkeit in Rußland stellte, die Haltung zur Außenpolitik und zu Rußlands Beziehungen zur Außenwelt unentwirrbar mit der Haltung zur innenpolitischen Situation verknüpft war, läßt sich kaum zwischen einem »Primat der Innenpolitik« und einem »Primat der Außenpolitik« unterscheiden oder auch nur vermuten, welcher der widersprüchlichen Einflüsse, denen der schwankende und fatalistische Zar ausgesetzt war, bei der Entscheidung für den Krieg den Ausschlag gab. Noch weniger als bei allen anderen Großmächten läßt sich bei Rußland ein Einzelfaktor aufzeigen, der den Kriegseintritt veranlaßte, oder ein Modell entwickeln, das auch auf die anderen Staaten anwendbar wäre, die 1914 in den Krieg eintraten.

Die Vertreter der Ansicht, daß innenpolitische und soziale Zwänge die Außenpolitik und infolgedessen die Entscheidung für den Krieg bestimmten, sehen sich vor allem durch die Analyse der Situation in Deutschland bestätigt, und die Beziehung zwischen Außenpolitik und Innenpolitik in den vierzig Jahren vor dem Krieg in Deutschland ist am gründlichsten erforscht worden.[32] Gewiß unterscheiden sich die innenpolitische Situation und die verfassungsrechtlichen Gegebenheiten grundlegend von denen der anderen kriegführenden Länder. Wir haben gesehen, daß es schwerfällt, zu bestimmen, wer in der Krise von 1914 die Verantwortung für Entscheidungen trug, da dem Kaiser die oberste Autorität zukam und er sich von zivilen und militärischen Beamten beraten ließ, die einander nicht durch kollektive Verantwortung verpflichtet waren. Wie in Rußland wurde die Situation durch die Persönlichkeit des Kaisers kompliziert, der sich selbst als letzte Instanz betrachtete, aber durch seine eigenen wechselnden Launen und die Politik einiger seiner Berater und mehr noch durch seine Überzeugung, daß er den Willen der meisten seiner Untertanen vertrete und verkörpere, widersprüchlichen Einflüssen unterlag. Dennoch war die verfassungsrechtliche Lage in Deutschland komplex, und es gab viele Wege, um die öffentliche Meinung – einschließlich Kritik an der Politik der Regierung – zum Ausdruck zu bringen. Das deutsche Reich war kein Einheitsstaat. Die einzelnen Länder konnten das Alltagsleben weitgehend bestimmen, und ihre Monarchen und Regierungen mußten von den Reichsbehörden gebührend berücksichtigt werden. Die Matrikularbeiträge der Einzelstaaten zur Staatskasse waren unverzichtbar für den Erhalt des Reiches. Nachweislich bestand spätestens seit den neunziger Jahren bei Teilen der Reichsregierung die Ansicht, mit einer energischen Außenpolitik und dem Anfachen eines aggressiven Nationalgefühls ließen sich die partikularistischen Bestrebungen in den Einzelstaaten überwinden und eine Stimmung der nationalen Einheit ähnlich der von 1870 erzeugen.

Von größerer Bedeutung war das Staatsparlament, der Reichstag, der nach allgemeinem Wahlrecht gewählt wurde. Seine Macht war jedoch gering. Dies rührte unter anderem daher, daß viele Regierungsfunktionen noch von den Ländern ausgeübt wurden, so daß die Politik Preußens, des größten und mächtigsten Bundesstaates, in vieler Hinsicht so einflußreich war wie die der Reichsregierung selbst; in einigen Ländern – wiederum auch in Preußen – wurde der Landtag nach eingeschränktem Wahlrecht gewählt, das den Konservativen die Mehrheit garantierte. Die Reichsregierung – besser gesagt, der Reichskanzler und die Staatssekretäre – war keine Körperschaft im Sinne der Verfassung und war dem Reichstag nicht verantwortlich, so daß es keine parlamentarische Regierung wie in England oder in Frankreich gab. Dennoch war der Reichstag wichtig, weil seine Zustimmung zur Verabschiedung von Gesetzen und, wichtiger noch, zur Verabschiedung des Etats benötigt wurde, während die Reichstagswahlen gleichzeitig die politische Stimmung in Deutschland widerspiegelten. Seit Bismarcks Zeit hatten die jeweiligen Reichskanzler sich Mehrheiten im Reichstag sichern und bewahren müssen, und wiederholt waren außenpolitische Initiativen ein wirksames Mittel zu diesem Zweck gewesen. Bismarck hatte die Krise auf dem Balkan und die französischen Revanchegelüste geschickt ausgespielt, um sich bei den Wahlen von 1887 eine Mehrheit für die Verabschiedung eines größeren Militärhaushalts zu sichern, und Bülow hatte die Reichstagswahlen 1907 erfolgreich mit den Themen Nationalismus, Kolonialismus und Antisozialismus bestritten.

Aber die Theorie, daß Belange der Innenpolitik die deutsche Außenpolitik leiteten, impliziert mehr als die bloße Ausnutzung außenpolitischer Fragen, um Wahlen zu gewinnen; sie unterstellt, daß die Außenpolitik ganz bewußt zur Manipulation der öffentlichen Meinung benutzt wurde, um im deutschen Volk ein Solidaritätsgefühl zu wecken und die soziale und politische Spaltung zu überwinden, die als Gefahr für das Weiterbestehen des deutschen Reiches gesehen wurde. Der Glanz eines Kolonialreichs, einer großen Flotte und einer wirkungsvollen Außenpolitik sollte sowohl die »staatserhaltenden Elemente« um den Kaiser und die Regierung sammeln als auch zur Abwehr der Bedrohung durch eine wachsende sozialistische Bewegung dienen, und vielleicht vermochte er sogar die Sozialisten in die deutsche Gesellschaft zu integrieren. (Ein Problem dieser Erklärung ist die Frage, welches der widersprüchlichen Ziele bei jenen, die diese Politik verfolgten, Vorrang hatte: wurden Imperialismus und Weltpolitik genutzt, um Front gegen die Sozialisten zu beziehen, oder sollten die Sozialisten über sie in die deutsche »Volksgemeinschaft« integriert werden?)

Es gilt bei der Betrachtung dieser Frage zwei Aspekte zu beachten. Zum einen geht es um die Motive, aus denen die deutsche Regierung in den neunziger Jahren beschloß, Weltpolitik zu betreiben und eine Flotte zu bauen, die es erforderlichenfalls mit der britischen Marine aufnehmen konnte – eine Entscheidung, die, wie wir wissen, die deutsch-englischen Beziehungen von Grund auf veränderte und die Atmosphäre mitschuf, die 1914 zum Krieg führte. Zum anderen muß man sich die Probleme der deutschen Regierung vor dem Krieg vergegenwärtigen, insbesondere nach den Reichstagswahlen von 1912, die gezeigt hatten, daß jeder dritte Wähler sozialistisch gewählt hatte und daß die Sozialdemokratische Partei die stärkste Einzelpartei im neuen Reichstag war.

Die Entscheidung des Kaisers und seiner Berater, eine starke Marine zu bauen und Deutschland zu einer Weltmacht zu machen, markiert einen Trennungsstrich in der deutschen Außenpolitik, und der deutsche Imperialismus erscheint als Folge einer Entscheidung und nicht einer Kette von Ereignissen über Jahrzehnte hinweg, wie es bei England und Frankreich der Fall war. Bismarck hatte in den achtziger Jahren koloniale Bestrebungen vorsichtig ermutigt, um die Öffentlichkeit zu gewinnen, und es ist vermutet worden[33], daß dies einer Gesamtstrategie entsprang, die den Sozialisten durch Expansion im Ausland und Wohlfahrtsprogramme im Inland das Wasser abgraben sollte, doch obgleich die imperialistische Bewegung der achtziger Jahre sich in der Folgezeit zu einer einflußreichen Interessengruppe entwickelte, war ihre eigentliche Macht eher gering und ihr unmittelbarer politischer Einfluß schwach. Die Entscheidung für eine Weltpolitik und die Einführung des ersten Marinegesetzes im Jahre 1897 hatten hingegen tiefgreifende Auswirkungen auf die Innenpolitik und die Außenpolitik. War nun diese Entscheidung, Deutschland in eine Weltmacht zu verwandeln, das Ergebnis innenpolitischer Zwänge, und sollte sie innenpolitischen Zwecken genauso dienen wie der Außenpolitik?

Bei der Untersuchung der tieferen Ursachen dieser Entscheidung für die Weltpolitik dürfen persönliche und zufallsbedingte Umstände und in diesem Falle Stellung und Vorliebe des Kaisers Wilhelm II. nicht unterschätzt werden. Es gibt das Wort vom »persönlichen Regiment« des Kaisers[34], das dazu verleiten kann, zu übersehen, in welchem Maße er auf die Zustimmung anderer im deutschen konstitutionellen System angewiesen war, doch es steht außer Frage, daß der Kreis seiner unmittelbaren Berater und Vertrauten klein war (weshalb seine Kritiker ihn beschuldigten, Deutschland mit einer Kamarilla zu regieren) und daß er sich gerade in den ersten Jahren seiner Regentschaft von privaten Vorurteilen und Launen leiten ließ. Es ist unwahrscheinlich, daß der deutsche Kriegssschiffbau so begeistert betrieben worden wäre, wenn sich der Kaiser nicht nachdrücklich für die Schaffung einer deutschen Schlachtflotte eingesetzt hätte. Dies resultierte wohl einerseits aus seiner persönlichen Psyche – dem Bedürfnis, sich seinen königlichen englischen Verwandten ebenbürtig zu erweisen und sein Land dem gleichermaßen geliebten wie gehaßten England gleichwertig zu machen – und andererseits aus seinem oberflächlichen strategischen Denken, das durch die Lektüre von Mahans Schriften über die Rolle der Seemacht in der Geschichte beeinflußt war. Ohne die persönliche Unterstützung Wilhelms II. wäre Admiral von Tirpitz, den er 1897 zum Staatssekretär des Reichsmarineamtes ernannte, nicht in der Lage gewesen, sein Programm durchzuführen und genügend öffentliche Unterstützung zu erreichen, um den politischen Widerstand gegen eine große Flotte zu überwinden.

Aber in den späten neunziger Jahren schienen eine Politik der Marineexpansion und des Imperialismus den Wünschen eines Großteils der deutschen Öffentlichkeit entgegenzukommen, und sowohl Politiker wie Industrielle erkannten sofort die Vorteile, die dies bot. Das Gefühl, daß Bismarcks Entlassung im Jahre 1890 das Ende einer Ära bezeichnete, ließ insbesondere die Anhänger der Nationalliberalen Partei nach einem neuen nationalen Anliegen und nach neuen nationalen Zielen suchen. Diese sahen sie in der Weltpolitik, obwohl unterschiedliche Ansichten bestanden, wie sie auszusehen habe. Die Besorgnis ob der Richtung der deutschen Außenpolitik und Deutschlands Stellung in der Welt war verbunden mit einer wachsenden Furcht vor den Problemen, die durch die Landflucht und die Industrialisierung geschaffen wurden. Die Politiker sprachen von der Notwendigkeit einer Sammlungspolitik, die eine feste Unterstützung für den Staat und den Kaiser und eine zuverlässige Opposition gegen die wachsende sozialistische Bewegung erzeugen sollte. Johannes Miquel, der stellvertretende preußische Ministerpräsident, sagte 1897, »daß es nunmehr gelte, alle staatstragenden Elemente für den unvermeidlichen Kampf gegen die sozialdemokratische Bewegung zu sammeln.«[35]

Obwohl es Tirpitz in erster Linie um eine Marine um ihrer selbst willen und als Mittel zu einer nicht klar definierten Stellung als Weltmacht zu tun war, war er sich auch der Rolle bewußt, die die Marine als Fokus der öffentlichen Meinung spielen konnte: »[...] Weil in der neuen großen nationalen Aufgabe und dem damit verbundenen Wirtschaftsgewinn ein starkes Palliativ gegen gebildete und ungebildete Sozialdemokraten liegt.«[36] Tirpitz' unmittelbares politisches Ziel war, das Flottenbauprogramm vor Unterbrechungen durch den Reichstag zu schützen, und seine Planung sollte weitgehend garantieren, daß der Neubau und Ersatz von Schiffen ohne parlamentarische Genehmigung erfolgen konnte. Er baute – mit Volker Berghahns Worten – eine Flotte »gegen das Parlament und gegen England«[37] und hoffte, daß der Kriegsschiffbau ein autoritäres Regierungssystem im Inland festigen und gleichzeitig das weltweite Gleichgewicht der Kräfte zu Deutschlands Gunsten verändern werde.

Es gab jedoch Schwierigkeiten dabei, die Marine zum Mittelpunkt eines neuen konservativen Bündnisses zu machen. Viele der preußischen Großgrundbesitzer, die wahrhaftesten Konservativen des Reiches, konnten sich für die neue Politik nicht begeistern, und in einigen Fällen widersetzen sie sich aktiv. Die Lage spitzte sich zu, als das Flottenbauprogramm umfangreicher und kostspieliger wurde und die konservativen Agrarier sich jeder fiskalischen Maßnahme wie Erbschafts- oder Einkommensteuer entschieden verweigerten, sobald sie davon betroffen waren; erst 1913 konnte gegen ihren Widerstand und mit den Stimmen der Sozialisten eine Einkommensteuer eingeführt werden. Obwohl es Bülow 1903 gelang, ähnlich wie Bismarck kurzfristig einen konservativen Block zu bilden, der auf einem Ausgleich der wirtschaftlichen Interessen der Landwirtschaft und der Industriellen gründete, fehlte diesem Bündnis ein festes Fundament, und seine Auflösung 1909 führte zu Bülows Abschied.

Tirpitz' Propagandaanstrengungen zugunsten seines Flottenbauprogramms ließen neue Interessengruppen entstehen, deren mächtigste der Flottenverein war und die wiederum von der Regierung berücksichtigt werden mußten und ehrgeizigen Angehörigen der Mittelschicht Gelegenheit boten, einflußreiche Posten zu erlangen, die zuvor der Aristokratie vorbehalten gewesen waren.[38] Die Vergrößerung der Marine und Tirpitz' ehrgeiziges Programm belegen die sozialen und wirtschaftlichen Veränderungen in Deutschland, aber es läßt sich fragen, ob die Marine, statt eine gespaltene Nation zu einen, nicht im Gegenteil die Spaltung vertiefte und die Widersprüche in Deutschlands sozialer und institutioneller Struktur aufdeckte, während sie Deutschlands Regierung zu einer Außenpolitik zwang, die zum Konflikt mit England und höchstwahrscheinlich zum Krieg führen mußte. Die Idee der Weltpolitik und des Flottenbaus fand Anklang in größeren Kreisen als nur bei den Industriellen, die aus dem Bauprogramm Nutzen zogen, und auch wenn es nicht gelang, die Arbeiterklasse von der Sozialdemokratischen Partei abzuwenden und in die deutsche Volksgemeinschaft zu integrieren, wie es manche Apologeten dieser Politik gehofft hatten, ließ die Wirksamkeit der Propaganda für die Marine die Arbeiter nicht unberührt. Sozialdemokratische Politiker, die zur Besichtigung eines Schlachtschiffs eingeladen wurden, verhehlten ihre Genugtuung nicht, und zumindest einer erinnerte sich sein ganzes Leben lang daran.[39]

Der Aufbau der deutschen Kriegsmarine enthüllte nicht nur einige der Widersprüche in der deutschen Politik und Gesellschaft, sondern förderte auch ein nationalistisches Klima und eine aggressive imperialistische Rhetorik, welche einen Krieg vorstellbar und sogar wünschenswert erscheinen ließ. Das neue Klima war einer der Faktoren, die die deutsche Regierung zwischen 1911 und 1914 berücksichtigen mußte, aber es war nicht das einzige Problem, dem sich Theobald von Bethmann Hollweg gegenübersah, der 1909 Reichskanzler wurde. Sein Vorgänger Bernhard von Bülow hatte eine Außenpolitik verfolgt, die zu Deutschlands Isolierung und der zunehmenden Furcht geführt hatte, das Land sei von feindlichen Mächten »eingekreist«. Dies wiederum förderte die Bereitschaft, Heer und Marine zu verstärken, was Deutschlands finanzielle Schwierigkeiten verschärfte. Bülows Sturz war die Frucht eines vergeblichen Versuchs, das Problem durch die Einführung einer Erbschaftssteuer zu lösen, und die Situation sollte sich noch verschlimmern. Es gab Anzeichen, daß linke Liberale und einige Sozialdemokraten nach einer Gelegenheit suchten, den Reichstag mächtiger zu machen, und daß sie eine Reform des eingeschränkten Wahlrechts für den preußischen Landtag fordern wollten. Keine Regierung würde umhinkönnen, sich entweder mit dieser neuen potentiellen Gruppierung der gemäßigten Linken oder mit einer zunehmend scharfen nationalistischen Rechten zu verständigen. Obwohl es Bülow gelungen war, einen konservativen Block für den Reichstagswahlkampf von 1907 zu bilden und die stetigen Zugewinne der Sozialdemokraten vorübergehend zu stoppen, war es damit bei den Wahlen von 1912 vorbei, und die Gewinne der Sozialdemokraten führten zu lautstarken Forderungen der Rechten nach einer Kampagne gegen sie bis hin zum Ruf nach einem *coup d'état* von oben, der Abschaffung des allgemeinen Wahlrechts und der Einführung einer autoritären Regierung – Gedanken, die vom Kronprinzen und seiner Umgebung nachdrücklich bejaht wurden und denen der Kaiser in seinen unbesonneneren Momenten eine gewisse Sympathie entgegenbrachte. Bethmann Hollweg wollte seine »Politik der Diagonalen« zwischen diesen entgegengesetzten Kräften verfolgen. Er wollte die Sozialdemokraten nicht noch weiter dem deutschen Staat entfremden, gerade angesichts der seiner Meinung nach immer gefährlicheren internationalen Lage, und gleichzeitig hoffte er, einen neuen nationalen Konsens zu erreichen, indem er die Regierung »oberhalb der Parteien« ansiedelte. Sein Spielraum war jedoch äußerst begrenzt, und der bedächtige, hochherzige, schwermütige, konservative Bürokrat war zweifellos nicht der Richtige, um an der etablierten Macht der Militärs und Industriellen zu rütteln, die in jeder liberalen Geste im Inland und in jedem Kompromiß mit dem Ausland schmähliche Schwäche witterten.

Dies zeigte sich deutlich nach der Agadirkrise 1911, als nationalistische Interessengruppen Bethmann angriffen, weil er es in ihren Augen versäumt hatte, sich Deutschlands Einlenken von den Franzosen angemessen honorieren zu lassen, und weil die Entsendung eines deutschen Kriegsschiffs nach Agadir keine Folgen gehabt hatte. Die Nationalisten hatten sich von dieser Initiative, die eine internationale Krise provozierte, den Anstoß zu einem deutschen Kolonialreich in Afrika erhofft und eine Gelegenheit, Deutschlands Macht zu demonstrieren. Eine deutsche Zeitung schrieb am 3. Juli 1911: »In Deutschland aber ging ein gewaltiges Aufatmen durch das ganze Volk, als wäre ein böser Traum gewichen, als begänne ein Alptraum resignierten Mißbehagens vor dem Strahl der Morgensonne zu schwinden.«[40] Wenn man glaubte, Deutschlands Probleme nur durch einen dramatischen Akt nationaler Selbstbehauptung lösen zu können, auch um den Preis eines Krieges, war es natürlich enttäuschend, daß die durch Deutschlands Kanonenboot-Diplomatie erzielten Gewinne sich auf zwei kleine Teile des französischen Kongos beschränkten, die von dem deutschen Staatssekretär für die Kolonien verächtlich als »teilweise völlig wertloses, teilweise fast wertloses Gebiet«[41] bezeichnet wurden, als Sümpfe und Dschungel, deren Einwohner an der Schlafkrankheit dahinsiechten. (Es war bezeichnend für die Stimmung jener Zeit, daß ein französischer nationalistischer Journalist, der sich über die französischen Konzessionen an Deutschland beklagte, diese Gebiete als »herrliche Strände, von allen Tieren des Gartens Eden bevölkert, voll an jener zauberischen Schönheit, die Maler Bildern von der Schöpfung der Welt verleihen«[42] beschrieb.) Und der Preis für diese als schäbig bezeichneten Gewinne war eine Zunahme antideutscher Gefühle in Frankreich und eine Rede von Lloyd George, die als eindeutige Parteinahme für Frankreich ausgelegt wurde.

Obwohl bei Haldanes Besuch in Berlin im März 1912 versucht wurde, ein Abkommen mit England zu erreichen, war die deutsche Admiralität nicht zu Abstrichen an ihrem Flottenbauprogramm bereit, solange England sich nicht zu unbedingter Neutralität in einem europäischen Krieg verpflichtete. Bethmanns Außenpolitik, die die Beziehungen zu England verbessern sollte, machte folglich keine Fortschritte, während er gleichzeitig unter verstärktem Druck stand, die Zustimmung des Reichstags für den Marineausbau zu erwirken. Haldanes Besuch erfolgte nach den Reichstagswahlen vom Januar 1912, die eine Niederlage für die Rechte und ein Triumph für die Sozialdemokraten gewesen waren. Bethman hatte davon abgesehen, Bülows Taktik von 1907 anzuwenden und den Wahlkampf mit nationalistischen Slogans zu führen, weil er nicht den Eindruck erwecken wollte, sich dem Druck von rechts zu beugen. Einem Freund gegenüber erklärte er:

»Wir sollen für unsere Wehr zu Wasser und zu Lande alles tun, was unsere Finanzen irgend gestatten, aber nicht mit drohendem Geschrei, sondern soweit es angeht in arbeitsamer Stille. Dann können wir uns trotz einer Flottennovelle mit England so stellen, daß es nicht zum Kriege kommt. Daran arbeite ich, aber die Widerstände von allen Seiten sind kaum zu überwinden.«[43]

Tatsächlich sah er sich bald mit Forderungen nach Erhöhung des Marinebudgets konfrontiert, denen er sich nicht widersetzen konnte, da der Kaiser erklärte, daß seine Geduld und die des deutschen Volkes ein Ende habe,[44] und sich jeder Erwägung finanzieller Natur, die gegen eine Vergrößerung der Marine sprach, unzugänglich zeigte, während die nationalistischen Verbände – um den neuen Wehrverein bereichert –, die für die Verstärkung des Heeres und die Vorbereitung der gesamten Nation, besonders der Jugend, auf den Krieg warben, immer lautere Kritik an der Regierung übten. 1913 wurde deshalb nach der Verstärkung der Marine auch das Heer verstärkt.

Von 1911 bis zum Kriegsausbruch – und bis zu Bethmanns Abschied 1917 – wurde immer wieder die Forderung nach seinem Rücktritt laut; die Parole »Bethmann-soll-weg« erinnert an den Slogan BMG (Balfour must go) der britischen Konservativen gegen ihren Führer Arthur Balfour. Bethmann hatte im März 1912 dem Kaiser seinen Rücktritt angeboten, weil dieser in einem seiner Anfälle antienglischer Panik direkt an den Botschafter in London telegrafiert hatte, eine Verstärkung der englischen Nordseeflotte durch den Abzug von Schiffen aus dem Mittelmeer werde die sofortige Mobilmachung Deutschlands bewirken, doch bis zur Einreichung des Rücktrittsgesuchs hatte der Kaiser sich wieder beruhigt; aber es war für den Reichskanzler Anlaß, seine Politik zu definieren: jedes Mißlingen einer deutsch-englischen Verständigung müsse den Engländern zuschulden kommen, denn sonst

»wird nicht nur unser Verhältnis zu England in verhängnisvoller Weise verschärft, sondern es wird auch der in Frankreich schon jetzt stark angefachte Chauvinismus zu den kühnsten Hoffnungen ermutigt. Frankreich wird so herausfordernd und übermütig werden, daß wir gezwungen sind, es anzugreifen. In einem solchen Kriege wird Frankreich automatisch die Hilfe Rußlands und zweifellos auch die Englands haben [...]. Ich kann es nicht verantworten, unsererseits auf eine solche Situation hinzuarbeiten. Wird uns ein Krieg aufgezwängt, so werden wir ihn schlagen und mit Gottes Hilfe nicht dabei untergehen. Unsererseits aber einen Krieg heraufbeschwören, ohne daß unsere Ehre oder unsere Lebensinteressen tangiert sind, würde ich für eine Versündigung an dem Geschicke Deutschlands halten, selbst wenn wir nach menschlicher Voraussicht den völligen Sieg erhoffen könnten.«[45]

Dies war eine Haltung, die viele Unwägbarkeiten beinhaltete, von der Bedeutung, die Worten wie »Ehre« und »Lebensinteressen« beizumessen war, bis zur Frage, wie weit Bethmanns Interpretation dieser Begriffe mit der seiner nationalistischen Kritiker übereinstimmte, und man hat manchmal den Eindruck, daß die Differenzen eher die Mittel als die Ziele betrafen.

Die Schwierigkeit einer »Politik der Diagonalen« zeigte sich beim »Zaberner Zwischenfall« (siehe Seite 102/103).

wo die Bestrebungen einer Mehrheit des Reichstags – darunter die Nationalliberalen und die Katholische Zentrumspartei sowie die linken Liberalen und die Sozialdemokraten –, die Heeresführung zu rügen und die Handhabung der Angelegenheit durch den Reichskanzler zu kritisieren, nur die Ohnmacht des Reichstags und die Schwierigkeit einer offenen Anklage der Militärbehörden offenbarten. Während es zwanzig Jahre früher undenkbar gewesen wäre, eine solche Kritik am Militär öffentlich im Reichstag und in der Presse zu üben, bestand die Kehrseite der vermeintlich größeren parlamentarischen und öffentlichen Freiheit darin, daß der Reichskanzler nach wie vor ein parlamentarisches Mißbilligungsvotum mißachten und die Heeresführung sich mit halbherzigen Disziplinarmaßnahmen gegen die beteiligten Offiziere begnügen konnte. Es war ebenso bezeichnend, daß der Versuch des bedauernswerten Statthalters von Elsaß-Lothringen, seine Autorität zu behaupten, vom Kaiser öffentlich gerügt wurde, wie daß der Kaiser, der selbst General war, die Affäre lieber vertuschen wollte, als das Ansehen des Militärs in Verruf zu bringen.

Bethmann war also kaum der Geeignete, um sich gegen die Macht des Militärs und die Vorurteile des Kaisers aufzulehnen – schon deshalb, weil er ihre Geringschätzung der Berufspolitiker im Reichstag teilte. Die Debatte über die Zaberner Frage bezeichnete er als wahres Tollhaus und die Politiker Bassermann, Scheidemann und Erzberger von den Nationalliberalen, der SPD und dem Zentrum als würdelose Gesellen, die ihre politische Ignoranz hinter Temperamentsausbrüchen zu verbergen trachteten.[46] Bethmann Hollwegs Abneigung gegen Politiker rührte jedoch auch daher, daß er trotz seiner Rechtsauffassung von der Besonderheit des Heeres und der Marine überzeugt war. In der Zaberner Frage wollte er der Armee keinen Schaden zufügen,[47] und über die Marine sagte er, eine »wirkliche große Macht mit einer Seeküste könne keine ›Landratte‹

sein; sie *müsse* eine Flotte, und zwar eine starke Flotte, haben. [...] nicht bloß zu dem Zweck, [den] Handel zu schützen, sondern für die allgemeinen Zwecke [ihrer] Größe.«[48] Ungeachtet seiner Zweifel an den Methoden und dem Stil der preußischen Militärklasse und unabhängig von seinem Idealismus und seiner Kultur (er klagte dem englischen Botschafter, daß er während der Agadirkrise vor dem Schlafengehen die gewohnte Beethovensonate nicht habe spielen können: »Wie kann ich meine geliebte alte Musik spielen, wenn die Luft voll moderner Dissonanzen ist?«)[49] war Bethmann Hollweg in seiner Handlungsfreiheit durch seine Herkunft und sein Temperament ebenso eingeschränkt wie durch das System, in dem er agierte. Seine pessimistische, reservierte und sensible Natur machte ihn besonders empfindlich gegen die Unterstellung, er sei feige. Fritz Stern erwähnt in seinem klugen Essay Bethmann Hollwegs Worte, daß es der Selbstentmannung gleichgekommen wäre, wenn Deutschland 1914 einen anderen Kurs verfolgt hätte.[50] Sein Fatalismus trieb ihn zunehmend in den Glauben, daß er nichts ändern könne. Aber selbst wenn er weniger fatalistisch gewesen wäre, hätte er gegenüber den extrem nationalistischen Konservativen wenig ausrichten können. Seine Politik der Diagonalen wurde ständig durch einen Rechtsdrall verzerrt, und er war dagegen machtlos.

Von den Wahlen 1912 bis zum Kriegsausbruch verhehlte die nationalistische Propaganda in ihren Aufrufen zur Kriegsvorbereitung nicht die Hoffnung, daß ein Krieg das Ende der Sozialdemokratie sein könne. Die Journalisten der Rechten sahen nicht nur einem Krieg der Teutonen gegen die Slawen entgegen, sondern auch der Aussicht, auf diesem Weg die Zahl der Sozialdemokraten im Reichstag zu dezimieren und anderen »Übelständen« abzuhelfen.[51] Bethmann teilte diese Ansichten nicht; seiner Ansicht nach erwarteten die Konservativen von einem Krieg zwar, daß er der Innenpolitik eine konservative Richtung geben werde doch zu Unrecht, denn in Wahrheit müsse ein Weltkrieg mit seinen unvorhersehbaren Folgen der Sozialdemokratie dienen, welche Frieden predige und manch einen Thron stürzen werde.[52] Die Konsequenzen für die deutsche Außenpolitik drückte der Kanzler im November 1913 so aus:

»In einem zukünftigen Krieg, der ohne zwingenden Anlaß unternommen wird, steht nicht nur die Hohenzollernkrone, sondern auch die Zukunft Deutschlands auf dem Spiel. Gewiß muß unsere Politik kühn geführt werden. Aber in jeder diplomatischen Verwicklung mit Schwertern [zu] rasseln, ohne daß die Ehre, die Sicherheit und die Zukunft Deutschlands bedroht sind, ist nicht nur tollkühn, sondern verbrecherisch.«[53]

Während Teile der Regierung und des Generalstabs es wenig zweckdienlich fanden, einen Krieg aufzuschieben, der ihnen unvermeidlich schien, fürchtete Bethmann nichts mehr als einen Krieg, in dem Rußland Deutschland angreifen und England sich möglicherweise neutral verhalten würde. Gegen die zweite Befürchtung blieb seine Politik erfolglos, aber die erste konnte er mit Hilfe einiger der führenden Sozialdemokraten ausräumen. Seit Marx und Engels hatten die Sozialisten einen Krieg gegen Rußland, die reaktionärste Macht in Europa, als gerechtfertigt betrachtet, mochten sie den Militarismus im eigenen Lande noch so heftig kritisieren. Und obgleich Sozialdemokraten des linken Flügels, vor allem Rosa Luxemburg und Karl Liebknecht, in den Vorkriegsjahren eine lebhafte Kampagne gegen Militarismus und Krieg führten, war die Parteiführung zurückhaltender und verlangte Reformen der Organisation der nationalen Verteidigung, statt die nationale Verteidigung an sich anzugreifen. Wenngleich Sozialisten und Nationalisten sich unversöhnlich gaben – bürgerliche Politiker weigerten sich, als Präsident oder Vizepräsident des Reichstags zu amtieren, wenn ein Sozialist zu einem der Vizepräsidenten gewählt wurde, und sozialistische Parlamentsmitglieder verweigerten die rituellen Hochrufe auf den Kaiser und das Erscheinen bei Hofe –, behielt der Reichskanzler Kontakt zu einigen der rechten Sozialisten. Die Sozialisten hatten die Regierung unterstützt, als sie 1913 für die Sondersteuern gestimmt hatten, die zur Finanzierung der Heeresvermehrung vorgelegt worden waren. In der Julikrise 1914 konnte Bethmann die Heeresführung davon abhalten, die Sozialistenführer in Haft zu nehmen, weil ihm seine Verbindungsleute in der Sozialdemokratischen Partei versichert hatten, daß die Sozialisten trotz ihrer Demonstrationen für den Frieden sich den Kriegsvorbereitungen nicht entgegenstellen wollten. Was als »negative Integration«[54] der deutschen Sozialisten bezeichnet wurde, findet Bestätigung in der Einhelligkeit, mit der die Sozialdemokraten am 4. August 1914 für die Kriegsanleihe stimmten.

Der Begriff des Primats der Außenpolitik entstammt den Schriften Leopold von Rankes, des großen deutschen Historikers des 19. Jahrhunderts. Ihm zufolge war es eine Frage der Außenpolitik, ob ein Staat sich von Einflußnahmen durch andere Mächte freihalten und einen eigenen Nationalcharakter und eigene Institutionen entwickeln konnte; Existenz und Beschaffenheit des Staats hingen also vom Erfolg seiner Außenpolitik ab. Diese Gedanken waren weniger simpel, als manche späteren Autoren meinten, und Ranke war ein zu intelligenter Historiker, um nicht zu wissen, daß äußere und innere Belange einander beeinflußten.[55] In Deutschland griffen zu Beginn des 20. Jahrhunderts einflußreiche Historiker Rankes Ideen wieder auf – die Vorstellungen von der Wechselwirkung der Großmächte und vom Gleichgewicht der Kräfte und vor allem von der Bedeutung der äußeren Beziehungen bei der Bestimmung der inneren Entwicklung, denen zufolge die Innenpolitik der Außenpolitik untergeordnet werden mußte. Solche Gedanken wurden auch von Politikern ausgesprochen, zum Beispiel von Bernhard von Bülow, dem späteren Reichskanzler, der 1890 schrieb: »Alles muß unserer Einheit und unserer Stellung als europäische Großmacht untergeordnet werden, und auch unsere Innenpolitik muß darauf zugeschnitten sein.«[5]

Überdies hatte Ranke die Notwendigkeit des Gleichgewichts der Kräfte betont und vor der möglichen Hegemonie eines Staates gewarnt. Seine Nachfolger im Zeitalter des Imperialismus sahen Englands maritime Hegemonie und wollten sie brechen, um das Gleichgewicht der Kräfte wiederherzustellen, das jetzt ein weltweites sein mußte und sich nicht mehr auf Europa beschränken konnte. Ein führender Historiker und Publizist, Otto Hintze, schrieb in einem 1916 veröffentlichten Aufsatz:

»Wir wollten im friedlichen Wettbewerb mit England langsam wachsen, bis die ältere Weltmacht uns eines Tages in der Weltpolitik als gleichwertigen Mitbewerber anerkennen mußte. Noch ist England weit entfernt, in dieser Hinsicht den kontinentalen Mächten eine Gleichberechtigung zuzugestehen, und die deutsche Weigerung, sich mit der englischen Alleinherrschaft zur See abzufinden, ist eben der Hauptgrund, der das Inselreich zum Kriege gegen Deutschland getrieben hat. Der Sinn des Krieges kann also für uns kein anderer sein, als England zur Aufgabe seines Anspruches auf die absolute Seeherrschaft zu vermögen und dadurch das Gleichgewicht im Weltstaatensystem herzustellen.«[57]

Diese Gedanken stimmen fast wörtlich mit Tirpitz' Theorien über die Ziele des deutschen Flottenbauprogramms überein.

Wenn wir also nicht die Ansicht vertreten wollen, daß grundsätzlich niemand meint, was er sagt, und daß jede Äußerung nur dazu dient, die wahren Gründe zu verschleiern, dann müssen wir eingestehen, daß man auch im Fall Deutschlands die Außenpolitik nicht lediglich unter dem Gesichtspunkt eines Primats der Innenpolitik analysieren und die Entscheidung für den Krieg nicht allein innenpolitischen Zwängen zuschreiben kann. Und wir wissen, daß deutsche Politiker, Generale und Admirale sich der Zusammenhänge zwischen Innenpolitik und Außenpolitik sehr wohl bewußt waren – nicht nur, weil sie hofften, gegebenenfalls mit außenpolitischen Wagnissen die nationale Solidarität zu festigen, sondern auch, weil sie den entschiedenen Widerstand der Sozialisten gegen eine Politik des Krieges fürchteten. Das Gleichgewicht zwischen dem Wissen um innerstaatliche Probleme und Weltmachtphantasien war stets eine heikle Angelegenheit; wenn neuere Arbeiten die Bedeutung der innenpolitischen Widersprüche Deutschlands für die Richtung der Außenpolitik und für die Entscheidung für den Krieg herausgearbeitet haben und Faktoren nachwiesen, die eine ältere Generation von Historikern nicht berücksichtigt hatte, darf man dennoch nicht übersehen, daß der Griff nach der Weltmacht oder die Festigung der deutschen Stellung in einer als feindlich angesehenen Welt von vielen Deutschen um ihrer selbst willen erstrebt wurden, unabhängig von innenpolitischen Vor- oder Nachteilen. Die »Politik der Diagonalen« war nicht nur eine Frage des Ausgleichs zwischen der Linken und der Rechten, sondern auch des Ausgleichs zwischen internen und externen Problemen.

Unsere kurze Betrachtung der Beziehungen zwischen Innenpolitik und Außenpolitik in den am Ersten Weltkrieg beteiligten Großmächten zeigt, daß es kein universell anwendbares Erklärungsmodell gibt und daß die Entscheidung, Krieg zu führen, fast immer Ergebnis widersprüchlicher Hoffnungen und Befürchtungen, übernommener Haltungen und vorgefaßter Pläne und nicht kühler und rationaler Gewinn-und-Verlust-Berechnungen war. Auf kurze Sicht spielten innenpolitische Erwägungen durchaus eine Rolle, aber eine vage und von Land zu Land sehr verschiedene Rolle. In Deutschland übte die Rechte Druck auf die Regierung aus, in England und Frankreich war es die Linke, so daß Einschätzungen der Auswirkungen eines Krieges auf die innenpolitische Situation – soweit sie überhaupt getroffen wurden – unterschiedlich ausfallen mußten. Dennoch läßt sich nicht leugnen, daß der Krieg sich zu Anfang als Lösung für viele Probleme anzubieten schien: in England konnte die irische Frage offengehalten werden (wenn auch kaum zwei Jahre lang), und die Suffragetten verstummten; in Frankreich konnte das Problem der Einkommensteuer und der Steuerreform vertagt werden, da patriotische Appelle, in Kriegsanleihen zu investieren, die Staatseinnahmen erhöhten und die Tilgung für die Dauer des Krieges kein Thema war; gleichzeitig endete der Streit über die Länge der Militärdienstzeit, da jeder Mann in wehrfähigem Alter auf unbestimmte Zeit eingezogen wurde; selbst in Rußland machte sich der Krieg anfänglich nicht negativ bemerkbar, und Hoffnungen, daß er dem Regime neue Loyalität einbringen könne, schienen zunächst gerechtfertigt; und in Deutschland schien der Krieg alle Unterschiede aufzuheben und erzeugte eine kurzfristige Solidarität, die jene, die sie miterlebten, nie vergessen sollten.

Es wäre jedoch kühn, zu behaupten, daß die Führer Europas mit der Entscheidung, Krieg zu führen, diese Dinge bezweckten. Für den Historiker wird immer eine Lücke bleiben zwischen dem, was im Juli 1914 geschah, und den Hoffnungen und Befürchtungen, die die Politiker zuvor gehegt hatten. Eine Überprüfung der politischen und strategischen Entscheidungen, die in der Krise getroffen wurden, verrät uns, daß die Motive der Staatsmänner und Generale keineswegs so rational und durchdacht waren, wie die Vorstellung nahelegen würde, daß sie bewußt den Krieg suchten, um sich ihren unlösbaren internen sozialen und politischen Problemen zu entziehen.

Doch es bleibt die Frage nach der Struktur der europäischen Gesellschaft vor 1914 und nach dem Zusammenhang mit dem Ausbruch des Ersten Weltkrieges. Wie weit waren die Entscheidungen vom Juli 1914 die zwangsläufige Folge der Struktur der industriellen und kapitalistischen Gesellschaft? Waren die Widersprüche in der kapitalistischen Welt so beschaffen, daß sie früher oder später zum bewaffneten Konflikt führen mußten? Und wenn ja, in welchem Bezug standen sie dann zu den Entscheidungen vom Juli 1914, die zu jenem Zeitpunkt und nicht früher oder später zum Krieg führten? Mit dieser Frage wollen wir uns im folgenden beschäftigen.

Sechstes Kapitel

Die internationale Wirtschaft

Daß Kriege der Natur des Kapitalismus inhärent seien und nur mit der Abschaffung der kapitalistischen Wirtschaft ein Ende finden würden, war 1914 ein marxistisches Gemeingut. Sollte diese Doktrin zutreffen, so böte sie die erschöpfendste Erklärung für den Ausbruch des Ersten Weltkrieges – wenngleich auch dann noch die Frage bliebe, warum dieser bestimmte Krieg zu diesem bestimmten Zeitpunkt innerhalb der Krise des Kapitalismus ausbrach. Die Doktrin war auf dem Internationalen Sozialistischen Kongreß von 1907 in Stuttgart aufgestellt worden, doch die langatmige, weitschweifige Resolution, die mit diesen Worten über den zwangsläufigen Zusammenhang zwischen Kapitalismus und Krieg ansetzte, erging sich danach in widersprüchlichen Aussagen zu einem eventuellen Krieg, bevor die Revolution eintreten werde, die allen Kriegen für immer ein Ende machen sollte.[1]

Die Vorstellung vom zwangsläufigen Zusammenhang zwischen Kapitalismus und Krieg besteht in vielfältiger Form – von der vergleichsweise einfältigen Ansicht, daß Industrielle, insbesondere Waffenhersteller, Kriege provozierten, um sich zu bereichern, oder daß Geschäftsleute ihre Regierungen zu Kriegshandlungen anstifteten, um Konkurrenten im Ausland zu ruinieren, bis zu anspruchsvolleren Theorien zu den Zusammenhängen zwischen wirtschaftlichem Imperialismus und internationalen Konflikten. Es ist ein marxistischer Gedanke, daß der Erste Weltkrieg die unausweichliche Konsequenz imperialistischer Rivalitäten war, welche wiederum die unweigerliche Konsequenz der

Krise des Kapitalismus waren. Einzelne Theorien zum Zusammenhang zwischen Kapitalismus, Imperialismus und zwangsläufigem Krieg waren vor 1914 von Radikalen und Sozialisten entwickelt worden – von dem Engländer J. A. Hobson (der allerdings noch an die Rettung des Kapitalismus glaubte), von dem Österreicher Rudolf Hilferding und von Rosa Luxemburg. Ihren wirkungsvollsten und polemischsten Ausdruck fand diese Anschauung in Lenins Streitschrift *Imperialismus – Die höchste Stufe des Kapitalismus*, die 1916 erschien und verfaßt worden war, um jenen Sozialisten (der Mehrheit), die 1914 für ihre jeweiligen Regierungen gestimmt hatten, weil sie den Krieg als Verteidigung ihrer Nation betrachteten, vor Augen zu führen, daß es in Wahrheit ein imperialistischer Krieg war, die Konsequenz aus der Konkurrenz zwischen Staaten, deren Kapitalisten nach neuen Investitionsmöglichkeiten suchten und deshalb die Regierungen zur imperialistischen Expansion drängten, bis die wachsende Rivalität um die Herrschaft über die Reste der vorkapitalistischen Welt unvermeidlich in die bewaffnete Auseinandersetzung mündete.

Die meisten Theorien, die die Ursachen für den Ersten Weltkrieg in der Ökonomie sehen, gehen davon aus, daß imperialistische Machtkämpfe zum Krieg führten, die ihrerseits aus wirtschaftlichen Zwangslagen resultierten. Diese Kausalität ist jedoch nicht zwingend. Die psychologischen Auswirkungen des Imperialismus förderten zweifellos, wie wir darlegen werden, ein Klima, das den Krieg ermöglichte, aber nicht alle imperialistischen Zielsetzungen leiteten sich aus unmittelbaren ökonomischen Interessen her. Und wirtschaftliche Faktoren, die nicht in direkter Beziehung zum Imperialismus standen, hatten Einfluß auf die internationalen Beziehungen. Doch die radikalsten Theorien des Wirtschaftsimperialismus, wie die, die Rosa Luxemburg in ihrem Werk *Die Akkumulation des Kapitals* entwickelte, schreiben fast jede Entwicklung der kapitalistischen Gesellschaft einem grundlegenden und stets gegenwärtigen imperialistischen Ethos zu. Eine Untersuchung des Denkansatzes, demzufolge der Krieg in erster Linie wirtschaftliche Ursachen hatte, wird um eine Diskussion des Imperialismus nicht umhinkönnen.

Wir wollen jedoch zu Anfang die schlichteren Erklärungsmodelle für die Verantwortung wirtschaftlicher Interessen am Kriegsausbruch betrachten – zum Beispiel die Ansicht, daß gewisse Industrielle von einem Krieg nur profitieren konnten und die Macht hatten, die Entscheidungen ihrer Regierungen zu lenken; dem läßt sich natürlich entgegenhalten, daß andere Gruppierungen durch einen Krieg Schaden erleiden mußten und ihren Einfluß für den Frieden verwendeten. Diese Fragen lassen sich nicht ohne weiteres lösen, da die komplizierte Struktur des Wirtschaftslebens zu Beginn des 20. Jahrhunderts es erschwert, die Interessen einzelner Industrieller und Geschäftsleute eindeutig zu bestimmen, und ihre Einflußmöglichkeiten Regierungen gegenüber sich noch weniger festmachen lassen. Es liegt auf der Hand, daß die Stahlproduzenten den verstärkten Flottenbau begrüßten, und wir wissen, daß die großen Stahlmagnaten in Deutschland die Marinepropaganda des Flottenvereins freigebig unterstützten.[2] Doch anders verhielt es sich mit der englischen Navy League – ein weitaus bescheideneres Unternehmen als ihr deutsches Gegenstück –, die von Mitgliedsbeiträgen lebte und von den Industriellen, denen der Bau von Schiffen für die Marine am Herzen lag, nur sporadische Zuwendungen erhielt.[3] Und selbst wenn die Stahlproduzenten Regierungsaufträge für den Kriegsschiffbau begrüßt haben mögen, müssen sie noch keinen Krieg gewünscht haben – schon deshalb, weil viele von ihnen am Bau von Handelsschiffen beteiligt waren und finanzielle Einbußen gewärtigen mußten, wenn der internationale Handel durch einen Krieg gestört wurde, da ihre Produktion exportabhängig war. 1907, auf dem Höhepunkt der deutsch-englischen Flottenrivalität, importierte England für fünf Millionen Pfund Sterling Eisen und Stahl aus Deutschland, und Deutschland importierte für über drei Millionen Pfund Sterling aus England[4]; manchmal war deutscher Stahl für britische Werften billiger als englischer, weil die hohen Preise, die die deutschen Hersteller im Inland aufgrund eines Schutzzolls verlangten, ihnen erlaubten, Stahl ins Ausland billig zu verkaufen; es kam vor, daß die Hersteller infolge der ausländischen Nachfrage nach deutschem Stahl den ausländischen Kunden und der eigenen Regierung gegenüber in Lieferschwierigkeiten gerieten, und in langen und umständlichen Verhandlungen versuchte die deutsche Admiralität mit den Kruppwerken einen niedrigeren Stahlpreis als Gegenleistung für langfristige Aufträge auszuhandeln.[5] Oft hatten die Industriellen, gerade in England, Bedenken, ihre Auslandsprofite für unter Umständen kurzfristige Inlandserlöse aufs Spiel zu setzen, denn sie fürchteten, daß die Regierungsaufträge von einer unsicheren Politik oder Strategie abhängig waren, und hatten begriffen, daß stabile Erträge einen weiten und mannigfaltigen Markt voraussetzten. Die kapitalistischen Unternehmer strebten letzten Endes die Quadratur des Kreises an: sie wollten einerseits ihre Exportmärkte erhalten und andererseits gleichzeitig fette Profite im Kriegsschiffbau machen, und sie wollten nicht einsehen, daß beides langfristig nicht miteinander vereinbar war.

In den Augen der Öffentlichkeit waren Rüstungskonzerne – Krupp in Deutschland, Schneider-Creusot in Frankreich, Skoda in Österreich-Ungarn, Armstrong und Vickers in England – *Merchants of Death* – »Händler des Todes« –, die Kriege absichtlich herbeiführten, um mehr Profit zu erzielen. Sie gehörten jedoch zu einem komplizierten System, dessen andere Bereiche lediglich weniger Publizität genossen. Je komplizierter die Technik der Waffen und Kriegsschiffe wurde, um so mehr Industriezweige waren daran beteiligt: die großen deutschen Elektrokonzerne AEG und Siemens spielten beim Bau der deutschen Hochseeflotte eine ebenso entscheidende Rolle wie die Stahlbarone. Und Firmen wie Skoda und Krupp exportierten nicht nur Waffen. Skoda hatte als Werkzeugmaschinenfabrik begonnen, und obwohl der Waffenhandel seit 1904 der gewinnträchtigste Firmenzweig geworden war, lieferten die Werke auch Turbinen nach Niagara und Schleusentore für den Suezkanal.[6]

Selbstverständlich unterhielten die Waffenfirmen enge Beziehungen zu den Regierungen; dies lag nicht nur an ihrem Interesse an Rüstungsaufträgen im Inland – selbst Länder, in denen staatliche Rüstungsfabriken den Hauptanteil der Waffen herstellten, brauchten die Privatwirtschaft, wenn aufgerüstet wurde –, sondern auch daran, daß Waffenlieferungen an Verbündete oder potentielle Verbündete immer mehr politisches Gewicht erlangten. Aber auch hier lauerten Komplikationen. Gute Absatzmärkte bildeten Länder, die bisher nicht in den Kräfteberechnungen der Großmächte berücksichtigt gewesen waren, wie Spanien, das Waffen für den Feldzug in Spanisch-Marokko brauchte, oder die Länder Lateinamerikas, die sich untereinander bekriegten, oder China, das nach der Revolution von 1911 Skoda einen Großauftrag zur Modernisierung seiner Streitkräfte erteilte. Hier verlangten die Waffenfirmen gern Regierungsunterstützung gegen die Konkurrenz, indem sie das nationale Prestige ins Feld führten, das es über nationale Waffenfirmen zu wahren galt. Schneider insistierte erfolgreich darauf, daß die französische Regierung Chile dazu veranlaßte, seine Aufträge an die französische Firma zu erteilen. Solche Wünsche entsprachen nicht unbedingt den Interessen der Außenpolitik der Regierung: Schneiders Forderungen nach diplomatischer Unterstützung richteten sich ebenso oft gegen englische wie gegen deutsche Wettbewerber.[7] 1913 jagte Vickers seinen französischen Rivalen einen Auftrag für russische Kriegsschiffe im Wert von mehr als sieben Millionen Pfund Sterling ab.[8]

Die Regierungen versuchten oft, Waffenverkäufe im Sinne ihrer Politik zu steuern. Die französische Regierung wies die Waffenhersteller auf die Vorteile neuer Märkte hin – wie Rumänien oder während der Balkankriege die Türkei –, weil sie ihren Einfluß in jenen Ländern stärken wollte. Die Konkurrenz zwischen Krupp und Schneider auf dem Balkan spiegelte die Rivalität zwischen der französischen und der deutschen Regierung wider. Bisweilen waren die Franzosen in einer besseren Position als die Deutschen, weil sie mehr Kapital für Auslandskredite zur Verfügung hatten, so daß sie einen Kredit an eine ausländische Regierung davon abhängig machen konnten, daß sie das Monopol für Waffenlieferungen erhielten – eine Taktik, die sie erfolgreich in Griechenland, Bulgarien oder der Türkei anwendeten. Die französischen Gelder waren mächtiger als die deutschen Bemühungen, andere Formen der Überredungskunst anzuwenden, wie die Familienbeziehungen zwischen dem Kaiser und den Königen von Rumänien und Griechenland.

Da die Waffenhersteller ab und zu außenpolitischen Zwecken ihrer Regierung dienten, erwarteten sie umgekehrt Regierungsunterstützung auch dort, wo die Regierung keine eigenen Interessen hatte. Wie alle Geschäftsleute beschwerten sie sich permanent, daß ihre Diplomaten sich weniger für sie einsetzten als die anderer Länder für die Konkurrenten. Gleichzeitig beschwerten sich die Diplomaten der alten Schule, die sich nicht als Kaufleute betrachteten, darüber, daß sie sich um die Geschäftsleute und insbesondere die Waffenhändler kümmern sollten: »Die Macht Frankreichs in jedem Teil der Welt wird Le Creusot zur Verfügung gestellt«, grollte der französische Botschafter in Belgrad im Jahre 1910.[9]

Meist waren jedoch die Regierungen auf die Waffenfir

men stärker angewiesen als die Waffenfirmen auf die Regierungen. Die Rüstungsproduzenten profitierten von den Regierungsaufträgen und mußten daran interessiert sein, sich langfristige Rüstungsprogramme zu erhalten, was der Kriegsschiffbau belegt. Doch ihr Profit beruhte auf ihrem weitgespannten Vertriebsnetz; ihre Konkurrenten waren andere Waffenfirmen und nicht ausländische Regierungen, und sie betrieben Pressekampagnen gegen die Erzeugnisse der Konkurrenz. In manchen Fällen – wie bei Krupp, den Bankiers, die Skoda kontrollierten, und Schneider – hatten die Konzerne amtlich und privat Zugang zu den Kreisen, die für die Regierungspolitik verantwortlich waren, und zweifellos nutzten sie beides, um sich sowohl Regierungsaufträge zu verschaffen als auch die Hilfe der Regierung bei der Suche nach Exportmärkten. Dies mag die Verteidigungspolitik in technischer Hinsicht beeinflußt haben, aber es hatte wohl doch wenig Einfluß auf die Außenpolitik an sich, und es hat nicht den Anschein, daß die Rüstungsproduzenten mehr Einfluß geübt hätten als andere Wirtschaftskreise. Die Regierungen wiederum brauchten die Waffenhersteller für ihre Außenpolitik, da sie den militärischen Hintergrund für diese Politik lieferten und somit auch die Beziehungen zu potentiellen Verbündeten und neutralen Ländern beeinflußten.

Der Waffenexport war nur Teil eines großen Geflechts internationaler Wirtschaftsbeziehungen. Ein wichtiger Aspekt dieser Beziehungen war die Rolle der großen Banken. In marxistischer Sicht dominierten die Banken in der Zeit bis 1914 über andere Formen der Ökonomie. Das vermehrte »Finanzkapital« – Kapital, das sich dort investieren ließ, wo die größten Gewinne zu erwarten waren – stand den Banken als Kapitalreserven zur Verfügung, die sie zur Kontrolle über viele Wirtschaftszweige im Inland und zur Erschließung neuer Anlagemöglichkeiten im Ausland nutzen konnten. Der innenpolitische Einfluß der Banken war von Land zu Land verschieden, und der Vorwurf, daß eine marxistische Analyse – wie die des österreichischen Volkswirtschaftlers Rudolf Hilferding, der in seinem 1910 erschienenen Buch *Das Finanzkapital* die Rolle der Banken betont – sich zu ausschließlich auf die Voraussetzungen Deutschlands und Österreichs beziehe, ist nicht von der Hand zu weisen.[10] Gewiß unterliegt die internationale Bedeutung der Banken keinem Zweifel, ebensowenig wie der Wunsch der Kapitaleigner Westeuropas, neue gewinnträchtige Anlagemöglichkeiten zu entdecken. Der russische Finanzminister Witte beschrieb 1902 Rußlands Beziehungen zu Frankreich in einer Terminologie, die an die der marxistischen Theoretiker erinnert:

»In jedem Lande, das ein hohes Niveau industrieller und wirtschaftlicher Entwicklung erreicht hat und dessen politischer Horizont ungetrübt und wolkenlos ist, macht sich ein Überfluß an Kapital bemerkbar [. . .]. Wenn darüber hinaus kleine Kapitalisten in hohem Ausmaß Sinn für das Sparen haben – welche Eigenschaft seit vielen Jahren der französischen Nation eigen ist –, so wird der Wunsch nach Kapitalexport zu einem absoluten und unabänderlichen Bedürfnis.«[11]

Der Kapitalexport lag gänzlich in den Händen der Banken. Sie investierten ihr eigenes Kapital direkt in Unternehmen im Ausland – Kohlenbergwerke in Rußland, Goldminen in Südafrika, Eisenbahnbau in Südamerika – und handelten als Vermittler für ausländische Regierungen und Industrieunternehmen, die Auslandsanleihen benötigten. Regierungen und Verwaltungen waren auf Banken angewiesen, welche Anleihen in den Finanzzentren London, Paris, Berlin, Frankfurt und seit 1914 auch New York auflegten. Die Banken streckten das Geld vor und verkauften die Anleihe in Einzelanteilen an Anleger. Voraussetzung für einen erfolgreichen Verkauf war der Ruf der Bank und ihr Geschick darin, die Phantasie kleiner und großer

Kapitaleigner zu aktivieren. Banken gaben auch kurzfristige Kredite an ausländische Regierungen – ein Geschäft, das Profite abwarf, wenn der Zinssatz von Land zu Land differierte. (So betrug der Zinssatz 1906 in Berlin fünf Prozent und in Paris drei Prozent, so daß es sich für französische Banken lohnte, im Inland Geld aufzunehmen und es nach Deutschland zu verleihen.)[12] Kurzfristige Auslandskredite waren für den Kreditnehmer nicht ungefährlich, denn in politisch oder wirtschaftlich unsicheren Zeiten konnten sie als Geldquelle versiegen.

Solche Aktivitäten der Banken waren nicht unabhängig von der Regierungspolitik möglich. In Ländern wie Frankreich und Deutschland im Gegensatz zu England konnte die Regierung steuern, welche ausländischen Wertpapiere oder Staatsanleihen öffentlich an der Börse notiert wurden (ein berühmtes Beispiel war Bismarcks Verbot von 1887, russische Wertpapiere zu handeln), obwohl dies nicht verhinderte, daß Anteile außerhalb der Börse privat verkauft wurden. Regierungsverbote hatten meist politische Motive und politische Konsequenzen. Wie die Waffenhersteller waren auch die Bankiers auf die Regierungen ebenso angewiesen wie diese auf sie. Aber die Interessen der Regierung und die der Banken waren nicht immer identisch. Persönlich mochten die Bankiers sich in ihrem Patriotismus nicht von anderen Bürgern unterscheiden, aber ihr Geschäft betrieben sie, um Geld zu verdienen. Französische Bankiers verweigerten zwischen 1912 und 1913 aus finanziellen Gründen einen Kredit an Rumänien, den die französische Regierung befürwortete, weil sie Rumänien dem Bündnispartner Deutschland abspenstig machen wollte. Im selben Jahr war die Banque de Paris et des Pays Bas entgegen der Empfehlung der Regierung bereit, Bulgarien Geld zu leihen, aber Bank und Regierung änderten ihre Meinung; im Juni 1914 hatte die französische Regierung sich von ihrem russischen Verbündeten davon überzeugen lassen, daß sie Bulgarien durch eine willkommene Finanzspritze auf ihre Seite bringen solle, aber die Pariser Bankiers sahen angesichts der finanziellen Rezession im eigenen Land keinen Profit mehr in einem Kredit an Bulgarien und verweigerten sich der Regierungspolitik.[13]

In der französischen Außenpolitik sind die Verbindungen zwischen Regierung und Banken am klarsten zu erkennen, weil Frankreich die meisten Investitionen in anderen europäischen Ländern tätigte. England war das Land mit den höchsten Auslandsinvestitionen, aber nur sechs Prozent davon waren in Europa angelegt, während es im Fall Frankreichs zweiundsechzig Prozent waren.[14] Dies verhinderte zwar nicht, daß französische Geschäftsleute mit Interessen in den französischen Kolonien oder in Marokko einen völlig unverhältnismäßigen Einfluß ausübten, aber die Menge französischen Geldes, das in anderen europäischen Ländern investiert war, machte eine enge Verbindung zwischen der Investitionspolitik der Banken und der Außenpolitik der Regierung erforderlich. Die deutsche Regierung konnte ihrer Diplomatie nicht mit finanziellem Druck nachhelfen, denn Deutschland litt nach der schnellen industriellen Expansion in der zweiten Hälfte des 19. Jahrhunderts an Kapitalmangel, während das französische Volk – das von den Nationalisten kritisiert wurde, weil es sein Geld im Ausland statt im Inland investierte – über genügend Sparkapital verfügte. In England sah die Investitionspolitik anders aus: der größte Teil des britischen Kapitals, das außerhalb des Vereinigten Königreichs angelegt wurde, gelangte in das Kolonialreich und nach Nord- und Südamerika; die britische Politik in Europa war also weitgehend unabhängig von finanziellen Überlegungen, wie sie die Franzosen treffen mußten.

Von allen Bündnissen, die vor 1914 bestanden, wurde die russisch-französische Allianz am meisten durch finanzielle und politische und strategische Bindungen gleichermaßen zusammengehalten. Obgleich der Abschluß des Bündnisses im Jahre 1893 sich strategischen und politischen Überlegungen beider Seiten verdankte, fiel er mit dem Auflegen der ersten großen Serie russischer Anleihen auf dem französischen Geldmarkt zusammen. Den ersten Krediten an die russische Regierung in den Jahren 1888, 1889 und 1890 folgten französische Investitionen in andere Wirtschaftsbereiche – Kommunalkredite, Eisenbahnbau, Bergwerke und Industrieunternehmen –, und bis 1914 war fast ein Viertel aller französischen Auslandsinvestitionen in Rußland angelegt.[15] Finanzielle Verbindungen solchen Ausmaßes hatten unweigerlich politische Konsequenzen – ganz abgesehen von Sondervereinbarungen wie über den Bau strategischer Bahnlinien und Auftragsvergabe an französische Firmen, an die einige der Kredite gebunden waren. Die Banken, die ihre Kunden dazu ermunterten, ihr Geld in russischen Staatspapieren, Bergwerken oder Eisenbahnen anzulegen, mußten ihnen Rußland wohl oder übel als starkes, politisch stabiles und wirtschaftlich expandierendes Land schildern – kurz, als idealen Verbündeten. Trotz der Anprangerung der Autokratie und Unterdrückung in Rußland durch die französische Linke und trotz der Weigerung der Rothschilds und anderer jüdischer Bankiers, sich an russischen Anleihen zu beteiligen, weil die Russen die Juden unterdrückten, war das Vertrauen auf Rußland bis zum Kriegsausbruch und noch bis 1917 erstaunlich ungebrochen.

Das deutlichste Bild der komplizierten Wechselwirkungen zwischen der französischen Diplomatie, der russischen Finanznot und der Notwendigkeit, Rußland dem Ausland günstig zu präsentieren, zeigen die Verhandlungen für die Anleihe von 1906, die der russische Ministerpräsident Witte als »die große Anleihe, die Rußland rettete«[16] bezeichnete. Im Januar 1904 war der Krieg zwischen Rußland und Japan ausgebrochen. Im Mai war es den Russen durch Anbieten eines hohen Zinssatzes gelungen, trotz der politischen Ungewißheit eine Anleihe in Frankreich aufzulegen. Die französische Regierung hatte eine Beteiligung Deutschlands an der Anleihe von vornherein abgelehnt. 1905 war Rußlands Niederlage offenbar; im Verein mit den wachsenden Unruhen im Lande erschwerte dies eine Verlängerung der Anleihe, und gegen Jahresende, als die revolutionäre Bewegung zunahm, wurde beunruhigend schnell Kapital aus Rußland zurückgezogen. Für die russische Regierung, die die politischen und wirtschaftlichen Folgen der Niederlage gegen Japan und der Revolution im Inland auffangen mußte, war eine große Anleihe unverzichtbar. Die ausländischen Investoren schienen vor der Wahl zu stehen, entweder noch mehr Geld in Rußland anzulegen und zu hoffen, damit die früheren Investitionen zu retten, oder alles zu verlieren, wenn über Rußland Revolution, Anarchie und Bankrott hereinbrachen.

Im Frühjahr 1905 hatte die Marokkokrise ernste Spannungen und Kriegsgerüchte zwischen Frankreich und Deutschland herbeigeführt. In den Verhandlungen vor einer internationalen Marokkokonferenz und auf der Konferenz von Algeciras versuchten die französische und die deutsche Regierung, Rußlands Geldnot auszunutzen, um die diplomatische Unterstützung Rußlands in der Marokkofrage zu erhalten. Die deutsche Regierung wollte mit der Aussicht auf eine deutsche Anleihe die russische Regierung dazu bewegen, ihren Einfluß in Paris geltend zu machen und die Franzosen deutschen Forderungen gegenüber nachgiebig zu stimmen. Die Franzosen ließen wiederum keinen Zweifel daran, daß ein Kredit an Rußland die rückhaltlose Unterstützung ihres Standpunktes auf der Konferenz von Algeciras voraussetze. Die französischen Bankiers betrachteten langfristige finanzielle Verbindungen zu Rußland mit Mißtrauen, und ohne die Zustimmung der französischen Regierung hatte die Anleihe keinen Sinn. Somit mußte Witte, der eine internationale Anleihe mit deutscher und französischer Beteiligung vorgezogen hätte, sich mit einem rein französischen Kredit begnügen. Die deutsche Regierung verbot jede weitere finanzielle Transaktion mit Rußland, und Rußland unterstützte Frankreich in Algeciras. Es kann nicht überraschen, was Poincaré, der damalige Finanzminister schrieb, als der russische Minister die abschließenden Verhandlungen mit ihm in Paris führte: »Er kommt als Gläubiger, der eine Schuld von Frankreich einfordert. Über die in Algeciras geleisteten Dienste sprach er in einem Ton, der mir fast peinlich war. Er beklagte sich über die Forderungen der französischen Banken, welche zweifellos von großer Habgier sind.«[17]

Die Anleihe vom April 1906 half Rußland bei der Überwindung der Katastrophen der Vorjahre, und sie schien Frankreichs Vertrauen auf seinen Verbündeten zu bestätigen. Der Linken erschien es gewiß so: Maxim Gorki klagte, daß Frankreich nicht mehr die Mutter der Freiheit sei, sondern eine Frau, die sich von Bankiers aushalten lasse.[18] Und als 1907 die britische Regierung ihr Abkommen mit Rußland traf, schrieben prominente Intellektuelle, darunter Bernard Shaw und John Galsworthy, an *The Times,* daß

»das vorgesehene Abkommen die Wirkung haben wird, das russische Ansehen zu verbessern und der Regierung zu ermöglichen, sich mit Erfolg in Europa um einen weiteren Kredit zu bemühen, über den die Vertreter des russischen Volkes kein Mitbestimmungsrecht haben werden und der nur dazu dienen wird, die Autokratie gegen sie zu behaupten. Wir fürchten auch, daß das englische Volk durch dieses bessere Ansehen und die engeren Beziehungen zwischen den Regierungen dazu verleitet sein wird, in großem Umfang in russische Staatspapiere zu investieren – eine Investition, die unsere politische Haltung gegenüber Rußland und anderen Mächten beeinflussen wird, wie es bei Frankreich zu beobachten war.«[19]

Die düsteren Prophezeiungen über britische Investitionen in Rußland waren vielleicht übertrieben (obzwar 1914 in Rußland mehr britisches Kapital investiert wurde als in jedem anderen europäischen Land), aber der enge Zusammenhang zwischen dem internationalen Ansehen einer Nation und ihrem Ruf im eigenen Lande war richtig erkannt worden.

Frankreichs Investition in Rußland war, wie René Girault aufgezeigt hat,[20] eine Investition in das zaristische Regime. Unter wirtschaftlichem Gesichtspunkt zahlte sich die Entscheidung aus, 1906 trotz der innenpolitisch unsicheren Lage Geld in Rußland zu investieren. In den nächsten acht Jahren schien die industrielle Expansion in Rußland der französischen Politik recht zu geben, und mit der zunehmenden russischen Wiederaufrüstung seit 1909 wurden weitere Kredite benötigt. Gleichzeitig dehnten französische Financiers ihren Einfluß in weitere Zweige der russischen Wirtschaft wie den Kohlebergbau aus. Russische Nationalisten führten Klage gegen ausländischen Einfluß und ausländische Schieber in Rußland, und ein Tagesordnungspunkt Präsident Poincarés bei seinem Besuch in St. Petersburg im Juli 1914 war das Gerichtsverfahren gegen das französisch geführte Kohlesyndikat, dem Verstöße gegen die russischen Monopolgesetze vorgeworfen wurden. Über langfristige Auswirkungen nationalistischer Reaktionen in Rußland, wenn es 1914 nicht zum Krieg gekommen wäre, läßt sich nur spekulieren; aber damals wurde die Verbindung von Finanzen und Strategie noch enger. Mit dem Kredit von 1913 sollten Rußlands Eisenbahnlinien ausgebaut werden; neue Linien, die bis 1918 fertiggestellt werden sollten, waren für eine schnellere Mobilmachung Rußlands im Westen geplant.

Anfang 1914 wurde dieser Punkt bei den Verhandlungen für einen neuen Kredit von den Franzosen zur Sprache gebracht; ihnen eilte es mit dem Baubeginn der fraglichen Linien, während die Russen sich nicht auf den Bau bestimmt ter Eisenbahnlinien festlegen lassen wollten und den wirtschaftlichen Nutzen der Erneuerung des Gesamtnetzes in den Vordergrund stellten. Die französischen Banken waren an Investitionen in Rußland interessiert, denn vor kurzem war eine große französische Regierungsanleihe gescheitert und das Kapital war verfügbar. Anfang 1914 wirkten folglich finanzielle, strategische und politische Interessen zusammen, um das russisch-französische Bündnis enger als je zuvor zu gestalten. In der Wechselwirkung von Politik und Wirtschaft läßt sich nicht bestimmen, welchem der beiden Faktoren mehr Gewicht zukommen könnte. Eins verstärkte das andere. Nun, da der politische Rahmen des Bündnisses festgelegt war, ließen sich Regierungen und Geschäftsleute immer mehr von ihm leiten, und die Wirtschaftstaktik, den Deutschen russische Kredite und den russischen Waffenmarkt vorzuenthalten, trug dazu bei, daß die Vorstellung zweier rivalisierender Machtblöcke um sich griff. Die Finanziers begründeten das russisch-französische Bündnis nicht, aber sie erkannten schon bald seine psychologischen und praktischen Vorteile. Die Politiker und Generale dachten zu Anfang nicht an die Interessen der Finanziers, aber sie erkannten schon bald, daß die finanziellen Verbindungen den diplomatischen und strategischen Belangen nutzen konnten.

Das Kapital der Franzosen machte sie wirtschaftlich begehrt. Dies führte auf manchen Gebieten und bei manchen Projekten, gerade in Marokko und beim Bau der Bagdadbahn, zu einer kurzfristigen Zusammenarbeit zwischen Deutschland und Frankreich. Nach der Marokkokrise von 1905 und 1906 merkte die deutsche Regierung schnell, daß es sinnlos war, eine Konfrontation mit Frankreich zu suchen. Während der nächsten Jahre – einer Zeit der Détente zwischen den beiden Ländern – waren beide Regierungen um eine Verständigung über ihre wirtschaftlichen Interessen in Marokko bemüht, zum Beispiel durch die

Bildung eines deutsch-französischen Konsortiums zur Ausbeutung der (etwas zu euphorisch eingeschätzten) Bodenschätze Marokkos. Diese internationale Kooperation zwischen den deutschen Firmen Krupp und Thyssen und der französischen Union des Mines Maroicanes scheiterte – nicht aufgrund einer geänderten Regierungspolitik, sondern weil ein deutsches Konkurrenzunternehmen, die Gebrüder Mannesmann, sich die Bergbaurechte in Marokko aneignen wollte. Mit der Unterstützung des Alldeutschen Verbandes, eines einflußreichen nationalistischen Interessenverbandes, konnte Mannesmann den Eindruck erwecken, sich für das Wohl der Nation einzusetzen, indem es behauptete, die deutsche Regierung verrate die deutschen Interessen an die Franzosen. Die deutsche Regierung berief den Bankier und Industriellen Walther Rathenau als Schlichter, aber Mannesmann nahm seine Vorschläge nicht an,[21] und die deutsche Regierung stellte die Unterstützung für das deutsch-französische Konsortium ein.

Die Agadirkrise im Sommer 1911 hatte einschneidende Auswirkungen auf die Wirtschaftsbeziehungen der beiden Länder.[22] Das französische Nationalbewußtsein erwachte ebenso heftig wie das deutsche, und infolge der Kriegsfurcht wurde viel französisches Kapital aus Deutschland abgezogen, was im Interesse der französischen Regierung war. Aber die Franzosen wurden sich nun auch des Ausmaßes der wirtschaftlichen Durchdringung Frankreichs durch die Deutschen, die in den letzten Jahren erfolgt war, unangenehm bewußt. Die deutschen Industriellen fürchteten das Versiegen der eigenen Eisenerzquellen, weshalb Firmen wie Thyssen sich im französischen Lothringen und in die Eisenerzbergwerke in der Normandie einkauften. Die französische Regierung verschärfte ihre Auflagen für Abbaurechte, die Ausländern gewährt wurden, und sie verstimmte die Deutschen durch neue Zollbestimmungen für Importe aus Deutschland. Wenn auch bei Kriegsausbruch noch finanzielle, industrielle und kommerzielle Verbindungen bestanden – die teilweise sogar während des Krieges heimlich über die Schweiz weitergeführt wurden –, waren sie jetzt infolge des hitzigen Nationalismus beiderseits des Rheins einer stärkeren Aufmerksamkeit der Regierungen und der Öffentlichkeit ausgesetzt. Die Politik hatte nun Vorrang vor der Wirtschaft, und gewinnträchtige Wirtschaftsverbindungen garantierten nicht länger friedliche Beziehungen zwischen den zwei Ländern.

Die französische Regierung war sich der Verbindung zwischen Investitionsvorhaben und Außenpolitik und der daraus resultierenden Probleme bewußt. Weigerte sie sich beispielsweise, eine italienische Anleihe an der Pariser Börse zuzulassen – würde dies die Italiener nicht noch abhängiger von Deutschland machen? Ließ sie die Auflage einer italienischen Anleihe in Frankreich zu – konnte dies dann zur Beeinflussung der italienischen Außenpolitik und zur Schwächung des Bündnisses mit Deutschland und Österreich-Ungarn genutzt werden? Zwischen 1904 und 1906, als die italienische Regierung eine Auslandsanleihe als Grundlage für die Umwandlung älterer Staatspapiere benötigte, erinnerte der französische Botschafter in Rom sowohl den italienischen Finanzminister wie seine eigene Regierung wiederholt an die Bedeutung dieser Frage. »Das Vertrauen, das wir beweisen würden, indem wir eine größere finanzielle Operation erleichterten, müßte Italien mit einem endgültigen und unmißverständlichen Beweis seines Vertrauens erwidern, indem es Frankreich auf politischem Gebiet unterstützte.«[23] Zwei Jahre später, als die Deutschen starke Zweifel an Italiens Bündnistreue hegen mußten, beschwerte sich der deutsche Botschafter in Rom: »Unsere finanzielle Schwäche im Vergleich zu der Finanzkraft der Franzosen [ist] gewiß einer der Hauptgründe, die die Frankophilie vieler einflußreicher Kreise in Italien erklären.«[24] Aber es fiel den Franzosen nicht immer leicht, ihren finanziellen

Einfluß wirksam einzusetzen. Die Deutschen kontrollierten zwei große italienische Banken, die Banca Commerciale Italiana und den Credito Italiano, die wiederum große Stahlwerke, Werften und Elektrofirmen kontrollierten.[25] Die außenpolitischen Kombinationen gaben die Beziehungen in anderen Bereichen vor: als die Franzosen 1908 einen Kredit an Italien mit der Auflage verbinden wollten, daß Italien Artilleriegeschütze bei französischen Firmen kaufen müsse, scheiterten die Verhandlungen daran, daß die italienische Armee die französischen Waffentypen nicht mit den vorhandenen deutschen mischen wollte und konnte (zu einer Zeit, als obendrein Unsicherheit bestand, welches Modell von Krupp gewählt werden sollte).[26] Letztendlich kam in der Auseinandersetzung zwischen Interventionisten und Neutralisten in den Jahren 1914 und 1915, die mit Italiens Kriegseintritt auf der Seite Frankreichs und Englands endete, den wirtschaftlichen Überlegungen wenig Bedeutung zu; der Kriegseintritt war Folge einer emotionalen Strömung, die nichts mit Italiens wirtschaftlichen Interessen oder seiner wirtschaftlichen Kapazität zu tun hatte (auch wenn sie von diskreten Gaben Frankreichs an die italienische Presse unterstützt wurde).

Die Wechselwirkung zwischen französischer Finanzkraft, deutschem Kapitalmangel und den diplomatischen Verflechtungen beider Länder läßt sich anhand von Österreich-Ungarn demonstrieren. Fünfundzwanzig Prozent von Deutschlands europäischen Investitionen waren in Österreich-Ungarn angelegt, und die Abhängigkeit Österreichs von Deutschland wuchs in der Vorkriegszeit durch den Finanzbedarf für die Rüstung und für die militärischen Anstrengungen, die die Monarchie in den Balkankriegen unternommen hatte. Viele Österreicher litten darunter, daß ihr Land den schwächeren Partner im Bündnis mit Deutschland abgab; sie sahen mit Sorge, daß Deutschland sich österreichisch-ungarische Märkte auf dem Balkan eroberte und es verärgerte sie, daß Deutschland von Österreichs Handelskrieg gegen Serbien zwischen 1905 und 1909 profitiert und seinen Platz als Serbiens Haupthandelspartner eingenommen hatte. Besonders die Ungarn hätten es seit der großen Verfassungskrise von 1905 (siehe Seite 81) begrüßt, die in ihren Augen zu große Abhängigkeit von Berlin und von Wien durch französische finanzielle Unterstützung zu ersetzen. Diese Aussicht fürchteten die Deutschen nicht wenig, und Versuche der ungarischen Regierung und Behörden, Anleihen mit französischen Banken auszuhandeln, wurden vom Wiener Außenministerium auf deutsche Einflußnahme hin unterbunden.

Am Vorabend des Krieges verstärkte sich das Gefühl hilfloser Abhängigkeit: österreichische Finanziers sorgten sich, ob Deutschland das Kapital aufbringen konnte, das sie benötigten, und ärgerten sich, wenn es gelang. Österreich habe das Mißgeschick, sagte 1912 der Direktor einer führenden österreichischen Bank, Verbündete zu haben, die ihm auf finanziellem Gebiet von keinem Nutzen seien. Persönlich, sagte er zum deutschen Botschafter, sei er »ein warmer und überzeugter Anhänger des Bündnisses mit Deutschland, es könne aber nicht geleugnet werden, daß Österreich zur Zeit, finanziell wenigstens, unter dem Bündnis leide.«[27] In Wahrheit hatten die Österreicher gar keine Wahl. Wenngleich mit französischen Banken über mögliche Anleihen verhandelt wurde, weigerte sich die französische Regierung (darin von Rußland entschieden bestärkt), der österreichischen und ungarischen Regierung und anderen Organen an der Pariser Börse das Auflegen von Anleihen zu gestatten, die für Rüstungszwecke vorgesehen sein konnten. Deutsche Finanziers waren zu einer Zeit, in der das Kapital in Deutschland äußerst knapp war, von Krediten an Österreich nicht sehr angetan. Das deutsche Außenministerium bestand jedoch darauf, daß Kredite an Österreich gewährt werden mußten, selbst wenn dadurch Kredite an die Türkei und an Griechenland verschoben wurden, von denen man sich mehr Gewinn erwarten konnte, da sie Aufträge für deutsche Warenlieferungen bedeutet hätten. Jagow, der Staatssekretär des Auswärtigen Amts, hob die politische Bedeutung des Kreditwesens hervor; eine Verweigerung müsse »[der] von auswärtigen Gegnern geschürten Agitation gegen den Dreibund ein zugkräftiges Propagandamittel zuführen und unübersehbare Rückwirkungen ausüben«.[28] Doch selbst im Juli 1914 hatten einige österreichische Bankiers die Hoffnung auf eine Zusammenarbeit mit Frankreich nicht aufgegeben. Am 20. Juli berichtete ein Vertreter der Wiener Banken, daß Viviani dem Gedanken der Auflage einer österreichischen Anleihe im Herbst wohlwollend gegenüberstehe. Das österreichische Außenministerium zeigte sich auffallend desinteressiert an den Banken, solange es nicht von Deutschland unter Druck gesetzt wurde, und den Bankiers war es mehr darum zu tun, vom Außenministerium vor internationalen Krisen gewarnt zu werden, damit sie die Auswirkungen auf die Börse vorausberechnen konnten, als darum, in die Außenpolitik einzugreifen. Ihre Informationen waren nicht immer zutreffend. Im März 1914 konnte der Generalsekretär der Bank von Österreich-Ungarn erklären: »Ohne daß ich den Propheten spielen möchte, muß ich bemerken, daß die offiziellen Erklärungen einander gefolgt sind, und wir sind von gut unterrichteten privaten Quellen mit Nachrichten versehen, die uns den Schluß erlauben, daß zumindest für die nahe Zukunft nicht zu fürchten ist, daß der Frieden gestört wird.«[29] Oder waren etwa manche österreichische Regierungskreise von der Julikrise ebenso überrascht wie die Bankiers?

Sowohl beim russisch-französischen wie beim deutsch-österreichischen Bündnis kam die Investitionspolitik der Banken der Außenpolitik der Regierung zupaß. Im Falle der französischen Finanzhilfe an Rußland war es ein weitgehend profitables Unternehmen. Die deutschen Investitio nen in Österreich dagegen erforderten finanzielle Opfer. Auf anderen Gebieten, auf denen die Außenministerien die Finanzpolitik zur Unterstützung ihrer Außenpolitik einzusetzen wünschten – zum Beispiel in der Türkei und auf dem Balkan oder in Marokko –, läßt sich der finanzielle Gewinn oder Verlust schlechter feststellen; er bestand nicht nur in den Kreditzinsen, sondern auch in Aufträgen für Waren, die oft Bedingung des Kredits waren und den Banken Gewinne einbringen konnten, da sie nicht selten Mitbesitzer der Unternehmen waren, die Exportgüter herstellten. Die Bankiers wollten in erster Linie Geld für sich und für ihre Kunden verdienen, aber in dem komplizierten Geflecht der internationalen Finanzen, das sich mit der Entwicklung des Industriekapitalismus in Europa herausgebildet hatte, waren die Beziehungen zwischen Bankiers und Regierungen wahrscheinlich enger als die Beziehungen der Regierungen zu jeder anderen Gesellschaftsgruppe. Manchmal erwarteten die Bankiers Regierungsmaßnahmen – zum Beispiel beim Einziehen von Forderungen in Ägypten oder beim Erzwingen der »offenen Tür« in China. Manchmal erwarteten die Regierungen, daß Banken aus politischen Gründen dort investierten, wo kein unmittelbarer finanzieller Vorteil erkennbar war.

Diese Beziehungen wurden dadurch erleichtert, daß in den meisten europäischen Ländern die Bankiers jenen, die die politische Macht ausübten, gesellschaftlich näher waren als andere Geschäftsleute, obgleich der Umstand, daß sie Einfluß ausüben konnten, nicht bedeuten muß, daß sie es taten. Aber Bankiers und Politiker gehörten derselben gesellschaftlichen Welt an: Rouvier, der französische Premierminister zur Zeit der ersten Marokkokrise, war selbst Bankier, und die deutsche Regierung machte sich seine Verbindungen in Deutschland zunutze, als sie 1905 die französische Regierung warnen ließ. Lord Rosebery, der britische Premierminister von 1894 bis 1895, war mit einer

Rothschild verheiratet. Sowohl Kiderlen-Wächter als auch Bethmann Hollweg stammten aus Bankiersfamilien. Sir Ernest Cassel, ein deutschstämmiger Londoner Finanzier, war ein enger Freund von König Eduard VII. Holstein, die einflußreichste Persönlichkeit im deutschen Auswärtigen Amt des Jahrzehnts vor 1906, war gut befreundet mit Paul von Schwabach, dem Direktor der Bleichröder-Bank, deren Gründer Bismarcks persönlicher Finanzberater und einer der wenigen Juden gewesen war, die in Preußen geadelt wurden. Tisza, der österreichische Premierminister im Jahre 1914, war ein guter Freund des Direktors einer der führenden österreichischen Banken, obgleich der rigide gesellschaftliche Kodex Österreichs die Wiener Bankiers, sofern sie nicht Rothschild hießen, zur »zweiten Garnitur« zählte. Das Bankhaus Warburg in Hamburg unterhielt enge Beziehungen zum Auswärtigen Amt. Der Direktor Max Warburg wurde vom Kaiser persönlich zur Kieler Woche eingeladen, und er war schockiert, als er den Kaiser im Juni 1914 bei einem Festessen in Hamburg über die Möglichkeit eines Präventivkriegs gegen Frankreich sprechen hörte.[30]

Die internationalen Bankiers waren in einer paradoxen Lage, die als bezeichnend für das kapitalistische System im Europa vor 1914 gelten mag. Einerseits begünstigte ihre Zusammenarbeit mit den Regierungen ihre Investitionspolitik, die Verfestigung von Bündnissen und die Zunahme kolonialer Konkurrenz. Andererseits profitieren die Banken vom internationalen Handel und konnten nicht wünschen, daß er durch internationale Spannungen beeinträchtigt würde. Sie unterhielten enge familiäre und persönliche Beziehungen zu ausländischen Banken. Die Rothschilds waren die berühmteste internationale Dynastie, aber die Warburgs aus Hamburg waren mit zwei Inhabern des New Yorker Bankhauses Kuhn, Loeb verschwägert und mit einem der Direktoren des russischen Hauses Gunzbourg. In der Julikrise 1914 setzte das Oberhaupt der Londoner Rothschilds – erfolglos – seinen ganzen Einfluß daran, *The Times* davon abzubringen, für eine britische Unterstützung Frankreichs und Rußlands zu werben, und einer der Faktoren, die am heftigsten gegen die britische Intervention sprachen, war die von Grey am 31. Juli formulierte Überzeugung, daß »die wirtschaftliche und finanzielle Lage überaus ernst« sei und »die Gefahr eines völligen Zusammenbruchs, der uns und alle Welt mit dem Ruin bedrohe«,[31] bestünde.

Die internationalen Verbindungen der Bankiers und der Geschäftsleute wurden für vertrauliche diplomatische Verhandlungen genutzt. Dem Besuch Lord Haldanes in Berlin im Jahre 1912 zu Gesprächen über die Marineabrüstung waren Kontakte zwischen Albert Ballin, dem Generaldirektor der Hamburg-Amerika-Linie, und dem Finanzier Sir Ernest Cassel vorausgegangen. Ballin weilte am 24. Juli 1914 in London und wurde von Cassel zusammen mit Churchill und Haldane zum Essen eingeladen, wobei er auszuloten versuchte, unter welchen Bedingungen England sich im Kriegsfall neutral halten werde. Von vielen wurde geglaubt, dieses Netz persönlicher und geschäftlicher Kontakte über ganz Europa hinweg werde einen Krieg verhindern, von dem schließlich niemand profitieren konnte. »Es sind in Europa gegenwärtig zu viele pazifistische Kräfte«, sagte der belgische Sozialistenführer Emile Vandervelde, als er 1911 über die Gefahr eines Krieges befragt wurde, »angefangen bei den jüdischen Kapitalisten, die viele Regierungen finanziell stützen [...].«[32] Der englische Journalist Norman Angell legte in seinem Bestseller *The Great Illusion* von 1909 dar, daß ein Krieg Sieger und Besiegte gleichermaßen wirtschaftlich ruinieren müsse und daß »ein Kapitalist kein Vaterland kennt und als moderner Vertreter seiner Gattung weiß, daß Waffen und Eroberungen und das Jongieren mit Grenzen seinen Zielen nicht dienen, sondern sie sehr wohl beeinträchtigen können«.[33]

Das Wirtschaftsleben war zu Beginn des 20. Jahrhunderts

so beschaffen, daß der internationale Handel und internationale finanzielle Verbindungen sich oft ambivalent auswirkten. Während manche Geschäftsleute an die klassische liberale Doktrin glaubten, derzufolge der vermehrte Handel Kriege unweigerlich verhindern müsse, begannen andere sich angesichts rückläufiger Profite und starken Wettbewerbs zunehmend nationalistisch zu gerieren und von den Regierungen zu verlangen, daß diese ihre Interessen durch das Einführen von Schutzzöllen wahrten und ihnen stärkere diplomatische und in manchen Fällen, zumindest in umstrittenen Kolonialgebieten, militärische Hilfe gewährten. Bis zum Ende des 19. Jahrhunderts hatten alle führenden europäischen Staaten mit Ausnahme Englands Schutzzölle eingeführt, die in jedem Land Gegenstand erbitterter innenpolitischer Auseinandersetzungen waren. Die Stabilität des konservativen Blocks, der den parlamentarischen Rückhalt deutscher Regierungen bildete, wurde in wiederholten harten Kämpfen zwischen Agrariern und Industriellen ausgehandelt. Protektionistische Maßnahmen blieben nicht ohne Folgen für die internationalen Beziehungen. Obwohl die Auswirkungen der Zölle durch Handelsverträge und »Meistbegünstigungsklauseln« gemildert waren, die Handelspartnern Erleichterungen einräumten, die die Länder untereinander aushandelten, wurden die Zolltarife zu einem wichtigen Werkzeug der Diplomatie. Die Erneuerung der italienischen Dreibundmitgliedschaft 1891 hing weitgehend von einem gleichzeitig zu vereinbarenden für Italien wichtigen Handelsvertrag ab.[34]

Ein großer Staat konnte mittels eines Zolltarifs einem kleinen Land seinen Willen aufzwingen, wie es die Österreicher im »Schweinekrieg« mit Exporterschwernissen für Serbien versuchten, um ihren Protest gegen serbische Vorschläge zu einer engen Wirtschaftsunion mit Bulgarien zu demonstrieren und die Serben zu veranlassen, Waffen weiterhin von Skoda und nicht von Schneider-Creusot zu kaufen. Österreich erreichte das Gegenteil dessen, was es bezweckte, denn Serbien suchte sich notgedrungen neue Exportmärkte, was seine Abhängigkeit von Österreich verringerte und den Haß der Serben auf die Habsburger Monachie schürte. In jedem Land gab es Interessen, die sich durch spezifische Bestimmungen in den Zolltarifen anderer Staaten besonders benachteiligt fühlten, aber dieses Gejammer wurde nur dann politisch ernst genommen, wenn die Beziehungen unter den Staaten bereits belastet war. Die Franzosen nahmen am neuen deutschen Zolltarif, der 1906 in Kraft trat, während der Zeit vergleichsweise guter Beziehungen von 1906 bis 1910 keinen Anstoß und begannen sich erst dann zu beschweren, als die Beziehungen sich verschlechterten; in der feindseligen Atmosphäre nach der Agadirkrise stiegen deutsche Beschwerden über die Unfreundlichkeit und Bürokratie französischer Zollbeamter gegenüber deutschen Exporteuren drastisch an; wirtschaftliche Differenzen verschärften die wachsende Verstimmung zwischen den beiden Nationen.

Die Gespräche über die Verlängerung der 1904 und 1905 abgeschlossenen Außenhandelsverträge Deutschlands, die 1917 auslaufen sollten, belegen die ernsten wirtschaftlichen und politischen Probleme dieses Landes am Vorabend des Krieges; sie betonten den heftig anschwellenden Antagonismus zwischen Deutschland und Rußland. Anfang 1914 machte sich in Deutschland eine Rezession bemerkbar, die die Spannungen zwischen den Fabrikanten, die Zugang zu einem möglichst großen Markt wünschten und die Zollschranken zugunsten vermehrten Handels zu senken bereit waren, und jenen Kreisen verstärkte, die die bestehenden Schutzzölle beibehalten, wenn nicht verschärfen wollten und meist zur Landwirtschaft gehörten, in der die preußischen Gutsbesitzer den Ton angaben.

Im Frühjahr 1914 galt in der Regierungspolitik die bestehende Zolltarifordnung als ausreichend, um den Interessen der deutschen Industrie und Landwirtschaft gerecht zu werden, und die Regierung wollte die Handelsverträge in unveränderter Form verlängern.[35] Dazu waren die Russen nicht bereit. Ihr industrieller Fortschritt in den letzten Jahren hatte ihnen neues Vertrauen in die eigene Ökonomie gegeben und die Ressentiments russischer Nationalisten ob der Kontrolle ihrer Wirtschaft durch Ausländer verschärft. Der Handelsvertrag mit Deutschland war während des Krieges gegen Japan im Augenblick von Rußlands größter Schwäche abgeschlossen worden und mußte den Nationalisten emotional und rational ein Dorn im Auge ein. Die Deutschen hatten den Roggenexport nach Rußland und Skandinavien erhöht, unter anderem deshalb, weil eine versteckte Regierungssubvention ihnen ermöglicht hatte, die Preise niedrig zu halten. Die Russen wollten den Import deutschen Getreides verringern und ihren eigenen Export wettbewerbsfähiger machen, und im Juni 1914 führten sie einen neuen, hohen Zoll auf Getreideimporte ein. Schon vor der diplomatischen Krise im Juli 1914 war beiderseits der Grenze von dem »bevorstehenden großen wirtschaftlichen Zweikampf zwischen Rußland und Deutschland« die Rede.[36]

Auch in England hatte man sich die letzten zwanzig Jahre über auf ein wirtschaftliches Duell mit Deutschland gefaßt gemacht.[37] In beiden Ländern war über unlauteren Wettbewerb und Diskriminierung Klage geführt worden. Die Sorge Großbritanniens beruhte auf allgemeinen Gründen, nicht auf einer konkreten Bedrohung durch Deutschland. Der britische Anteil am Welthandel ging zurück; sowohl die Vereinigten Staaten als auch Deutschland waren inzwischen als Eisen- und Stahlproduzenten konkurrenzfähig, und Englands Führungsposition in älteren Industriezweigen behinderte das Land bei der Entwicklung neuer Industrien und Technologien. (Unter rein wirtschaftlichen Gesichtspunkten waren die Vereinigten Staaten ein zumindest genauso gefährlicher Konkurrent wie Deutschland, ohne daß dies zu einem Antagonismus zwischen ihnen und England geführt hätte.) In mancher Hinsicht verbesserten sich die deutsch-englischen Handelsbeziehungen; wie Zara Steiner gezeigt hat, war England zwischen 1904 und 1914 Deutschlands bester Kunde, und Deutschland war Englands zweitbester Markt.[38] Einzelne Industriezweige Englands waren durch den 1902 verabschiedeten und 1906 eingeführten deutschen Zolltarif beeinträchtigt, insbesondere der Maschinenbau und die Textilindustrie. Doch deutsche Industrielle klagten genauso über den britischen Wettbewerb, so die Webereien, die den »bedauerlichen Umstand, daß gewisse Gesellschaftskreise englische Tuche bevorzugten«,[39] geißelten. Die Angst, die in den neunziger Jahren in England grassierte und in einem auflagenstarken Buch von E. E. Williams namens *Made in Germany* 1896 folgendermaßen ausgesprochen wurde: »Überall taumelt Englands industrielle Überlegenheit dem Sturz entgegen, und dies ist zum größten Teil das Ergebnis deutscher Arbeit«[40], entsprang weniger einer objektiven Einschätzung von Englands industriellem und kommerziellem Abstieg als der Furcht vor einer erfolgreichen Durchdringung jener Märkte durch deutsche Geschäftsleute, die bisher als rein britisch gegolten hatten, zum Beispiel im Mittleren Osten. Beschwerden über Deutschlands aggressive Verkaufsmethoden kamen nicht nur aus englischen Kreisen: die Franzosen waren dem deutschen Wettbewerb gegenüber ähnlich empfindlich und beschwerten sich darüber, daß vier oder fünf Vertreter französischer Firmen in Moskau es mit fünfhundertfünfzig Deutschen aufnehmen mußten,[41] während M. Schwab 1896 ein Buch mit dem Titel *Le Danger Allemand* veröffentlichte, das dieselben Thesen vertrat wie Williams' Buch. Zweifellos beeinflußten Deutschlands rapider industrieller Fortschritt und seine wachsende wirtschaftliche Stärke die Haltung anderer Länder zu ihm, aber das Mißtrauen, das sie ihm gegenüber empfanden, hatte in erste Linie andere Gründe. Sir Edward Grey drückte es im Dezember 1906 so aus:

»Der wirtschaftliche Wettbewerb (und ähnliches) stellt kein eigentliches Ärgernis dar für unser Volk, und es bewundert den unermüdlichen Fleiß und das Organisationstalent [der Deutschen]. Aber das Unruhestiften ärgert es. Es hat den Kaiser im Verdacht, aggressive Pläne zur Weltpolitik zu unterhalten, und es sieht, daß Deutschland das Tempo der Rüstung vorantreibt, um Europa zu beherrschen, und dabei allen anderen Mächten eine fürchterliche Bürde verschwenderischer Ausgaben auferlegt.«[42]

Auch die Furcht der Deutschen vor einer Kampagne Englands zur Beendigung des Freihandels und zur Einführung von Schutzzöllen muß unter dem Aspekt gesehen werden, daß sie glaubten, von den mißgünstigen Engländern werde ihnen ihr »Platz an der Sonne« vorenthalten. Ein national-konservatives Mitglied des Reichstags sagte: »In der ganzen kommerziellen Haltung der Engländer kann ich [...] die klare Absicht, Deutschland von den englischen Kolonien fernzuhalten, [...] erkennen.«[43] In jedem Land gab es wahrscheinlich ebenso viele Geschäftsleute, die vom Handel miteinander profitierten, wie solche, die durch den Wettbewerb oder die Zolltarifpolitik beeinträchtigt wurden. Die erste Gruppe wünschte bessere Beziehungen zwischen England und Deutschland, die zweite verlieh ihrer wirtschaftlichen Besorgnis Ausdruck, die sich bis zu politischem Unwillen steigerte. Wie Paul Kennedy es ausgedrückt hat: »Es ist bezeichnend, daß weder preußische Agrarier noch Birminghamer Maschinenbauer einem der deutsch-englischen Freundschaftsausschüsse beitraten, im Gegensatz zu den Müllern aus Lancashire und den Bankiers aus Hamburg.«[44]

Wie können wir die eng miteinander verflochteten finanziellen und kommerziellen Beziehungen mit dem Denkansatz vereinbaren, daß der Krieg hauptsächlich wirtschaftli che Ursachen hatte? Wirtschaftliche Erwägungen standen für die Politiker, die im Juli 1914 die Entscheidung trafen, im Hintergrund; wo es anders war, wie im Fall der britischen Regierung, die die Konsequenzen eines Zusammenbruchs ihres Devisenmarkts in Betracht ziehen mußte, machten sie augenfällig, was für verheerende Folgen ein Krieg haben würde. Fast alle Verantwortlichen in Europa glaubten, der drohende internationale wirtschaftliche Zusammenbruch werde die Dauer eines Krieges zwangsläufig auf wenige Monate oder gar Wochen beschränken. Der ungarische Finanzminister vermutete, daß ein Krieg höchstens drei Wochen dauern könne – und selbst diesen Zeitraum konnte die österreichisch-ungarische Kriegsproduktion nicht abdecken, was die Abhängigkeit von den Deutschen verstärkte. Dem russischen Militärhaushalt von 1914 lag der Gedanke zugrunde, daß »die gegenwärtigen politischen und wirtschaftlichen Umstände der Nachbarn Rußlands die Möglichkeit eines langen Krieges ausschließen«.[45]

Vor 1914 machten die Regierungen sich zwar Gedanken über die finanzielle und fiskalische Seite der großen Rüstungsprogramme, aber nicht über die wirtschaftlichen Maßnahmen, die infolge eines Krieges notwendig werden würden. Die meisten Länder besaßen Goldvorräte, mit denen die Kosten der Mobilmachung gedeckt waren, aber ansonsten hatten sie wenig Vorbereitungen getroffen. Die deutsche Regierung wußte seit spätestens 1906, daß die Versorgung der Bevölkerung ohne Nahrungsmittellieferungen aus dem Ausland kaum zu gewährleisten war. Dennoch gab sie sich mit der Auskunft des Staatssekretärs des Inneren zufrieden, daß ausreichende Roggen- und Kartoffelvorräte aus eigener Ernte angelegt werden könnten. Im November 1912, als die deutsche Regierung mit einem Krieg rechnete, wurde ein Ausschuß gegründet, aber er erreichte nicht viel, da die Kosten für Getreidevorratshaltung durch den Zolltarif hochgehalten wurden und die Agrarier sich einer Tarifänderung widersetzten.[46] Im selben Jahr führten der Generalstab und das preußische Kriegsministerium ein neues Programm der Munitionsproduktion ein, denn der Munitionsverbrauch im russisch-japanischen Krieg hatte ihnen zu denken gegeben. Aber auch diese Maßnahmen sollten sich als unzulänglich erweisen, denn nach zwei Monaten Krieg waren alle Munitionsreserven verbraucht.[47] Diese Vorbereitungen sind gern zur Unterstützung der These benutzt worden, daß die Deutschen einen Krieg bezweckten; sie zeigen jedoch nur, daß Deutschland seit 1912 mit einem Krieg rechnete und sich darauf vorbereitete, was nicht heißt, daß es ihn anfangen wollte – ohne daß diese Möglichkeit ausgeschlossen wäre.[48] An den Gesprächen über Nahrungsmittel- und Munitionsvorräte läßt sich zumindest ablesen, daß die Deutschen keine genaue Vorstellung von der Natur und von der Dauer jenes möglichen Krieges hatten.

Die anderen kriegsbereiten Staaten hatten wirtschaftliche Konsequenzen und Erfordernisse eines Krieges ebensowenig in Betracht gezogen. Die Engländer hatten so gut wie keine ernstzunehmenden wirtschaftlichen Vorkehrungen getroffen; dies lag einerseits daran, daß nicht einmal die Führer des Militärs sich die Nachschubprobleme und personellen Anforderungen eines Krieges vergegenwärtigten, und andererseits an der tiefen Abneigung der Mehrheit der Liberalen Partei dagegen, einen Krieg überhaupt ins Auge zu fassen. Mit Ausnahme des Kriegsschiffbaus wurden große Teile der Rüstung einfach ignoriert, da die Konkurrenz von Kriegsschiffbau und Sozialausgaben auf allen anderen Gebieten zum Sparen nötigte. Zwischen 1905/06 und 1912/13 kürzte das Kriegsministerium seinen Munitionsetat um über ein Drittel.[49] Es gab Überlegungen, wie die Nahrungsmittelimporte im Krieg aufrechterhalten werden sollten, und Befürchtungen, daß Englands Goldreserven nicht reichen würden; »die wachsende Handels- und Bankmacht Deutschlands« erregte Argwohn, weil um ihret willen »die Goldreserven Londons vor oder zu Beginn eines Konfliktes zwischen den beiden Ländern geplündert werden«[50] konnten. Die Befürchtungen verstummten wieder, und die Aufstellungen über Nahrungsmittel- und Munitionsvorräte samt wirtschaftlichen und sozialen Auswirkungen einer Kriegserklärung mündeten nicht in Planung ein. Am 4. August 1914 erklärte Lloyd George, die Regierung beabsichtige, »den Händlern unseres Landes zu ermöglichen, ihrem Gewerbe wie üblich nachzugehen«.[51] Erst als sich dies als undurchführbar erwies, begann die Regierung sich zu überlegen, wie einem totalen Krieg zu begegnen sei.

Die Russen konnten bei der Mobilmachung genug Gewehre ausgeben, aber es gab keine Reserven, weil sie die älteren Bestände verkauft hatten. Schon im September 1914 klagte das Oberkommando über Munitionsmangel, denn der Verbrauch war dreimal so hoch wie erwartet; dies war ein Vorgeschmack auf die schwere Versorgungskrise, die 1917 zur Revolution führen sollte.[52] In Frankreich hatte die Regierung in den zwei Jahren unmittelbar vor dem Krieg die Heeresstärke durch die neue dreijährige Dienstzeit erhöht und fragte sich, wie sie die zusätzlichen Rekruten finanzieren sollte; doch an der Ausrüstung und Munition für die neuen Männer hatte man nicht gedacht. Auch einige Waffentypen waren Mangelware, vor allem schwere Artillerie. Noch am 13. Juli 1914 machte Senator Charles Humbert den Senat auf das Problem des *matériel* aufmerksam; nach zweitägiger Debatte wurde vereinbart, daß der parlamentarische Heeresausschuß nach den Sommerferien einen Bericht über die Lage erstellen sollte.[53] Die staatlichen Rüstungsfabriken waren dem Bedarf der Armee nicht gewachsen, und Privatunternehmen verlangten hohe Preise; doch nicht einmal Schneider-Creusot war auf eine tatsächliche Massenproduktion eingerichtet.[54] Der Automobilhersteller Louis Renault, einer der wagemutigsten und erfolgreichsten Industriellen Frankreichs, schilderte die groteske Situation bei Kriegsausbruch: am 8. und 9. August wurde er zum Kriegsminister gerufen, der aufgeregt auf- und abging und ständig wiederholte: »Wir brauchen Granaten, wir brauchen Granaten.« Als ein General ihn fragte, ob er Granaten herstellen könne, erwiderte Renault, daß er es nicht wisse, weil er noch nie eine gesehen habe. Bevor Renault die Oberaufsicht über die Munitionsfabrikation im Pariser Bereich übertragen werden konnte, mußten die staatlichen Arsenale und die Firmen Schneider-Creusot und Saint-Chamond von ihrem Monopol zur Munitionsherstellung zurücktreten, und erst im Herbst konnte die Reorganisation der Waffenindustrie tatsächlich beginnen.[55] Die Regierungen ließen die Ökonomie bei ihren Kriegsplänen außer acht, weil sie überzeugt waren, daß der Krieg nicht lange dauern würde, und weil sie nicht wußten, wie es weitergehen würde, wenn die Mobilmachung abgeschlossen und die einleitenden strategischen Bewegungen erfolgt waren. Manche unter ihnen glaubten wahrscheinlich tatsächlich, daß es nie bis zum Krieg kommen würde. Ihre Motive für den Kriegseintritt waren nicht wirtschaftlicher, sondern politischer, emotionaler oder strategischer Natur. Die Handelsrivalität mochte durchaus Nationalbewußtsein und Argwohn gegen andere Länder anstacheln und zum Freund-Feind-Denken beitragen, wenn auch in harmlosen Dimensionen und mit kräftiger Hilfe seitens nationalistischer Journalisten. Waffenhersteller verdienten an den Verträgen mit ihrer eigenen Regierung, aber auch an Verkäufen an andere Regierungen – ein Markt, den sie in Kriegszeiten verlieren würden. Außerdem produzierten sie oft ohnehin am Rande ihrer Kapazität, und erst nach der Reorganisation nach den ersten Kriegsmonaten waren sie in der Lage, den zusätzlichen Bedarf zu befriedigen. Natürlich bereicherten sie sich am Krieg (eines der größten französischen Stahlwerke, Aciéries de France, vervierfachte zwischen 1913 und 1915 seine Gewinne)[56] nicht anders als die vielen »Männer mit harten

Zügen, die wirkten, als hätten sie am Krieg sehr gut verdient«,[57] die Stiefel oder Kohle oder Viehfutter für die Kriegswirtschaft geliefert hatten. Die meisten von ihnen hatten die Gewinnmöglichkeiten durch den Krieg nicht vorhergesehen, auch wenn sie sie dann bis zum äußersten nutzten. Es besteht kein Grund zu der Annahme, sie hätten ihre Regierungen zu einem Krieg in Europa gedrängt; der Umstand, daß sie vom Krieg profitierten, erlaubt nicht den Schluß, sie hätten ihn verursacht.

Gewiß erhofften sich manche Industrielle und Militärs von diesem Krieg einen Friedensschluß, der ihnen neue Märkte oder eine bessere strategische Position einbringen sollte (Generalfeldmarschall Hindenburg soll seine Forderung nach großräumigen Annexionen in Rußland mit den Worten gerechtfertigt haben: »Ich brauche sie zum Manövrieren für den linken Flügel im nächsten Krieg«[58]). Seit Jahren war in den Industrie- und Finanzkreisen Deutschlands, besonders unter Bankiers und den Leitern neuer Industriezweige, darüber diskutiert worden, daß Deutschlands wirtschaftlicher Wirkungsbereich in einem neuen Mitteleuropa in Form eines großen, einheitlichen Handelsgebietes zu bestehen habe, damit das Land einen festen Absatzmarkt besaß und keine Nahrungsmittelimporte benötigte. Die Industriellen der traditionellen Sektoren, wie im Eisen- und Stahlbereich, hatten ja bereits versucht, ihre Rohstoffquellen durch den Erwerb von Mehrheitsbeteiligungen an Minen in Frankreich und anderswo zu sichern. Im September 1914, als es noch nach einem sicheren Sieg der Deutschen über Frankreich aussah, schien die Möglichkeit gegeben, einige dieser Ideen in die Praxis umzusetzen. Bethmann Hollweg genehmigte Pläne für großflächige Annexionen im Westen, an die sich eine Verschiebung der russischen Grenze und die Beendigung russischer Herrschaft über nichtrussische Völker anschließen sollten. Dies wäre ein großer Schritt in der Verwirklichung der Träume von einem Mitteleuropa unter deutscher Vorherrschaft gewesen und hätte Deutschlands Schwerindustrie den Zugriff auf Belgiens und Frankreichs Erzbergwerke erleichtert. Fritz Fischer hat den Standpunkt vertreten, daß Deutschland in den Krieg eintrat, um diese Ziele zu erreichen, weil nur der Krieg einen Ausweg aus den wirtschaftlichen Problemen und Widersprüchen zu bieten schien, die im Frühjahr 1914 offen erkennbar waren.[59]

Doch es ist zweifelhaft, ob man Pläne, die nach Kriegsbeginn gefaßt wurden, als Erklärung für die Gründe der zwei Monate zuvor erfolgten Entscheidung zum Krieg heranziehen kann; wir werden nie erfahren, was in Bethmann und in seinen Kollegen im Juli 1914 vorging und wo sie unter den vielen Erwägungen, die es zu berücksichtigen galt, die Priorität sahen. Ob sie den Krieg erklärten, um die genannten wirtschaftlichen und geopolitischen Ziele zu erreichen, oder aus anderen, näherliegenderen Gründen, können wir nur mutmaßen. Mit Gewißheit läßt sich nur sagen, daß die meisten kriegführenden Staaten sich bald auszumalen begannen, welche Vorteile sie im Fall des Sieges erlangen konnten. Die Engländer wollten die Industrie- und Handelskonkurrenz der Deutschen auf Jahre hinaus ausschalten und der Gefahr durch die deutsche Marine ein Ende machen. Die französische Eisen- und Stahlmagnaten im Comité des Forges dachten wie ihre deutschen Gegenspieler an Gebietsgewinne, die ihre Rohstoffversorgung sichern sollten. Die Russen träumten von einem Vorstoß nach Konstantinopel, um sich die Kontrolle über den Ausgang aus dem Schwarzen Meer zu verschaffen. Man sollte vielleicht zwischen den Kriegszielen – den Gründen, aus denen ein Land in den Krieg eintritt – und den Friedenszielen unterscheiden – den Bedingungen, unter denen das Land Frieden zu schließen hofft, während Krieg ist und ein Sieg in Sicht scheint.[60]

Der Kriegsausbruch erlaubte es mehreren der beteiligten

Regierungen nicht nur, ihre unmittelbaren politischen Probleme zu vertagen, sondern er verhalf ihnen auch zur Lösung der Finanzprobleme, an denen die Aufrüstung schuld war. Höhere Steuern ließen sich patriotisch begründen, so in England, wo die Einkommensteuer mehrfach erhöht und eine Gewinnüberschußsteuer eingeführt wurde. Kriegsanleihen wurden aufgelegt, und gutgeführte Propagandakampagnen erklärten es zur patriotischen Pflicht, daß man sie zeichnete, ohne daß es jemanden kümmern mußte, wie das geborgte Geld am Ende zurückgezahlt werden sollte (was ein großes Problem für die französische und die deutsche Regierung bei Kriegsende bedeutete). Aber auch hier haben wir nichts in der Hand, was überzeugend nachwiese, daß Regierungen absichtlich in den Krieg eintraten, um ihre Finanzprobleme zu lösen.

Es läßt sich schwer beweisen, daß dieser bestimmte Krieg zu diesem bestimmten Zeitpunkt die unmittelbare Folge wirtschaftlicher Zwänge oder Notwendigkeiten war. Wollen wir nach wirtschaftlichen Ursachen des Krieges suchen, müssen wir also die langfristigeren Tendenzen in der Entwicklung der europäischen Gesellschaft während der Jahrzehnte vor dem Ersten Weltkrieg untersuchen. Jean Jaurès, der redegewaltigste der französischen Sozialistenführer, erklärte 1895: »Eure chaotische und gewalttätige Gesellschaft trägt, selbst wenn sie den Frieden wünscht, selbst wenn sie sich in einem Zustand scheinbarer Ruhe befindet, den Krieg in sich, so wie die ruhige Wolke das Gewitter in sich trägt.« Die Ethik eines ungehemmten kapitalistischen Wettbewerbs, sagte Jaurès, erzeuge zwangsläufig die Inhumanität des Menschen gegenüber dem Menschen. »Denn diese gequälte Gesellschaft muß, um sich gegen die Ängste zu schützen, die ständig in ihr aufsteigen, unaufhörlich an ihrem Panzer schmieden; in unserer Zeit des unbegrenzten Wettbewerbs und der Überproduktion besteht sogar ein Wettbewerb zwischen den Armeen und der militärischen

Überproduktion.« Es gebe, fuhr er fort, »nur einen Weg, um den Krieg zwischen den Völkern endgültig abzuschaffen; dies ist die Abschaffung des Krieges zwischen Individuen, die Abschaffung des Wirtschaftskrieges, der Regellosigkeit der gegenwärtigen Gesellschaft, die darin besteht, daß der universelle Kampf um die Existenz, der im universellen Kampf auf den Schlachtfeldern endet, von einem Regime sozialen Friedens und der Einheit abgelöst wird«.[61] Aber bis zu seiner Ermordung am 31. Juli 1914 hoffte Jaurès weiterhin darauf, einen Krieg trotz der Ungleichheit des bestehenden sozialen und wirtschaftlichen Systems durch Abrüstung und Schlichtung und durch Reformen der nationalen Verteidigung verhindern zu können; auf diesem Wege sollte ein Aggressionskrieg unmöglich werden, da die Menschen es lernen würden, einander zu vertrauen und zu helfen. Jaurès hat nicht erklärt, worin genau die Verbindung zwischen dem bestehenden Wirtschaftssystem und dem Krieg bestehen sollte; er beschränkte sich darauf, Militarismus und Imperialismus anzuprangern, ohne sie weiter zu analysieren. Trotz seiner Überzeugung, daß das kapitalistische System den Krieg auslöste, glaubte Jaurès auch daran, daß die Sturmwolke des Krieges am Ausbrechen gehindert werden könne – ein Glaube, den man dahingehend interpretieren kann, daß die Kriegsursachen und die Möglichkeiten, Krieg zu verhüten, wohl eher politischer als wirtschaftlicher Natur waren.

Die marxistischen Theoretiker, die den Krieg aus der Natur des Kapitalismus erklärten und die zunehmende Krise des Kapitalismus zum Krieg führen sahen, unterstellten, daß dieser Krieg aus den imperialistischen Rivalitäten erwachsen würde, die entstanden, weil die Kapitalisten ihre Profite aufrechterhalten wollten, indem sie ständig neue Investitionsfelder, neue Rohstoffquellen, billige Arbeitskräfte und neue Märkte suchten. Wenn der Krieg dem Kapitalismus inhärent war, dann müssen wir den europä ischen Imperialismus zu Beginn des 20. Jahrhunderts betrachten, um zu erkennen, inwiefern imperialistische Rivalitäten den Krieg verursachten, der 1914 ausbrach.

Siebtes Kapitel

Imperialistische Rivalitäten

Die unmittelbaren Ursachen des Ersten Weltkriegs lagen in Europa. Oftmals wirkten die imperialistischen Rivalitäten des späten 19. und frühen 20. Jahrhunderts den innereuropäischen Allianzen der Großmächte entgegen. Aber ein Jahrhundert imperialistischer Expansion hatte seine Spuren hinterlassen; nicht nur die allgemeine Betrachtungsweise in Fragen der internationalen Beziehungen, sondern auch die Sprache, in der man Außenpolitik diskutierte, hatte sich gewandelt. Für jedes der am Krieg beteiligten Länder bedeutete Weltreich etwas anderes, aber gerade in den beiden letzten Jahrzehnten des 19. Jahrhunderts waren fast alle Regierungen mehr oder weniger fest davon überzeugt, daß man – mit den Worten eines französischen Staatsmannes – »kolonisieren mußte, um eine große Nation zu bleiben oder zu werden«[1].

Jeder Schritt zum Erwerb neuer Kolonien hatte die vielfältigsten Ursachen; Historiker der jüngeren Zeit haben den Imperialismus von allen Seiten beleuchtet und gezeigt, daß zwar in vielen Fällen die Hoffnung auf wirtschaftliche Gewinne den Anstoß zur Kolonisation gab, der Besitz von Kolonien dann aber eine gewisse Eigendynamik entwickelte, so daß die Sicherung der Grenzen oder die Fernhaltung der Rivalen von unerschlossenem Gebiet per se angestrebt wurde.[2] Die Kolonien meldeten bald selbst Ansprüche an und leiteten eine Art Subimperialismus ein: französische Offiziere und Gouverneure in Algerien drängten auf den Erwerb Marokkos, um die rebellischen Stämme besser unter Kontrolle halten zu können, da diesen damit die Fluchtmöglichkeit genommen worden wäre; der südafrikanische Geschäftsmann Cecil Rhodes, später Premierminister der Kapkolonie, war entschlossen, den britischen Einfluß in Südafrika zu vergrößern und das Gebiet zu erobern, das später seinen Namen tragen sollte; im Ersten Weltkrieg waren die Australier bemüht, die deutschen Kolonien im Pazifik in Besitz zu nehmen, wenn auch nur, damit die Japaner sie nicht bekamen. Außerdem bedeutete das Ende des Zeitalters des Freihandels, daß Kolonien protektionistischer Länder wie Frankreich nicht mehr automatisch für den britischen Handel offen waren – ein weiterer Grund für England, unerschlossene oder umstrittene Gebiete zu erwerben.

Manche Historiker bezeichneten den britischen Imperialismus der Mitte des 19. Jahrhunderts als einen »Imperialismus des Freihandels«. Die britische kommerzielle und finanzielle Vorherrschaft erforderte nicht unbedingt direkte politische Kontrolle[3]; oft zogen es die Engländer sogar vor, ihren Händlern fremde Häfen zu öffnen, ohne zugleich die tatsächliche Herrschaft über das betreffende Land an sich zu reißen, wie zum Beispiel bei den kriegerischen Auseinandersetzungen mit China zwischen 1839 und 1842 und von 1856 bis 1860. Doch hatten während des ganzen 19. Jahrhunderts sowohl England wie Frankreich ihren Kolonialbesitz ausgeweitet. Frankreich eroberte Algerien, besetzte Tunesien und gewann große und reiche Gebiete in Indochina dazu. England hatte neben anderen Gebieten Singapur, Hongkong und Malaya erworben, Ägypten besetzt, seine Herrschaft in Indien gefestigt und ausgeweitet sowie Burma in Besitz genommen. Aber in den letzten zwei Jahrzehnten des 19. Jahrhunderts eskalierte der imperialistische Wettbewerb, insbesondere in Afrika und im Fernen Osten, und jene Mächte, die keine Kolonien besaßen, vor allem Italien und Deutschland, glaubten dem Mangel abhelfen zu müssen – nicht nur aus Prestigegründen, sondern auch, um den nationalistischen Gefühlen der eigenen Bevölkerung Nahrung zu geben.

Die wirtschaftlichen Motive für die Kolonisierung waren sehr unterschiedlich: Schutz der Interessen europäischer Aktienbesitzer in Ägypten oder Tunesien, die Aussicht, durch Gold und Diamanten in Südafrika zu Vermögen zu kommen, der Ertrag der jeweiligen Anpflanzungen – Kakao, Kaffee, Kautschuk oder Palmöl –, die Suche nach neuen Absatzgebieten (»die Ugander schreien laut nach Schuhen, Strümpfen und Operngläsern, und sie entwickeln täglich neue Wünsche«, schrieb Cecil Rhodes' Bruder hoffnungsvoll 1893 über Uganda)[4] und Investitionsmöglichkeiten in der Anlage von Bahn- oder Telegrafenlinien. Das meiste konnte ohne direkte Herrschaftsausübung realisiert werden, doch oft suchten die Händler, wie zum Beispiel in Teilen Ost- und Westafrikas, die Unterstützung der Regierung, um der Feindseligkeit der Einwohner Herr zu werden oder ihre Siedlungen gegen Sklavenhändler und Vertreter anderer europäischer Mächte zu verteidigen; im allgemeinen fühlten sich die Regierungen verpflichtet, einzugreifen. Die Interessengruppen, die Druck auf ihre Regierung auszuüben vermochten, hatten nicht unbedingt große wirtschaftliche Bedeutung. Der Handel mit China machte zum Beispiel nur einen kleinen Prozentsatz von Englands gesamtem Außenhandel aus, aber die großen China-Handelshäuser, Jardine Matheson oder Butterfield and Swire, verfügten im Foreign Office über einen Einfluß, der in keinem Verhältnis zu ihrer kommerziellen Bedeutung stand. In Frankreich, wo der Imperialismus in der Öffentlichkeit niemals einen so hohen Stellenwert erlangte wie in England, bestimmte eine vergleichsweise kleine *groupe colonial* von Leuten mit unmittelbarem Interesse am französischen Kolonialreich – begründet in wirtschaftlichen, strategischen oder persönlichen Anliegen – weitgehend die Politik mehrerer aufeinanderfolgender Regierungen. Der deutsche Kolonial lismus in Afrika war von Hamburger Handelshäusern, die auf Absatzmärkte hofften, initiiert worden. Forscher und Abenteurer unterstützten die Bewegung. Bismarck nutzte 1884 die Situation, um bei den Reichstagswahlen nationalistische Stimmen zu gewinnen. Da er freilich kein langfristiges Interesse an einer deutschen Expansion außerhalb Europas hatte und die Kolonialpolitik allein nach ihren Auswirkungen auf die innereuropäischen diplomatischen Beziehungen, auf die öffentliche Meinung im Inland beurteilte, gab er bald jeglichen Kolonialismus auf. Aber inzwischen war eine einflußreiche Interessengruppe ins Leben gerufen worden, die nach Bismarcks Sturz im Jahre 1890 den wachsenden Chor nationalistischer Stimmen verstärkte und auf eine deutsche Weltpolitik drängte.

Während der neunziger Jahre waren die imperialistischen Streitigkeiten zwischen England und Frankreich in Afrika und zwischen England und Rußland im Fernen Osten am heftigsten. England und Frankreich hatten wegen ihrer Ansprüche auf das obere Nilgebiet 1898 kurz vor einem Krieg gestanden. Der englisch-russische Antagonismus in Asien hatte spätestens seit den dreißiger Jahren auf die internationalen Beziehungen eingewirkt; er verschärfte sich um die Jahrhundertwende, als klar wurde, daß China zum Streitobjekt aller europäischen Mächte wurde. In gewissem Maße stimmten die imperialistischen Interessen nicht immer mit den innereuropäischen Bündnissystemen überein. Es gelang Frankreich nicht, vom russischen Bündnispartner aktive Unterstützung in den Auseinandersetzungen mit England in Afrika zu erhalten, und 1895 war es bereit, sich in China mit den Deutschen zusammenzuschließen, um den dort vorherrschenden britischen Einfluß zu schwächen. Alle imperialistischen Staaten, darunter inzwischen auch Japan, zeigten sich äußerst kooperativ, als 1901 der Boxeraufstand in China jene ausländischen Mächte zu bedrohen schien, die die chinesische Schwäche für ihre eigenen Zwecke genutzt hatten. Innerhalb eines Jahrzehnts ließen jedoch die kolonialistischen Ambitionen und Rivalitäten nach; 1904 erreichte England ein Kolonialabkommen mit Frankreich, 1907 ein Abkommen über offene imperialistische Fragen mit Rußland. Dies war, wie wir gesehen haben, vor allem das Ergebnis der Entscheidung Deutschlands, seine Schlachtflotte auszubauen, um Weltmacht zu werden; Deutschland schien jetzt für Englands Großmachtstellung eine stärkere Bedrohung zu sein als Frankreich oder Rußland. Zugleich verstärkten Deutschlands Ambitionen in Marokko die Spannungen zwischen Frankreich und Deutschland, die durch die Annexion Elsaß-Lothringens entstanden waren.

Dieser neuen Konstellation lag zwar immer noch der Imperialismus zugrunde, aber ein Imperialismus ganz anderer Prägung als der offene Kampf um die Kolonien in den neunziger Jahren. Die britische Regierung hatte jetzt erkannt, daß ihr Kolonialreich in der Defensive war und seine Mittel vielleicht nicht ausreichten, um die riesigen Besitzungen zu schützen. Gleichzeitig waren die Deutschen bestrebt, eine Weltmacht zu werden. In England wich die Euphorie, die der große Festumzug anläßlich Königin Viktorias diamantenen Krönungsjubiläums im Jahre 1897 hervorgerufen hatte, Zweifeln, die weniger Englands Vorrechten galten – die meisten Engländer wurden durch die Propagandapresse in ihrem Glauben bestärkt, daß »die britische Rasse die größte der herrschenden Rassen ist, die die Welt je gesehen hat«[5], wie Chamberlain es ausdrückte – als Englands Fähigkeit, seinen Platz als stärkste Großmacht zu behaupten. Dieser Wandel war zum Teil das Ergebnis des Burenkrieges, bei dem man den Preis des Kolonialreichs und die Grenzen der britischen militärischen Stärke hatte erkennen müssen. Am Burenkrieg entzündeten sich Zweifel an den Methoden der britischen Kolonialherrschaft; Kritik übten nicht nur Radikale, sondern insbesondere die für die Nachkriegskolonisierung in Südafrika Verantwortlichen. Man formulierte neue Ideale, denen zufolge die weißen Kolonien des britischen Weltreichs in einen Bund freier Völker umgewandelt werden sollten; den restlichen Regierungen könne man nach und nach das Selbstbestimmungsrecht zugestehen.

Die hochfliegendsten Pläne für die Reorganisation des Kolonialreichs waren von Joseph Chamberlain, dem Kolonialminister zur Zeit des diamantenen Krönungsjubiläums, vorgelegt worden. Chamberlain wollte die weißen Kolonien zu einer Art Konföderation zusammenschließen, die als Zollunion gegen die Außenwelt abgesichert wäre. Chamberlains Vorschläge waren unannehmbar, zum einen, weil jene Dominions, die wie Australien und Kanada bereits die Souveränität erlangt hatten, sich weigerten, sie wieder aufzugeben und zudem einen Vorschlag anzunehmen, der nach ihrer Ansicht nur größere finanzielle Verantwortung für die Verteidigung des britischen Weltreichs mit sich bringen würde, und zum anderen weil das Interesse am Freihandel noch zu stark war, um eine protektionistische Wirtschaftspolitik zu erlauben. Aber Chamberlains Vorschläge verrieten, welche Prioritäten ein britisches Weltreich setzte, das sich neuen strategischen und wirtschaftlichen Herausforderungen gegenübersah. Er sagte in einer Rede vor der Kolonialkonferenz von 1897:

»Wenn eine Föderation geschaffen würde, [würden] all diese Fragen ... durch die vertretende Körperschaft dieser Föderation, wie auch immer beschaffen, gelöst; unter diesen Fragen mußte die erste Stelle die Frage der Verteidigung des Weltreichs einnehmen. Meine Herren, Sie haben einen Eindruck von der militärischen Stärke des Kolonialreichs erhalten; Sie werden am Sonnabend [bei der Marineparade vor Portsmouth] eine erstaunliche Darstellung seiner Marine sehen, die allein ein Kolonialreich zusammenhalten könnte. [...] Nun werden diese Flotten und diese Militärrüstung nicht allein und auch nicht hauptsächlich für das Vereinigte Königreich und für die Verteidigung von Inlandsinteressen unterhalten. Sie werden vielmehr unterhalten für das Weltreich, für Wahrung und Schutz des Handels unseres Reiches in der ganzen Welt.«[6]

Als die Premierminister der Kolonien fünf Jahre später zur Krönung König Eduards VII. wieder in London waren, brachte Chamberlain seine Ansichten über die wirtschaftliche Zukunft des Britischen Weltreichs zum Ausdruck.

»Wenn wir wollten [...] könnte das Britische Weltreich autark sein. Es ist so groß, seine Produkte sind so vielfältig, seine Klimate so unterschiedlich, daß ganz und gar nichts, was wir zum Leben benötigen, und fast nichts, was wir als Luxusgut erstreben, nicht innerhalb der Grenzen unseres Weltreichs gewonnen werden könnte [...]. [Aber] zur Zeit [...] bezieht das Britische Weltreich den größten Teil seiner Bedarfsgüter aus dem Ausland und exportiert den größten Teil seiner Erzeugnisse [...] ebenfalls in andere Länder.«[7]

Dieser Kontrast zwischen Traum und Wirklichkeit, zwischen dem Gefühl, man müsse das Britische Weltreich erhalten und festigen, und der Erkenntnis, daß Englands wirtschaftliche Blüte vom Welthandel und einer freien Wirtschaft abhängig war, erklärt manches Dilemma der britischen Politik in den Jahren vor 1914. Die kommerziellen Bindungen Englands an das Empire waren im allgemeinen eng – im Jahre 1902 erreichten sie ihren Höhepunkt, als etwa achtunddreißig Prozent der britischen Exporte in britische Besitzungen geliefert wurden; aber man muß ergänzend hinzufügen, daß viele der Kolonien, deren Erhaltung als selbstverständlich angesehen wurde, eher Passiva als Aktiva bildeten. Daher war der Wunsch Vater des Gedankens, als die Engländer 1914 die Ansicht vertraten, daß die Erhaltung des Britischen Weltreichs aufgrund wirtschaftlicher Vorteile das Risiko eines Krieges wert sei.

All jene, die um die Jahrhundertwende ein neues Konzept des Kolonialreichs propagierten, sahen im Britischen Weltreich eine Möglichkeit, die Prosperität Englands zu einer Zeit zu sichern, als seine industrielle Vorherrschaft zunehmend gefährdet war – durch Deutschland, aber auch durch die Vereinigten Staaten. Sie betonten das britische Herrschaftsrecht und die Überlegenheit der britischen Rasse. Britischen Schulkindern wurde von heldenhaften militärischen Aktionen gegen niedrigere und barbarische Völker erzählt – »verräterische Eingeborene« oder Angehörige von »niederen Rassen«, die »durch eine entschlossene Haltung stark zu beeinflussen sind«.[8] Die Grausamkeit der Kolonialkriege fehlte in den Lobliedern auf tapfere Soldaten oder selbstlose Kolonialbeamte, die zahllosen Völkern in entfernten Provinzen unparteiisch Gerechtigkeit zuteil werden ließen und dabei »des weißen Mannes Bürde« trugen, wie es Rudyard Kipling ausdrückte, der Schriftsteller, in dessen Werk sich Mythos und Realität der Kolonialmacht am deutlichsten widerspiegeln. Aber das Gefühl der Überlegenheit, zu dem das Bestehen des Britischen Weltreichs immer wieder verleitete, war zu Beginn des 20. Jahrhunderts von der Befürchtung begleitet, daß die Engländer allmählich ihre Kampflust und Verwaltungskunst verloren – Gaben, mit denen sie das Weltreich errichtet hatten, von dem Englands Wohl und Wehe abhängen sollte. Joseph Chamberlain predigte, daß das Empire wirtschaftlich autark werden könne, während andere Imperialisten einschneidendere Maßnahmen der Regierung verlangten und diese manchmal mit der Forderung nach einer Rassenpolitik zugunsten der Entwicklung imperialistischer Fähigkeiten der britischen Rasse verbanden. Laut Karl Pearson, der nach seinem Lehrstuhl für Mathematik am University College in London einen eigens für ihn geschaffenen Lehrstuhl für Eugenik übernahm, mußte die Nation ein »organisches Ganzes sein [. . .], das durch Wettstreit auf einem hohen Niveau äußerer Leistungsfähigkeit zu halten war, gegenüber niederen Rassen vor allem durch den Krieg und gegenüber gleichwertigen Rassen durch den Kampf um Handelsrouten und um Rohstoff- und Nahrungsmittelquellen.«[9] Forderungen nach zielstrebigerem Vorgehen, engeren Bindungen innerhalb des Empires und besseren Kriegsvorbereitungen, so auch nach einer Wehrpflicht, wurden immer wieder laut – Forderungen, die vielleicht die Befürchtung signalisierten, das Britische Weltreich sei nie dagewesenen Herausforderungen ausgesetzt, denen nur durch weitreichende soziale Reformen begegnet werden könne; trotzdem sah der größte Teil der Öffentlichkeit das Fortbestehen des Kolonialreichs als selbstverständlich an. Wie es die neueste der populären Tageszeitungen – deren Erfolg darauf beruhte, daß die Leserschaft in ihren Vorurteilen bestärkt wurde –, der *Daily Express*, in seinem Leitartikel im April 1900 erklärte: »Unsere Politik ist patriotisch; unsere Politik ist das Britische Weltreich.«[10]

Das Britische Weltreich war auf allen Ebenen in das Bewußtsein des englischen Volkes vorgedrungen. Es entstanden die widersprüchlichsten Vorstellungen. Auf der einen Seite gab es eine Gemeinschaft freier Nationen, deren weiße Kolonien dem Mutterland im Burenkrieg ihre jungen Männer zur Hilfe entsandten, auf der anderen Seite die nichteuropäischen Völker, denen gegenüber sich die Engländer das Herrschaftsrecht anmaßten; hervorzuheben wäre hier vor allem Indien. Wenn man ein Bild rekonstruieren will, das zeigt, wie das Empire dem Durchschnittsengländer erschien, muß man eine ganze Reihe sich überschneidender Anschauungen berücksichtigen. Das Weltreich wurde in einer pseudodarwinistischen Sprache als wesentliches Element des ständigen Existenzkampfes definiert und gleichzeitig mit humanitären Argumenten gerechtfertigt. Alle Großmächte hätten sich zu der Doktrin eines belgischen katholischen Philosophen und Erzbischofs bekennen können: »Kolonisation scheint in den Plänen der Vorsehung ein kollektiver Akt der Nächstenliebe zu sein, den in einem gegebenen Augenblick eine überlegene Nation den enterbten Rassen schuldet und der gewissermaßen eine Verpflichtung ist, die sich notwendigerweise aus der kulturellen Überlegenheit ergibt.«[11] Diese Vorstellung von Europas kultureller Mission vermischte sich insbesondere bei den Engländern mit weniger erhabenen Gedanken: angeregt durch Geschichten vom Militärleben in den Kolonien, durch den Messingteller aus Indien oder den hölzernen afrikanischen Schemel, den ein Verwandter – vielleicht ein ehemaliger Soldat oder Beamter – mitgebracht hatte. Da viele Soldaten des stehenden Heers im Ausland gedient hatten, waren solche Berührungen mit fernen Ländern nicht auf die Ober- und Mittelschicht beschränkt. Wie weit die imperialistische Idee in der Arbeiterschicht Englands Begeisterung entflammte, ist noch eine kontroverse Frage. In Frankreich jedenfalls blieb sie ohne erkennbare Wirkung auf diese Schicht. Eine Untersuchung der öffentlichen Meinung zur Zeit des Burenkrieges[12] legt nahe, daß weite Kreise der städtischen Arbeiterschicht dem Empire und dem Burenkrieg gleichgültig gegenüberstanden; die bloße Erwähnung des Britischen Weltreichs erregte, nach den Worten eines Zeitzeugen, »Gelächter: als ein Thema, das kein aufrichtiger Mann im Traum erwähnen würde«[13]. Doch die Flottenschau der Royal Navy in London im Jahre 1891 zog fast zweieinhalb Millionen Besucher an (die freiwilligen Meldungen zur Marine stiegen anschließend stark an)[14] und die British Empire Exhibition in Wembley im Jahre 1924 (1913 vorgeschlagen, aber wegen des Krieges verschoben und nach der Zerreißprobe des Krieges zu einer Demonstration der Stärke umgewandelt) fast 18 Millionen Menschen[15]. Die Beurteilung der öffentlichen Meinung in der Vergangenheit ist ein heikles Problem der Historiographie. Aber die Begeisterungsstürme während des Burenkriegs und der Umstand, daß der Widerstand gegen den Krieg 1914 sehr begrenzt war, lassen vermuten, daß die Idee des Weltreichs nicht nur von Regierung und Presse, sondern von allen Bevölkerungsschichten begrüßt wurde. Eine Kritik richtete sich eher gegen bestimmte Methoden als gegen die Kolonialherrschaft an sich.

Die Vorstellung vom Britischen Weltreich als Grundvoraussetzung für den wirtschaftlichen Fortschritt Englands und als Kernpunkt des britischen Patriotismus sowie die Ansicht, daß seine Erhaltung buchstäblich eine Frage von Leben und Tod sei, erklären die vor 1914 verbreitete Angst vor Deutschlands vagen Weltmachtansprüchen. England sah dabei weniger eine bestimmte Kolonie – und wie wir sehen werden, waren zwischen den beiden Ländern bis zum Kriegsausbruch immer Vereinbarungen in kolonialen Fragen möglich – als von seiten der deutschen Marine die strategisch wichtigen Verkehrswege und das weltweite Handelsnetz bedroht. Die größte Sorge der britischen Außenpolitik galt wie schon im 19. Jahrhundert dem Schutz der Verbindungslinien nach Indien, nur kam diesmal die Bedrohung von Deutschland statt von Rußland. Die Erhaltung der »Freiheit der Meere« für Handel und Nahrungsmittelimport und die Sicherung der Seeverbindungen zwischen allen Teilen des Weltreichs waren wesentliche Bestandteile des britischen Imperialismus und waren 1914 stärkere Motive als der Erwerb weiterer oder auch nur die Verteidigung schon bestehender britischer Kolonien. (Die Vergrößerung des Britischen Weltreichs war nach Kriegsausbruch nur noch einmal möglich: als Deutschlands afrikanische Kolonien eingenommen wurden und die Aufteilung des Osmanischen Reiches im Gespräch war; dabei wurde allerdings nicht Deutschland, sondern Frankreich zum größten Rivalen Englands.) Eben weil die deutsche Herausforderung an Englands Großmachtstellung allgemeiner Natur war und keine territorialen Forderungen betraf, erschien sie als so gefährlich.

Der Kaiser und seine Berater verfolgten mit ihrer Weltpolitik tatsächlich nie konkrete Ziele. Tirpitz' Vorstellung war es, wie wir gesehen haben, die deutsche Flotte so weit aufzurüsten, daß England keinen Krieg mit Deutschland riskieren konnte und sich den deutschen Forderungen fügen mußte, doch wie diese lauten sollten, blieb unklar. Es kursierte die Parole, Deutschland brauche einen »Platz an der Sonne«; die deutsche Marine galt als wichtiges Machtsymbol. Wenn auch die Schaffung einer starken deutschen Schlachtflotte unter anderem die innere Einheit Deutschlands sichern sollte, sahen viele Intellektuelle und Publizisten in Deutschlands imperialistischen Ambitionen rein idealistische Bestrebungen, die über die damit verbundene Machtpolitik hinausgingen. Deutschland würde die Welt von der Last der britischen Seeherrschaft befreien, wobei sich die kleineren Nationen auf die Seite Deutschlands als des Verfechters einer neuen und freieren internationalen Ordnung schlagen würden.[16] Weltpolitik oder Imperialismus in diesem weiten Sinn – und nur aus ihm erklärt sich die einende Kraft für die verschiedensten Gruppen der deutschen Gesellschaft – schien dem deutschen Staat eine neue Bestimmung zu geben. Dies ist sehr gut in zwei Bemerkungen von Max Weber zusammengefaßt. Er sagte 1893:

»Es ist der schwere Fluch des Epigonentums, der auf der Nation lastet, von ihren breiten Schichten heraus bis in ihre höchsten Spitzen: Wir können die naive, enthusiastische Tatkraft nicht wieder aufleben lassen, welche die Generation vor uns beseelte. [...] Die Aufgaben, die uns gestellt, sind anderer Art. Wir können dabei nicht an große, der gesamten Nation gemeinschaftliche Empfindungen appellieren, wie es der Fall war, als es sich handelte um die Schaffung der Einheit der Nation und einer freien Verfassung.«[17]

Den Ausweg skizzierte er zwei Jahre später in seiner berühmten Antrittsvorlesung an der Universität von Freiburg:

»Wir müssen begreifen, daß die Einigung Deutschlands ein Jugendstreich war, den die Nation auf ihre alten Tage beging und seiner Kostspieligkeit halber besser unterlassen hätte, wenn sie der Abschluß und nicht der Ausgangspunkt einer deutschen Weltmachtpolitik sein sollte.«[18]

Das Problem der Ziele, England die Weltherrschaft streitig zu machen, lag in ihrer vagen Formulierung; viele weigerten sich, den Folgen ins Auge zu sehen. Naivere Deutsche dachten über die Marine ähnlich wie jener katholische Theologieprofessor in Bonn, der sagte: »Der Friede ist freilich der positive und direkte Wille Gottes, der Krieg nur eine göttliche Zulassung und Strafe [...]. Aber kommen wird der Gottesfriede [...]. Bis dahin fahre auch die deutsche Flotte auf den Strömen der Wahrheit, des Rechts und der Freiheit: eine Geleiterin vaterländischen Gutes und Fleißes.«[19]

In der deutschen Führung herrschte Uneinigkeit darüber, wie der neue deutsche Imperialismus verwirklicht werden sollte. Während die einen glaubten, daß man die Ziele mit friedlichen Mitteln erreichen könne – »deutsche Weltpolitik und kein Krieg«, wie Richard von Kühlmann, der Botschaftsrat an der deutschen Botschaft in London, es in einem 1913 unter einem Pseudonym veröffentlichten Aufsatz ausdrückte[20] –, durch ein Abkommen mit England nämlich und eine gewisse Verringerung des Flottenbautempos auf deutscher Seite, während manche Industrielle behaupteten, daß Deutschlands wirtschaftliche Stärke die Vorherrschaft zumindest in Europa sichern würde (»Lassen Sie uns noch weitere drei oder vier Jahre friedlicher Entwicklung haben, und Deutschland wird der unumstrittene Herr Europas«, sagte der Industrielle Hugo Stinnes 1911)[21] rechneten die anderen damit, daß Deutschlands Streben nach einer Weltmachtstellung einen Krieg mit England zur Folge haben werde, und hießen ihn gut. Da dieses Streben auf so viele verschiedene Weisen ausgedrückt wurde, ist e nicht überraschend, daß die ausländischen Beurteilungen sowohl zu jener Zeit wie später voneinander abwichen. Ein deutscher Imperialist faßte das Problem 1912 zusammen: »Der Hauptgrund indes dafür, daß unsere Situation äußerlich betrachtet, mitunter einen unklaren und unerfreulichen Eindruck macht, besteht in der Schwierigkeit, ein leicht faßliches, sozusagen handgreifliches Ziel für die von uns geforderte Politik des deutschen Gedankens aufzustellen.«[22]

Unter den Verfechtern der deutschen Weltpolitik gab es bestimmte Gruppen und Einzelpersonen, die an der konventionellen Denkweise festhielten, Deutschland müsse seine kolonialen Besitzungen vergrößern; sie träumten von einem deutschen Mittelafrika als Ergänzung zu dem deutschen Mitteleuropa, das andere zu errichten hofften. Ihre Anhänger hatten oft ein unmittelbares Interesse an den bestehenden deutschen Kolonien, sei es, weil sie glaubten, in Afrika seien Gewinne zu erzielen, sei es, weil sie selbst an der Verwaltung der Kolonien beteiligt waren, oder auch weil sie glaubten, daß eine Übereinkunft mit England in bezug auf Afrika einen Prozeß der Détente einleiten könne; im Auswärtigen Amt gab es jedoch Kreise – allen voran Paul von Wolf-Metternich, der Botschafter in London von 1902 bis 1912, und Richard von Kühlmann[23] –, die darauf beharrten, daß Deutschlands Weltmachtstellung nur mit der Unterstützung Englands zu erreichen sei und nicht in Opposition zu ihm. Der Preis für diese Unterstützung wären einige Konzessionen im maritimen Wettrüsten, aber dies wiederum könne, so hoffte man, zu einem Abkommen führen, das Englands Neutralität im Falle eines Kontinentalkrieges gewährleisten würde, sowie zu einer Art Tauschhandel, in dem England Kolonialgebiete gleichsam gegen das Ende der Flottenrivalität abtreten würde. Dies waren auch wirklich Gesprächsthemen bei Haldanes Besuch im Februar 1912 in Berlin, und das Scheitern der Haldane-

Mission zeigte, wie begrenzt die Möglichkeiten einer deutsch-englischen Übereinkunft waren. Es war sofort ersichtlich, daß weder die englische Regierung sich zur Neutralität verpflichten noch die deutsche Admiralität die jüngsten Rüstungspläne aufgeben wollte.

Die größte Hoffnung der Deutschen auf eine Ausdehnung ihres afrikanischen Kolonialgebietes konzentrierte sich darauf, entweder einen Teil von Belgisch-Kongo zu erwerben oder das 1898 mit England geschlossene Geheimabkommen wahrzunehmen, das die Aufteilung der portugiesischen Kolonien vorsah, sofern die finanzielle Lage Portugals sich so weit verschlechterte, daß es sein Kolonialreich als Gegenleistung für einen Kredit überantworten mußte. In den Gesprächen während und nach Haldanes Besuch deutete die englische Regierung an, man habe keine Einwände dagegen, daß Deutschland sich Gebiete im Kongo aneigne, und sei bereit, den Vertrag von 1898 dahingehend zu ändern, daß der deutsche Anteil vergrößert werde. Wie falsch die Vorstellungen über die Vereinbarungen zwischen Haldane und Bethmann Hollweg waren, kann man daran ablesen, daß die Deutschen anscheinend glaubten, Haldane habe ihnen auch britisches Kolonialgebiet versprochen, die Inseln Sansibar und Pemba vor der Ostküste Afrikas – ein Gedanke, den Grey sogleich zurückwies, indem er erklärte, daß für einen solchen Gebietsabtritt beträchtliche Kompensation erforderlich wäre. (Haldane hatte den Deutschen unter anderem die portugiesische Hälfte der indonesischen Insel Timor zugesagt, und er mußte vom Foreign Office daran erinnert werden, daß die Portugiesen sie bereits den Holländern versprochen hatten.)

Den Engländern war es ein leichtes, Zugeständnisse im Zusammenhang mit belgischem und portugiesischem Gebiet zu machen. Die britische Öffentlichkeit, insbesondere Anhänger der Liberalen, war schockiert von kurz zuvor erfolgten Enthüllungen der Mißstände sowohl in Belgisch-Kongo wie in den portugiesischen Kolonien; außerdem gab es keinerlei Hinweise, daß die Belgier den Kongo aufzugeben gedachten. Obwohl das britische Außen- und Kolonialministerium die Portugiesen geringschätzte (die Herausgeber der *Britischen Amtlichen Dokumente zum Kriegsausbruch* fühlten sich noch 1938 verpflichtet, die Sätze, die Grey seiner Anmerkung folgen ließ, daß »diese Kolonien mehr als heruntergekommen sind, solange im Besitz Portugals«, »aus Gründen internationaler Höflichkeit« zu streichen[24]), war es in seinen Verhandlungen mit den Deutschen dadurch gehemmt, daß es unmittelbar nach dem Abkommen von 1898 Bündnisverträge mit Portugal erneuert hatte, die auf das 17. Jahrhundert zurückgingen und den König von England verpflichteten, »alle der Krone von Portugal gehörenden Eroberungen und Kolonien gegen alle ihre Feinde, sowohl künftige wie gegenwärtige, zu verteidigen und zu beschützen«[25]; noch 1912 vermittelte England Portugal den Eindruck, daß Portugals Kolonialbesitz unangetastet bleiben solle. Der britische Botschafter in Berlin drückte die im englischen Außenministerium allgemein empfundenen Vorbehalte aus, als er schrieb: »[...] und mir erstarrt geradezu das Blut in den Adern, wenn wir mit Deutschland über die Unzulänglichkeiten unserer portugiesischen Verbündeten [Allies] reden. Ist es von uns auch *ganz* ehrlich gespielt? Freilich ist das durchaus wahr, was wir über sie sagen – aber ist es ganz in der Ordnung oder auch nur klug, es den Deutschen zu sagen?«[26] Obwohl schließlich ein Abkommen erzielt wurde, mit dem das Aufteilungsvorhaben von 1898 zu Deutschlands Gunsten verändert wurde, blieb seine Wirksamkeit fraglich, da die Briten verlangten, daß sowohl der deutsch-englische als auch der englisch-portugiesische Vertrag veröffentlicht werden sollten – ein Vorschlag, dem die Deutschen bis zum Kriegsausbruch nicht zustimmten. Eine Einigung in der

Frage der Aufteilung der portugiesischen Kolonien wurde zwar von beiden Kolonialministerien angestrebt,[27] war aber für die deutsche Politik nur soweit von Bedeutung, als sie mit einer Neutralitätserklärung Englands für den Fall eines Kontinentalkrieges verbunden werden konnte. Doch genau diese verweigerten die Briten, vor allem, weil die französische Regierung, ermutigt vom englischen Botschafter in Paris, Mißtrauen gegenüber einer deutsch-englischen Détente äußerte. Der Kaiser hatte vielleicht ausnahmsweise recht, als er die Ergebnisse der Haldane-Mission zusammenfaßte: England, schrieb er, »habe in Europa – i[d] e[st] Frankreich betreffend – gar nichts conzedirt (Ablehnung der Neutralitätserklärung, wegen Frankreich, die wir verlangt hatten), hingegen auf Colonien in Afrika, im Besitze anderer Mächte, uns hingewiesen, von denen es ihr natürlich nicht bekannt sei, ob diese Mächte sie gutwillig hergeben würden; sie aber ihre guten Beziehungen zu ihnen, unsertwegen gewiß nicht aufs Spiel setzen werde.«[28]

Die Hoffnung, daß ein Kolonialabkommen zwischen England und Deutschland zu einer Verbesserung der gesamten Beziehungen führen könne – wie im Fall des englisch-französischen und des englisch-russischen Bündnisses –, mußte enttäuscht werden, weil die Rivalität zu komplex war, um sich durch Verhandlungen über territoriale Einzelfragen entschärfen zu lassen. Die Gespräche wurden nur deshalb so lange weitergeführt, weil die beiden Kolonialministerien an einer Einigung interessiert waren; darüber hinaus hegten die Angehörigen des britischen kolonialen Dienstes aufrichtige Hochachtung vor den Deutschen als Kolonialverwaltern und zogen sie als potentielle Nachbarn in Afrika gewiß den Franzosen vor. Einige Mitglieder der englischen Regierung, vor allem Haldane und der Kolonialminister Hartcourt, glaubten noch, daß ein Abkommen mit Deutschland nicht nur wünschenswert, sondern auch möglich sei; auf der deutschen Seite fanden sich einflußreiche Politiker und Beamte, darunter Bethmann selbst, die überzeugt waren, daß das Fortbestehen des Kanzleramtes in Bethmanns Händen vom Zustandekommen einer politischen Abmachung mit England abhing. Die Kolonialverhandlungen bestätigten, daß keine offenen Expansionsstreitigkeiten zwischen beiden Ländern herrschten, aber sie enthüllten zugleich, daß keine Seite bereit war, ihren Anspruch auf Vormachtstellung aufzugeben.

Während der deutsch-englischen Verhandlungen zur Aufteilung der portugiesischen Kolonien wurden andernorts die Gespräche über die britische Beteiligung am Bau der Bagdadbahn geführt, Gespräche, in deren Verlauf Englands örtlich begrenzte Wünsche – vor allem hinsichtlich der Kontrolle über Wirtschaft und Politik Mesopotamiens – zunehmend den umfassenderen diplomatischen und strategischen Bedürfnissen untergeordnet wurden.[29] Die Geschichte des Projektes einer Eisenbahn von Konstantinopel zum Persischen Golf ist sehr verwickelt und läßt viele Aspekte des Imperialismus zu Beginn des 20. Jahrhunderts zutage treten: die Wechselwirkung von wirtschaftlichen, beziehungsweise strategischen Interessen und Diplomatie, die Möglichkeit eines schwachen Staats – der Türkei –, die Großmächte gegeneinander auszuspielen, und das Ausmaß, in dem die Expansionsbestrebungen den innereuropäischen Bündnissystemen entgegenwirkten. 1889 hatte eine von der Deutschen Bank geführte Gesellschaft die Konzession zum Bau des ersten Abschnitts einer Bahnstrecke durch Anatolien erhalten, 1899 die zur Fortsetzung. 1903 wurden die deutschen Unternehmen von ihrer Regierung unterstützt; der Kaiser hatte sich seit seinem Besuch in Konstantinopel im Jahre 1898 als Freund und Beschützer der Türkei und der islamischen Welt ausgegeben. Da das Kapital für ein so großes und teures Projekt nicht reichte, versuchte man in London und Paris Anleihen aufzunehmen. Das Ergebnis wurde von A. J. P. Taylor gut zusammengefaßt: »In Frankreich waren die finanziellen Kräfte für eine Beteiligung, die politischen Motive sprachen dagegen, und die Politiker gewannen. In England waren die Politiker dafür, die Finanziers dagegen, und die Finanziers gewannen«.[30] Die französische Regierung hatte Bedenken gegen eine Zusammenarbeit mit den Deutschen: sowohl weil die Russen diesem Gedanken sehr abgeneigt waren, als auch weil sie selbst fürchtete, daß die Bagdadbahn französische Eisenbahninteressen in Syrien schädigen könne, und schließlich weil sie sich des starken Konkurrenzkampfs zwischen Krupp und den französischen Waffenlieferanten der Türkei bewußt war und deshalb jede Ausweitung des wirtschaftlichen Einflusses Deutschlands verhindern wollte. Infolgedessen unternahm die französische Regierung, was in ihrer Macht stand, um jene französischen Bankiers, die sich von einer Beteiligung an der Bagdadbahn Profit versprachen, von ihrem Vorhaben abzubringen.

Die konservative Regierung Englands und insbesondere der Außenminister Lord Lansdowne dachten andererseits, daß eine Beteiligung an der Verlängerung der Eisenbahn die Verbindungen nach Indien verbessern und Englands Stellung am Persischen Golf stärken würde. Grundlegende Meinungsverschiedenheiten bestanden jedoch zwischen jenen, welche die Beziehungen zu Rußland zu verbessern hofften, und jenen, die erwarteten, daß eine Zusammenarbeit mit Deutschland russische Vorstöße im Mittleren Osten unterbinden würde. Beide Seiten waren sich bewußt, daß das Gleichgewicht der Kräfte sich verschob, aber es bestand noch Ungewißheit darüber, wie England reagieren sollte. Die einflußreichen Publizisten, die damals bereits die deutsche Weltpolitik mit Besorgnis beobachteten, wurden von Joseph Chamberlain unterstützt – eines seiner Motive war vielleicht sein verletzter Stolz: er ärgerte sich über die während seines Aufenthalts in Afrika getroffenen Entscheidungen – wie auch von weiten Kreisen der Öffentlichkeit, die sich noch über die antienglische Kampagne der deutschen Presse zur Zeit des Burenkrieges ärgerten. »Wir leiden noch«, schrieb Lansdowne »unter einem unvernünftigen Haß und Argwohn gegen alles, was als von deutscher Herkunft gelten kann, und diese Gefühle werden nicht so bald vergehen – es ist lächerlich und in meinen Augen demütigend.«[31] Infolge der antideutschen Kampagne der konservativen Presse, die von politisch einflußreichen Persönlichkeiten gefördert wurde, zogen sich die britischen Finanziers vom Bagdadprojekt zurück, während die Regierung sich auf die offizielle Erklärung beschränkte, daß sie entschlossen sei, den Persischen Golf weiter als eine britische Interessensphäre zu betrachten.

Im Petersburger Vertrag von 1907 legten die britische und die russische Regierung ihre Einflußsphären in Persien fest, so daß eine russische Gefahr am Golf beseitigt zu sein schien. Die innenpolitische Situation der Türkei änderte sich jedoch infolge der jungtürkischen Revolution im Jahre 1908 und durch die Niederlage der Türkei im Ersten Balkankrieg, und sowohl die britische wie die deutsche Regierung fürchteten, ihren Einfluß auf die türkische Regierung, deren Zukunft ungewiß war, zu verlieren. Inzwischen plante man die Fertigstellung der Bagdadbahn – die Verlängerungsstrecke von Bagdad zum Persischen Golf. Der Boden für eine deutsch-englische Abmachung war bereitet: die deutschen Förderer brauchten Geld und die britische Zustimmung in dem internationalen Ausschuß, der die türkischen Zolltarife kontrollierte, da die Türken die Sätze anheben mußten, wenn sie der Bagdadbahngesellschaft die festgesetzten Kilometerbeträge zahlen wollten.

Außerdem wurde die ursprüngliche Übereinkunft zwischen England, Frankreich und Rußland, gemeinsam gegen die Bagdadbahn zu opponieren, nicht eingehalten. Als 1910 der Zar Potsdam besuchte und Deutschlands Beziehungen zu Rußland sich kurzfristig verbesserten, hatten die Russen ihre Einwände gegen die Fertigstellung der Bahnlinie bereits zurückgezogen; sie planten eine Verbindungslinie nach Teheran und eine neue Eisenbahn in Nordpersien. Unter diesen Umständen beschloß die britische Regierung, durch die Teilnahme an einem internationalen Projekt zur Fertigstellung der Bagdadbahn die eigenen Interessen in der Türkei zu wahren und eine verstärkte Einflußnahme der Deutschen oder der Russen zu verhindern, selbst wenn sie dabei ihren Anspruch auf das Wirtschaftsmonopol in Mesopotamien aufgeben mußte. Die Deutschen nahmen es hin, daß sie ohne britische Kooperation weder das Kapital für den Eisenbahnbau finden noch gegen die seit langem geltenden wirtschaftlichen Ansprüche Englands in Mesopotamien ankommen konnten. Der deutsche Kanzler und das Auswärtige Amt – wenn auch nicht unbedingt der Kaiser oder jene deutschen Geschäftsleute, die überzeugt waren, die ausländische Konkurrenz in der Türkei könne ausgeschaltet werden – erkannten ihre eingeschränkte Handlungsfreiheit im Mittleren Osten und waren bereit, mit den Engländern in Verhandlungen zu treten. Die Engländer erklärten als Hauptziele die Sicherung des Persischen Golfs und die Erhaltung ihres Einflusses im Süden Persiens. Auf dieser Grundlage konnten unabhängig von sonstigen Rivalitäten die langwierigen Verhandlungen über die britische Beteiligung an der Bagdadbahn geführt werden.

Ein weiterer Faktor ermöglichte zu diesem Zeitpunkt eine Übereinkunft: die wachsende Erkenntnis der Bedeutung der Ölvorkommen in Mesopotamien und Südpersien. 1914 war dies eine relativ neue Entwicklung; es hatte Jahrzehnte gedauert, um die Technologien zu Förderung, Raffination und Transport von Öl zu entwickeln. Aber 1912 beschloß die britische Admiralität, den Brennstoff einiger Kriegsschiffe von Kohle auf Öl umzustellen und neue ölbetriebene Dreadnoughts zu bauen. Schon 1914 wurden pro Monat 25 000 Tonnen Öl aus Südpersien importiert.[32]

Öl war inzwischen von strategischem und kommerziellem Interesse, obwohl man das Ausmaß seiner Bedeutung noch kaum erkannte. Den Engländern gelang es nach Verhandlungen mit der türkischen Regierung und den internationalen Gesellschaften, die die Konzession zur Ölförderung besaßen, einen maßgeblichen Anteil an den in Mesopotamien und Persien wirkenden Ölgesellschaften zu erhalten. Wenn die beteiligten deutschen Finanziers bei der Ölgewinnung in der Türkei nur einen Anteil von fünfundzwanzig Prozent erreichten, so lag dies weniger daran, daß die beiden Regierungen sich nicht einigen konnten, als am chronischen deutschen Kapitalmangel. Die türkische Regierung hatte ein Druckmittel in der Hand, als die amerikanische Standard Oil Company für eine Übertragung der Ölkonzessionen – deren rechtlicher Status ohne Zweifel ungeklärt, wenn nicht fragwürdig war – Barzahlung anbot, so daß die britische und die deutsche Regierung sowie die Finanziers beider Länder ihre Differenzen schnell beilegten.

Es bleibt ungewiß, wer besser wegkam, als die Engländer und die Deutschen eine Übereinkunft über ihre wirtschaftlichen und strategischen Interessen in der Türkei erzielten; wie immer sie sich im Frieden ausgewirkt haben könnte – innerhalb von zwei Monaten nach der Paraphierung des Abkommens über den Abschluß der Bagdadbahn brach der Krieg aus (und die Eisenbahn selbst war noch Hunderte von Kilometern von Bagdad entfernt). Die türkische Regierung hegte die Besorgnis, daß ihrem Land aufgrund seiner offensichtlichen Schwäche nach den Niederlagen in den Balkankriegen und nach dem Verlust von Tripolis und fast allen europäischen Besitzungen eine Aufteilung drohte, und sie war überzeugt, daß sie von Rußland mehr zu befürchten hatte als von Deutschland. Am 2. August, dem Tag nach der deutschen Kriegserklärung an Rußland, unterzeichnete sie einen kurzfristig ausgehandelten Geheimvertrag mit Deutschland als Gegenleistung für eine Garantie ihrer territorialen Integrität gegenüber Rußland, und im November trat sie auf Deutschlands Seite in den Krieg ein.

Die deutsch-englischen Verhandlungen zur Bagdadbahn bewiesen ebenso wie die Gespräche über die portugiesischen Kolonien, daß trotz der Rivalität zwischen beiden Ländern in Einzelfragen noch eine Einigung möglich war. Die normalen diplomatischen und wirtschaftlichen Beziehungen gingen bis unmittelbar zum Kriegsausbruch weiter, und erst in letzter Minute – wenn überhaupt – wurden sie den Kriegsvorbereitungen untergeordnet. Dennoch zeigt das Beispiel der Türkei – wie ein Jahrzehnt zuvor das Chinas –, und das komplizierte Wechselspiel von Kooperation und Rivalität zwischen England und Deutschland, daß es sich hier um ein Gebiet handelte, auf dem die imperialistischen Streitigkeiten der europäischen Großmächte zur Instabilität und somit auch zum Krieg führten. Die Existenz eines großen, aber labilen Staates führte die stärkeren Mächte in Versuchung, Ansprüche auf Einflußsphären und wirtschaftliche Kontrollmöglichkeiten zu erheben, doch das Osmanische Reich war nicht nur Gegenstand der Übergriffe europäischer Großmächte, sondern auch der Unabhängigkeitsbestrebungen seiner nichttürkischen Untertanen. Seit 1908 befand sich das Reich in einer ununterbrochenen Krise. Die Offiziere der Jungtürken, die mit der Revolution von 1908 den Osmanischen Staat zu modernisieren und seinen Zerfall zu verhindern hofften, leiteten unwissentlich den Prozeß ein, der 1918 zum endgültigen Zusammenbruch des Reichs führen sollte. Die unmittelbare Folge war die Annexion Bosniens und der Herzegowina durch Österreich-Ungarn im Jahre 1908, bevor die neue türkische Regierung die Oberhoheit über die Provinzen erklären konnte, die Österreich seit 1878 besetzt hielt. Darüber hinaus wurden die letzten formalen Bindungen zwischen Bulgarien und der Türkei gelöst und der Anschluß Kretas an Griechenland erreicht. Diese Entwicklungen erhöhten den türkischen

Argwohn gegen die nichttürkischen Nationalitäten des Reiches – Araber und Armenier ebenso wie die Christen auf dem Balkan; die Hoffnung, daß die Revolution das Osmanische Reich in einen wirklich multinationalen Staat umwandeln könne, in dem Nichtmoslems und Nichttürken gleiche Rechte hätten, wurde bald enttäuscht, da sich das neue Regime nach einer Reihe von Militärputschen und Gegenputschen zu einer zunehmend repressiven Militärdiktatur entwickelte. Gleichzeitig ermutigte die politische Instabilität der Jahre 1908 bis 1913 nicht nur die Balkanstaaten, sich gemeinsam gegen die Türkei zu erheben, sondern auch die Großmächte, insbesondere Rußland (und sogar die österreichisch-ungarische Regierung spielte mit der Idee, eine Kolonie in Kleinasien zu erwerben, als hätte sie keine anderen Sorgen)[33], eine Teilung der Türkei zu erwägen.

Der erste Schritt zu der allgemeinen Krise auf dem Balkan war der italienische Angriff auf die türkischen Provinzen Tripolis und Cyrenaica – vielleicht der direkteste und offenste Akt imperialistischer Expansion in den Jahren unmittelbar vor dem Krieg. Seit der Einigung Italiens hatten italienische Nationalisten von einem Reich in Nordafrika geträumt, das zeigen sollte, daß der neue italienische Staat der wahre Erbe des Römischen Reiches war. Sie waren enttäuscht worden, als Frankreich 1881 das Protektorat über Tunesien erlangte, und bitter gedemütigt, als die italienische Armee 1896 von den Äthiopiern bei Adua geschlagen wurde. Als die französischen Ambitionen in Marokko offenbar wurden, glaubten mehrere aufeinanderfolgende italienische Regierungen, daß Italien das einzige Gebiet in Nordafrika beanspruchen könne, das noch nicht unter der Herrschaft eines europäischen Staates stand – die türkischen Provinzen Tripolis und Cyrenaica, die die Italiener nun mit dem römischen Namen Libia bezeichneten, um einen historischen Anspruch zu behaupten. Die französische Regierung hatte im Rahmen ihrer Versuche, Italiens Bindungen an den Dreibund zu schwächen, 1900 angedeutet und 1902 wiederholt, sie habe keine Einwände dagegen, wenn Italien türkisches Gebiet in Nordafrika erwerbe. Gleichzeitig wuchs das wirtschaftliche Interesse Italiens an Tripolis: von 1907 an investierte der Banco di Roma dort stark in verschiedenen Unternehmen, und durch seine Beziehungen zu Politikern sowie zur römisch-katholischen Kirche konnte er beträchtlichen politischen Druck ausüben. Außerdem organisierten sich jetzt die führenden Exponenten eines extremistischen Nationalismus, wirksam in Interessenverbänden wie der Associazione Nazionalista Italiana und der Dante-Alighieri-Gesellschaft, und bestärkten die Ansicht vieler Italiener, Italien sei zu lange als Museum für Touristen angesehen worden, lebe nur noch in seiner Vergangenheit und müsse sich jetzt als moderne Großmacht behaupten. Die Nationalisten und die Mitglieder des Instituto Coloniale übertrieben auch die Anziehungskraft Libyens als Kolonie: »Tripolis öffnet seine Arme und wartet; das Land ist dasselbe wie das von Tunis, wenn nicht fruchtbarer. Die klimatischen Bedingungen sind dieselben, Bodenschätze muß es geben [...]. Was wir jetzt brauchen, ist eine Regierung, die handelt oder gewillt ist, Handeln zu unterstützen.«[34] Italien sei, so behauptete Corradini, einer der redegewaltigsten Sprecher der Nationalisten, »die proletarische Nation«, ein unterprivilegiertes Land, das sich reichen und mächtigen imperialistischen Staaten gegenübersah; die dringenden sozialen Probleme und die wirtschaftliche Rückständigkeit Süditaliens könnten nur durch den Erwerb von Kolonien bereinigt werden.

Die Agadirkrise und der französische Anspruch auf Marokko boten den italienischen Nationalisten und allen, die aus wirtschaftlichen Gründen an Tripolis interessiert waren eine Gelegenheit, die Regierung zum Handeln zu drängen – insbesondere da die Enthüllung des pompösen Denkmals für König Viktor Emanuel II. in Rom wenige Wochen zuvor Italiens neue Ansprüche in der Welt zu symbolisieren schien. Da der Außenminister vor kaum einem Jahr noch erklärt hatte: »Den Türken ist es noch nicht gelungen, etwas zu verstehen, was sehr klar ist. Italien will Tripolis nicht nehmen und wünscht, daß es osmanisch bleibt«[35], sprach die Regierung erst auf Drängen des Parlaments, der Nationalisten und des Banco di Roma im Juli von militärischen Maßnahmen. Ende September wurde der Türkei ein Ultimatum gestellt und die Entsendung einer italienischen Truppe nach Tripolis geplant. Im Oktober nahm diese Tripolis und andere Küstenstädte ein, wobei zum erstenmal in einem Krieg ein Flugzeug zur Aufklärung und zum Abwurf von Granaten eingesetzt wurde.[36] Eine Choleraepidemie brachte Ernüchterung; die Araber im Landesinneren schließlich leisteten zehn Jahre lang Widerstand. Aber der Krieg war nicht einfach nur ein kolonialistischer Feldzug. Er richtete sich gegen das Osmanische Reich, das sich trotz seiner geschwächten Position nicht sofort geschlagen geben wollte. Zur Beunruhigung der anderen europäischen Mächte weitete sich der Seekrieg zum östlichen Mittelmeer hin aus. Die italienische Flotte bombardierte die Dardanellenbefestigungen und eroberte den Dodekanes. Im Juli 1912 nahmen Vertreter Italiens und der Türkei in der Schweiz Verhandlungen auf, aber erst durch die Mobilmachung der Balkanbundstaaten Ende September wurden die Türken gezwungen, Italiens Gewinne vertraglich zu akzeptieren – um sich schließlich den noch größeren Belastungen des Ersten Balkankrieges ausgesetzt zu sehen. Nicht nur die Türkei und die Balkanstaaten waren von den italienischen Maßnahmen unmittelbar betroffen. Während des Krieges mit Italien hatten die Türken die Meerengen gesperrt; das Ergebnis war ein beträchtlicher Rückgang von Rußlands Außenhandel bis Ende 1911, was all jenen Russen, die die Herrschaft über die Meerengen als das Hauptziel ihrer

Außenpolitik betrachteten, neue Argumente zur Untermauerung ihrer Ansicht lieferte.

Giolitti, der italienische Ministerpräsident, sah in dem Feldzug in Libyen ein »historisches Verhängnis«[37]. Im April 1911 hatte er vor den Folgen gewarnt:

»Tripolitanien ist eine Provinz des Osmanischen Reiches, und das Osmanische Reich ist eine europäische Großmacht. Die Integrität dessen, was vom Osmanischen Reich noch besteht, ist eines der Prinzipien, auf das sich das Gleichgewicht und der Frieden in Europa stützten. [...] Kann es im Interesse Italiens liegen, einen der Ecksteine des alten Gebäudes zu zerschmettern? Und was ist, wenn wir die Türkei angreifen und sodann der Balkan zu brodeln beginnt? Und wenn ein Krieg auf dem Balkan einen Zusammenstoß zwischen den beiden Machtblöcken und einen europäischen Krieg provoziert? Können wir es uns erlauben, Verantwortung dafür zu übernehmen, ein Streichholz an das Pulverfaß zu halten?«[38]

Zweifellos war Italiens Eroberungskrieg einer der Funken, die »die lange Zündschnur«[39] von den ursprünglichen Streitigkeiten auf dem Balkan bis zum Ausbruch des Ersten Weltkrieges entzündeten.

Die Ursachen für den Kriegsausbruch lagen nicht in unmittelbaren imperialistischen Rivalitäten; Deutschlands angestrebter Erwerb von Kolonialbesitz hätte sich durch eine Übereinkunft mit England erreichen lassen, wenn die Deutschen bereit gewesen wären, ihre Ansprüche als See- und Weltmacht aufzugeben. Schwache unabhängige Staaten wie Marokko und das Osmanische Reich aber stellten eine ständige Versuchung für imperialistische Mächte dar, so daß die deutsch-französischen Rivalitäten in Marokko und die italienischen Ambitionen in Tripolis 1911 Krisen hervorriefen, die eine weltweite Instabilität verstärkten. 1914 dann waren die einzelnen Konflikte in Nordafrika oder dem Mittleren Osten nur noch Teil eines weltumspannenden Netzes von Bestrebungen und Spannungen. Die Marokkokrise überwanden Frankreich und Deutschland durch einen Kompromiß, der keine der beiden Seiten ganz zufriedenstellte. Die Bedeutung der Krise lag weniger in der Neuverteilung afrikanischen Gebietes als in der Verschärfung des gegenseitigen Mißtrauens und des Wettrüstens, auf beiden Seiten vorangetrieben von einer Welle nationalistischer Propaganda. 1914 fielen die psychologischen Konsequenzen eines imperialistischen Schrittes mehr ins Gewicht als die Gebietsgewinne oder -verluste.

Die älteren weltpolitischen Streitigkeiten waren zwar nicht beigelegt, aber in den Hintergrund gedrängt worden: durch das neue Bündnissystem, das vor allem infolge der deutschen Weltmacht-Ambitionen entstanden war. Zahllose Unstimmigkeiten erschwerten trotz der Entente cordiale noch immer die Beziehungen zwischen England und Frankreich – Auseinandersetzungen zum Beispiel über den internationalen Status von Tanger oder über Wirtschaftsinteressen in Syrien, und sie verschlimmerten sich, als nach Kriegsbeginn die Möglichkeit einer Aufteilung des Osmanischen Reiches den alten Zwist wiederaufleben ließ und neue Hoffnungen weckte. Doch wieder und wieder führte das Erfordernis gegenseitiger Unterstützung gegen Deutschland dazu, daß man sowohl in London als auch in Paris über die Differenzen zeitweise hinwegsah. Die britischen Beziehungen zu Rußland waren schwieriger. Trotz der Grenzregulierungen im Petersburger Vertrag von 1907 – Afghanistan, Tibet und Persien betreffend – verursachten örtliche Streitigkeiten und das seit Generationen bestehende Mißtrauen noch Probleme. Der Vertrag war in beiden Ländern kritisiert worden, vor allem weil die Anerkennung britischer und russischer Einflußsphären in Persien zeitlich mit einer dortigen Revolution zusammenfiel, in der die beiden Seiten britische oder russische Unterstützung suchten.[40] Sowohl russische wie britische Militärs vertraten die Meinung, daß im Interesse einer diplomatischen Übereinkunft zu viele Zugeständnisse gemacht worden seien, während in England viele der liberalen Anhänger Greys wie auch der britische Botschafter in Teheran heftige Kritik übten, weil sie die liberale Bewegung in Persien durch die Duldung einer von den Russen unterstützten Gegenrevolution seitens der britischen Regierung verraten sahen. Doch trotz großer Spannungen, wie zum Beispiel 1908, als der russische Kommandeur der Kosakenbrigade des Schahs seinen Truppen befahl, die britische Botschaft in Teheran zu umzingeln, opferten Grey und das Foreign Office ständig ihre Interessen in Persien und dem Fernen Osten der Erhaltung der Entente mit Rußland. Doch die britische Haltung gegenüber Rußland blieb ambivalent. Rußland war zwar ein wichtiger Verbündeter gegen Deutschland, aber führende Beamte des englischen Außenministeriums befürchteten, Rußland könne wieder Englands größter imperialistischer Konkurrent werden, sobald es sich vom Debakel des Jahres 1905 erholt habe. »Die Russen könnten im Mittleren und Fernen Osten äußerst unangenehm werden und könnten die Stellung Großbritanniens in Indien ernsthaft erschüttern«, schrieb Sir Arthur Nicolson, Staatssekretär im Außenministerium, im April 1913. »Dies ist für mich ein solcher Alptraum, daß ich um fast jeden Preis die russische Freundschaft erhalten würde.«[41] Nicolson rechnete stets damit, daß Rußland mit Deutschland verhandeln würde, wenn England nicht bereit wäre, in geringfügigeren Angelegenheiten nachzugeben; das würde eine Bedrohung bedeuten, die das Britische Weltreich wahrscheinlich nicht überstehen konnte. Andere Berater der britischen Regierung erkannten zwar die potentielle Bedrohung durch ein wieder erstarktes Rußland, drangen aber darauf, das Abkommen mit Rußland zu Englands Gunsten neu auszuhandeln, insbesondere in bezug auf Persien. Der Streit zwischen den einen, die im Frühjahr 1914 glaubten, daß die Zeit reif sei, Rußlands

Ansprüchen die Stirn zu bieten, und den anderen, die wie Nicolson darauf beharrten, die Freundschaft mit Rußland um jeden Preis zu erhalten, damit England den Deutschen gegenübertreten könne – dieser Streit wurde nie entschieden, weil er von den Ereignissen des Juli 1914 eingeholt wurde, aber er weist vielleicht darauf hin, daß die Führung des Britischen Weltreiches sich noch 1914 nicht im klaren war, woher die eigentliche Gefahr komme.

Seit mehr als einem Jahrhundert hatte Englands Verhältnis zu Indien die britische Außenpolitik bestimmt. Die britische Herrschaft über dieses große Reich wurde oft als selbstverständlich hingenommen, die Rentabilität selten überprüft; aber Indien war noch immer einer von Englands wichtigsten Absatzmärkten und ein ergiebiges Gebiet für Kapitalinvestitionen sowie eine Einnahmequelle für Staatsgelder. Doch zu einer Zeit, in der man – zumindest im Hinblick auf die älteren weißen Kolonien – davon sprach, das Empire in einen Verband unabhängiger Dominions umzuwandeln, entfernte sich das Regierungssystem in Indien mehr und mehr von seiner Tradition; die nationalistische Bewegung wuchs, wenn sie sich auch noch nicht zu der Bedrohung entwickelte, die sie zehn Jahre später werden sollte. Dennoch vermittelten der Bau der neuen Hauptstadt Neu-Delhi und der spektakuläre Galaempfang des neuen Königs und Kaisers Georgs V. im Jahre 1911 den Eindruck, daß die britische Herrschaft unangefochten bestand. Immer noch galt der Grundsatz, den Lord Curzon 1901 formulierte: »Wenn wir [Indien] verlieren, werden wir sofort zu einer drittrangigen Macht absinken.«[42]

Mit dem Petersburger Vertrag im Jahre 1907 schien eine der größten Bedrohungen für Indiens äußere Sicherheit eliminiert – selbst wenn die Regierung von Indien und ihre Soldaten diese Tatsache nur zögernd anerkannten. Deutschland konnte für Indien niemals so gefährlich werden wie Rußland, obwohl man es für möglich hielt, daß die Bagdadbahn als ein Mittel zur Ausweitung des deutschen Einflusses benutzt würde, wenn England nicht rechtzeitig dagegen einschreiten konnte. Als die Russen 1911 ihre Einwände gegen die Bagdadbahn als Gegenleistung für eine Verbindungsstrecke zwischen der Hauptlinie und Teheran zurückzogen, lebten die alten britischen Ängste in einer neuen Form auf: »Es wäre keineswegs zu begrüßen«, schrieb Grey, »wenn Deutschland sich diese Nebenlinie zu Nutze machen könnte. Denn in Zeiten panislamischer Erregungen könnte sie benutzt werden, um von Deutschen ausgebildete muselmanische Kräfte zu mobilisieren. Deutschland, das keine muselmanischen Untertanen hat, ist durch den Panislamismus nicht bedrängt, aber für Rußland und England wären die Folgen unabsehbar.«[43] Der Kaiser hatte in seiner Rolle als selbsternannter Protektor des Islams von Zeit zu Zeit angedeutet, daß ein Krieg gegen Deutschland zum Verlust Indiens führen könnte, und am 30. Juli 1914 schrieb er in einem Anfall von Haß: »Und unsere Consuln in Türkei und Indien, Agenten etc. müßen die ganze Mohamedan. Welt gegen dieses verhaßte, verlogene, gewissenlose Krämervolk zum wilden Aufstande entflammen; denn wenn wir uns verbluten sollen, dann soll England wenigstens Indien verlieren.«[44] Obwohl sich die Engländer dieser Gefahr bewußt waren, wurde sie nie wirklich ernst genommen, und auch nach Kriegsbeginn hatten die deutschen Bemühungen, die Welt des Islams gegen England aufzuwiegeln, nicht viel Erfolg. Aber in England hielt man sich stets vor Augen, daß die Bedrohung von russischer Seite jederzeit wiederaufkeimen konnte, und glaubte daher, die russische Freundschaft um jeden Preis erhalten zu müssen. Tatsächlich deuteten die Russen im Juni und Juli 1914 in ihren Vorschlägen zur Stärkung der Bindungen und insbesondere zu einem Flottenabkommen an, daß ein formelleres Bündnis eine Garantie der Sicherheit Indiens beinhalten könnte. Auch hier wurden die Gespräche von der Julikrise und dem Kriegsausbruch eingeholt; niemand weiß, wie sich die englisch-russischen Beziehungen entwickelt haben könnten. Es ist darauf hingewiesen worden,[45] daß sich England aus Angst um Indien auf die Seite Rußlands gestellt habe. Diese Deutung schreibt der britischen Regierung und dem Foreign Office zu große Einhelligkeit und Voraussicht zu; die Hauptgefahr für das britische Weltreich konnte keineswegs so eindeutig bestimmt werden. Wir sehen lediglich bestätigt, daß die britische Regierung die europäische Politik nach imperialistischen Maßstäben beurteilte.

Die unmittelbaren Anlässe, die 1914 zur Entscheidung für den Krieg führten, waren nicht weltpolitisch, sondern durch eine innereuropäische Krise bedingt; dennoch bestimmten frühere imperialistische Tendenzen den Geist, in dem die Entscheidungen getroffen wurden. Für Rußland waren Konstantinopel und die Meerengen die Motive seiner Balkanpolitik, der oftmals der Asienpolitik gegenüber der Vorrang gegeben wurde. In Deutschland hatten vage Ambitionen in Richtung auf eine Weltmachtstellung zu der Entscheidung beigetragen, eine Schlachtflotte zu bauen, die von England als Herausforderung angesehen werden mußte. England, das »die besten Kolonien [hat] und keinen Krieg mit uns [braucht], um neue zu erwerben«,[46] wie der deutsche Botschafter in London bemerkte, wollte dennoch das britische Weltreich um jeden Preis erhalten. Die Franzosen, die sich das vom *parti colonial* artikulierte Bedürfnis nach der Herrschaft über Marokko zu eigen machten, hatten ihre Ressentiments gegen Deutschland um eine koloniale Dimension erweitert, während die Deutschen bewußt die Marokkokrise provozierten und damit die nationalistische Agitation in beiden Ländern anfachten und das Wettrüsten beschleunigten, wodurch sie die weltweite Spannung im Zeitraum von 1912 bis 1914 erhöhten – eine Spannung, zu der auch der Zusammenbruch des Osmanischen Reiches unter dem Ansturm des italienischen Imperialismus und des Nationalismus des Balkans wesentlich beitrugen.

Imperialistische Pläne hatten von Anfang an das Risiko eines Krieges einkalkuliert und den bewaffneten Kampf als einen wesentlichen Teil imperialistischer Expansion gesehen, wenngleich die imperialistischen Kriege bisher weitgehend begrenzt gewesen waren. 1914 trug solches Denken dazu bei, die Krise zu verschärfen; deutsche Ambitionen, französische Unzufriedenheit, russisches Expansionsstreben, britische Ängste und österreichische Befürchtungen führten zu der Entscheidung, daß der Krieg unvermeidbar sei, wenn nationale Grundbedürfnisse berücksichtigt bleiben sollten. Diese Entscheidung konnte jedoch nur deshalb zum Tragen kommen, weil sie in Europa auf die Bereitschaft stieß, den Krieg in Kauf zu nehmen und sogar zu begrüßen, und diese Bereitschaft war ein Produkt der Rhetorik des Imperialismus mehr noch als seiner Realität.

Achtes Kapitel

Die Stimmung im Jahre 1914

Selbst die diktatorischste Regierung muß sich der Unterstützung des Volkes sicher sein, bevor sie einen Krieg beginnt. Aus diesem Grund wurde 1914 jede Kriegserklärung so begründet, daß sie die größtmögliche Zustimmung der Öffentlichkeit fand: die Franzosen kämpften, um den französischen Boden gegen eine neue deutsche Invasion zu verteidigen; die Deutschen kämpften, um deutschen Boden gegen die Kosakenhorden zu verteidigen, und so weiter. Aber die Kriegsbegeisterung in Europa, die manche Völker sogar zeitweise ihre sozialen und politischen Differenzen vergessen ließ, resultierte nicht nur aus derartigen tendenziösen Darstellungen, sie gründete auf einem Zusammenspiel nationaler Traditionen und politischer Haltungen, die sich in den vergangenen Jahrzehnten herauskristallisiert hatten, vermittelt durch Lehrpläne oder Stellungnahmen zu internationalen Beziehungen seitens des Politiker und Journalisten. Die Analyse der öffentlichen Meinung ist eine sehr schwierige Aufgabe. Etwas nachzuweisen, was »die allgemeine Stimmung« Europas im Jahre 1914 genannt werden könnte, ist wahrscheinlich unmöglich. Obwohl Forschungsmaterial zugänglich ist, fehlen uns hier detaillierte Untersuchungen zu den einzelnen Ländern – abgesehen von Jean-Jacques Beckers Werk *1914 – Comment les Français sont entrés dans la guerre*[1], das über die Haltung des französischen Volkes zum Zeitpunkt der Mobilmachung und daneben über die Methodik und die Grenzen einer solchen Studie Aufschluß gibt.

Dennoch erlaubt unser heutiger Wissensstand die Feststellung, daß gewisse Faktoren bei allen beteiligten Ländern die Kriegsbereitschaft erhöhten. Obwohl bereits spätestens seit 1905 nach den verschiedenen internationalen Krisen von Krieg die Rede war und obwohl einige Schriftsteller und die militärischen Führungskräfte an die Unvermeidbarkeit eines weltweiten Konfliktes glaubten, war die Julikrise 1914 für viele ein Schock. Es blieb nicht viel Zeit, sich zu überlegen, was wirklich vor sich ging. Beobachter der zwischenstaatlichen Beziehungen hatten die Situation in den ersten Monaten von 1914 im Vergleich zu den letzten Jahren eher ermutigend gefunden. Die Balkankriege hatten keinen weiteren Konflikt zwischen den Großmächten nach sich gezogen, die Zabernaffäre, die zweifellos die deutsch-französischen Spannungen hätte verschärfen können, war in Frankreich relativ gelassen aufgenommen worden. Obwohl die Flottenrivalität zwischen England und Deutschland noch immer auf beiden Seiten Gegenstand polemischer Äußerungen war, traf man Anstalten, das Tempo des Kriegsschiffbaus zu drosseln; die beiden Länder verhandelten zudem freundschaftlich über die portugiesischen Kolonien und die Bagdadbahn. Die schlechte Gesundheit des betagten Kaisers Franz Joseph löste zwar in der deutschen und der russischen Presse im März gegenseitige Attacken aus, da man tiefgreifende Veränderungen fürchtete, aber im Sommer 1914 schien keine unmittelbare Gefahr einer größeren internationalen Krise zu bestehen. Die Außenministerien Europas waren mit Routinearbeiten beschäftigt. So schrieb zum Beispiel der Staatssekretär im Foreign Office im Mai an den Botschafter in Berlin: »Sie werden aus den Druckstücken ersehen, daß gegenwärtig in Europa sehr wenig Interessantes vorgeht, und wären nicht die Wirren in Mexiko, so hätten wir es verhältnismäßig ruhig hier.«[2]

Tatsächlich schenkte man sowohl in England wie in Frankreich der innenpolitischen Situation weit mehr Aufmerksamkeit als außenpolitischen Angelegenheiten. Als

The Times den Leitartikel am 3. Juli mit »Efforts for peace« (Maßnahmen für den Frieden) überschrieb und sagte: »Die englische und schottische Öffentlichkeit erkennt nicht, wie dicht die Nation vor der Katastrophe steht«, bezog sie sich auf die Ulster-Krise, die die britische Politik bis zum 24. Juli beherrscht hatte. »Nachdem das Kabinett sich mühsam durch die schlammigen Pfade von Fermanagh und Tyrone gekämpft hatte, [hörte es] den ruhigen, ernsten Ton der Stimme Sir Edward Greys [. . .] , der ein Dokument vorlas, das ihm gerade aus dem Foreign Office gebracht worden war. Es war die österreichische Note an Serbien.«[3] So Winston Churchill mit seinem Sinn für dramatische Höhepunkte. In Frankreich standen die Wahlen und die Kontroverse um die Einführung einer Einkommensteuer im Schatten des spektakulären Falls der Madame Caillaux. Die Frau des französischen Innenministers und radikalen Abgeordneten hatte am 16. März den Herausgeber der Zeitung *Le Figaro* ermordet, und ihr Prozeß begann am 20. Juli. Noch auf dem Höhepunkt der Krise am 29. Juli nahm der Prozeß dreißig Prozent der Spalten des *Le Petit Parisien* und fünfundvierzig Prozent im Blatt *Le Temps* ein, während fünfzehn beziehungsweise neunzehn Prozent der internationalen Situation gewidmet waren.[4] Obwohl die Deutschen sich weder einem Skandal noch einer mit Ulster vergleichbaren Krise ausgesetzt sahen, waren auch für sie in der ersten Hälfte des Jahres 1914 die innenpolitischen Spannungen – entstanden aufgrund der Rezession und der Auseinandersetzungen zwischen Sozialdemokraten und Konservativen – von größerer Bedeutung als internationale Probleme. Die Ermordung des Erzherzogs Franz Ferdinand hatte in einem Zeitalter, in dem Attentate auf den Adelsstand an der Tagesordnung waren, keine schlimmen Vorahnungen geweckt. Die Warnung des deutschen Gewerkschaftsvorsitzenden Karl Legien, daß die österreichischen Kriegstreiber eine weltweite Feuersbrunst entfachen könnten[5], verhallte ungehört. Nachdem der erste Schock der Nachricht vergangen war, ging die zivile und militärische Prominenz wie üblich in Ferien. In Deutschland und Österreich wurden General- und Admiralstabsmitglieder sogar nachdrücklich aufgefordert, ihren Sommerurlaub zu nehmen – als gäbe die Situation keinen Anlaß zu Bedenken.

Der kurze Zeitraum zwischen der Nachricht von dem österreichischen Ultimatum an Serbien und dem Kriegsausbruch erlaubte kein bedächtiges Abwägen der Folgen. »Es erforderte nur eine Woche, um Europa an den Vorabend einer in der Geschichte einmaligen Katastrophe zu bringen«, kommentierte die französische wöchentlich erscheinende Wirtschaftszeitschrift *La Semaine Financière* am 1. August,[6] und ein junger österreichischer Sozialist schrieb einige Monate später: »Der Ausbruch des Krieges hat uns alle überrascht und niedergeschmettert. Mochten wir auch vordem überzeugt gewesen sein, daß die Anarchie der kapitalistischen Welt schließlich dem blutigen Zusammenstoß der europäischen Völker zutreiben werde, so fand der Augenblick der Katastrophe uns dennoch völlig unvorbereitet.«[7] Ebenso wie die Politiker oftmals durch den Gang der Ereignisse in ihrer Handlungsfreiheit eingeschränkt sein mochten, wurde wohl auch die Öffentlichkeit in solchen Fällen überumpelt. Dies ist einer der Gründe für den Zusammenbruch der Friedensbewegung, die in der Vorkriegspolitik vor allem Deutschlands und Frankreichs sehr ernst genommen worden war.

Die Friedensbewegung setzte sich aus zwei Strömungen zusammen. Ausgegangen war sie von einer liberalen Anschauung, die sich in der Mittelschicht herausgebildet hatte und im Sinne des englischen Utilitarismus besagte, daß zwischen den Interessen der Nationen nirgendwo ein wirklicher Konflikt bestehe; wenn sie unvereinbar erschienen, so weil sie mißverstanden würden (Bentham).[8] Gleichzeitig wurde in den Arbeiterparteien Europas zunehmend der

Standpunkt vertreten, Kriege seien dem Kapitalismus inhärent und würden erst dann aufhören, wenn die kapitalistische Wirtschaft abgeschafft sei.[9] Bei Kriegsgefahr drohe zugleich Revolutionsgefahr; die internationale Solidarität innerhalb des Proletariats würde den Krieg verhindern. Zu Beginn des 20. Jahrhunderts wurden Mittelstandsorganisationen aktiv, die sich für eine Entspannungspolitik, für Abrüstung und die Entwicklung eines internationalen Verhaltenskodex' einsetzten, der nicht unbedingt den Krieg ganz abschaffen, aber wenigstens seine Auswirkungen in Grenzen halten sollte. Diese Bewegung war in England und den Vereinigten Staaten am stärksten, aber sie gewann auch in Frankreich eine einflußreiche Anhängerschaft und zog in Deutschland eine Anzahl von Intellektuellen an. Insbesondere in England und Frankreich unterhielt sie viele Verbindungen zu führenden Kreisen, so daß die Regierungen sich zumindest vorgeblich veranlaßt sahen, ihr Beachtung zu schenken. Außerdem waren einige der älteren humanitären Organisationen, vor allem das 1864 gegründete Internationale Rote Kreuz, bereits als maßgebliche internationale Kräfte anerkannt.

Unterstützung für die Friedensbewegung kam von allen, die überzeugt waren, daß eine planmäßige Organisation der Weltbevölkerung die kriegfördernden Faktoren reduzieren könne, und von jenen, die wie die berühmte österreichische Pazifistin Bertha Freifrau von Suttner an die Notwendigkeit sozialethischer Reformen glaubten. »Der Krieg wird fortbestehen«, schrieb die Freifrau 1912, »nicht weil es Übel in der Welt gibt, sondern weil die Menschen den Krieg noch für eine gute Sache halten.«[10] Neben jenen, die ihre Hoffnungen auf Institutionen und Gesetzbücher sowie auf eine Reform ethischer Werte setzten, machten sich in den Jahren vor 1914 auch jene vernehmbar, die den Krieg für zu teuer und zerstörerisch und folglich für undurchführbar erklärten. Der reiche Warschauer Bankier Iwan Bloch untersuchte in einem 1898 veröffentlichten sechsbändigen Werk, das ein starkes Echo fand und in viele Sprachen übersetzt wurde, die technische Entwicklung der Waffen und der Kriegskunst und legte dar, daß angesichts der Feuerkraft moderner Waffen eine Offensive niemals erfolgreich sein könne, weshalb wohl kein Angriffskrieg mehr begonnen werden würde, während Norman Angell in *The Great Illusion* 1910 behauptete, der Kostenaufwand eines Krieges sei so hoch, daß niemand sich noch vormachen könne, ein Krieg, der katastrophale Folgen in sich berge, bringe irgendwelche Vorteile ein.

Der größte Scheinerfolg der Friedensbewegung war die Einberufung zweier internationaler Konferenzen in Den Haag in den Jahren 1899 und 1907. Die erste ging auf einen Vorschlag von Zar Nikolaus II. zurück, der von den europäischen Diplomaten mit Skepsis aufgenommen wurde. Ursprünglich angeregt hatte die Konferenz zur Rüstungsbegrenzung und friedlichen Erledigung internationaler Streitfälle anscheinend der russische Außenminister; daß der Zar selbst die Idee aufgriff, ist auf seinen wahren, wenn auch verschwommenen Idealismus zurückzuführen – dem seines Urgroßvaters Alexander I. nicht unähnlich –, und es gibt Hinweise darauf, daß er zeitweise von den Gedanken Iwan Blochs beeinflußt war. Die meisten Beobachter kommentierten die Vorschläge des Zaren eher zynisch und wiesen darauf hin, wie sehr die russische Regierung darauf bedacht sein mußte, zu einer Zeit, zu der sie sich in finanziellen Schwierigkeiten befand, an der Rüstung zu sparen. Obwohl die Einladung mit Rücksicht auf die Gefühle des Zaren angenommen wurde, brachten die Regierungsvertreter wenig guten Willen mit nach Den Haag. Der Kaiser erklärte: »Die Conferenzkomödie mache ich mit, aber den Degen behalte ich zum Walzer an der Seite«[11]; später ging er sogar noch weiter: »Ich habe in Wiesbaden versprochen, dem Zaren zu einer befriedigenden Lösung meine Hülfe angedeihen zu lassen! Damit er sich nicht vor Europa blamire, stimme ich dem Unsinn zu! Aber werde in meiner Praxis auch für später mich nur auf Gott und mein scharfes Schwert verlassen und berufen! und sch... auf die ganzen Beschlüsse!«[12] Das britische Kriegsministerium formulierte es diplomatischer: »Es ist nicht erwünscht, auf irgendwelche Beschränkungen in der Anwendung weiterer Vervollkommnungen von Zerstörungswerkzeugen [...] einzugehen. [...] Es ist nicht erwünscht, einem internationalen Kodex über die Gesetze und Gebräuche des Krieges zuzustimmen.«[13] Unter diesen Umständen mußte es überraschen, daß die Konferenz überhaupt etwas erreichte; doch die liberalen Befürworter einer Reform der internationalen Beziehungen konnten immerhin in der Einrichtung einer freiwilligen Schiedsgerichtsbarkeit und in der Vereinbarung neuer Konventionen zur Kriegsführung Beruhigung finden. Wie wenig die Konferenz dazu beigetragen hatte, den Frieden zu wahren, zeigte sich innerhalb von drei Monaten, als in Südafrika der Burenkrieg ausbrach.

Die Idee für die Zweite Haager Konferenz wurde 1904 in Saint Louis auf einem Treffen der Interparlamentarischen Union geboren, einer Körperschaft, die zur Verbesserung der internationalen Beziehungen geschaffen worden war. Sie wurde von Präsident Theodore Roosevelt begeistert begrüßt und stellte den ersten der zahlreichen Reorganisierungsversuche der internationalen Beziehungen von US-Regierungen im 20. Jahrhundert dar. Weil die russische Regierung zu Recht befand, daß sich während des russisch-japanischen Kriegs eine Besprechung von Themen wie Schiedsgerichtsbarkeit und Abrüstung kaum anbot, traten die Konferenzteilnehmer erst im Sommer 1907 zusammen. Ein Teil der neuen liberalen Regierung Englands erwirkte gegen den Willen anderer Regierungsmitglieder sowie der Opposition, der Admiralität und König Eduards VII., daß die britischen Delegierten auf der Konferenz eine Verminderung der Rüstungsausgaben vorschlugen. Wie 1899 waren die Verhandlungen jedoch von Zynismus geprägt. Der Leiter der britischen Delegation, ein Quäker und Jurist, beschwerte sich über »[den] offensichtlichen Wunsch einiger der Großmächte, die Ergebnisse der Konferenz möglichst gering zu halten«,[14] während der Abgesandte des Foreign Office von »fortwährender Aufregung und beschwerlicher und unveränderlich nutzloser Arbeit«[15] sprach. Als der deutsche Delegierte eine lange Rede gegen den Gedanken eines internationalen Schiedshofs hielt, wurde er von dem kubanischen Delegierten mit den Worten beglückwünscht: »You are quite right, that is all American humbug.«[16] Der Erfolg war wie bei der Ersten Haager Friedenskonferenz lediglich eine Revision des Kriegsrechts, die die Auswirkungen eines Krieges auf den internationalen Handel begrenzen sollte, aber nicht zur Verhütung eines Krieges beitrug. Und wie bei so vielen späteren Abrüstungskonferenzen gab jedes Land zu verstehen, daß die Rüstungsbegrenzung ausschließlich für andere Staaten gelten sollte, so daß dieses Thema bald ausgeklammert wurde. Doch keiner wollte die Konferenz als erster beenden, und jeder beschuldigte die anderen, den Fortgang der Verhandlungen zu behindern. Dies ist zumindest ein Hinweis darauf, daß die verschiedenen Bewegungen für Frieden, Schiedsgerichtsbarkeit und Abrüstung mächtig genug waren, daß man auf ihre Forderungen eingehen zu müssen glaubte.

Sowohl der Optimismus der Friedensbewegung als auch deren Grenzen wurden im Frühjahr 1913 offenbar, als ein Treffen von französischen und deutschen Parlamentsmitgliedern in Bern organisiert wurde, bei dem Fragen zur Abrüstung und zur friedlichen Schlichtung von Streitfällen zwischen den beiden Ländern geklärt werden sollten. Das Treffen wurde von den beiden zuständigen Gremien, dem deutschen Verband für Internationale Verständigung und der französischen Organisation Conciliation Internationale, als Erfolg bezeichnet. Von den Teilnehmern kamen einhunderteinundzwanzig aus Frankreich und vierunddreißig aus Deutschland; bis auf sechs waren alle Deutschen Sozialisten, während dreiundachtzig der französischen Delegierten nichtsozialistischen Parteien angehörten. Obwohl es sich um ernstzunehmende und einflußreiche Gruppen handelte, vertraten sie auf politischer Ebene nur eine Minderheit. Die meisten Mitglieder der Friedensbewegung betonten immer wieder, ihre Reformversuche bedeuteten keinesfalls, daß es ihnen an Patriotismus mangele, und begrüßten jede Form offizieller Anerkennung, wie sie sich zum Beispiel äußerte, als die Delegierten der Londoner Konferenz der Interparlamentarischen Union im Jahre 1906 vom König empfangen und später zu einem Besuch der Marinewerft in Portsmouth eingeladen wurden. Es ist deshalb nicht überraschend, daß 1914 fast alle von ihnen den Krieg unterstützten, statt sich ihm zu widersetzen: »Es kann keinen Zweifel über die Pflichten des Pazifisten im Kriege geben«, kündigte der Deutsche Friedensverband im August 1914 an, »wir deutschen Pazifisten haben immer das Recht und die Pflicht der nationalen Selbstverteidigung anerkannt. Jeder Pazifist muß seine Verantwortung gegenüber dem Vaterland ebenso erfüllen wie jeder andere Deutsche.«[17] Manche der britischen Pazifisten blieben zwar ihrem erklärten Glauben den Krieg hindurch treu; sie waren aber in der Minderzahl innerhalb einer Bewegung, deren Mehrheit sich folgender Meinung anschloß: »Wir können nicht länger Kritik an der Politik üben, die zu diesem Krieg geführt hat, wie wir es im Falle Südafrikas getan haben, denn jetzt steht unsere Sicherheit auf dem Spiel. Keiner von uns darf an etwas anderes als an dieses eine Ziel denken.«[18]

Die Bewegung gegen den Krieg schien bei den Sozialisten Europas mehr Anklang zu finden als bei den Liberalen der Mittelschicht; in Regierungskreisen fühlte man sich daher vor allem von sozialistischer Seite bedrängt, obwohl die

Erfolge der Sozialisten nicht größer waren als die der Liberalen. »Die Arbeiter haben kein Vaterland«, hatte das *Kommunistische Manifest* 1848 proklamiert. »Die nationalen Absonderungen und Gegensätze der Völker verschwinden mehr und mehr schon mit der Entwicklung der Bourgeoisie, mit der Handelsfreiheit, dem Weltmarkt, der Gleichförmigkeit der industriellen Produktion und der ihr entsprechenden Lebensverhältnisse.« So sollte der Kampf zwischen den Nationen schließlich dem internationalen Klassenkampf weichen, und in der Zwischenzeit mußte das Proletariat seine internationalen Verbindungen entwickeln – denn, wie Marx in seiner Ansprache vor der Ersten Internationale gesagt hatte: »Zahlen fallen nur in die Waagschale, wenn Kombination sie vereint und Kenntnis sie leitet.« Marx und Engels stellten sich nicht gegen den Krieg schlechthin, sie waren sogar voller Verachtung für die liberalen Pazifisten der Mitte des 19. Jahrhunderts, die »heuchlerische, phrasendreschende, augenverdrehende Bande der Manchester-Schwindler«[19], wie Marx all jene nannte, die im Ausland von Frieden sprachen, während sie zu Hause die Polizei auf ihre Arbeiter hetzten. Jeder Krieg, so glaubte Marx, müsse danach beurteilt werden, ob er die historischen Entwicklungen, die zwangsläufig zur Revolution führen würden, beschleunigen oder verzögern könne. Das Haupthindernis für eine Revolution in Europa war die reaktionäre Macht des zaristischen Rußlands; jeder Krieg gegen Rußland verdiente demzufolge Unterstützung. Die Regierungsform eines Staates, der als Gegner Rußlands fungierte, war dabei zweitrangig: die Türkei stand zum Beispiel im Krimkrieg auf der Seite der Geschichte. Engels erklärte später das »Subjektiv-Reaktionäre [zum] in auswärtiger Politik diesmal Objektiv-Revolutionäre[n]«.[20]

So sah sich die Zweite Internationale – die 1889 gegründete zentrale Vereinigung der zunehmenden sozialistischen Parteien der Welt – in einer Lage, in der ihre Exponenten in den fortgeschrittenen industrialisierten Ländern Westeuropas gegebenenfalls entscheiden mußten, ob ein Krieg unterstützt werden sollte oder nicht, weil eben nicht jeder Krieg unbedingt reaktionär sein mußte. Der Widerspruch zwischen den Ansprüchen des Internationalismus und der Tendenz zur Unterstützung kriegerischer Auseinandersetzungen war bereits 1870 demonstriert worden. »Die Franzosen brauchen Prügel«, hatte Marx zu Beginn des Krieges geschrieben. »Siegten die Preußen, so würde die Zentralisation der Staatsgewalt in Deutschland sich auch der Zentralisation der deutschen Arbeiterklasse nützlich erweisen und der Schwerpunkt der westeuropäischen Arbeiterbewegung von Frankreich nach Deutschland rücken.«

Er fügte bezeichnenderweise hinzu, daß die deutsche Übermacht das Schwergewicht der europäischen Arbeiterklasse von Frankreich nach Deutschland verlagern werde, ebenso wie die deutsche Theorie mehr Gewicht erlangen werde als die Proud'hons.[21]

Einige deutsche Sozialdemokraten befürworteten den Krieg aus weniger differenzierten Gründen und zeigten sich ähnlich empfänglich für die deutsche Nationalismuswelle wie Angehörige anderer Schichten. Aber manche blieben beharrlich, und einen Tag, nachdem Marx die Preußen sozusagen als Vehikel der Geschichte bezeichnet hatte, erklärten zwei sozialistische Abgeordnete im Norddeutschen Reichstag, Wilhelm Liebknecht und August Bebel, ihre Stimmenthaltung in Fragen einer Kriegsanleihe: »Als prinzipielle Gegner aller Kriege, als soziale Republikaner und Angehörige der Internationale, die sich allen Unterdrückern widersetzt und deren Ziel es ist, alle Unterdrückten zu einer großen Gemeinschaft der Brüderlichkeit zu vereinigen, können wir uns weder direkt noch indirekt für den gegenwärtigen Krieg erklären und enthalten uns deshalb der Stimme.«[22] Es war ein Präzedenzfall, an den man sich im August 1914 erinnern sollte, als die deutschen

Sozialisten zwischen einem konsequenten Idealismus, einer Ablehnung des Krieges aus humanitären Gründen, und dem Ruf des Patriotismus hin und her gerissen waren.

Nach Marx' Tod entwickelte Engels neue Gedanken über Wesen und Problematik des modernen Krieges, und er erkannte, daß ein neuer Krieg weitaus zerstörerischer sein würde als sein Vorgänger. Im Jahre 1887 prophezeite er:

»Acht bis zehn Millionen Soldaten werden sich untereinander abwürgen und dabei ganz Europa so kahl fressen, wie noch nie ein Heuschreckenschwarm. Die Verwüstungen des Dreißigjährigen Krieges zusammengedrängt in drei bis vier Jahren und über den ganzen Kontinent verbreitet; Hungersnot, Seuchen, allgemeine durch akute Not hervorgerufene Verwilderung der Heere wie der Volksmassen; rettungslose Verwirrung unseres künstlichen Getriebes in Handel, Industrie und Kredit, – endend in allgemeinem Bankrott; Zusammenbruch der alten Staaten und ihrer traditionellen Staatsweisheit, derart, daß die Kronen zu Dutzenden über das Straßenpflaster rollen und niemand sich findet, der sie aufhebt; absolute Unmöglichkeit vorherzusehen, wo das alles enden und wer als Sieger aus dem Kampf hervorgehen wird. Nur ein Resultat absolut sicher: Die allgemeine Erschöpfung und die Herstellung der Bedingungen des schließlichen Sieges der Arbeiterklasse.«[23]

Diese Analyse der Kriegsfolgen deckte ein Dilemma auf, dem sich die internationale sozialistische Bewegung nie entziehen konnte. Auf der einen Seite würde ein Krieg die kapitalistische Gesellschaft schwächen und die Voraussetzungen für eine Revolution schaffen; auf der anderen Seite war es die Arbeiterklasse – Arbeiter und Bauern –, die in den europäischen Ländern einen Großteil des stehenden Heers stellte; damit wäre sie den Schrecknissen eines modernen Krieges besonders ausgeliefert. Das Problem, ob man den Krieg nun als Wegbereiter der Revolution begrüßen oder vermeiden sollte, wurde nie gelöst. So erklärte sich die widersprüchliche Haltung der Sozialisten zu dem bevorstehenden Krieg in den Jahren vor 1914.

Die internationale sozialistische Bewegung schien zuversichtlich zu sein, daß sie allein durch die Stärke ihrer Parteien einen Krieg verhindern könne. »Lassen wir die Regierungen sich daran erinnern«, erklärte der Internationale Sozialistische Kongreß von Basel während des Balkankrieges von 1912, »daß die Regierungen – alle ohne Ausnahme – nicht ohne Gefahr für sie selbst den Krieg entfesseln können.«[24] Einige Sozialisten hielten an ihrer Überzeugung fest, der Kapitalismus trete nun in seine letzte Phase ein und dem Krieg folge bald die Revolution; doch für die anderen ergab sich das Problem einer Stellungnahme zur aktuellen Frage der nationalen Verteidigung. Die Sozialisten wollten dafür sorgen, daß die Armee nicht gegen die Arbeiter eingesetzt werde. Eine solche Gefahr bestand offensichtlich in Deutschland, wo der Kaiser mit seiner typischen Begabung, immer den falschen Ton zu treffen, 1891 vor Rekruten erklärt hatte: »Wenn euer Kaiser es euch befiehlt, müßt ihr *auf Vater und Mutter schießen*.«[25] Aber selbst im demokratischen Frankreich warf man den großen Eisenbahnerstreik von 1910 nieder, indem man die Streikenden einzog, und in der Schweiz, deren Miliz von den Sozialisten aller Welt voller Neid betrachtet wurde, war die Armee gegen Streikende eingesetzt worden. Die einfachste Lösung schien zu sein, dem Beispiel der deutschen Sozialdemokraten zu folgen. Sie stimmten im Reichstag grundsätzlich gegen das Militärbudget: »Nicht einen Mann und nicht einen Pfennig für dieses System«, lautete die Losung. Sie bemängelten die schlechte Behandlung der Soldaten und das verschwenderische Leben in den Offizierskasinos – die Glücksspiele und »andere Orgien«. Insgeheim hofften sie, daß sich mit der wachsenden Zahl der Sozialisten solche Probleme von selbst lösen würden. Engels sagte 1891 dazu: »Heute haben wir einen Soldaten auf fünf, in wenigen

Jahren werden wir einen auf drei haben, und gegen 1900 wird die Armee [. . .] in ihrer Majorität sozialistisch sein.«[26] Aber die Dinge entwickelten sich anders als erwartet.

In Frankreich, wo der marxistische Einfluß auf die Arbeiterbewegung viel geringer war als in Deutschland, wurde die Kritik an der militärischen Entwicklung und die direkte Opposition gegen den Krieg am energischsten ausgedrückt. Auf der einen Seite veröffentlichte der Sozialistenführer Jean Jaurès mit seiner Studie *L'Armée Nouvelle* (1910) die umfassendste Darstellung einer tiefgreifenden Reform des Systems der nationalen Verteidigung, die jemals von einem Sozialisten vorgelegt wurde, auf der anderen Seite riefen einige der revolutionären Syndikalisten und Sozialisten des linken Parteiflügels nach einem Generalstreik gegen die Mobilmachung und einer Erhebung bei Kriegsausbruch. Diese Aktionen stellten in den Augen der französischen Regierung eine größere Bedrohung dar als Jaurès Reformvorschläge – trotz dessen beträchtlicher parlamentarischer Gefolgschaft. Die Präfekten der Départements waren bis zum Juli 1914 damit beschäftigt, das berüchtigte *Carnet B* zu vervollständigen, die Liste jener Leute, die im Falle einer Mobilmachung festgenommen werden sollten, weil sie die Kriegsvorbereitungen voraussichtlich sabotieren würden. Die Liste enthielt alle möglichen Namen bekannter Syndikalisten und Gewerkschaftler, von denen man annehmen konnte, daß sie sich an einer Antikriegskampagne beteiligen.[27] Noch bevor sich mit der Julikrise 1914 solche Befürchtungen als unbegründet erwiesen, schien deutlich zu werden, daß jene Verdächtigen ausschließlich verbal in Erscheinung traten und keinerlei Vorbereitungen für einen Generalstreik trafen – wie vehement auch die revolutionären Syndikalisten und einige Sozialisten eine gegenteilige Absicht bekräftigten.

Das französische Beispiel beleuchtet zwei der Schwierigkeiten, auf die die Sozialisten überall stießen, wenn sie ihrer

Haltung zum Krieg wie auch zu ihrer jeweiligen Gesellschaft treu bleiben wollten. Die militanten Antimilitaristen hatten keine durchführbaren Pläne. Und jene Sozialisten, die wie Jaurès das System der nationalen Verteidigung reformieren wollten, beabsichtigten, ihm auf diese Weise zu größerer Wirksamkeit und einer demokratischeren Ordnung zu verhelfen – es also gewiß nicht abzuschaffen. Die Studie *L'Armée Nouvelle* ist nicht nur ein beredter Appell an die patriotischen Gefühle der Franzosen oder lediglich ein Angriff auf das System; indem sie nach Mitteln zur Erhaltung einer idealen und reformierten Republik sucht, unterstellt sie immerhin, daß die bestehende Dritte Republik durchaus wert sein könnte, verteidigt zu werden. Vertreter der revolutionären wie der reformistischen Strömung waren innerhalb derselben Partei zu finden, und der Widerspruch zwischen beiden Haltungen verwischte sich immer wieder, weil sich die Parteileitung genötigt sah, gegenüber ihrem linken Flügel Zugeständnisse zu machen. So erhoben sich zum Beispiel viele Kontroversen um die Haltung von Jean Jaurès im Juli 1914.[28] Auf der Konferenz der französischen Sozialistischen Partei, die am 15. und 16. Juli, noch vor der akuten internationalen Krise, abgehalten wurde – der für September geplante Kongreß der Zweiten Internationale in Wien sollte vorbereitet werden –, unterstützte Jaurès eine Bewegung, die für den Generalstreik als das wirkungsvollste Mittel zur Verhinderung eines Krieges eintrat. Sie wurde jedoch von der Regierung nicht ernst genommen. War dies nur ein taktischer Zug von Jaurès, um die Linke für sich zu gewinnen? Es ist kaum glaubhaft, daß er einen Generalstreik gegen den Krieg für durchführbar hielt; als der Krieg unmittelbar bevorzustehen schien, sagte er jedenfalls innerhalb von zehn Tagen der Regierung seine Unterstützung zu. Tat er es, um den deutschen Sozialdemokraten die ernsthaften Absichten Frankreichs vor Augen zu führen und sie dazu zu bewegen, einen Generalstreik gegen die deutsche

Regierung auszurufen, falls Deutschland Frankreich angreifen sollte? Seit Jaurès' Ermordung am 31. Juli wurde darüber spekuliert, wie sein Vorgehen im Krieg ausgesehen hätte; wir werden es nie erfahren. Wie es der Polizeiagent ausdrückte, der über die Konferenz der Sozialistischen Partei berichtete: »On ne peut s'empêcher de constater que la motion de Jaurès est d'une obscurité et d'un vague qui frisent le verbiage« [Man muß leider feststellen, daß Jaurès' Anliegen von einer Obskurität und Verschwommenheit ist, die an Phrasendrescherei grenzt].[29]

In mancher Hinsicht war die Führung der Sozialdemokratischen Partei Deutschlands realistischer. Sie wies den Gedanken an einen Generalstreik gegen den Krieg oder gegen sonstiges wiederholt zurück und erklärte: »Generalstreik ist Generalunsinn«. Wenn die Partei stark genug war, um einen Generalstreik durchzusetzen, konnte sie noch ganz andere Dinge vollbringen, oder wie Wilhelm Liebknecht es 1891 ausgedrückt hatte: »Wenn der Militärstreik und der wirtschaftliche Streik mehr wären als ein frommer Wunsch, wenn die sozialdemokratische Partei in Europa und in der ganzen Welt die Mächtigkeit besäße, diese Streiks durchzuführen, dann würden in Europa Zustände herrschen, die jeden Krieg unmöglich machten.«[30] Die deutschen Sozialistenführer brachten wiederholt ihre Überzeugung zum Ausdruck – und hierin waren sie getreue Gefolgsleute von Marx –, daß ein Krieg gegen Rußland von ihnen unterstützt werden mußte. August Bebel hatte erklärt, daß bei einem Angriff Rußlands auf Deutschland die Sozialisten nicht viel anders reagieren würden als jene, die an der Spitze des Staates stünden, denn ein Sieg Rußlands wäre mit der Vernichtung der Sozialdemokratie gleichzusetzen.«[31]

Diese Haltung verstand die Führung Deutschlands 1914 für ihre Zwecke auszunutzen.

Bebel und die anderen deutschen Sozialistenführer fürchteten mehr noch als Rußland die Macht des deutschen

Staates. Sie vergaßen niemals die zwölf Jahre unter Bismarcks Sozialistengesetz, das selbst die Routinearbeit im Rahmen der Parteipolitik unmöglich gemacht hatte, und ihre größte Sorge war, daß ähnliche Beschränkungen wieder eingeführt werden könnten; und tatsächlich wurde genau das von vielen Konservativen gefordert. Die Sozialistenführer zeigten sich daher entsetzt über die Vehemenz, mit der Karl Liebknecht seine antimilitaristischen Aktionen betrieb – der Sohn des berühmten Wilhelm und ein Mann, den Bebel einst als einenden Parteiführer der nächsten Generation gesehen hatte. Solche Agitation mußte bei den preußischen Behörden unwillkommene Aufmerksamkeit erregen. Bebel akzeptierte die Ohnmacht der Sozialisten gegenüber dem deutschen Staat und dem preußischen Militär; so behauptete er zumindest in Gesprächen, die er zwischen 1910 und 1912 mit dem britischen Generalkonsul in Zürich führte. Bebel gab zu – und diese Nachricht wurde mit Bebels Erlaubnis an Sir Edward Grey weitergegeben –, daß seine Partei selbst mit einer Mehrheit im Reichstag nicht in der Lage wäre, einen Krieg zu verhindern, die einzige Hoffnung auf einen Sieg über den preußischen Militarismus liege in Englands Bemühen, die Überlegenheit seiner Flotte aufrechtzuerhalten, um so Deutschland entscheidend schlagen zu können.[32] Selbst wenn man Bebels Alter berücksichtigt – er starb 1913 – und die Tatsache, daß er wegen einer Reihe von Todesfällen in seiner Familie deprimiert war, kann man rückblickend sagen, daß er den preußisch-deutschen Staat vielleicht besser durchschaute als seine optimistischeren Kollegen. Unter diesen Umständen ist es nicht überraschend, daß nach den ersten Berichten über die Mobilmachung die Führung der Sozialdemokratischen Partei dafür sorgte, daß ihr Vermögen in die Schweiz überwiesen wurde, für den Fall, daß die Partei wie in Bismarcks Tagen verboten wurde. Wie sich herausstellen sollte, war es ein unnötiger Schritt, den man rückgängig machte, sobald klar wurde, daß

Bethmann Hollweg sich um die Mitarbeit der Sozialisten bemühte, welche ihre Dienste für die Kriegsvorbereitungen bereitwillig zur Verfügung stellten.

Innerhalb weniger Wochen oder gar Tage erwies sich die vielgerühmte internationale Solidarität der Arbeiterklasse als ebenso wirkungslos wie die Bemühungen der liberalen Friedensbewegungen. Als die Zweite Internationale am 29. Juli in Brüssel zusammentrat, konnte sie nur ihre eigene Ohnmacht registrieren. Das Treffen zeigte, wie zögernd die Mitglieder den Ernst der Lage erkannten; die Diskussion drehte sich größtenteils um die Vorkehrungen zur Verlegung der bevorstehenden internationalen Konferenz von Wien nach Paris. Diese sollte nicht mehr im September, sondern bereits am 9. August stattfinden – das Vorhaben wurde also durchaus als realistisch angesehen. Die Gründe für das Ausbleiben einer wirkungsvollen Opposition gegen den Krieg lagen in der tiefen Verwurzelung selbst der radikalsten Sozialisten in ihrer jeweiligen Gesellschaft. Auf kurze Sicht konnten die Regierungen ihre Bürger davon überzeugen, daß sie die Opfer eines feindlichen Angriffs waren, und an die elementaren Gefühle des Patriotismus und des Selbsterhaltungstriebs appellieren, die stärker als alle internationalistischen Überzeugungen zu Buche schlugen. Dies galt besonders für die deutsche Bewegung. Wie wir gesehen haben, zielte die Diplomatie Bethmanns seit 1912 darauf ab, Rußland zu gegebener Zeit die Kriegsschuld zuschreiben zu können. Und daß die Mobilmachung in jedem Land ohne Störung ablief, zeigte den ausgeprägten Sinn für Disziplin und Patriotismus, den die Wehrpflichtigen während ihrer Dienstzeit erworben hatten. Obwohl in den Gebieten Frankreichs, die von J. J. Becker untersucht wurden, die Ausrufung der Mobilmachung mit Tränen und Bestürzung aufgenommen wurde,[33] dachte nur eine verschwindend geringe Zahl daran, dem Einberufungsbefehl nicht zu folgen. In Deutschland wurde die Kriegserklärung fast einmütig bejaht. Die wirkungsvollen Massendemonstrationen gegen den Krieg, die Ende Juli von den örtlichen Sozialdemokraten organisiert worden waren, richteten sich eher gegen die Politik von Deutschlands Verbündetem Österreich-Ungarn als gegen die deutsche Regierung, der es sogar gelungen war, Sozialisten der äußersten Linken von ihren friedlichen Absichten zu überzeugen. Bethmann Hollweg blieb im Endstadium der Krise mit Sozialistenführern in Verbindung und wies wie die französische Regierung die Behörden an, keine Maßnahmen gegen die Sozialdemokraten zu ergreifen. Noch bedeutender war, daß sich die Regierung am 2. August die Mitarbeit der Gewerkschaftsführer zusichern ließ, für den Fall, daß man gegen Wirren oder Arbeitslosigkeit – hervorgerufen durch die Mobilmachung – einschreiten mußte. Die Gewerkschafter beschlossen, alle Streik- und Lohnforderungen für die Dauer des Krieges zurückzustellen. Da der schwelende Haß gegen Rußland wieder aufloderte, nahm die nationale Solidarität zu, und die sozialdemokratischen Reichstagsmitglieder beschlossen nach langen Diskussionen, den von der Regierung am 4. August geforderten Kriegsanleihen zuzustimmen. Nachdem die Mobilmachung ausgerufen war und die ersten Truppen an die Front abgerückt waren, konnte jede Agitation gegen den Krieg leicht als Verrat nicht nur an einem abstrakten Vaterland, sondern an den eigenen Parteigenossen erscheinen. Ein sozialistisches Mitglied des Reichstags berichtete, unmittelbar bevor er zur Abstimmung über die Kriegsanleihe nach Berlin gefahren sei, habe ein Reservist zu ihm gesagt: »Sie fahren nach Berlin, zum Reichstag. Denken Sie dort an uns, sehen Sie zu, daß wir alles haben, was wir brauchen. Seien Sie nicht knauserig beim Abstimmen für das Geld.«[34]

Die österreichischen sozialistischen Politiker machten im großen und ganzen die gleiche Erfahrung; der britische Botschafter berichtete: »Sobald es später am Abend bekannt wurde, daß die serbische Antwort zurückgewiesen worden sei und Baron Giesl die Beziehungen zu Belgrad abgebrochen habe, bemächtigte sich der Stadt Wien ein Freudentaumel und ungeheure Volksmassen zogen, vaterländische Lieder singend, bis in die frühen Morgenstunden durch die Straßen.«[35] Victor Adler, der international anerkannte Führer der Sozialdemokratischen Partei, schockierte seine Kollegen bei dem Treffen des Internationalen Sozialistischen Büros, als er erklärte: »Die Partei ist wehrlos [...]. Demonstrationen zur Unterstützung des Krieges finden in den Straßen statt [...]. Unsere ganze Organisation und unsere Presse sind in Gefahr. Wir laufen das Risiko, dreißig Jahre Arbeit ohne jedes politische Ergebnis zu vernichten.«[36] Unter diesen Umständen hatte die österreichische sozialistische Partei bereits jede Hoffnung auf Widerstand gegen den Krieg aufgegeben. In Ungarn, wo die sozialistische Presse das Ultimatum an Serbien kritisiert hatte, war die Partei zu klein, um den Gang der Ereignisse zu beeinflussen, und im Parlament in Budapest vergaßen alle anderen Parteien ihre Differenzen, um sich gemeinsam für den Krieg einzusetzen.

Die Erfahrungen in den anderen Hauptstädten Europas waren ähnlich. In Rußland stimmten die fünf bolschewistischen Mitglieder der Duma tatsächlich gegen die Kriegsanleihe (und wurden später festgenommen); die anderen Sozialisten enthielten sich der Stimme. Doch solche Handlungen gingen in der allgemeinen Kriegsbegeisterung vor allem der höheren russischen Gesellschaft unter; auch Vertreter der Linken waren bereit, den Krieg zu unterstützen. Der alte Anarchistenführer Fürst Pjotr Kropotkin, der im Exil in London lebte und hoffte, daß ein Krieg an der Seite Englands und Frankreichs eine liberalisierende Wirkung auf Rußland haben würde, drängte die Russen, »sich wie wilde Tiere gegen die Deutschen zu verteidigen« und »zu kämpfen wie Teufel und alle Regeln der Humanität zu zertrampeln«.[37]

In England, einem Land ohne Wehrpflicht, gestalteten sich die unmittelbaren Folgen der Mobilmachung weniger dramatisch als in den Ländern auf dem Kontinent; es fehlen uns allerdings detaillierte Studien zu den Reaktionen aller Bevölkerungsschichten auf die Kriegserklärung. Aber die Opposition gegen den Krieg schwand schnell, und die wenigen Radikalen im Parlament, die am 3. August die Entscheidung der Regierung für den Krieg kritisierten, wurden von Balfour mit folgenden Worten geschmäht: »Was wir heute abend gehört haben, sind Abschaum und Bodensatz der Debatte.«[38] Berichte über die Stimmung der Engländer variierten: »Es ist gespannte Feierlichkeit auf jedem Gesicht«, notierte Beatrice Webb am 5. August in London.[39] Aber viele empfanden glühende Begeisterung und beobachteten sie auch bei anderen. »Ich werde es vielleicht erleben, einmal anders zu denken, aber im gegenwärtigen Augenblick und in der Annahme, daß dieser Krieg kommen mußte, empfinde ich nichts als Dankbarkeit für die Götter, die ihn zu meiner Zeit sandten. Wie immer der Krieg selbst sein wird, sich in Kriegszeiten auf den Kampf vorzubereiten, ist das größte Spiel und die schönste Arbeit der Welt«, schrieb ein radikaler Reformer, kurz nachdem er sich freiwillig zur Armee gemeldet hatte,[40] während Bertrand Russell – vielleicht im Bewußtsein, daß es in der Kriegszeit großen Mut erforderte, gegen den Strom zu schwimmen – sich erinnerte: »Den Abend verbrachte ich damit, durch die Straßen zu wandern, vor allem in der Nähe des Trafalgar Square, wo ich eine beifallrufende Volksmenge sah und die Emotionen der Vorübergehenden beobachtete. An diesem und den folgenden Tagen entdeckte ich zu meiner Verwunderung, daß den Durchschnittsbürger die Aussicht auf Krieg freute.«[41] Nicht jeder bediente sich der hochtönenden Sprache der Poeten – »Honour has come back, as a king, to earth«, oder »And life is Colour and Warmth and Light/And a striving evermore for these; /And he is dead who will not fight, /And who dies fighting has increase«[42] –, doch die Zahl der freiwilligen Meldungen zur Armee war sehr hoch und keineswegs auf Mittel- und Oberschicht begrenzt, da unter den Rekruten immerhin so viele Bergleute und Industriearbeiter waren, daß man einen Mangel an Arbeitskräften befürchtete.

Bei allen bösen Ahnungen und der Angst, die viele Menschen in allen Ländern Europas empfunden haben müssen, gibt es genügend Hinweise darauf, daß man insbesondere in den oberen Gesellschaftsschichten auf den Kriegsausbruch mit Erregung und Erleichterung reagierte. Nach genaueren Forschungen muß man seine Vorstellungen von einem solchen Enthusiasmus für den »frisch-fröhlichen Krieg« möglicherweise revidieren (ein Ausdruck, den der deutsche Kronprinz damals gebrauchte, der aber in konservativen Kreisen schon seit Mitte des 19. Jahrhunderts üblich war und vielleicht auf die Liedzeile »Auf auf zum fröhlichen Jagen, frisch auf ins freie Feld« zurückging[43]; viele Europäer schienen den Krieg noch als eine Art Sport anzusehen). Aber wir wissen, daß für einen kurzen Zeitraum im August 1914, auf den manche stets als einen der größten Augenblicke ihres Lebens zurückblicken sollten, der Krieg die Menschen ihre Unterschiede vergessen ließ und in jedem Land ein Zusammengehörigkeitsgefühl schuf, das bewirkte, daß in den französischen Dörfern der Geistliche und der Lehrer miteinander sprachen und im Reichstag in Berlin die sozialistischen Abgeordneten am Empfang des Kaisers teilnahmen. Wenn es in England zwischen den Unionisten aus Ulster und den Verfechtern der Selbstregierung für Irland auch zu keiner Annäherung kam, so wurde die Streitfrage, die vorher zum Bürgerkrieg zu führen schien, zumindest für einige Zeit auf Eis gelegt.

Dieser primitive Patriotismus zeigte, wie sehr die Sozialisten und andere Kriegsgegner die Stärke der weltumspannenden Solidarität überschätzt hatten; das Nationalgefühl entpuppte sich als ein Instinkt, den die europäischen Regierungen mühelos wachrufen konnten. Es lag nicht nur daran, daß die Sozialisten sich oftmals wirklichkeitsfremd verhalten oder daß die militanten Verfechter eines Generalstreiks gegen den Krieg keine praktischen Vorbereitungen getroffen hatten. Die Kriegsbereitschaft war das Ergebnis von Jahrzehnten patriotistischer Propaganda. Internationale Beziehungen waren in neudarwinistischem Sinn mit dem Existenzkampf, in dem nur der Stärkste überlebt, in Verbindung gebracht worden; der Gedanke an eine gewaltsame Befreiung, sei es zur persönlichen oder zur nationalen Emanzipation, war vertraut geworden. Die Stimmung von 1914 war Ausdruck eines allgemeinen Widerstands gegen die liberalen Werte des Friedens und der rationalen Problemlösung, die im 19. Jahrhundert meist als selbstverständlich angesehen worden waren.

Mitte des 19. Jahrhunderts hatten sich die Liberalen eine Welt vorgestellt, in der, wie Herbert Spencer es ausdrückte, »Fortschritt ... kein Zufall [sei], sondern eine Notwendigkeit [...]. Zweifellos [müßten] die Dinge, die wir Übel und Unmoral nennen, verschwinden; und so [müsse] der Mensch zweifellos perfekt werden.«[44] Dieser Fortschritt setzte voraus, daß nationale Grenzen für den Freihandel geöffnet wurden; internationale Streitigkeiten sollten durch Vernunftlösungen beigelegt werden. In der Innenpolitik würde die Selbstregierung in der einen oder anderen Form ausgeweitet, so daß jede nationale Gruppe schließlich die Autonomie erreichen konnte; nach und nach würde überall eine demokratische Verfassung in Kraft treten. Aber noch bevor sich durch die Erfahrungen des Ersten Weltkrieges solche Hoffnungen zerschlugen, wurden sie von allen Seiten angegriffen. Besonders in den letzten beiden Jahrzehnten des 19. Jahrhunderts hatte eine neue Richtung von übersteigertem Nationalismus, der sich oft mit der zunehmenden Popularität der imperialistischen Expansion berührte, Eingang in die Schriften von Publizisten und nationalistischen Interessengruppen ganz Europas gefunden. Einige dieser Gruppen entstanden aus dem Impuls heraus, für Sondermaßnahmen zur Kriegsvorbereitung einzutreten, so die Flottenvereine in England und Deutschland. Manche schlugen einen antidemokratischen Ton an, entweder aus ideologischen Gründen oder weil sie überzeugt waren, daß die Verzögerungen und die Kompromisse der parlamentarischen Praxis sich auf die ganze Nation lähmend auswirkten.

Im allgemeinen wurde der neue Nationalismus als etwas Instinktives angesehen, gegründet auf die Urbindungen zwischen dem Menschen und seiner Heimaterde – oder wie es der einflußreiche französische nationalistische Schriftsteller Maurice Barrès ausdrückte, »der Erde und den Toten«. Solche Ideen waren eng verwandt mit rassistischen Theorien über die Reinhaltung des nationalen Blutes und den verderblichen Einfluß, der durch die Assimilation fremder Elemente verursacht wurde, so daß für viele Schriftsteller die Idee der Förderung eines gesunden Nationalbewußtseins unlösbar mit dem Bestreben verbunden war, es von der Verschmutzung durch unreine fremde Kräfte zu bewahren, womit natürlich vor allem die Juden gemeint waren. Ausschlaggebend für das geistige Klima, in dem der neue Nationalismus erblühte, war das aus einem falschen Verständnis von Darwins Theorien hergeleitete Gedankengut, das die Ideologie des Imperialismus maßgeblich beeinflußte. Wenn in der politisch gegliederten Welt wie in der natürlichen alles dem Kampf ums Überleben untergeordnet war, dann war die Vorbereitung auf diesen Kampf die höchste Pflicht jeder Regierung. Den Standpunkt, daß der Krieg als die Form, in der der weltweite Kampf ums Überleben ausgetragen würde, nicht nur notwendig, sondern gar erwünscht sei, vertrat nicht nur die Rechte. Man hatte ihn bereits in den verschiedensten Gesellschaftskreisen verinnerlicht. So gebrauchten ein konservativer General, Conrad von Hötzendorf, der österreichisch-ungarische Stabschef, und Émile Zola, der sich einer rationalen und wissenschaftlichen Weltanschauung und radikalen republikanischen Politik verschrieben hatte, ganz ähnliche Worte. Conrad schrieb nach dem Krieg:

»Philanthropische Religionen, Morallehren und philosophische Doktrinen werden zwar vermögen, ab und zu den Daseinskampf der Menschheit in seinen krassesten Formen abzuschwächen – ihn als treibendes Prinzip aus der Welt zu schaffen, wird ihnen aber nie gelingen. Daß in diesem Kampf Perioden ruhigeren Ausgleiches mit katastrophalen Ausbrüchen wechseln, ändert nichts an seinem Wesen. Im Sinne dieses großen Prinzipes hat sich unvermeidbar und unaufhaltbar die Katastrophe des Weltkrieges vollzogen, als Ergebnis der bewegenden Kräfte im Leben der Staaten und Völker. Einem Gewitter gleich, das naturnotwendig zur Entladung drängt.«[45]

Und etwa dreißig Jahre zuvor, im Jahre 1891, hatte Émile Zola es noch unmißverständlicher ausgedrückt:

»Würde nicht das Ende des Krieges das Ende der Humanität sein? Krieg ist das Leben selbst. Nichts steht in der Natur, wird geboren, wächst oder vermehrt sich außer durch Kampf. Wir müssen essen und gefressen werden, so daß die Welt leben kann. Nur kriegerische Nationen sind gediehen: eine Nation stirbt, sobald sie sich entwaffnet. Der Krieg ist die Schule der Disziplin, des Opfers und des Mutes.«[46]

Der Glaube, daß der Krieg nicht nur unvermeidbar, sondern wünschenswert sei, herrschte überall. Die Tugenden der Disziplin und des Gehorsams, die die Faschisten nach dem Kriege immer wieder hervorhoben, wenn sie die Bedeutung der Kriegserfahrung darlegten, waren bereits vor Kriegsausbruch in aller Munde. Insbesondere die italienischen Nationalisten gaben ihren Empfindungen freien Lauf: »Während mittelmäßige Demokraten gegen den Krieg im barbarischen Vorstoß veralteter Grausamkeit anschreien, halten wir ihn für den stärksten Anreiz für jene, die schwach geworden sind, ein schnelles und heroisches Mittel zur Macht und zum Reichtum. Ein Volk braucht nicht nur tiefe Gefühle, sondern eine andere Tugend, die mehr und mehr geschmäht und weniger verstanden wird – Gehorsam.«[47] Der Krieg wurde als eine Erfahrung angesehen, die das allgemeine Wohlbefinden fördern würde, ein Gedanke, der von dem führenden italienischen futuristischen Schriftsteller und Künstler Filippo Tommaso Marinetti in seinen bekannten Ausspruch »Guerra, sola igieia del mondo« zusammengefaßt wurde. Ein bekannter englischer Publizist, Sidney Low, hatte zur Zeit der Ersten Haager Friedenskonferenz ähnliches gesagt: »Ein gerechter und notwendiger Krieg ist nicht schlimmer als eine chirurgische Operation. Besser dem Patienten etwas Schmerz zufügen und die eigenen Finger unangenehm rot färben, als der Krankheit zu erlauben, in ihm zu wachsen, bis er zum Ärgernis für sich selbst und die Welt wird und in siecher Agonie stirbt.«[48] In Frankreich äußerten sich Mitglieder der nationalistischen Rechten – zitiert wird der Schriftsteller Abel Bonnard (1912) – folgendermaßen: »Wir müssen ihn in all seiner wilden Poesie in die Arme schließen. Wenn ein Mann sich in ihn stürzt, sind es nicht nur seine eigenen Instinkte, die er wiederentdeckt, sondern Tugenden, die er zurückerobert. [...] Im Kriege wird alles neu gemacht.«[49]

Zu Kriegsbeginn schloß man sich in England auf Betreiben von Journalisten, sonstigen Propagandisten und religiösen Führern der Meinung an, der Krieg sei insbesondere dem Einfluß zweier deutscher Schriftsteller zu verdanken, dem des Philosophen Friedrich Nietzsche und des Historikers Heinrich von Treitschke (wobei ein Pamphlet seine Leser entgegenkommenderweise, wenn auch irreführend informierte, daß ihre Namen »Niitz-schey und Tritsch-key ausgesprochen« würden).[50] Obwohl diese Vorstellung im wesentlichen eine Ausgeburt der hysterischen Germanophobie der ersten Kriegsmonate war, fiel die Wahl nicht zufällig auf Treitschke und Nietzsche. Immer wieder rühmten Angehörige der herrschenden Schicht in Deutschland, darunter Moltke und Tirpitz, die Wirkung, die Treitschkes Vorlesungen an der Universtiät von Berlin auf sie in ihrer Jugend gehabt hatten, vor allem die Lehre, derzufolge der Krieg von den Völkern geführt wurde, um das Gleichgewicht der Kräfte zu festigen.[51] In seinen historischen Schriften und den Vorlesungen über Politik, die er von 1874 bis 1895 in Berlin vor begeisterter Zuhörerschaft hielt, betonte Treitschke, daß der Staat durch andere Normen gebunden sei als der einzelne. Viele seiner Ideen deckten sich mit Gedanken, die bereits in ganz Europa anerkannt waren; nicht nur für den Deutschen galt: »Ist seine Flagge verletzt, so ist es seine Pflicht, Genugthuung zu fordern und wenn sie nicht erfolgt, den Krieg zu erklären, mag der Anlaß noch so kleinlich erscheinen; denn er muß unbedingt darauf halten, die Achtung, die er in der Staatengesellschaft besitzt, sich auch zu bewahren.«[52] In diesem Statussystem steht die Verteidigung nationaler Werte – materieller wie geistiger – an erster Stelle: »In dem Augenblick, wo der Staat ruft: Jetzt gilt es mir und meinem Dasein! muß die sociale Selbstsucht zurücktreten und jeder Parteihaß schweigen. [. . .] Darin eben liegt die Hoheit des Krieges, daß der kleine Mensch ganz verschwindet vor dem großen Gedanken des Staates.«[53] Nach Treitschkes Wunschvorstellung sollte Preußen und Deutschland gegen jeden Widerstand seitens der Franzosen und Engländer, der Juden oder der katholischen Kirche allein durch sein Heer erstarken, und dies spiegelte einen gewissen paranoiden Zug des deutschen Nationalismus wider, der 1914 sichtbar wurde, als die deutsche Furcht vor der Einkreisung wuchs.

Wo Treitschke auf den gängigen Auffassungen vom Nationalstaat und der Notwendigkeit des Krieges aufbaute – wenn er auch die Gedanken in einen neuen Bezugsrahmen stellte, der sich aus seiner Sicht der deutschen Geschichte ergab –, war Nietzsches Ideenkomplex breiter angelegt. Die Annahme der Engländer, darunter des Herausgebers von *The Times*, Nietzsche sei für den Krieg mitverantwortlich, war vielleicht charakteristisch für eine Nation, die sich nicht die Mühe gemacht hatte, sein Werk zu lesen. Nietzsche war dennoch der einflußreichste Denker seiner Zeit, und seine Werke, vor allem *Also sprach Zarathustra*, waren in den meisten Ländern Europas bis auf England Bestseller. Und selbst wenn spätere Versuche, Nietzsche nicht nur für den Ersten Weltkrieg, sondern auch für den Nationalsozialismus verantwortlich zu machen, eine einseitige Interpretation seiner komplexen und widersprüchlichen Botschaft beinhalten, so enthält sein Werk dennoch viel, was in der Generation von 1914 Anklang fand und zu dem geistigen Klima beitrug, das den Krieg ermöglichte. Es war nicht nur Nietzsches Ruf nach Gewalt oder sein »Wille zur Macht«, ebensowenig wie sein vielzitiertes Bild vom Übermenschen und der blonden Bestie, was ihn beliebt machte, und auch nicht seine Ansicht, der Krieg und der Mut hätten mehr Großes vollbracht als die Nächstenliebe, die jene Militaristen ansprach, die ihn immerhin gelesen hatten, sondern vor allem sein Angriff auf so viele Werte der zeitgenössischen bürgerlichen Gesellschaft, ihre heuchlerischen Moralvorstellungen, ihre Spießigkeit, ihr Philistertum. Für junge Menschen in ganz Europa predigte Nietzsche in den zwanzig Jahren vor dem Krieg ein Evangelium der persönlichen wie auch der politischen Befreiung, und für viele – so für die Mörder des Erzherzogs Franz Ferdinand, die sich in den Cafés von Zagreb gegenseitig Nietzsche vorlasen – hieß das: Befreiung durch Gewalt. Exemplare der Volksausgabe von *Also sprach Zarathustra* fand man 1914 in den Tornistern Tausender von Soldaten, und nicht nur in Deutschland: auch in Rußland hatten »fast alle noblen Geister des modernen Rußlands [...] tief aus den Brunnen Nietzsches getrunken«,[54] wie der Korrespondent der *Times* berichtete. Mehr noch als Nietzsches Evangelium der persönlichen Befreiung (»werde, was du bist«), das sich zunächst nicht auf den Krieg bezog, fanden seine ständigen Hinweise auf das Erfordernis einer Roßkur für die kranke europäische Gesellschaft ein vielfaches Echo unter den Kriegsbefürwortern.

Man könnte einwenden, daß die hier besprochenen Schriftsteller nur eine begrenzte Leserschaft unter den Gebildeten hatten. Selbst wenn man die Frage beiseite läßt, ob solches Gedankengut nicht zumindest in Ländern mit geringem Prozentsatz an Analphabeten über die Boulevardpresse nach unten gedrungen sein mochte, befanden sich doch alle Anhänger dieses neuen radikalen Nationalismus in einer Position, in der sie die Entscheidungen der europäischen Herrscher im Jahre 1914 beeinflussen konnten. Gewiß waren die jungen Männer, die voller Begeisterung zu den ersten Gefechten auszogen, von dem Gedanken beseelt, daß der Krieg als befreiende Erfahrung und als Weg zur neuen nationalen Solidarität erstrebenswert sei. In Paris führten 1912 zwei Schriftsteller, die das Pseudonym »Agathon« benutzten, für eine Zeitung eine Meinungsumfrage unter Studenten durch. Obwohl es sich keineswegs um eine unparteiische Umfrage handelte, da die Verfasser die positivistischen, republikanischen akademischen Einrichtungen angreifen wollten, enthält sie dennoch interessante Hinweise auf die Geisteshaltung einer Gruppe von Studenten an Fakultäten und Schulen, die traditionell der französischen politischen Elite verbunden waren. Zumindest diese wenigen hundert jungen Männer (über die Ansicht junger Frauen wird nichts gesagt) waren viel kriegswilliger als die vorige Generation: »Im Lagerleben und unter Feuer werden wir den höchsten Ausdruck der französischen Kraft erleben, die in uns ist«.[55] Dies zeigt das Ausmaß, in dem die Gedanken insbesondere eines Maurice Barrès die Studenten der juristischen Fakultät und der École Libre des

Sciences Politiques beeinflußt hatten, wenn es auch Hinweise darauf gibt, daß Studenten anderer Disziplinen diese Ansichten nicht teilten und zum Beispiel das Gesetz zur Verlängerung der Wehrdienstzeit auf drei Jahre ablehnten. Auf jeden Fall erhielt jene Gruppe der französischen Elite nicht viel Gelegenheit, ihren Einfluß auszuüben, denn keine zwei Jahre nach Agathons Umfrage waren viele ihrer Mitglieder auf den Schlachtfeldern gefallen.

Die Tatsache, daß die Vorreiter des neuen Nationalismus in Europa vor 1914 nur eine relativ kleine, wenn auch politisch und sozial bedeutende Gruppe von Menschen beeinflußten, macht deutlich, daß wir auch an anderer Stelle nach den Ursprüngen der patriotischen Instinkte suchen müssen, die so viele Menschen dem Ruf zu den Waffen im Jahre 1914 mit begeisterter Zustimmung folgen ließen. Wie immer man den Einfluß der neuen radikalen Nationalisten, Rassisten und pseudodarwinistischen Schriftsteller und Publizisten bewerten will, der Normalbürger orientierte sich in seiner Reaktion auf die Krise von 1914 an der Geschichte, wie er sie in der Schule gelernt hatte, oder an Erzählungen über die nationale Vergangenheit und gehorchte seinem Sinn für Loyalität gegenüber Nachbarn und Arbeitskollegen. In jedem Land wurden die Kinder in ihren vaterländischen Pflichten unterwiesen, und sie hörten vom Glanz der vergangenen nationalen Leistungen selbst in Ländern wie Frankreich, das einen Regierungswechsel nach dem anderen erlebt hatte, weshalb sich die Frage erhob, welchem Aspekt einer nationalen Tradition man diese bunte Reihe von Regierungen zuordnen sollte. Doch die folgende Passage aus einem verbreiteten französischen Geschichtsbuch für den Unterricht, das 1912 neu aufgelegt und überarbeitet wurde, unterscheidet sich im Tenor gewiß nicht von ähnlichen Büchern in England oder Deutschland: »Der Krieg ist nicht wahrscheinlich, aber er ist möglich. Aus diesem Grunde ist Frankreich bewaffnet und immer bereit, sich zu verteidigen. [...] Mit der Verteidigung Frankreichs verteidigen wir das Land, in dem wir geboren wurden, das schönste und das reichste Land der Welt [...].« Zu diesem primitiven patriotischen Stolz gesellte sich das Gefühl, daß jedes Land seine Nationaltugenden habe, die man um jeden Preis erhalten müsse. »Frankreich«, heißt es weiter, »hat seit der Revolution Ideen der Gerechtigkeit und der Menschlichkeit auf der ganzen Welt verbreitet. Frankreich ist das gerechteste, das freieste und das humanste der Vaterländer.«[56]

In ganz Europa wurden die Kinder gelehrt, auf die historische Tradition ihres Landes stolz zu sein und die angeblich charakteristischen Nationaltugenden zu respektieren. Das preußische Erziehungsministerium hob 1901 die Bedeutung des Deutschunterrichts hervor, durch den »die Herzen unserer jungen Menschen zu Begeisterung für das deutsche Volkstum und die Größe des deutschen Geistes erzogen werden können«.[57] Die Regierung der Dritten Republik betonte 1881, daß Lehrern »vor allem eingeschärft werden muß [...], daß es ihre erste Pflicht ist, [ihre Zöglinge] das Vaterland lieben und verstehen zu lehren«.[58] Obwohl in jedem Land Reformer des Erziehungssystems oder sozialistische Politiker versuchten, andere Werte zu setzen, zeigten die Reaktionen im Jahre 1914, daß sie damit nichts ausrichten konnten; und die patriotisch gefärbte Sprache, mit der der Krieg begrüßt wurde, spiegelte die in jahrelanger nationaler Tradition entwickelten Gefühle wider. Léon Jouhaux, der Generalsekretär des französischen Gewerkschaftsbundes, ein Mann mit engen Verbindungen zur antimilitaristischen Bewegung, akzeptierte in seiner Rede auf Jaurès' Beerdigung widerstrebend einen Krieg, »um einen Invasor zurückzuwerfen und das Erbe der zivilisierten und großen Ideologie, die die Geschichte uns hinterlassen hat, zu bewahren«, und später schrieb er: »Es gibt gewisse Augenblicke im Leben eines Mannes,

Gedanken, die ihm fremd erscheinen und dennoch den Traditionen entspringen, die er in sich trägt und die die Umstände in ihm wachrufen.«[59]

Die Intensivierung aller nationalen und imperialistischen Gefühle in den zwanzig Jahren vor dem Krieg war in vielen Fällen von Interessegruppen oder patriotisch-ideologischen Bewegungen gefördert worden. Die in den neunziger Jahren in England und Deutschland gegründeten Flottenvereine sollten die öffentliche Unterstützung der Flotte vorantreiben. In Deutschland wurde 1912 ein Wehrverein gegründet, »um auf eine Verstärkung des Heeres zu drängen« – ein Zeichen der Rivalität zwischen den Streitkräften und des Dilemmas eines Landes, das sich gleichzeitig auf einen Kontinentalkrieg gegen Frankreich und Rußland und auf einen Seekrieg gegen England vorbereitete. In Frankreich fielen die organisierten Interessengruppen weniger ins Gewicht, weil Fragen wie die der Verlängerung der Wehrdienstzeit im Parlament mit Wort und Tat angegangen wurden. Den rechten Organisationen wie der Ligue des Patriotes und der monarchistischen Action Française, die sich als Hüter der echten Nationaltraditionen deklarierten, wurde der Wind aus den Segeln genommen, als immer mehr republikanische Politiker die patriotische Sache für sich in Anspruch nahmen, wobei ein radikaler Politiker sich sogar gegen die Einführung der grünen Soldatenuniform aussprach (nachdem die englische Armee Khaki und die Deutschen das Feldgrau eingeführt hatten), weil rote Hosen »zu den Nationaleigenschaften« gehörten,[60] und der Minister Millerand führte während seiner Amtszeit als Kriegsminister »Retraites Militaires« – abendliche Paraden der örtlichen Militärkapelle – in den Kleinstädten ein. Die Action Française und ihre Jugendbewegung, die Camelots du Roi, konnten zumindest in Paris mehrere hundert Männer zu patriotischen Demonstrationen aufrufen, aber der größte Druck für eine Reform des Militärs ging von der

Armee und den republikanischen Parteien aus und nicht von außenstehenden Interessengruppen.

Die Ziele und Methoden solcher Interessengruppen hingen von den politischen Institutionen jedes Landes ab. Der britische Flottenverein, die Navy League, war zum Beispiel hauptsächlich darum bemüht, die Stärke der britischen Flotte und ihre technische Ausrüstung zu erhalten. Ihre Mitglieder waren hauptsächlich pensionierte Offiziere, Journalisten und Fachleute mit einem besonderen Interesse an Marineangelegenheiten und betrachteten sich selbst als eine Art Animatoren, die die Marine auf ihrem Leistungsniveau hielten, und weniger als ein Instrument der Politik der Admiralität. Sie hielt das Interesse der Öffentlichkeit an den Seestreitkräften durch Vorträge und Ausstellungen lebendig, aber sie knüpfte an die Tradition einiger Jahrhunderte an, in denen die Flotte immer populär gewesen war, während der deutsche Flottenverein eine Neuheit unterstützte, die nicht nur der deutschen Außenpolitik dienen, sondern auch einen einenden Pol der geteilten Nation bilden sollte. Beide Organisationen zeigen jedoch, daß neben dem traditionelleren »Militarismus«, der immer mit einem Heereskult, und das hieß nach allgemeiner Ansicht mit Konservatismus und mit der alten Ordnung, verbunden war, auch ein neuer »Marinismus« weite Teile der Gesellschaft ansprechen konnte.

Die Organisationen im Edwardianischen England, die das neue Nationalgefühl demonstrierten, vereinigten den Stolz auf Englands kolonialistische Leistungen mit Zukunftsangst. Insbesondere nach dem Burenkrieg, der die Schwächen des englischen Heers aufgedeckt hatte, wurde die Forderung nach verstärkter »nationaler Leistungsfähigkeit« und einer besseren Ausbildung des Nachwuchses zur Verteidigung des Empires laut. Die Angst, England könne einem Krieg nicht gewachsen sein, zeigte sich in der Bewegung für die Einführung der allgemeinen Wehrpflicht, der die National Service League unter dem Vorsitz von Lord Roberts angehörte, dem Kommandeur, der in den Augen der Öffentlichkeit den Engländern zum Endsieg über die Buren verholfen hatte. Sie scheiterte, weil die Liberalen sich weigerten, die Wehrpflicht überhaupt ins Auge zu fassen, bis sie 1916 nach fast zwei Kriegsjahren doch nachgeben mußten. Bewegungen zur Förderung der körperlichen Ertüchtigung und der patriotischen Begeisterung durch Einführen einer paramilitärischen Ausbildung für Jungen oder Feiern eines jährlichen »Empire-Tages« waren das Ergebnis einer ähnlichen Mischung von Stolz und Angst. Die Organisation, die den größten unmittelbaren Erfolg erzielte, war die der Pfadfinder (Boy Scouts), gegründet von einem der Helden des Burenkrieges: Robert Baden-Powell.

Frühere Bewegungen, die meist einer kirchlichen Institution angeschlossen waren, wie die Boys' Brigade oder die Church Lads' Brigade, hatten versucht, den Jugendlichen der Industriestädte körperliche und geistige Ausbildung und gesunde Freizeitbeschäftigung zu vermitteln. Die Beliebtheit der Pfadfinder beruhte auf der Verbindung nationalistischer und imperialistischer Ideen mit Geselligkeit; zudem wurden hier Spiele und Sport im Freien und die Beschäftigung mit der Natur ohne die militärische Disziplin anderer Jugendbewegungen angeboten. Vor allem aber sah Baden-Powell die Bewegung gleichsam als Überlebenstraining des Empires für den darwinistischen Existenzkampf: »Wir müssen alle die Ziegelsteine in der Mauer dieses großen Unternehmens sein – des Britischen Weltreichs –, und wir müssen aufpassen, daß unsere Meinungsverschiedenheiten über Politik und andere Fragen nicht so stark werden, daß sie uns trennen. Wir müssen als Briten Schulter an Schulter stehen, wenn wir unsere heutige Stellung unter den Nationen erhalten wollen.«[61] Und es folgt ein charakteristischer Appell an alle patriotischen und sportlichen Instinkte, wenn er auch nicht gerade von profunder Kenntnis der Geschichte des

Altertums kündet: »Seid nicht unehrenhaft wie die jungen Römer, die das Reich ihrer Vorväter verloren, weil sie Drückeberger und Faulpelze ohne jeden Schwung oder Patriotismus waren. Setzt euch ein! Setzt euch ein! Jeder Mann an seinen Platz, und spielt das Spiel!«[62]

Da es in England keine Wehrpflicht gab, hatten die britischen Jugendbewegungen einen größeren Zulauf als die des Kontinents, wo sich fast jeder zwei bis drei Jahre lang dem Militärdienst unterziehen mußte. In Deutschland herrschte in der Tat eine paradoxe Situation. Zunächst waren viele Studenten darum bemüht, den militärischen Wertvorstellungen der alten herrschenden Schicht zu entsprechen: sie traten in reaktionäre Burschenschaften ein, die einen schonungslosen Nationalismus und eine unmenschliche Härte übten, wie sie sich zum Beispiel in ihrer Duellpraxis zeigte. Viele nahmen die Möglichkeit wahr, einen für Studenten auf ein Jahr beschränkten Freiwilligen-Wehrdienst zu leisten, wodurch sich die Chancen erhöhten, den begehrten Status eines Reserveoffiziers zu erlangen. Und in dem Jahrzehnt vor dem Krieg wurden die neuen Jugendbewegungen bei den Kindern der Mittelschicht zunehmend beliebter. In ihrer Weltanschauung fanden sich viele auf Nietzsche zurückgehende Gedanken. Sie wehrten alle erstarrten Konventionen der wilhelminischen Bourgeoisie ab und sahen ihre eigenen Wurzeln im Boden des Vaterlandes, in den Wäldern und Bergen Deutschlands; ihr neuer Gemeinsinn sollte instinktiv, spontan und frei von der Heuchelei und Dumpfheit ihrer Gesellschaft und der Hohlheit der Politik Deutschlands sein. Sie sagten sich von dem blutarmen Patriotismus des kaiserlichen Deutschlands los und vermeinten zu einem neuen Bewußtsein der »Volksgemeinschaft« beizutragen: »[Die deutsche Jugend,] die im Notfall jederzeit bereit ist, für die Rechte ihres Volkes mit dem Leben einzutreten, möchte auch in Kampf und Frieden des Werktags ihr frisches reines Blut dem Vaterland weihen«,[63] hieß es in der Einladung zur großen Feier der Jugendbewegungen im Jahre 1913. (Das Jahr 1913 war voller widersprüchlicher Erinnerungen für die Deutschen: das Jugendfest fand im Rahmen der Gedenkfeiern zur Befreiung von der Napoleonischen Herrschaft statt, während die Konservativen das Jubiläum eines Triumphes deutscher Waffen feierten – eine Jahrhundertfeier also, die sowohl den Konservativen wie den Liberalen Anlaß zur Hochschätzung nationalistischer Werte gab.)

Der Wandervogel und ähnliche Jugendbewegungen betonten ihren Gegensatz zum konventionellen deutschen Patriotismus. Weil zu guter Letzt auch die Sozialdemokratische Partei ihre eigene Jugendbewegung gegründet hatte, trachteten die Behörden zunehmend danach, Schulabgängern Werte einzuprägen, die sie gegen die schädlichen Einflüsse der Sozialdemokratie immunisieren und positive patriotische Gefühle und Begeisterung für die Armee wekken sollten. Trotz aller Rivalitäten zwischen den Ministerien und der üblichen Schwierigkeiten, in einem Land mit einer föderativ gestalteten Verfassung eine gesamtstaatliche Organisation zu schaffen, und trotz des Widerstands bestehender Jugendorganisationen war Anfang des Jahrhunderts eine Anzahl von freiwilligen Verbänden geschaffen worden. Eine Münchener Gruppe erklärte ihre Motivation folgendermaßen: »Ein leiser und vorsichtiger Appell an den kriegerischen Geist der Nation mag das Gegengewicht bilden gegen die überhandnehmenden Phantastereien vom ›ewigen Frieden‹«.[64] 1910 gab der Kaiser den Befehl zur Bildung einer »Art Jugendwehr, ähnlich den englischen Boy Scouts«[65], und nach langen Diskussionen wurde schließlich im August 1911 der Jungdeutschlandbund in der Hoffnung gegründet, damit eine Art zentraler Organisation für die nationalistischen Jugendverbände zu schaffen. Man war vermutlich über das Ergebnis enttäuscht; der Erfolg der Sozialdemokratischen Partei bei den Reichstagswahlen von

1912 schien immer energischere Schritte gegen den sozialistischen Einfluß zu verlangen. Die Verlängerung der Militärdienstzeit in Frankreich beunruhigte den preußischen Kriegsminister: »Eine solche Steigerung ihres inneren Wertes [der Armee] würde unser Heer ... durch die Vorbereitung der Jugend auf den Heeresdienst und insbesondere durch die Einwirkung auf die schulentlassene Jugend bis zur Einstellung in sehr erheblichem Umfange erfahren.«[66] Dementsprechend wurden kurz vor Kriegsausbruch Maßnahmen ergriffen, die Körperertüchtigung zur Pflicht zu machen – »Turnen, Sport, Spielen, Wanderungen und sonstige körperliche Übungen« zusammen mit der Unterweisung in »Gottesfurcht, Heimatsinn und Vaterlandsliebe«.[67] Der innere Feind – die Sozialdemokraten – war unlösbar mit dem äußeren verquickt, und eine einzige Organisation würde beide bekämpfen.

Der Jungdeutschlandbund verlangte nicht nur körperliche Ertüchtigung und Ehrfurcht vor patriotischen Werten, wie man es von den britischen Pfadfindern kannte, sondern rührte auch an tiefere Gefühle: »Krieg ist schön [...]. Wir müssen auf ihn in dem männlichen Wissen warten, daß es schöner und großartiger ist, für immer unter den Helden eines Kriegerdenkmals in einer Kirche zu leben, als einen würdelosen Tod im Bett, namenlos, zu sterben.«[68] Die Sprache Nietzsches und die Sehnsucht nach Befreiung und nach neuen Betätigungsmöglichkeiten führten die Anhänger der deutschen Jugendbewegung trotz aller Unterschiede zu einer inneren Haltung, die sich von jener der heftig kritisierten Nationalisten kaum unterschied. Die Erregung im Jahre 1914 und das zeitweilige Aufwallen eines neuen Gefühls der deutschen Einheit erschienen dem Wandervogel ebenso wie den Angehörigen der konkurrierenden militaristischen und patriotischen Jugendbewegung als der Ausdruck dessen, worauf sie hingearbeitet und gewartet hatten.

Die wenigsten, die vom Krieg sprachen, hatten eine klare

Vorstellung davon, wie der Krieg aussehen würde, und kaum jemand sah voraus, was für ein Krieg tatsächlich eintreten würde. Manche derer, die die Vorteile des Krieges priesen, darunter der italienische Futurist F. T. Marinetti, reisten im Ersten Balkankrieg nach Adrianopel, um eine Kostprobe vom Schauspiel des modernen Krieges zu bekommen, und militärische Spezialisten beobachteten die Artilleriegefechte, obgleich nicht alle von ihnen die richtigen Schlüsse aus dem Gesehenen zogen. Aber die Öffentlichkeit stellte sich einen Krieg wie die vorausgegangenen Kriege vor, obwohl diese sich sehr voneinander unterschieden hatten – der Burenkrieg, der russisch-japanische Krieg und die Balkankriege. Die Erinnerung an Kolonialkriege im Falle Englands und an den Krieg von 1870 im Fall Frankreichs und Deutschlands war noch lebendig; doch in England und Deutschland vermischte sie sich mit dem Bild eines Entscheidungskampfes zwischen riesigen Schlachtflotten, wie es Alfred Thayer Mahan in seinem weitverbreiteten Werk gezeichnet hatte. In England kam immer wieder die Angst vor »einem Blitz aus heiterem Himmel« auf, vor einem plötzlichen Angriff der deutschen Flotte auf die Küste Englands, dem ersten Schritt zu einer Invasion, und in Deutschland trugen die unbesonnenen Reden des britischen Ersten Lords der Admiralität Sir John Fisher zur Furcht bei, die britische Flotte könne einen Angriff auf einen deutschen Flottenstützpunkt einleiten – eine Furcht, die 1907 in Kiel die Eltern veranlaßte, ihre Kinder zwei Tage lang nicht zur Schule zu schicken, weil »der Fischer kommt«.[69]

Diese Furcht brachte wie immer in Zeiten eines zunehmenden Wettrüstens und lang anhaltender internationaler Spannungen eine spekulative Kriegsliteratur hervor. Viele Historiker haben I. F. Clarke[70] zufolge die Popularität von Kriegsromanen vermerkt und die Aufmerksamkeit auf eine neue Schule von Sience-fiction-Schriftstellern gelenkt, die den Krieg der Zukunft in allen Farben malten. Aber mindestens seit den neunziger Jahren spiegelten Romane, die den Krieg vor einem plausibleren politischen Hintergrund beschrieben, die Ängste und Erwartungen der Öffentlichkeit wider. Britische Leser zeigten sich durch die im Jahre 1904 erschienene Übersetzung eines Romans von August Niemann beunruhigt: *Der Weltkrieg: Deutsche Träume (The Coming Conquest of England)*. Niemann skizzierte ein furchterregendes Bild eines kontinentalen Bündnisses gegen England und malte eine deutsche Landung in Schottland sowie eine russische Landung in England aus. Während der nächsten Jahre konzentrierten sich britische und französische Romanschriftsteller auf die deutsche Gefahr und stellten das Thema eines englisch-französischen Krieges zurück, das in den achtziger und neunziger Jahren Schriftsteller auf beiden Seiten des Kanals gereizt hatte. Der französische Schriftsteller »Capitaine Danrit«, der in seinen früheren Romanen Frankreich im Krieg mit Deutschland und England beschrieben hatte, lenkte 1905 die Aufmerksamkeit auf den Fernen Osten und die »Gelbe Gefahr« (die unter anderem eine fixe Idee des Kaisers war) und konzentrierte sich zuletzt auf den bevorstehenden Krieg gegen Deutschland. In England spiegelte William Le Queux, ein populärer Verfasser von Trivialliteratur, der 1899 von der Idee französischer Spionage in London (*England's Peril*) besessen gewesen war, in seinem erfolgreichsten Roman *The Invasion of 1910*, der 1906 mit einem Vorwort von Feldmarschall Earl Roberts veröffentlicht wurde, die allgemeine Furcht vor Deutschland wider und erschreckte seine Leser mit einem Bericht voller topographischer Details über eine deutsche Invasion, die aufgrund Englands vernachlässigter militärischer Ausbildung erfolgreich endete. Solche Romane boten ihren Lesern – Engländern, Franzosen und Deutschen – nicht nur einen Spiegel ihrer eigenen Ängste, sondern bestärkten sie in ihrer Hoffnung auf einen Endsieg. Mit I. F. Clarkes Worten: »Während der letzten beiden Jahrzehnte des 19. Jahrhunderts war das Epos aus der legendären Vergangenheit hervorgetreten, es wurde ein populärer und vorausschauender Mythos, der in eine nahe und scheinbar realisierbare Zukunft projiziert wurde.«[71]

Die Welle der Invasionsromane brachte eine Verbreitung der Spionagegeschichte mit sich; beides war nicht nur Ausdruck einer paranoiden Furcht vor Spionen, sondern verstärkte diese zugleich. In *The Invasion of 1910* wurde Deutschlands Angriff von einem Heer von Spionen vorbereitet, in *Spies of the Kaiser* (1910) schürte Le Queux den Verdacht, daß fast jeder Ausländer ein Spion sei – eine Ansicht, die sogar von den Militärbehörden aufgegriffen wurde.[72] In Frankreich prangerte Léon Daudet von der Action Française ein eingebildetes Netz von deutsch-jüdischen Spionen in Frankreich an. Er schrieb darüber in einem 1913 veröffentlichten Buch, von dem bis zum Kriegsausbruch 11 500 Exemplare verkauft waren[73] und das zum Ausbruch einer wahren Spionenphobie (*espionnite*) in den ersten Augusttagen beigetragen haben mag, als geglaubt wurde, daß die Werbeplakate für das allbekannte Suppenkonzentrat Bouillons Kub geheime Hinweise für die Deutschen enthielten. Auch in England war in den ersten Kriegsjahren jeder Deutsche ein Spion; viele harmlose Kellner und Friseure wurden von wachsamen Bürgern angezeigt, und die Regierung stand kurz davor, die allgemeine Internierung einzuführen.

1914 war der Gedanke an einen Krieg vertraut – wenn auch nicht seine Realität. Jede internationale Krise seit 1905 schien ihn ein Stück näher gebracht zu haben; doch gab es auch Optimisten, die glaubten, daß ein Krieg immer wieder abgewendet werden könne. Jean Jaurès zum Beispiel sagte noch am 30. Juli 1914: »Es wird wie Agadir sein. Es wird Aufs und Abs geben, mais les choses ne peuvent ne pas s'arranger.«[74] Andererseits sahen viele den Krieg als eine nicht ganz unerwünschte Erfahrung, manche gar als eine

Lösung für soziale und politische Probleme an – im Sinne eines notwendigen chirurgischen Eingriffs. Andere begrüßten ihn als Ausweg aus der Routine und Langeweile des Alltags, als ein großes Abenteuer oder eine sportliche Herausforderung. Einige wenige hielten ihn für den Wegbereiter der Revolution – um Lenins späteres Wort zu gebrauchen: für einen »großen Beschleuniger«. Nach einem Bericht über Victor Adlers Bemerkungen auf dem Treffen des Internationalen Sozialistischen Büros in Brüssel am 29. Juli 1914 sagte der österreichische sozialistische Parteiführer bedauernd: »In den nationalistischen Kämpfen erscheint der Krieg als eine Art von Erlösung, eine Hoffnung, daß etwas anderes kommen wird«.[75] Diese zweifelhafte Hoffnung wurde sowohl von der österreichisch-ungarischen Führung geteilt, die einen Krieg gegen Serbien als unumgänglich ansah, wenn die Monarchie überleben sollte, als auch von den serbischen Nationalisten, die glaubten, »daß es viel trostreicher ist, einen verzweifelten Krieg zu riskieren, als langsam durch die Strangulierung zu sterben, die ihnen unglückliche Umstände auferlegten«,[76] wie ein amerikanischer diplomatischer Beobachter es ausdrückte.

Für viele Südslawen, darunter auch die Mörder des Erzherzogs Franz Ferdinand, machte die nationale Sache vorsichtige und zweckmäßige Erwägungen zweitrangig. Aber dieser alles fordernde, alles entschuldigende Nationalismus war nicht auf kleine Nationen beschränkt, die nach Unabhängigkeit und Einheit strebten. Am Ende des 19. Jahrhunderts waren solche Gedanken mit dem Glauben verbunden, daß der Staat ein lebender Organismus sei, mehr als die Summe seiner Bürger, die sich nur in ihm völlig verwirklichen konnten, so daß er Anspruch auf ihre Treue und ihren Gehorsam hatte. Obwohl die Liberalen weiterhin auf dem Recht des einzelnen bestanden, dem Staat unter gewissen Umständen Widerstand zu leisten – und in England entwickelte sich während des Krieges das Recht zur

Kriegsdienstverweigerung aus Gewissensgründen zu einer wichtigen Frage –, und obwohl die Sozialisten gepredigt hatten, daß die internationale Solidarität der Arbeiterklasse die nationale Loyalität ersetzen würde, zeigte die Haltung der Allgemeinheit zum Kriegsausbruch im Jahre 1914, daß die Ansprüche des Nationalstaates und die Werte, die er geprägt hatte, auf die meisten Menschen verpflichtender wirkten als jede andere Loyalität.

Jene politischen Führer, die sich für den Krieg entschieden, hielten es für die vorrangige Aufgabe, die nationalen Grundinteressen wahrzunehmen. Diese nationalen Interessen waren teilweise nach traditionellen territorialen oder strategischen Gesichtspunkten definiert – für Frankreich hieß das Rückgewinnung Elsaß-Lothringens, für Rußland die Sicherung Konstantinopels und der Meerengen und für England Maßnahmen, um zu verhindern, daß die belgische Küste von einer feindlichen Macht besetzt wurde –, sie implizierten aber auch eine ganze Weltanschauung. Hierzu gehörten die Vorstellungen von der Notwendigkeit, das Gleichgewicht der Kräfte zu bewahren oder aber zu ändern, von dem weltumspannenden Kampf ums Überleben und der Unabwendbarkeit des Krieges, von der Rolle des Kolonialreichs als Garant für den Sieg. Als die Entscheidung für den Krieg getroffen wurde, konnten sich die Regierungen der Zustimmung ihrer Staatsbürger sicher sein. Den meisten Menschen erschien der Krieg als unausweichliches Erfordernis, wenn sie ihre Heimat vor der ausländischen Invasion bewahren wollten – zumindest wurde er dazu erklärt. Sie stellten nicht in Frage, was sie seit Generationen über den Glanz und die Vorzüge der eigenen Nation gehört hatten.

Die Stimmung des Jahres 1914 kann nur mit oberflächlichen Eindrücken wiedergegeben werden. Je tiefer wir in die Materie eindringen, um so mehr regionale und soziale Unterschiede werden offenbar. Doch allen Schichten gemeinsam war der Wille, den Krieg als Lösung für eine Reihe von Problemen politischer und sozialer Art auf sich zu nehmen – abgesehen davon, daß der Krieg als einziger Weg des Widerstandes gegen eine unmittelbare Bedrohung galt. Erst diese Denkweisen ermöglichten den Krieg; Erklärungen für die Kriegsursachen findet man also letztlich nur in einer Untersuchung der Mentalität der europäischen Herrscher und ihrer Staatsbürger.

Neuntes Kapitel

Schluß

Jeder der Faktoren, die wir als Ursachen des Ersten Weltkrieges in Erwägung gezogen haben, scheint zu den Entscheidungen in der Julikrise 1914 beigetragen zu haben. Die Verantwortlichen waren oft in einem größeren Ausmaß, als sie selbst erkannten, in ihrer Handlungsfreiheit eingeengt, nicht nur aufgrund ihrer Persönlichkeit, sondern vor allem durch eine Vielzahl von Entscheidungen, die entweder sie selbst oder ihre Amtsvorgänger bereits getroffen hatten.[1] In den unmittelbar vorausgegangenen Krisen – 1908, 1911 und 1913 – hatte man den Krieg vermieden, und dennoch wurde er 1914 nicht verhindert; und all jene Krisen hatten die Entscheidungen von 1914 vorbestimmt. Die Russen hatten 1913 Serbien die Rückendeckung versagt, die es brauchte, um sich einen Adriahafen zu sichern, und 1914 ließen sie sich von dem Gedanken leiten, daß sie Ansehen und Einfluß auf dem Balkan ganz und gar verlieren würden, wenn sie Serbien nochmals die Unterstützung verweigerten. Die österreichisch-ungarische Regierung glaubte nach ihrem mißglückten Versuch, die Serben von territorialen Gewinnen abzuhalten – obwohl Serbien den Hafen nicht erlangt hatte –, Serbien niederschlagen zu müssen, wenn sie dem inneren, von den Südslawen ausgeübten Druck auf die Monarchie standhalten wollte. Die Deutschen hielten Österreich-Ungarn für ihren einzigen zuverlässigen Verbündeten, den sie um jeden Preis unterstützen mußten, damit er nicht abfiel; sie fühlten sich 1914 nach der halbherzigen Unterstützung in der Krise des vorausgegangenen Jahres zum Beistand verpflichtet. Sir Edward Grey hoffte anfangs, seinen Erfolg als Vermittler wiederholen zu können; er war überzeugt davon, daß er 1912 und 1913 einen Krieg abgewendet hatte, und orientierte daran im frühen Stadium der Krise von 1914 seine Diplomatie; als aber eine Vermittlung unmöglich schien, glaubte die britische Regierung, daß auch sie ihren internationalen Einfluß verlieren würde, wenn sie sich aus einem europäischen Krieg heraushielt, und daß ihre Entente mit Rußland wirkungslos werden könnte. Damit wäre sie erneut einer russischen Bedrohung im Mittleren Osten und Indien ausgesetzt gewesen.

Infolge der anhaltenden Spannungen hatte man besonders in Deutschland den Eindruck gewonnen, daß für eine Kriegserklärung nur noch der rechte Augenblick abgepaßt werden mußte, bevor zum Beispiel die russische Wiederaufrüstung abgeschlossen war, die Franzosen ihre militärische Reorganisation durchgeführt hatten oder die Engländer und Russen eine Marinekonvention vereinbart hatten. Sobald der bevorstehende Krieg von der deutschen Regierung als unumgänglich betrachtet wurde, wie im Dezember 1912 (vermutlich, weil in ihren Augen ein Präventivkrieg das beste Mittel zur Verteidigung gegen die Einkreisung durch feindliche Mächte und der einzige Weg zur Weltmachtstellung war), kam ihren strategischen Plänen, wie die Entwicklung der Julikrise zeigte, eine weitreichende Bedeutung zu. Die unmittelbaren Folgen im militärischen Bereich zeigten sich hier deutlicher als bei allen anderen Mächten.

Das Wettrüsten der Großmächte trug zu der Überzeugung bei, daß der Krieg kommen mußte, und zwar je eher, um so besser. Es brachte alle beteiligten Regierungen in ernsthafte finanzielle Schwierigkeiten, und doch hielt man an dem Glauben fest, daß es keinen Weg gebe, den Wettlauf zu stoppen. Obwohl er offiziell als Abschreckungstaktik zur Gewährleistung des Friedens gerechtfertigt wurde, war in Wirklichkeit noch nie eine Regierung durch Rüstungsprogramme von einem ihrer Schritte abgehalten worden, sondern hatte das Tempo der eigenen Waffenproduktion nur erhöht. Tirpitz, der gehofft hatte, die deutsche Flotte würde so stark werden, daß keine britische Regierung mehr den Angriff wagte, mußte einsehen, daß die Engländer entschlossen waren, die Seeherrschaft um jeden finanziellen und politischen Preis zu erhalten. Die anhaltenden zwischenstaatlichen Spannungen und die Belastungen des Wettrüstens begünstigten eine Atmosphäre, in der der Krieg beinahe als Erleichterung angesehen wurde. Wie ein französischer Beobachter es 1912 ausdrückte: »Wie oft haben wir in den letzten zwei Jahren die Leute wiederholen hören: Besser Krieg als dieses dauernde Warten! In diesem Wunsch liegt keine Bitterkeit, sondern eine geheime Hoffnung.«[2] »Il faut en finir«: dieses Schlagwort, das 1939 eine gewisse Popularität erlangte, drückte aus, was viele Menschen 1914 fühlten.

Die unmittelbar vorausgegangenen internationalen Krisen, die parallel dazu erfolgte internationale Aufrüstung und die dadurch erzeugte Stimmung zählten zu den Faktoren, die den Zeitpunkt des Kriegsausbruchs bestimmten. Diese Krisen ergaben sich aus langfristigen Verwicklungen, die zumindest um Jahrzehnte zurückverfolgt werden müssen. Insbesondere die vorausgegangenen Kriege, vor allem jener von 1870, mit dem die Deutschen die militärische Vorherrschaft in Europa errungen und sich wegen ihres Erwerbs von Elsaß und Lothringen den Groll der Franzosen zugezogen hatten, bildeten die Grundlage, auf der sich die internationalen Beziehungen der ersten Jahre des 20. Jahrhunderts entwickeln sollten. Hinzu kam, daß der Imperialismus der achtziger und neunziger Jahre insbesondere in England und Deutschland eine neue Sprache hervorgebracht hatte, in der die internationalen Beziehungen diskutiert wurden, sowie einen neuen Nationalismus, der sich grundsätzlich von jenem des frühen 19. Jahrhunderts unterschied. Doch der Nationalismus jener Völker, die noch ganz oder teilweise unter Fremdherrschaft lebten, stellte die Sache der nationalen Unabhängigkeit über alles andere – eine ständige Gefahr für das Habsburger wie das Osmanische Reich, die zur Labilität des internationalen Systems beitrug.

Selbst im kurzen Überblick sehen wir eine große Bandbreite von »Ursachen« des Ersten Weltkrieges, die wir für unsere Deutung heranziehen können; die Auswahl ist zwar nicht willkürlich, doch durch unsere eigenen politischen und psychologischen Interessen und vorgefaßten Meinungen beeinflußt. Einige Politikwissenschaftler fanden die Pluralität von individuellen Erklärungen unannehmbar und versuchten die Faktoren der Lage vor 1914 nach objektiven Maßstäben gegeneinander abzuwägen. Obwohl ihre neopositivistische Methode wichtige Hinweise auf entscheidende Faktoren geben kann, die andernfalls unterschätzt würden, hat sie notwendigerweise ihre Grenzen, wenn es darum geht, die Bedeutung der »unquantifizierbaren Variablen« abzuschätzen – Geisteshaltungen oder Fragen der sogenannten »Moral«. Ausschließlich bei der Bewertung wirtschaftlicher und strategischer Faktoren kann sie ein gewisses Maß an Zuverlässigkeit garantieren.[2]

Die Protagonisten des Jahres 1914 spürten oft selbst, daß sie die Opfer von ganz realen Kräften waren, die sie allerdings nicht steuern konnten, und daß sie in einen historischen Prozeß eingebunden waren. Als die Krise sich zuspitzte, bemerkte Bethmann Hollweg, »es sei die Direktion verloren«;[4] er hatte »ein Fatum, größer als Menschenmacht, über der Lage Europas und über unserem Volke liegen« sehen.[5] Lloyd George schrieb später, zweifelsohne um seinen Gesinnungswandel in einem besseren Licht erscheinen zu lassen – der Sprecher der Friedenspartei im britischen Kabinett war zu der Erkenntnis gelangt, daß seine Zukunft darin lag, den Krieg zu gewinnen –, die Nationen schlitterten »über den Abgrund in den kochenden Hexenkessel des Krieges«.[6] Die Vorstellung, daß die gesamte Menschheit den unaufhaltsamen geschichtlichen Prozessen hilflos ausgeliefert war, konnte die überwältigende Bürde persönlicher Verantwortung abschwächen. Aber das Bild vom Fluß der Geschichte oder vom Ansturm der Ereignisse legte zugleich nahe, daß ein Eingreifen im richtigen Moment erforderlich war – wenn man nicht »den Bus verpassen« wollte, wie ein weiteres Schlagwort lautete. Dieser Standpunkt wurde von Bismarck vertreten: »Die Weltgeschichte mit ihren großen Ereignissen«, so hat er es im Gespräch mit dem Superintendenten Max Vorberg im Alter einmal formuliert, »kommt nicht dahergefahren wie ein Eisenbahnzug in gleichmäßiger Geschwindigkeit. Nein, es geht ruckweise vorwärts, aber dann mit unwiderstehlicher Gewalt. Man soll nur immer darauf achten, ob man den Herrgott durch die Weltgeschichte schreiten sieht, dann zuspringen und sich an seines Mantels Zipfel klammern, daß man mit fortgerissen wird, so weit es gehen soll.«[7]

Lenin hob ebenfalls die Bedeutung der rechten Tat zur rechten Zeit hervor, wobei er wiederum den Vergleich mit einem Zug gebrauchte; er verachtete all jene, die »bereit wären, die soziale Revolution zu erkennen, wenn die Geschichte zu ihr genauso friedvoll, ruhig, glatt und genau wie ein deutscher D-Zug in einen Bahnhof einläuft«[8], statt nachzuhelfen, wenn das Tempo der Geschichte beschleunigt werden konnte. Man hat den Eindruck, daß in der Krise von 1914 keiner der führenden europäischen Staatsmänner das Gespür für den richtigen Augenblick hatte, wie es Bismarck und Lenin bewiesen; denn sonst wären sie vielleicht eher in der Lage gewesen, die Ereignisse zu steuern; sie trieben auf ein unbekanntes Ziel zu. Auch wenn man solche und ähnliche Metaphern aus dem Spiel läßt (»die Geschichte galoppiert wie ein erschrecktes Pferd«, merkte weiterhin der Kommunist Karl Radek an), bleibt die Notwendigkeit, die Erklärungen für den Ausbruch des Krieges im Jahre

1914 aus den verschiedensten Blickwinkeln zu betrachten. Jede der verhängnisvollen Entscheidungen wurde innerhalb eines bestimmten institutionellen und sozialen Rahmens getroffen. Sie ergaben sich aus zahlreichen Spekulationen über das Verhalten von Einzelpersonen und Regierungen, aus überlieferten Wertvorstellungen und nicht zuletzt aus der sozialen und wirtschaftlichen Struktur jedes Landes. Das weite Umfeld der Ursachen erschwert den Versuch, eine gültige Erklärung für den Ausbruch des Krieges zu finden; die Wahrheit verbirgt sich hinter einer Unmenge von möglichen Ursachen. Es ist kein Ende abzusehen, wenn man nicht bei Erklärungen stehenbleiben will, die so weit hergeholt und unzulänglich sind, daß man immer noch nicht weiß, warum genau dieser Krieg gerade in jenem Augenblick ausbrach.

Marxistische Geschichtstheorien haben den Vorteil, daß sie Phänomene aller Art auf eine relativ überschaubare Anzahl von Grundfaktoren zurückführen. Die Bedeutung des Marxismus auch für nichtmarxistische Historiker liegt auf der Hand; die Fragestellungen haben sich durch ihn grundlegend geändert. Trotzdem bleibt er oft eine Antwort schuldig. Wenn wir zum Beispiel wissen wollen, welche Wirtschaftsgruppen von der Kriegssituation profitierten, stoßen wir nicht nur auf die Schwierigkeit, die genauen Punkte zu bestimmen, in denen diese Gruppen die Regierungen tatsächlich beeinflussen konnten, sondern auch auf die Komplexität der divergierenden Interessen innerhalb der kapitalistischen Welt – ganz unabhängig von den zwischenstaatlichen Differenzen. Selbst wenn man davon ausgeht, daß dem Kapitalismus von vornherein der Krieg inhärent sei, weil er vom Wettbewerbsgeist lebt und die Bedingungen für einen bewaffneten Kampf zur Erhaltung des Besitzes einiger weniger Kapitalisten schuf, so klafft doch eine große Lücke zwischen diesem Erklärungsmuster und der Analyse des Juli 1914, was die Entscheidungen bestimmter Einzelpersonen betrifft. Obwohl Rosa Luxemburgs These, der Imperialismus färbe auf den gesamten Bereich der ethischen wie der ökonomischen Werte einer Gesellschaft ab, die Verbindungen zwischen Imperialismus, Protektionismus und Militarismus aufzeigt, bleibt noch zu entscheiden, in welcher Hinsicht das Wilhelminische Deutschland und das Edwardianische England überhaupt imperialistische Gesellschaften waren und wie die Entscheidungen von 1914 erklärt werden können.

Man kann diesem Dilemma der Geschichtsschreibung entkommen, indem man Erklärungsversuche zurückweist, die nur allgemeine soziale, wirtschaftliche oder geistesgeschichtliche Faktoren berücksichtigen. Manche Historiker – sie finden sich vor allem in England – glauben, nicht mehr als eine Darstellung der einzelnen Handlungen und ihrer unmittelbaren Gründe erreichen zu können. Alles, was darüber hinausgeht, preßt die Ereignisse in ein willkürliches Schema. Aber in vielen von uns steckt so viel von einem Hegelianer, wenn nicht von einem Marxisten, daß wir bemüht sind, in die Erklärungsmodelle die ethischen Werte einer Gesellschaft und den Zeitgeist ebenso einzubringen wie die wirtschaftlichen Interessen aller Beteiligten – sowohl als Einzelpersonen wie als Angehörige einer Klasse. Vielleicht bedeutet dies, daß wir uns mit einer »zweiachsigen« Geschichte abfinden müssen. Auf der einen Seite sehen wir die große Linie der sozialen und wirtschaftlichen Entwicklung, des demographischen Prozesses oder auch der Dynamik aller Umwelteinflüsse. Einige dieser Elemente könnten auf ihre Gesetzmäßigkeit untersucht werden und somit Aussagen über die Zukunft erlauben. Beachtet man den Gesamtverlauf, erscheint selbst ein so revolutionärer Prozeß wie der Erste Weltkrieg nur als eine kleine Episode, als eine Unregelmäßigkeit im Diagramm. Auf der anderen Seite gibt es einen Handlungsraum, in dem die Entscheidungen einzelner führender Persönlichkeiten das Schicksal von

Millionen und den Verlauf der Geschichte für Jahrzehnte beeinflussen können.

Aus diesem Grunde findet man eine Antwort auf die Frage, ob der Krieg zu vermeiden gewesen wäre, nur unter der Prämisse einer individuellen Verantwortung. Trotz aller Kräfte, die auf einen Krieg hinzielten, und trotz aller Anzeichen eines Kriegswunsches in gewissen Teilen der herrschenden Schicht Europas – und dabei insbesondere Deutschlands –, trotz der innenpolitischen Zwänge, denen man ausgesetzt war, hätte ein Krieg vermutlich wenige Jahre später ganz andere Formen angenommen. Außerdem zeigt eine Studie der Einzelentscheidungen im Jahre 1914, daß man ihre Folgen meist nicht vorausgesehen hatte. Wenn manche Länder auch ihre Kriegsziele erreichten – die Franzosen erhielten Elsaß-Lothringen zurück, und für England endete das Flottenwettrüsten –, erwies sich der Preis als viel höher, als irgend jemand sich 1914 hätte träumen lassen. Jene Länder mit noch größeren Ambitionen – man denke an die deutschen Weltmachtansprüche, an den russischen Wunsch nach dem Erwerb Konstantinopels und an das Bemühen der Österreicher, den Zerfall ihres Reiches aufzuhalten – standen vor dem Ruin. Und wer angenommen hatte, daß der Krieg den Staat stärken und der Menschheit die Angst vor der Revolution nehmen würde, mußte der Tatsache ins Auge sehen, daß er genau das Gegenteil bewirkte.

Angeblich lautete eine Maxime, die in England jungen Angehörigen des diplomatischen Dienstes eingeprägt wurde: »Alles Tun hat Konsequenzen, Konsequenzen sind unberechenbar. Folglich: tun Sie nichts.« Das Fatale aller politischen Entscheidungen besteht darin, daß Politiker sich immer wieder in Situationen finden, in denen sie genötigt sind, zu handeln, ohne die Folgen zu kennen und ohne das Für und Wider ruhig abwägen zu können. (Nicht minder beunruhigend ist die Vorstellung, daß die Ergebnisse vorhersagbarer werden sollten, wenn derartige Berechnungen Computern überlassen werden.) Der Mensch kann im allgemeinen seine eigenen Motive nicht durchschauen, und die Relikte bereits verworfener Ansichten kann er nicht abschütteln.

Dies erschwert die Arbeit des Historikers. Jede Generation neigt dazu, das Problem der Verantwortung für den Ersten Weltkrieg vom eigenen politischen Standpunkt aus zu betrachten; unser Bild vom Menschen ist einem steten Wandel unterworfen. In den achtziger Jahren des 20. Jahrhunderts fällt es uns leicht, die Außenpolitik eher durch Vorurteile und wirtschaftliche Interessen motiviert zu sehen als durch abstrakte Konzepte eines Gleichgewichts der Kräfte oder eines Weltmacht-Status'. Daraus folgt aber noch lange nicht, daß man 1914 ebenso dachte. Während Elie Halévys Beobachtung zutrifft, »die Weisheit oder die Torheit unserer Staatsmänner [sei] einfach die Reflexion unserer eigenen Weisheit oder Torheit«[9], so sind Weisheit und Torheit einer Generation nicht notwendigerweise die der nächsten. Um die Menschen des Jahres 1914 verstehen zu können, müssen wir erst die Werte des Jahres 1914 verstehen: an diesen Werten schließlich müssen ihre Handlungen gemessen werden.

ANHANG

Anmerkungen und Quellenangaben

Erstes Kapitel: Einleitung

1. Vgl. dazu Paul Fussell: *The Great War and Modern Memory.* London, 1975.
2. Zit. nach Michael Ekstein: »Sir Edward Grey and Imperial Germany in 1914« in: *Journal of Contemporary History, 6,* Nr. 3, 1971, S. 121–131.
3. *Foreign Relations of the United States 1918.* Washington, 1933. Supplement I, Bd. I, S. 383.
4. E. L. Woodward und Rohan Butler (Hrsg.): *Documents on British Foreign Policy 1919–1939.* London, 1948. 1. Lieferung, Bd. II, S. 913.
5. *Manchester Guardian* vom 31. Juli 1914, zit. nach Lawrence Martin: *Peace without Victory.* New Haven, 1958, S. 47.
6. Vgl. dazu A. J. P. Taylor: *The Struggle for Mastery in Europe.* Oxford, 1954, S. 569–583.
7. Vgl. dazu Pierre Renouvin: *Les Origines immédiates de la Guerre* (Paris, 1927), Bernadotte E. Schmitt: *The Coming of the War 1914* (London und New York, 1928), Sidney B. Fay: *The Origins of the World War* (New York, 1928), Alfred von Wegerer: *Der Ausbruch des Weltkrieges* (Hamburg, 1939) und Luigi Albertini: *Le Origine della Guerra del 1914* (Mailand, 1942–1943).
8. So Rohan Butler in *The Roots of National Socialism* (London, 1941).
9. Fritz Fischer: *Griff nach der Weltmacht. Die Kriegszielpolitik des kaiserlichen Deutschland 1914/18* (Düsseldorf, 1961), *Krieg der Illusionen. Die deutsche Politik von 1911 bis 1914* (Düsseldorf, 1969). Zur Kontroverse um Fischers Thesen siehe John Moses: *The Politics of Illusion: The Fischer Controversy in German Historiography* (London, 1975), H. W. Koch (Hrsg.): *The Origins of the First World War* (London, 1972), Wolfgang Schieder (Hrsg.): *Erster Weltkrieg: Ursachen, Entstehung und Kriegsziele* (Köln, 1969).
10. Siehe Imanuel Geiss und Berndt-Jürgen Wendt (Hrsg.): *Deutschland in der Weltpolitik des 19. und 20. Jahrhunderts* (Düsseldorf, 1973), Dirk Stegmann, Berndt-Jürgen Wendt und Christian Witt (Hrsg.): *Industrielle Gesellschaft und politisches System* (Bonn, 1978). Siehe auch Hans Ulrich Wehler: *Bismarck und der Imperialismus* (Köln, 1969), und *Das deutsche Kaiserreich 1871–1918* (Göttingen, 1973).
11. Arno J. Mayer: »Internal crisis and war since 1870« in: Charles L. Ber-

trand (Hrsg.): *Revolutionary Situations in Europe.* Montreal, 1977, S. 231. In *The Persistence of the Old Regime: Europe to the Great War* (New York, 1981. Deutsche Ausgabe: *Adelsmacht und Bürgertum: die Krise der europäischen Gesellschaft 1848–1914.* München, 1984) führt Mayer seine These fort, derzufolge der Erste Weltkrieg der letzte Versuch der alten Aristokratie Europas war, sich zu behaupten.

12. Albertini, a. a. O. (zit. nach Bd. III der englischen Ausgabe von 1957: *The Origins of the War of 1914,* S. 178).
13. Isaiah Berlin: *Historical Inevitability.* London, 1954. S. 33, Fn. 1.

Zweites Kapitel: Die Julikrise 1914

1. Graf Taaffe zit. nach Oscar Jaszi: *The Dissolution of the Habsburg Monarchy.* Chicago, 1961, S. 115.
2. Karl Kautsky, Graf Max Montgelas und Prof. Walter Schücking (Hrsg.): *Die deutschen Dokumente zum Kriegsausbruch.* Bd. I, Charlottenburg, 1919. Nr. 50, S. 76. (Im folgenden mit dem Kürzel *DD* bezeichnet.)
3. Otto Hoetzsch (Hrsg.): *Die internationalen Beziehungen im Zeitalter des Imperialismus. Dokumente aus den Archiven der Zaristischen und der Provisorischen Regierung.* Berlin, 1931–1934. Reihe 1: »Das Jahr 1914 bis zum Kriegsausbruch«. Bd. IV, Nr. 245, S. 226. (Im folgenden mit dem Kürzel *IB* bezeichnet.)
4. *Österreich-Ungarns Außenpolitik von der Bosnischen Krise 1908 bis zum Kriegsausbruch 1914. Diplotmatische Aktenstücke des österreichisch-ungarischen Ministeriums.* (Bearbeitet von Ludwig Bittner und Hans Uebersberger.) Bd. VIII, Wien, 1930. Nr. 10615, S. 645. (Im folgenden mit dem Kürzel *ÖA* bezeichnet.)
5. G. P. Gooch, Lutz Herman und Harold Temperley (Hrsg.): *Die Britischen Amtlichen Dokumente über den Ursprung des Weltkrieges.* Bd. XI, I, Berlin, 1926. Nr. 91, S. 123. (Im folgenden mit dem Kürzel *BD* bezeichnet.)
6. *IB*, Reihe 1, Bd. V, Nr. 37, S. 39.
7. *ÖA*, Bd. VIII, Nr. 10616, S. 646.
8. Siehe dazu Gale Stokes: »The Serbian documents from 1914: A preview«. Supplement zum *Journal of Modern History, 48,* Nr. 3, September 1976.
9. *DD*, Bd. I, Nr. 49, S. 74.
10. *DD*, Bd. IV, Anhang IV, Nr. 2, S. 127.
11. *BD*, Bd. XI, I, Berlin, 1926. Nr. 86, S. 116.
12. *BD*, Bd. XI, I, Nr. 98, S. 129.
13. *BD*, Bd. XI, I, Nr. 139, S. 163.
14. *ÖA*, Bd. VIII, Wien 1930. Nr. 10656, S. 704.
15. *DD*, Bd. II, Nr. 342, S. 59.
16. *DD*, Bd. II, Nr. 335, S. 51. (»Im Hinblick auf die herzliche und innige

Freundschaft, die uns beide seit langem mit festem Bande verbindet, biete ich daher meinen ganzen Einfluß auf, um Österreich zu veranlassen, durch sofortiges Handeln zu einer befriedigenden Verständigung mit Dir zu kommen. Ich hoffe zuversichtlich, daß Du mich in meinen Bemühungen unterstützen wirst, die Schwierigkeiten, die noch entstehen können, zu beseitigen. Dein sehr aufrichtiger und ergebener Freund und Vetter Willy.«)

17. *DD*, Bd. I, Nr. 258, S. 250.
18. *DD*, Bd. II, Nr. 293, S. 18.
19. Feldmarschall Franz Conrad von Hötzendorf: *Aus meiner Dienstzeit 1906–1918.* Wien, 1923. Bd. IV, S. 153.
20. *BD*, Bd. XI, I, Nr. 264, S. 269.
21. *BD*, Bd. XI, I, Nr. 125, S. 152.
22. *BD*, Bd. XI, II, Berlin, 1926. Nr. 318, S. 313.
23. *BD*, Bd. XI, I, Nr. 283, S. 282.
24. *BD*, Bd. XI, II, Nr. 293, S. 292.
25. *BD*, Bd. XI, II, Nr. 303, S. 303.
26. Herbert Samuel, zit. nach Michael Ekstein und Zara Steiner: »The Sarajevo crisis« in: F. H. Hinsley (Hrsg.): *British Foreign Policy under Sir Edward Grey.* Cambridge, 1977, S. 401.
27. Zit. nach Ekstein und Steiner, a. a. O., S. 404.
28. *BD,* Bd. XI, II, Nr. 426, S. 390.
29. *DD*, Bd. III, Nr. 490, S. 9.
30. *DD*, Bd. II, Nr. 456, S. 177–178.
31. Helmuth von Moltke: *Erinnerungen, Dokumente, Briefe 1877–1916.* Stuttgart, 1922, S. 20.
32. *BD*, Bd. XI, II, Nr. 419, S. 386.
33. *BD*, Bd. XI, II, Nr. 453, S. 404.
34. *BD*, Bd. XI, II, Nr. 425, S. 390.
35. *BD*, Bd. XI, II, Nr. 243, S. 253.
36. *BD*, Bd. XI, II, Nr. 448, S. 400.
37. *BD*, Bd. XI, II, Nr. 369, S. 352.
38. Zit. nach Ekstein und Steiner, a. a. O., S. 405.
39. *Documents diplomatiques français 1871–1914.* (Hrsg.: Ministère des Affaires Etrangères, Commission de Publication des Documents relatifs aux Origines de la Guerre de 1914.) Troisième série, Vol. XI. Paris, 1936. Nr. 305, S. 263. (Im folgenden mit dem Kürzel *DDF* bezeichnet.)
40. *BD*, Bd. XI, II, Nr. 319, S. 314.
41. Raymond Poincaré: *Memoiren.* Dresden, 1928 und 1929.
42. Harold Nicolson: *Sir Arthur Nicolson, Bart. First Lord Carnock: A Study in the Old Diplomacy.* London, 1930, S. 419.
43. *BD*, Bd. XI, II, Nr. 447, S. 400.
44. *BD*, Bd. XI, II, Nr. 487, S. 420.
45. Walter Runciman, zit. nach Cameron Hazlehurst: *Politicians and War.* London, 1971, S. 93.

46. *BD,* Bd. XI, II, Nr. 594, S. 476.
47. Zit. nach Albertini, a.a.O., Bd. II, S. 317.
48. *DD,* Bd. III, Nr. 580, S. 78.
49. *ÖA,* Bd. VIII, Nr. 10476, S. 575.
50. Conrad, a.a.O., Bd. IV, S. 40.
51. Kurt Riezler: *Tagebücher, Aufsätze, Dokumente.* Göttingen, 1972, S. 192.
52. *ÖA,* Bd. VIII, Nr. 10688, S. 725.
53. Lord Edward Grey: *Fünfundzwanzig Jahre Politik 1892–1916.* München, 1926. Bd. II, S. 18.

Drittes Kapitel: Das Allianzsystem und die alte Diplomatie

1. G.M. Trevelyan: *Grey of Fallodon.* London, 1939, S. 114–115.
2. A.J.P. Taylor, a.a.O., S. 81, Fn. 1.
3. E. Wertheimer: *Graf Julius Andrássy.* Stuttgart, 1913. Bd. III, S. 284.
4. Zit. nach Samuel R. Williamson: *The Politics of Grand Strategy: Britain and France Prepare for War 1904–1914.* Cambridge, Mass., 1969, S. 21.
5. In einem Brief an Canon McColl 1901; zit. nach W. L. Langer: *The Diplomacy of Imperialism.* New York, 1951, S. 85.
6. Siehe Christopher Andrew: »Déchiffrement et diplomatie: le Cabinet Noir du Quai d'Orsay sous la Troisième République« in: *Relations Internationales,* Nr. 5, 1976.
7. Vgl. hierzu »Cmd. 7748. Fifth Report of the Royal Commission on the Civil Service 1914«. Siehe auch Zara Steiner: *Britain and the Origins of the First World War.* London und New York, 1977, S. 171f.
8. *BD,* Bd. III, Berlin 1929. Nr. 170, S. 248.
9. Vgl. G. Lowes Dickinson: *The International Anarchy 1904–1914.* 1937[2], S. 76.
10. *The Times* vom 8. April 1914. Siehe auch *The History of The Times,* Bd. XIV: *The 150th Anniversary and Beyond.* London, 1952. Teil I, S. 168.
11. Zit. nach Karl Kautsky: *Sozialisten und Krieg.* Prag, 1937, S. 200.
12. Siehe dazu *The Times* vom 14. Mai 1898.
13. *BD,* Bd. III, Nr. 86, S. 108.
14. Maurice Paléologue: *Un grand tournant de la politique mondiale 1904–1906.* Paris, 1934.
15. *BD,* Bd. III, Nr. 299, S. 429.
16. *BD,* Bd. III, Nr. 299, S. 430. Siehe auch Beryl Williams: »Great Britain and Russia 1905–1907« in: Hinsley, a. a. O., S. 133–147.
17. Diese Passage wurde 1928 von den Herausgebern nicht in *Die Große Politik der Europäischen Kabinette* (Berlin), Bd. XIX, Nr. 6305, aufgenommen, weil sie fürchteten, damit einer Anschlußpolitik zu schaden. Siehe dazu James Joll: »German diplomatic documents« in: *Times Literary Supplement, 25,* vom September 1953.

18. Conrad, a. a. O., Bd. I, S. 380–381; ebenso Gordon A. Craig: *The Politics of the Prussian Army 1640–1945* (Taschenbuchausgabe, New York, 1964), S. 289.
19. Michael Balfour: *Der Kaiser Wilhelm II. und seine Zeit.* Berlin, 1967, S. 316.
20. Zit. nach R. C. K. Ensor: *England 1870–1914.* Oxford, 1936, S. 434–435. Spätere Autoren äußerten die Ansicht, Lloyd George habe Frankreich ebenso wie Deutschland warnen wollen, um zu verhindern, daß die Franzosen eine Übereinkunft mit Deutschland träfen, ohne England zu konsultieren. Zur Agadirkrise siehe Geoffrey Barraclough: *From Agadir to Armageddon: Anatomy of a Crisis.* London, 1982.
21. Zit. nach Fischer: *Krieg der Illusionen,* S. 135.
22. A. F. Pribram: *The Secret Treaties of Austria-Hungary 1879–1914.* Cambridge, Mass., 1920. Bd. I, S. 225.
23. Zit. nach Theodor von Sosnowsky: *Franz Ferdinand, der Erzherzog-Thronfolger. Ein Lebensbild.* München, 1929, S. 143–144.
24. Richard Bosworth: *Italy, the Least of the Great Powers: Italian Foreign Policy before the First World War.* Cambridge, 1979, S. 215.
25. Fischer: *Krieg der Illusionen,* S. 219.
26. Zit. nach K. A. Hamilton: »Great Britain and France 1911–1914« in: Hinsley, a. a. O., S. 324.
27. Zit. nach Fischer: *Krieg der Illusionen,* S. 226.
28. F. R. Bridge: *From Sadowa to Sarajevo: The Foreign Policy of Austria-Hungary 1866–1914.* London, 1972, S. 360.
29. Friedrich Stieve (Hrsg.): *Isvolski im Weltkriege. Der Diplomatische Schriftwechsel Isvolskis aus den Jahren 1914–1917.* Berlin, 1925, S. 223–224.

Viertes Kapitel: Militarismus, Rüstung und Strategie

1. Siehe dazu H. H. Herwig und B. F. Trask: »Naval operations plans between Germany and the USA 1898–1913« in: P. M. Kennedy (Hrsg.): *The War Plans of the Great Powers 1880–1914.* London, 1979.
2. Siehe dazu Hartmut Pogge von Strandmann: »Staatsstreichpläne, Alldeutsche und Bethmann Hollweg« in: ders. und Imanuel Geiss (Hrsg.): *Die Erforderlichkeit des Unmöglichen: Deutschland am Vorabend des ersten Weltkrieges.* Frankfurt a. M., 1965. Zu antisozialistischen Maßnahmen in der Armee vgl. Martin Kitchin: *The German Officer Corps 1890–1914.* Oxford, 1968, K. 7.
3. Siehe Jean-Jacques Becker: *Le Carnet B: Les pouvoirs publics et l'antimilitarisme avant la guerre de 1914.* Paris, 1973.
4. Zit. nach Balfour; a. a. O., S. 166.
5. Vgl. Herbert Grundmann (Hrsg.): *Handbuch der deutschen Geschichte.* Bd. III, Teil 3, Stuttgart, 1970.

6. Quentin Bell: *Virginia Woolf. Eine Biographie.* Frankfurt a. M., 1977.
7. Zur Zabernaffäre vgl. David Schoenbaum: *Zabern 1913: Consensus Politics in Imperial Germany.* London, 1982.
8. Alfred von Tirpitz: *Politische Dokumente.* Bd. I: *Der Aufbau der Deutschen Weltmacht.* Stuttgart und Berlin, 1924, S. 160. Siehe auch Gerhard Ritter: *Staatskunst und Kriegshandwerk.* Bd. II, München, 1965, S. 197.
9. Zit. nach F. A. Johnson: *Defence by Committee.* London, 1960, S. 68.
10. Tagebucheintragung Wilsons vom 31. Dezember 1901; zit. nach C. E. Callwell: *Field-Marshal Sir Henry Wilson.* Bd. I, London, 1927, S. 47.
11. *BD,* Bd. VI, II, Berlin 1931. Anhang III, S. 1289–1290.
12. *Hansard Parliamentary Debates.* 5th series, Vol. I, cols. 1749–1791. (Im folgenden als *Hansard* bezeichnet.) Siehe auch E. L. Woodward: *Great Britain and the German Navy.* Oxford, 1935, S. 408.
13. Tirpitz, a. a. O., Bd. I, S. 282.
14. Zit. nach A. J. Marder: *From the Dreadnought to Scapa Flow.* Bd. I: *The Road to War 1904–14.* London, 1961, S. 156.
15. Marder, a. a. O., S. 158.
16. *BD,* Bd. X, II, II, Berlin 1936. Nr. 500, S. 1104.
17. *BD,* Bd. X, II, II, Nr. 501, S. 1105.
18. Eduard Bernstein: »Die internationale Bedeutung des Wahlkampfes in Deutschland«, zit. nach R. A. Fletcher: »Revisionism and empire« (unveröffentlichte Dissertation, University of Queensland, 1981), S. 406.
19. Zit. nach Jean-Jacques Becker: *1914: Comment les Français sont entrés dans la guerre.* Paris, 1977, S. 43, Fn. 174. Siehe auch David Ralston: *The Army of the Republic.* Cambridge, Mass., 1967, und Douglas Porch: *The March to the Marne: The French Army 1871–1914.* Cambridge, 1981.
20. Vgl. dazu Norman Stone: *The Eastern Front 1914–1917.* London, 1975, K. 1.
21. Grey, a. a. O., Bd. I, S. 270.
22. Siehe Stone, a. a. O., S. 71.
23. Vladimir Dedijer: *Die Zeitbombe. Sarajewo 1914.* Wien, 1967.
24. Dedijer, a. a. O.
25. Norman Stone: »Die Mobilmachung der österreichisch-ungarischen Armee 1914« in: *Militärgeschichtliche Mitteilungen, 2,* 1974, S. 79.
26. Siehe dazu Stone: *The Eastern Front,* K. 4; siehe auch ders.: »Moltke and Conrad: Relations between the Austro-Hungarian and German General Staffs 1909–1914« in: *The Historical Journal,* ix, Nr. 2, sowie »Die Mobilmachung«.
27. Stone: »Die Mobilmachung«, S. 79.
28. L. C. F. Turner: »The Russian Mobilization of 1914« in: Kennedy, a. a. O., S. 225.
29. Turner, a. a. O. Siehe auch ders.: *Origins of the First World War.* London, 1975.
30. Friedrich Graf Pourtalès: *Meine letzten Unterhandlungen in Sankt Petersburg.* Berlin, 1927, S. 27.

31. Zit. nach Turner: »The Russian Mobilization«, S. 266.
32. *DDF,* Troisième série, Vol. VIII. Paris, 1935, Nr. 79.
33. Zit. nach Sir Basil Liddell Hart: »French Military ideas before the First World War« in: Martin Gilbert (Hrsg.): *A Century of Conflict 1850–1950: Essays for A. J. P. Taylor.* London, 1966, S. 138.
34. Liddell Hart, a. a. O., S. 140.
35. Zit. nach Samuel R. Williamson: »Joffre reshapes French strategy 1911–1913« in: Kennedy, a. a. O., S. 147.
36. J. J. C. Joffre: *Mémoires du Maréchal Joffre.* Paris, 1932.
37. Poincaré, a. a. O.
38. Die verschiedenen Entwürfe des Schlieffenplans wurden erstmals 1956 veröffentlicht. Gerhard Ritter: *Der Schlieffenplan.* München, 1956.
39. Ritter, a. a. O., S. 136.
40. Grey, a. a. O., Bd. I., S. 96. Siehe auch Williamson: *The Politics of Grand Strategy,* S. 139.
41. *Hansard,* 5th series, Vol. XXXII, col. 107.
42. M. V. Brett (Hrsg.): *The Journals and Letters of Viscount Esher.* London, 1934, Bd. II, S. 61–62.
43. Callwell, a. a. O., Bd. I., S. 154 und 156.
44. Vgl. hierzu insbesondere Erwin Hölzle: *Die Selbstentmachtung Europas.* Göttingen, 1975.
45. Siehe dazu John C. G. Röhl: »Admiral von Müller and the approach of war 1911–14« in: *Historical Journal,* xii, 1964. Ders.: *Delusion or Design.* London, 1973, und »An der Schwelle zum Weltkrieg: eine Dokumentation über den ›Kriegsrat‹ vom 8. Dezember 1912« in: *Militärgeschichtliche Mitteilungen, 1,* 1977. Ders.: »Die Generalprobe. Zur Geschichte und Bedeutung des ›Kriegsrates‹ vom 8. Dezember 1912« in: Stegmann et al., a. a. O. Siehe auch Fischer: *Krieg der Illusionen,* S. 232ff., und Bernd F. Schulte: »Zu der Krisenkonferenz vom 8. Dezember 1912 in Berlin« in: *Historisches Jahrbuch,* 102. Jahrgang, 1. Halbband, 1982, S. 183–197.
46. Grey, a. a. O., Bd. II, S. 63. Vgl. auch Barbara Tuchmann: *August 1914.* Bonn, 1964.
47. Lancelot L. Farrar: *The Short War Illusion.* Santa Barbara, 1973.

Fünftes Kapitel: Der Primat der Innenpolitik

1. C. A. Macartney: *The Habsburg Empire 1790–1918.* London, 1968, S. 768, Fn. 1.
2. A. J. P. Taylor: *The Troublemakers.* London, 1957.
3. Zit. nach Steiner, a. a. O., S. 143.
4. *Hansard,* 5th series, Vol. XXXII, cols. 57–58.
5. Callwell, a. a. O., Bd. I, S. 139. Zur militärischen Rolle Irlands siehe Ann Vorce: »The role of Ireland in British defence planning 1908–1914« (unveröffentlichte Magisterarbeit, University of London, 1975).

6. H. H. Asquith: *Letters to Venetia Stanley* (ausgewählt und herausgegeben von Michael und Eleanor Brock). London, 1982, S. 123.
7. J. A. Spender und C. Asquith: *Life of Herbert Henry Asquith, Lord Oxford and Asquith.* Bd. II, London, 1932, S. 83.
8. General Sir N. Lyttleton an R. Haldane, zit. nach Vorce, a. a. O.
9. Der Autor dankt E. M. Robertson für diese Information.
10. Elie Halévy: *A History of the English People in 1905–1918.* London, 1934, S. 548, Fn. 4.
11. Siehe dazu Wolfgang Hünseler: *Das Deutsche Kaiserreich und die Irische Frage 1900–1914.* Frankfurt a. M., 1978.
12. *BD*, X, II, II, Nr. 461, S. 1093.
13. *Die große Politik der Europäischen Kabinette.* Bd. XXXIX, Berlin, 1926. Nr. 15 674, S. 261. (Im folgenden mit dem Kürzel *GP* bezeichnet.)
14. Siehe dazu Gerd Krumeich: *Aufrüstung und Innenpolitik in Frankreich vor dem Ersten Weltkrieg.* Wiesbaden, 1980.
15. Der Autor dankt Professor Arno J. Mayer, der ihm sein Transkript folgender unveröffentlichter Aufzeichnungen zur Verfügung stellte: *Papiers Poincaré.* Vol. XXXVI. *Notes Journalières Mars-Août 1914.* Fonds Nouvelles: Acquisitions françaises, No. 16 027, p. 122, im Besitz der Archives Nationales, Paris. (Übersetzung aus dem Englischen.)
16. *GP*, Bd. XXXIX, Nr. 15 667, S. 250.
17. Zit. nach: Albertini, a. a. O., Bd. I, S. 373. Siehe auch L. C. F. Turner: »The edge of the precipice: A comparison between November 1912 and July 1914« in: *R. M. C. Historical Journal, 3,* Canberra, 1974.
18. Hugh Seton-Watson: *The Russian Empire 1801-1917.* Oxford, 1967, S. 629; siehe auch G. A. Hosking: *The Russian Constitutional Experiment: Government and Duma 1907–1914.* Cambridge, 1973, S. 10 und S. 54.
19. Bernard Pares: *The Fall of the Russian Monarchy.* London, 1939, S. 157.
20. *Out of my Past: The Memoirs of Count Kokovtsov.* Stanford, 1935, S. 439.
21. *BD,* Bd. XI, II, I, Berlin 1935. Nr. 611, S. 721.
22. Pares, a. a. O., S. 157.
23. Siehe dazu Seton-Watson, a. a. O., S. 695–696.
24. Zit. nach I. V. Bestuzhev: »Russian foreign policy February-June 1914« in: *Journal of Contemporary History,* Nr. 3, 1966, S. 105.
25. *BD*, Bd. IX, II, I, Nr. 611, S. 721.
26. Georges Louis, zit. nach Erwin Hölzle, a. a. O., S. 49.
27. *BD*, Bd. IX, II, II, Nr. 849, S. 1081.
28. Bestuzhev, a. a. O., S. 104.
29. Zit. nach Albertini, a. a. O., Bd. II, S. 574.
30. *IB*, Bd. I, Nr. 295, S. 285–286.
31. Bestuzhev, a. a. O., S. 100–101.
32. Sehr informativ ist in diesem Zusammenhang der Artikel von Wolfgang J. Mommsen: »Domestic factors in German foreign policy before 1914« in: *Central European History, VI,* Nr. 1, März 1973. Siehe auch Michael R. Gordon: »Domestic conflict and the origins of the First World War:

The British and German cases« in: *Journal of Modern History, 46,* 2, Juni 1974.

33. Dieser Standpunkt wurde insbesondere von Hans-Ulrich Wehler in *Bismarck und der Imperialismus* (Köln, 1969) sowie in seinem Artikel »Bismarck's Imperialism 1862–1890« in *Past and Present,* Nr. 48, August 1970, vertreten. Vgl. auch Hartmut Pogge von Strandmann: »Domestic origins of Germany's colonial expansion under Bismarck« in: *Past and Present,* Nr. 45, Februar 1969.
34. Zum Beispiel Erich Eyck in *Das persönliche Regiment Wilhelms II.* (Zürich, 1948). Zur Regierungsweise Wilhelms II. siehe John C. G. Röhl: *Deutschland ohne Bismarck. Die Regierungskrise im Zweiten Kaiserreich.* Tübingen, 1969.
35. Johannes von Miquel: *Reden.* Bd. IV. Halle, 1914, S. 279. Siehe auch Geoff Eley: *»Sammlungspolitik,* Social imperialism and the Navy Law of 1898« in: *Militärgeschichtliche Mitteilungen, 1,* 1974.
36. Alfred von Tirpitz: *Erinnerungen.* Leipzig, 1919, S. 52. Zur Politik Tirpitz' siehe Volker R. Berghahn: *Der Tirpitz-Plan.* Düsseldorf, 1971, und *Rüstung und Machtpolitik. Zur Anatomie des »Kalten Krieges« vor 1914.* Düsseldorf, 1973.
37. Berghahn, *Der Tirpitz-Plan*, S. 13.
38. Vgl. Geoff Eley: *Reshaping the German Right: Radical Nationalism and Political Change after Bismarck.* New Haven und London, 1980.
39. Gustav Noske: *Erlebtes aus Aufstieg und Niedergang einer Demokratie.* Offenbach a. M., 1947, S. 40.
40. Die *Kreuzzeitung* vom 3. Juli 1911; zit. nach Fischer: *Krieg der Illusionen,* S. 121.
41. *GP*, Bd. XXIX, Nr. 10770, S. 406.
42. Zit. nach Jean-Claude Allain: *Joseph Caillaux: Le Défi Victorieux 1863–1914.* Paris, 1978, S. 415.
43. Fischer: *Krieg der Illusionen,* S. 145–146.
44. *GP*, Bd. XXXI, Nr. 13386, S. 155.
45. Tirpitz: *Politische Dokumente,* Bd. I, S. 319.
46. Zit. nach Konrad H. Jarausch: *The Enigmatic Chancellor. Bethmann Hollweg and the Hubris of Imperial Germany.* New Haven und London, 1973, S. 102.
47. Vgl. Berghahn: *Rüstung und Machtpolitik.*
48. *BD,* Bd. IX, II, I, Nr. 47, S. 61.
49. *BD,* Bd. VII, II, Berlin 1932. Nr. 763, S. 1290–1291.
50. Fritz Stern: »Bethmann Hollweg and the war« in: Fritz Stern: *The Failure of Illiberalism.* New York, 1972, S. 267.
51. Berghahn: *Rüstung und Machtpolitk.*
52. Jarausch, a. a. O.
53. Pogge von Strandmann und Geiss: *Die Erforderlichkeit des Unmöglichen,* S. 22–23.
54. Zur Haltung der deutschen Sozialisten vor 1914 siehe insbesondere Dieter

Groh: *Negative Integration und revolutionärer Attentismus: die deutsche Sozialdemokratie am Vorabend des Ersten Weltkriegs*. Frankfurt a. M., 1973.

55. Zit. nach Friedrich Meinecke: *Zur Theorie und Philosophie der Geschichte*. Stuttgart, 1959, S. 258–259.
56. Zit. nach Peter Winzen: »Prince Bülow's *Weltmachtpolitik*« in: *Australian Journal of Politics and History, XXII*, 2, August 1976.
57. Zit. nach: Ludwig Dehio: *Deutschland und die Weltpolitik im 20. Jahrhundert*. München, 1965, S. 53.

Sechstes Kapitel: Die internationale Wirtschaft

1. Siehe dazu James Joll: *The Second International 1889–1914*. London, 1974, S. 135–152.
2. Vgl. Eckart Kehr: *Schlachtflottenbau und Parteipolitik*. Berlin, 1930.
3. Siehe dazu W. M. Hamilton: »The nation and the navy: Methods and organization of British navalist propaganda, 1889–1914« (unveröffentlichte Dissertation, University of London, 1978).
4. Paul Kennedy: *The Rise of the Anglo-German Antagonism 1860–1914*. London, 1980, S. 299.
5. Berghahn: *Rüstung und Machtpolitik*, S. 55f.
6. Bernard Michel: *Banques et Banquiers en Autriche au début du 20e siècle*. Paris, 1976, S. 179.
7. Raymond Poidevin: »Fabricants d'armes et relations internationales au début du XXe siècle« in: *Relations Internationales, 1*, Mai 1974. Das Folgende bezieht sich weitgehend auf diesen wichtigen Artikel.
8. Clive Trebilcock: *The Vickers Brothers: Armaments and Enterprise 1854–1931*. London, 1977, S. 120–121.
9. Poidevin, a. a. O., S. 42.
10. Siehe dazu insbesondere Michel, a. a. O.
11. René Girault: *Emprunts russes et investissements français en Russie 1887–1914*. Paris, 1973, S. 345, Fn. 2. Diese Arbeit ist von grundlegender Bedeutung für die hier angesprochene Problematik.
12. Raymond Poidevin: *Les Relations économiques et financières entre la France et l'Allemagne de 1898 à 1914*. Paris, 1969, S. 178. Neben Giraults Arbeit ist diese Veröffentlichung sehr hilfreich in der Erläuterung der Rolle der ökonomischen Faktoren in der Außenpolitik Frankreichs und Deutschlands.
13. Girault, a. a. O., S. 568. Poidevin: *Les Relations économiques*, S. 678.
14. Herbert Feis: *Europe, the World's Banker 1870–1914*. New York, 1965, S. 23 und S. 51.
15. Girault, a. a. O., S. 580. Feis, a. a. O., S. 51.
16. Girault, a. a. O., S. 430.
17. Girault, a. a. O., S. 443.

18. Girault, a. a. O., S. 446, Fn. 77.
19. *The Times* vom 11. Juni 1907.
20. Girault, a. a. O., S. 447: »Les dirigeants politiques et économiques de la IIIe République n'ont pas choisi la neutralité vis-à-vis du régime politique de la Russie, ils ont opté pour le tsarisme; ce faisant, ils se sont interdit toute réelle influence sur le cours futur des évènements intérieurs en Russie.«
21. Vgl. dazu Hartmut Pogge von Strandmann: »Rathenau, die Gebrüder Mannesmann und die Vorgeschichte der Zweiten Marokkokrise« in: Geiss und Wendt (Hrsg.): *Deutschland in der Weltpolitik,* S. 251–270, sowie Poidevin: *Les Relations économiques,* S. 475–480.
22. Poidevin: *Les Relations économiques,* S. 654–819.
23. *DDF,* Deuxième série, Vol. IV. Paris, 1932, Nr. 174, S. 245. Vgl. auch Raymond Poidevin: *Finances et Relations Internationales 1887–1914.* Paris, 1970, S. 91.
24. Poidevin: *Finances et Relations Internationales,* S. 92.
25. Hugh Seton-Watson: *Italy from Liberalism to Fascism.* London, 1967, S. 284 ff.
26. Poidevin: *Les Relations économiques,* S. 553–554; John Whittam: *The Politics of the Italian Army.* London, 1977, S. 156.
27. Fischer: *Krieg der Illusionen,* S. 422.
28. Fischer: *Krieg der Illusionen,* S. 423.
29. Michel, a. a. O., S. 366.
30. E. Rosenbaum und A. J. Sherman: *Das Bankhaus M. M. Warburg & Co. 1798–1938.* Hamburg, 1976, S. 140.
31. *BD,* Bd. XI, II, Nr. 367, S. 352.
32. Zit. nach Georges Haupt: *Socialism and the Great War: The Collapse of the Second International.* Oxford, 1972, S. 73–74.
33. Norman Angell: *The Great Illusion.* London, 1911[3], S. 269.
34. Siehe dazu Rolf Weitowitz: *Deutsche Politik und Handelspolitik unter Reichskanzler Leo von Caprivi 1890–1894.* Düsseldorf, 1978, K. 7.
35. Siehe Egmont Zechlin: »Deutschland zwischen Kabinetts- und Wirtschaftskrieg« in: *Historische Zeitschrift, 199,* 1964, sowie Fischers Erwiderung in *Krieg der Illusionen,* S. 529–530.
36. Fischer: *Krieg der Illusionen,* S. 540; zitiert wird der Vorsitzende des landwirtschaftlichen Ausschusses der Duma.
37. Siehe hierzu die ausgezeichnete Darlegung in Steiner, a. a. O., S. 59–68, sowie in Kennedy, a. a. O., K. 15. Siehe auch die Statistiken in Balfour, a. a. O., Anhang I.
38. Steiner, a. a. O., S. 41.
39. Kennedy, a. a. O., S. 297.
40. Zit. nach Langer, a. a. O., S. 245.
41. Poidevin: *Les Relations économiques,* S. 143.
42. Trevelyan, a. a. O., S. 115.
43. Kennedy, a. a. O., S. 298.

44. Kennedy, a.a.O., S. 305.
45. Stone: *The Eastern Front,* S. 145.
46. Fischer: *Krieg der Illusionen, S. 286–287.*
47. Gerald D. Feldman: *Army, Industry and Labor in Germany 1914–1918.* Princeton, 1966, S. 52.
48. Fischer: *Krieg der Illusionen,* S. 284–288.
49. David French: *British Economic and Strategic Planning 1905–1915.* London, 1982, S. 45.
50. Memorandum zu den britischen Goldreserven, das Sir G. Paish im Januar oder Februar 1914 an den Schatzkanzler richtete. Marcello de Cecco: *Money and Empire: The International Gold Standard 1890–1914.* Oxford, 1974, S. 207.
51. French, a.a.O., S. 92.
52. Stone, a.a.O., S. 146.
53. Georges Bonnefous: *Histoire Politique de la Troisième République.* Bd. II: *La Grande Guerre (1914–1918).* Paris, 1957, S. 17–18. Porch, a.a.O., S. 238–239.
54. Porch, a.a.O., S. 242–243.
55. Patrick Fridenson: *Histoire des Usines Renault.* Bd. I: *Naissance de la grande Entreprise 1898–1939.* Paris, 1972, S. 89–90.
56. Theodore Zeldin: *France 1848–1945.* Bd. II: *Intellect, Taste and Anxiety.* Oxford, 1977, S. 1047.
57. J. M. Keynes schreibt diese Worte dem konservativen Politiker Stanley Baldwin zu, der damit Mitglieder des 1918 gewählten britischen Parlaments bezeichnet haben soll. Vgl. Roy Harrod: *The Life of John Maynard Keynes.* London, 1951, S. 266.
58. John Wheeler-Bennett: *Hindenburg, The Wooden Titan.* London, 1967, S. 127.
59. Fischer: *Krieg der Illusionen,* S. 527ff.; ders.: *Griff nach der Weltmacht,* S. 113ff.
60. Siehe dazu Hölzle, a.a.O., S. 38–41. Die von ihm getroffene Unterscheidung ist zweifellos sinnvoll, wenngleich man seiner Haltung zu Fischers Thesen nicht zustimmen muß.
61. Max Bonnefous (Hrsg.): *Oeuvres de Jean Jaurès: Pour la Paix.* Bd. I: *Les Alliances Européennes 1887–1903.* Paris, 1931, S. 75–77.

Siebtes Kapitel: Imperialistische Rivalitäten

1. Léon Gambettas Worte zit. nach: Léon Brunschvig: *Mythes et Réalités de l'Impérialisme colonial français.* Paris, 1960, S. 9. Siehe auch James Joll: *Europe since 1870.* London, 1983, K. 4.
2. Siehe insbesondere Wolfgang J. Mommsen: *Imperialismustheorien. Ein Überblick über die neueren Imperialismusinterpretationen* (Göttingen, 1977), D. K. Fieldhouse: *Economics and Empire 1830–1914* (London,

1973) sowie R. Robinson und J. Gallagher: *Africa and the Victorians: The Official Mind of Imperialism.* London, 1968.

3. Siehe dazu D. C. M. Platt: *Finance, Trade and Politics in British Foreign Policy 1815–1914* (Oxford, 1968), R. Robinson und J. Gallagher: »The imperialism of free trade« in: *Economic History Review, 6,* 1953, D. C. M. Platt: »The imperialism of free trade: Some reservations« in: *Economic History Review, 21,* 1968, und ders.: »Further objections to an ›imperialism of free trade‹« in: *Economic History Review, 26,* 1973.
4. Zit. nach: Langer, a. a. O., S. 123.
5. Zit. nach J. L. Garvin: *The Life of Joseph Chamberlain.* Bd. III, London 1934, S. 27.
6. Zit. nach Garvin, a. a. O., S. 187–188.
7. Zit. nach Julian Amery: *The Life of Joseph Chamberlain.* Bd. IV, London 1951, S. 436. Zu Zollreform und Konförderationsidee siehe Wolfgang Mock: *Imperiale Herrschaft und Nationales Interesse.* Stuttgart, 1982.
8. Zit. nach V. G. Kiernan: *European Empires from Conquest to Collapse, 1815–1960.* London, 1982, S. 156 und 158.
9. Zit. nach Bernard Semmel: *Imperialism and Social Reform: English Social and Imperial Thought, 1895–1914.* London 1960, S. 41.
10. Zit. nach Semmel, a. a. O., S. 57.
11. Zit. nach Paul Mus: *Le Destin de l'Union française.* Paris, 1954, S. 18.
12. Richard Price: *An Imperial War and the British Working Class: Working Class Attitudes and Reaction to the Boer War 1899–1902.* London und Toronto, 1972.
13. Zit. nach Price, a. a. O., S. 73.
14. W. Mark Hamilton: »The nation and the navy: Methods and organization of British navalist propaganda 1889–1914« (unveröffentlichte Dissertation, University of London, 1978), S. 92 ff.
15. Laut *The Times* vom 1. November 1924.
16. Siehe dazu Ludwig Dehio: »Gedanken über die deutsche Sendung 1900–1918« in: Ludwig Dehio: *Deutschland und die Weltpolitik im 20. Jahrhundert.* München, 1955.
17. Zit. nach Wolfgang J. Mommsen: *Max Weber und die deutsche Politik 1890–1920.* Tübingen, 1974[2], S. 33. Siehe auch Arthur Mitzman: *The Iron Cage: An Historical Interpretation of Max Weber.* New York, 1970, S. 106–107.
18. Max Weber: *Gesammelte Politische Schriften.* München, 1921, S. 29. Vgl. auch Mommsen: *Max Weber,* S. 78, und Mitzman, a. a. O., S. 137–147.
19. Winfried Philipp Englert: *Das Flottenproblem im Lichte der Sozialpolitik,* zit. nach: Eckart Kehr: *Schlachtflottenbau und Parteipolitik 1894–1901.* Berlin, 1930, S. 369 und 370.
20. Fischer: *Krieg der Illusionen,* S. 378. Siehe dazu auch Wolfgang J. Mommsen: »Nationalism, imperialism and official press policy in Wilhelmine Germany« in: Philippe Levillain und Brunello Vigezzi (Hrsg.): *Opinion Publique et Politique Extérieure 1870–1915.* Rom, 1981, S. 380.

21. Zit. nach Egmont Zechlin: »Motive und Taktik der Reichsleitung 1914« in: Schieder, a.a.O., S. 197.
22. Paul Rohrbach: *Der deutsche Gedanke in der Welt.* Düsseldorf, 1912, S. 202.
23. Siehe dazu Gregor Schollgen: »Richard von Kühlmann und das deutsch-englische Verhältnis 1912–14« in: *Historische Zeitschrift, 230,* 1980.
24. *BD*, Bd. X, II, I, Nr. 226, S. 582.
25. *BD*, Bd. I, I, Berlin 1928. Nr. 119, S. 150.
26. *BD*, Bd. VI, II, Nr. 579, S. 1242.
27. Siehe P. H. S. Hatton: »Harcourt and Solf: The search for an Anglo-German understanding through Africa 1912–14« in: *European Studies Review, I,* Nr. 2, 1971.
28. *GP*, Bd. XXXI, Berlin 1936. Nr. 11422, S. 210.
29. Siehe Stuart A. Cohen: *British Policy in Mesopotamia 1903–1914.* London, 1976.
30. Taylor: *The Struggle for Mastery in Europe,* S. 410–411, Fn. 2.
31. Zit. nach George Monger: *The End of Isolation: British Foreign Policy 1900–1907.* London, 1963, S. 122.
32. Elizabeth Monroe: *Britain's Moment in the Middle East, 1914–1956.* Baltimore, 1963.
33. Siehe hierzu F. R. Bridge: »*Tarde venientibus ossa:* Austro-Hungarian colonial aspirations in Asia Minor« in: *Middle East Studies,* Oktober 1970.
34. Zit. nach Bosworth, a.a.O., S. 138.
35. Zit. nach Bosworth, a.a.O., S. 134.
36. Kiernan, a.a.O., S. 128.
37. Zit. nach Bosworth, a.a.O., S. 163.
38. F. Malgeri: *La Guerra di Libia 1911–12* (Rom, 1970), zit. nach S. M. O. Jones: »Domestic factors in Italian intervention in the First World War« (unveröffentlichte Dissertation, University of London, 1982) sowie in Bosworth, a.a.O., S. 148.
39. Laurence Lafore: *The Long Fuse.* London, 1966.
40. Siehe Firuz Kazemzadeh: *Russia and Britain in Persia 1864–1914: A Study in Imperialism.* New Haven und London, 1968.
41. Zit. nach Zara Steiner: *The Foreign Office and Foreign Policy 1898–1914.* Cambridge, 1969, S. 137.
42. Zit. nach Max Beloff: *Britain's Liberal Empire 1897–1921.* London, 1969, S. 91, Fn. 4.
43. *BD*, Bd. X, I, II, Nr. 653, S.990.
44. *DD*, Bd. II, Nr. 401, S. 133.
45. So von Hölzle, a.a.O., S. 85–95 und S. 216ff.
46. Karl Max Fürst von Lichnowsky, zit. nach John C. G. Röhl: *Zwei deutsche Fürsten zur Kriegsschuldfrage: Lichnowsky und Eulenburg und der Ausbruch des Ersten Weltkriegs.* Düsseldorf, 1971, S. 55.

Achtes Kapitel: Die Stimmung im Jahre 1914

1. Becker, a.a.O.
2. *BD*, Bd. X, I, II, Nr. 510, S. 1209.
3. Winston Churchill: *The World Crisis*. London, 1964, S. 113–114.
4. Becker, a.a.O., S. 133.
5. Groh, a.a.O., S. 611.
6. Zit. nach Becker, a.a.O., S. 127.
7. Julius Deutsch, zit. nach Nobert Leser: *Zwischen Reformismus und Bolschewismus*. Wien, 1968, S. 265. Vgl. auch S. Müller: *Burgfrieden und Klassenkampf*. Düsseldorf, 1974, S. 36.
8. Jeremy Bentham: *Plan for a Universal and Perpetual Peace* (verfaßt zwischen 1786 und 1789, posthum 1843 veröffentlicht), zit. nach F. H. Hinsley: *Power and the Pursuit of Peace*. Cambridge, 1967, S. 302.
9. Vgl. Joll: *The Second International,* S. 206–208.
10. Zit. nach Roger Chickering: *Imperial Germany and a World Without War: The Peace Movement and German Society 1892–1914*. Princeton, 1975, S. 91.
11. *GP*, Bd. XV, Berlin 1924. Nr. 4257, S. 306. Zur Haager Konferenz vgl. Jost Dülfer: *Regeln gegen den Krieg? Die Haager Friedenskonferenzen von 1899 und 1907 in der internationalen Politik*. Frankfurt a. M., 1981.
12. *GP*, Bd. XV, Nr. 4320, S. 306.
13. *BD*, Bd. I, II, Berlin 1928. Nr. 276, S. 363.
14. *BD*, Bd. VIII, I, Berlin 1933. Nr. 256, S. 493.
15. *BD*, Bd. VIII, I, Nr. 254, S. 480.
16. *GP*, Bd. XXIII, Nr. 7963, S. 275. (»Sie haben völlig recht, das ist lauter amerikanischer Unsinn.«)
17. Zit. nach Chickering, a.a.O., S. 322.
18. L. T. Hobhouse an John Burns am 6. August 1914; zit. nach Keith Robbins: *The Abolition of War: The »Peace Movement« in Britain 1914–1919*. Cardiff, 1976, S. 39.
19. Karl Marx, Friedrich Engels: *Werke*. Bd. IX. Berlin (DDR), 1972, S. 449 (Artikel vom 15. 11. 1853 in der *New York Daily Tribune)*.
20. Karl Marx, Friedrich Engels: *Werke*. Bd. XXX. Berlin (DDR), 1964, S. 59.
21. Zit. nach Gustav Mayer: *Friedrich Engels, Eine Biographie*. Frankfurt a. M., 1975. Bd. II, S. 186.
22. Mayer, a.a.O., S. 187.
23. Zit. nach Kautsky, a.a.O., S. 250–251.
24. Zit. nach W. I. Lenin: *Werke*. Bd. XXI. Berlin (DDR), 1960, S. 205.
25. Zit. nach Eyck, a.a.O., S. 62.
26. Zit. nach Kautsky, a.a.O., S. 274.
27. Siehe Jean-Jacques Becker: *Le Carnet B*. Paris, 1973.
28. Siehe Becker: *1914,* S. 106–107; siehe auch Jean-Jacques Becker und Annie Kriegel: *1914: la guerre et le mouvement ouvrier français* (Paris,

1964), sowie Haupt, a. a. O., S. 171–180, und Annie Kriegel: *Le Pain et les Roses* (Paris, 1968), S. 107–124.

29. Zit. nach Annie Kriegel: »Jaurès en 1914« in: *Le Pain et les Roses,* S. 115.
30. Zit. nach Mayer, a. a. O., S. 519.
31. *Protokoll über die Verhandlungen des Parteitages der Sozialdemokratischen Partei Deutschlands.* Berlin, 1891, S. 285.
32. Siehe dazu R. J. Crampton: »August Bebel and the British Foreign Office« in: *History, 58,* Juni 1973, und Helmut Bley: *Bebel und die Strategie der Kriegsverhütung 1904–1913.* Göttingen, 1975.
33. Vgl. die Aufstellungen in Becker: *1914,* S. 286–291.
34. Zit. nach Edwyn Bevan: *German Social Democracy during the War.* London, 1918, S. 15. Siehe hierzu auch Joll: *Second International,* S. 179.
35. *BD* XI, II, Nr. 676, S. 541.
36. Zit. nach Haupt, a. a. O., S. 251–252.
37. Zit. nach George Woodcock und Ivan Avakumovič: *The Anarchist Prince.* London, 1950, S. 379.
38. *Hansard,* 5th series, Vol. LXV, col. 1881.
39. Zit. nach Margaret I. Cole (Hrsg.): *Beatrice Webb's Diaries 1912–1924.* London, 1952, S. 26.
40. »In Kitchener's Army« im *New Statesman* vom 5. Dezember 1914; siehe F. H. Keeling: *Keeling Letters and Reminiscences* (London, 1918), S. 209; siehe auch Arthur Marwick: *The Deluge* (London, 1965), S. 35–36.
41. Bertrand Russell: *Autobiographie 1914–1944.* Frankfurt a. M., 1970, S. 10.
42. Rupert Brooke: »The dead« in: *1914 and other Poems.* London, 1915, S. 13 (»Als König ist die Ehre auf Erden zurückgekehrt«). Julian Grenfell: »Into battle« in: Nicholas Mosley: *Julian Grenfell: His Life and the Times of his Death.* London, 1976, S. 256 (»Und Farbe und Wärme und Licht ist das Leben/Und ein immerwährendes Streben danach;/Und jener, der nicht kämpfen will, ist tot,/Und jener wird erhöht, der stirbt im Kampf«).
43. Die Worte vom »frisch-fröhlichen Krieg« wurden 1853 von dem konservativen Historiker Heinrich Leo verwendet; siehe dazu Christoph Freiherr von Maltzan: *Heinrich Leo.* Göttingen, 1979, S. 213. Der Autor dankt Lord Dacre of Glenton und Daniel Johnson für diesen Hinweis. Auf den möglichen Zusammenhang dieser Formulierung mit dem Müllerschen Liederzyklus »Die schöne Müllerin« weist Maurice Pearton in *The Knowledge State: Diplomacy War and Technology since 1830* (London, 1982), S. 32, hin.
44. Herbert Spencer: *Social Statics.* London, 1868, S. 80.
45. Conrad, a. a. O., Bd. IV, S. 128–129.
46. *Le Figaro* vom 1. September 1891, zit. nach Claude Digeon: *La Crise allemande de la Pensée française.* Paris, 1959, S. 278.
47. G. Papini und G. Prezzolini: *Vecchio e nuovo Nazionalismo,* zit. nach Mario Isnenghi: *Il Mito della Grande Guerra da Marinetti a Malaparte.* Bari, 1970, S. 77.

48. Zit. nach Langer, a.a.O., S. 90.
49. In *Le Figaro* vom 29. Oktober 1912, zit. nach Becker: *1914,* S. 40.
50. Siehe Canon E. McLure: *Germany's War-Inspirers Nietzsche and Treitschke.* London, 1914, S. 5. Zu diesem Thema siehe auch James Joll: »The English, Friedrich Nietzsche and the First World War« in: Geiss und Wendt, a.a.O.
51. Zit. nach Peter Winzen: »Treitschke's influence on the rise of anti-British and imperialist nationalism in Germany« in: Paul Kennedy und Anthony Nicholls (Hrsg.): *Nationalist and Racialist Movements in Britain and Germany before 1914.* London, 1981, S. 164.
52. Heinrich von Treitschke: *Politik. Vorlesungen gehalten an der Universität zu Berlin.* Bd. II, Leipzig 1898, S. 550.
53. Treitschke, Bd. I, Leipzig 1897, S. 74.
54. *The Times* vom 31. Oktober 1914.
55. »Agathon« (i. e. Henri Massis und Alfred de Tarde): *Les Jeunes Gens d'Aujourd'hui.* Paris, 1913, S. 32–33. Vgl. Robert Wohl: *The Generation of 1914.* Cambridge, Mass., 1979, K. 1.
56. *Manuel d'Histoire de France* von 1912, zit. nach Pierre Nora: »Ernest Lavisse: son rôle dans la formation du sentiment national« in: *Revue Historique, 228,* 1962.
57. Zit. nach R. H. Samuel und R. Hinton Thomas: *Education and Society in Modern Germany.* London, 1949, S. 71.
58. Zit. nach Eugen Weber: *Peasants into Frenchmen: The Modernization of Rural France 1870–1914.* London, 1977, S. 334–335.
59. Zit. nach Becker und Kriegel, a.a.O., S. 141 und 138.
60. Porch, a.a.O., S. 184; vgl. auch Ralston, a.a.O., S. 324.
61. Robert Baden-Powell: *Scouting for Boys.* London, 1908, S. 282. Siehe auch John Springhall: *Youth, Empire and Society: British Youth Movements 1883–1940.* London, 1977, S. 15–16.
62. Baden-Powell, a.a.O., S. 267.
63. *Festschrift zur Jahrhundertfeier auf dem Hohen Meißner* der Freideutschen Jugend (Jena, 1913), S. 4–5, zit. nach Gerhard Ritter (Hrsg.): *Historisches Lesebuch 1871–1914.* Bd. II, Frankfurt a. M., 1967, S. 363. Zur deutschen Jugendbewegung siehe auch Walter Laqueur: *Young Germany: A History of the German Youth Movements.* London, 1962.
64. Klaus Saul: »Der Kampf um die Jugend zwischen Volksschule und Kaserne. Ein Beitrag zur ›Jugendpflege‹ im Wilhelminischen Reich 1890–1914« in: *Militärgeschichtliche Mitteilungen,* Bd. I, 1971, S. 116–117.
65. Saul, a.a.O., S. 118.
66. Saul, a.a.O., S. 137.
67. Saul, a.a.O., S. 125.
68. Zit. nach Kitchin, a.a.O., S. 141.
69. Marder, a.a.O., S. 114.
70. I. F. Clarke: *Voices Prophesying War 1763–1914.* London, 1966.
71. Clarke, a.a.O., S. 126.

72. Siehe dazu David French: »Spy fever in Britain 1900–1915« in: *Historical Journal, 21,* Nr. 2, 1978, S. 355–370.
73. Siehe Becker: *1914*, S. 510.
74. Emile Vandervelde: *Jaurès.* Paris, 1919, S. 6.
75. Haupt, a. a. O., S. 252.
76. Norman Hutchinson, der Chargé d'Affaires der Vereinigten Staaten in Bukarest und Belgrad, am 27. Februar 1909 an das State Department; zit. nach Dedijer, a. a. O.

Neuntes Kapitel: Schluß

1. Zu den folgenden Überlegungen vgl. James Joll: »Politicians and the freedom to choose: The case of July 1914« in: Alan Ryan (Hrsg.): *The Idea of Freedom: Essays in Honour of Isaiah Berlin.* Oxford, 1979.
2. »Agathon«, a. a. O., S. 31.
3. Siehe hierzu insbesondere die Sonderausgabe des *Journal of Conflict Resolution, XXI,* Nr. i, vom März 1977 zum Thema »Quantitive international history: An exchange« sowie Georg H. Questor: »Six causes of war« in: *The Jerusalem Journal of International Relations, 6,* Nr. 1, 1982.
4. *DD*, Bd. II, Nr. 456, S. 177–178.
5. Riezler, a. a. O., S. 192.
6. David Lloyd George: *War Memoirs.* London, 1938. Bd. I, S. 32.
7. Lothar Gall: *Bismarck, der weiße Revolutionär.* Frankfurt a. M., 1980, S. 56.
8. Zit. nach Karl Marx, Friedrich Engels: *Werke.* Bd. XXX. Berlin (DDR), 1964, S. 59.
9. Elie Halévy: »The World Crisis of 1914–1918: A Reinterpretation« in: Elie Halévy: *The Era of Tyrannies.* Garden City, New York, 1965, S. 245.

Ausgewählte Bibliographie

Aus der umfangreichen Literatur sollen im folgenden nur Arbeiten vorgestellt werden, die in engem Zusammenhang mit den angesprochenen Aspekten stehen. Im übrigen wird auf die Quellenangaben zu den einzelnen Kapiteln verwiesen.

Ausführlichere Bibliographien finden sich unter anderem in:

F. H. Hinsley (Hrsg.): *The Foreign Policy of Sir Edward Grey.* Cambridge, 1977.

Volker R. Berghahn: *Rüstung und Machtpolitik. Zur Anatomie des ›Kalten Krieges‹ vor 1914.* Düsseldorf, 1973.

Zara Steiner: *Britain and the Origins of the First World War.* London, 1977.

1. Literatur zur Diplomatie der Vorkriegszeit und zum Kriegsausbruch

A. J. P. Taylor: *The Struggle for Mastery in Europe 1848–1918.* Oxford, 1954.

Luigi Albertini: *Le Origine della Guerra del 1914.* Bd. I-III, Mailand, 1942–1943.

Imanuel Geiss: *Julikrise und Kriegsausbruch 1914. Eine Dokumentensammlung.* Hannover, 1963.

Paul Kennedy: *The Rise of the Anglo-German Antagonism 1860–1914.* London, 1980.

H. W. Koch (Hrsg.): *The Origins of the First World War: Great Power Rivalry and War Aims.* London, 1972.

Laurence Lafore: *The Long Fuse: An Interpretation of the Origins of World War I.* London, 1966.

Joachim Remak: *The Origins of World War I.* New York, 1967.

L. C. F. Turner: *Origins of the First World War.* New York, 1967.

Michael R. Gordon: »Domestic conflict and the origins of the First World War: The British and German cases« in: *Journal of Modern History, 46,* Nr. 2, Juni 1974.

Arno J. Mayer: »Domestic causes of the First World War« in: L. Krieger und F. Stern (Hrsg.): *The Responsibility of Power: Historical Essays in Honor of Haus Holborn.* New York, 1967.

2. Zur Politik einzelner Staaten

Österreich-Ungarn

F. R. Bridge: *From Sadowa to Sarajevo: The Foreign Policy of Austria-Hungary 1866–1914.* London, 1972.
F. R. Bridge: *Great Britain and Austria-Hungary 1906–1914.* London, 1972.

England

F. H. Hinsley (Hrsg.): *The Foreign Policy of Sir Edward Grey.* Cambridge, 1977.
C. J. Lowe und M. L. Dockrill: *The Mirage of Power: British Foreign Policy 1902–1922,* Bd. I–III, London, 1972.
George Monger: *The End of Isolation: British Foreign Policy 1900–1907.* London, 1963.
Keith Robbins: *Sir Edward Grey.* London, 1971.
Zara Steiner: *Britain and the Origins of the First World War.* London, 1977.
Zara Steiner: *The Foreign Office and Foreign Policy 1895–1914.* Cambridge, 1969.

Frankreich

Christopher Andrew: *Théophile Delcassé and the Making of the Entente Cordiale: A Reappraisal of French Foreign Policy 1898–1905.* London, 1968.
Geoffrey Barraclough: *From Agadir to Armageddon: Anatomy of a Crisis.* London, 1982.
Eugene Weber: *The Nationalist Revival in France 1905–1914.* Berkeley, 1959.

Deutschland

Michael Balfour: *Der Kaiser Wilhelm II. und seine Zeit.* Berlin, 1967.
Volker R. Berghahn: *Rüstung und Machtpolitik. Zur Anatomie des »Kalten Krieges« vor 1914.* Düsseldorf, 1973.
Lamar Cecil: *The German Diplomatic Service 1871–1914.* Princeton, 1976.
Ludwig Dehio: *Deutschland und die Weltpolitik im 20. Jahrhundert.* München, 1955.
Lancelot L. Farrar: *Arrogance and Anxiety: The Ambivalence of German Power 1848–1914.* Iowa City, 1981.
Fritz Fischer: *Griff nach der Weltmacht. Die Kriegszielpolitik des kaiserlichen Deutschland 1914/18.* Düsseldorf, 1961.
Fritz Fischer: *Krieg der Illusionen. Die deutsche Politik von 1911 bis 1914.* Düsseldorf, 1969.
Fritz Fischer: *Weltmacht oder Niedergang. Deutschland im ersten Weltkrieg.* Frankfurt a. M., 1965.
Imanuel Geiss: *Das Deutsche Reich und der Erste Weltkrieg.* Bd. I und II, München, 1981[3].

Konrad H. Jarausch: *The Enigmatic Chancellor: Bethmann Hollweg and the Hubris of Imperial Germany.* New Haven und London, 1973.
Wolfgang J. Mommsen: »Domestic factors in German foreign policy before 1914« in: *Central European History, VI,* Nr. 1, März 1973.
John A. Moses: *The Politics of Illusion: The Fischer Controversy in German Historiography.* London, 1975.
John C. G. Röhl: *1914: Delusion or Design.* London, 1973.
Fritz Stern: »Bethmann Hollweg and the war: The limits of responsibility« in: L. Krieger und F. Stern (Hrsg.): *The Responsibility of Power: Historical Essays in Honor of Hans Holborn.* New York, 1967.

Italien

Richard Bosworth: *Italy, the Least of the Great Powers: Italian Foreign Policy before the First World War.* Cambridge, 1979.
Richard Bosworth: *Italy and the Approach of the First World War.* London, 1983.

Rußland

Dietrich Geyer: *Der russische Imperialismus. Studien über den Zusammenhang von innerer und auswärtiger Politik 1860–1914.* Göttingen, 1977.
G. A. Hosking: *The Russian Constitutional Experiment: Government and Duma 1906–1914.* Oxford, 1973.

Serbien und die Balkanländer

R. J. Crampton: *The Hollow Détente: Anglo-German Relations in the Balkans 1911–1914.* London, 1979.
Vladimir Dedijer: *Die Zeitbombe. Sarajewo 1914.* Wien, 1967.
Joachim Remak: *Sarajevo.* London, 1959.

3. Armee, Marine, strategische Planung

P. M. Kennedy (Hrsg.): *The War Plans of the Great Powers 1880–1914.* London, 1979.
A. J. P. Taylor: *War by Timetable: How the First World War Began.* London, 1969.
Barbara Tuchman: *August 1914.* Bern und München, 1964.

Österreich-Ungarn

Norman Stone: »Army and society in the Habsburg Monarchy 1900–1914« in: *Past and Present,* Nr. 33, April 1966.
Norman Stone: *The Eastern Front 1914–1917.* London, 1975.

England

Nicholas D'Ombrain: *War Machinery and High Policy: Defence Administration in Peacetime Britain 1902–14.* Oxford, 1973.
David French (Hrsg.): *British Economic and Strategic Planning 1905–1915.* London, 1982.
J. Gooch: *The Plans of War: The General Staff and British Military Strategy 1900–1916.* London, 1974.
A. J. Marder: *From the Dreadnought to Scapa Flow: The Royal Navy in the Fisher Era 1904–1919.* Bd. I: *The Road to War 1904–1914.* London, 1961.
Samuel R. Williamson: *The Politics of Grand Strategy: Britain and France Prepare for War 1904–1914.* Cambridge, Mass., 1969.
E. L. Woodward: *Great Britain and the German Navy.* London, 1935.

Frankreich

Richard D. Challener: *The French Theory of the Nation in Arms 1866–1914.* New York, 1955.
Gerd Krumeich: *Aufrüstung und Innenpolitik in Frankreich vor dem Ersten Weltkrieg: die Einführung der dreijährigen Dienstpflicht 1913–1914.* Wiesbaden, 1980.
Douglas Porch: *The March to the Marne: The French Army 1871–1914.* Cambridge, 1981.
David B. Ralston: *The Army of the Republic: The Place of the Military in the Political Evolution of France 1871–1914.* Cambridge, Mass., 1967.

Deutschland

Gordon A. Craig: *Die preußisch-deutsche Armee 1640–1945. Staat im Staate.* Düsseldorf, 1960.
Martin Kitchin: *The German Officer Corps 1890–1914.* Oxford, 1968.
Gerhard Ritter: *Der Schlieffenplan. Kritik eines Mythos.* München, 1956.
Gerhard Ritter: *Staatskunst und Kriegshandwerk. Das Problem des »Militarismus« in Deutschland.* Bd. I–IV, Oldenbourg, 1964–1968.
David Schoenbaum: *Zabern 1913: Consensus Politics in Imperial Germany.* London, 1982.
Jonathan Steinberg: *Yesterday's Deterrent: Tirpitz and the Birth of the German Battle Fleet.* London, 1965.

Italien

John Whittam: *The Politics of the Italian Army 1861–1918.* London, 1977.

Rußland

Norman Stone: *The Eastern Front 1914–1917.* London, 1975.

4. Imperialismus

Max Beloff: *Imperial Sunset: Britain's Liberal Empire 1897–1921*. London, 1969.

Leon Brunschvig: *French Colonialism 1871–1914: Myths and Realities*. London, 1966.

Stuart A. Cohen: *British Policy in Mesopotamia 1903–1914*. London, 1976.

D. K. Fieldhouse: *Economics and Empire 1830–1914*. London, 1973.

Firuz Kazemzadeh: *Russia and Britain in Persia 1864–1914: A Study in Imperialism*. London und New Haven, 1968.

V. G. Kiernan: *European Empires from Conquest to Collapse 1815–1960*. London, 1982.

W. L. Langer: *The Diplomacy of Imperalism 1890–1902*. New York, 1951.

Wolfgang J. Mommsen: *Imperialismustheorien. Ein Überblick über die neueren Imperialismusinterpretationen*. Göttingen, 1977.

R. Robinson und J. Gallagher: *Africa and the Victorians: The Official Mind of Imperialism*. London, 1968.

5. Ökonomische Faktoren

J. H. Clapham: *The Economic Development of France and Germany 1815–1914*. Cambridge, 1936 und 1968.

Marcello de Cecco: *Money and Empire: the International Gold Standard 1890–1914*. Oxford, 1974.

Herbert Feis: *Europe, the World's Banker 1870–1914*. New York, 1965.

René Girault: *Emprunts russes et investissements français en Russie 1887–1914*. Paris, 1973.

R. J. S. Hoffman: *Great Britain and the German Trade Rivalry 1875–1914*. Neuausgabe: New York, 1964.

Raymond Poidevin: *Les Relations économiques et financières entre la France et l'Allemagne de 1898 à 1914*. Paris, 1969.

6. Öffentliche Meinung, soziale und intellektuelle Faktoren

Jean-Jacques Becker: *1914: Comment les Français sont entrés dans la guerre*. Paris, 1977.

E. Malcolm Carroll: *French Public Opinion and Foreign Affairs 1870–1914*. New York, 1931.

Roger Chickering: *Imperial Germany and a World Without War: The Peace Movement and German Society 1892–1914. Princeton, 1975.*

I. F. Clarke: Voices Prophesying War 1763–1914. London, 1970.

Oron James Hale: *Publicity and Diplomacy with Special Reference to England and Germany 1890–1914*. New York, 1940.

Georges Haupt: *Socialism and the Great War*. Oxford, 1972.

Paul Kennedy und Anthony Nicholls (Hrsg.): *Nationalist and Racialist Movements in Britain and Germany before 1914*. London, 1981.

Arno J. Mayer: *Adelsmacht und Bürgertum: die Krise der europäischen Gesellschaft 1848–1914*. München, 1984.

G. R. Searle: *The Quest for National Efficiency 1899–1914*. Oxford, 1971.

Bernard Semmel: *Imperialism and Social Reform: English Social and Imperial Thought 1895–1914*. London, 1960.

John Springhall: *Youth, Empire and Society: British Youth Movements 1883–1940*. London, 1977.

Landkarten

Europa im Jahre 1914

Österreich-Ungarn

Die Balkankriege

Afrika und der Mittlere Osten

Namenregister

Sachregister